¡Continuemos!

SIXTH
EDITION

¡Continuemos!

Ana C. Jarvis
Chandler-Gilbert
Community College

Raquel Lebredo
California Baptist University

Francisco Mena-Ayllón
University of Redlands

Houghton Mifflin Company
Boston   New York

Director, Modern Language Programs: E. Kristina Baer
Development Manager: Beth Kramer
Senior Development Editor: Sharon Alexander
Assistant Editor: Rafael Burgos-Mirabal
Editorial Assistant: Lydia Mehegan
Project Editor: Julie Lane
Editorial Assistant: Jennifer O'Neill
Senior Production/Design Coordinator: Jennifer Waddell
Manufacturing Manager: Florence Cadran
Marketing Manager: Patricia Fossi

Cover Design and Illustration: Harold Burch, NYC

College Text: 0-395-90951-1

School Text: 0-618-05575-4

Library of Congress Catalog Card Number: 98-72051

456789-DC-02   01   00

Contents

Preface

¡Continuemos!, Sixth Edition, is a complete, fully integrated intermediate Spanish program designed for two- and four-year college and university students. This edition continues to help students attain linguistic proficiency by offering a comprehensive review and systematic expansion of the basic structures of Spanish commonly taught at the introductory level, while providing numerous opportunities for students to develop their listening, speaking, reading, and writing skills and their cultural competency. Since it is essential to understand the underlying philosophy and organization of the program to use it to greatest advantage, the student's text and other components are described in detail below.

The Student's Text

The organization of this central component of the *¡Continuemos!*, Sixth Edition, program reflects its emphasis on the active use of Spanish for practical communication in context. Each of the text's twelve lessons contains the following features.

- Chapter opener: Each lesson begins with a list of grammatical objectives accompanied by a photo that illustrates the lesson's theme.

- Dialogues and **Comprensión / Charlemos:** New vocabulary and structures are first presented in the context of idiomatic Spanish conversations dealing with the high-frequency situation that is the lesson's central theme. A comprehension activity of one of two kinds provides immediate reinforcement of the vocabulary and communicative functions presented in the dialogue.

- **Vocabulario:** This section lists the new words and expressions introduced in the dialogues. Entries in the **Vocabulario** are to be learned for active use and are reinforced in the lesson's activities.

- **Palabras problemáticas** and **Práctica:** This section focuses on specific lexical items that cause difficulties for native speakers of English. It includes groups of Spanish words with a single English translation, Spanish synonyms with variations in meaning, and false cognates. **Práctica** activities in a variety of formats reinforce the meanings and usage of the **Palabras problemáticas.**

- **Estructuras gramaticales** and **Práctica:** Each new grammatical structure featured in the dialogue is explained clearly and concisely in English so that the explanations may be used independently as an out-of-class reference. All explanations are followed by numerous examples of their practical use in natural

Spanish. The **¡Atención!** head signals exceptions to the grammar rules presented or instances where knowledge of an English structure may interfere with learning the equivalent Spanish structure. After each explanation, the **Práctica** sections offer immediate reinforcement of new concepts through a variety of structured and communicative activities.

- **¿Cuánto sabe usted ahora?**: This section synthesizes the grammatical concepts and new vocabulary introduced in the lesson through a series of controlled exercises and open-ended activities suitable for pair and group work, such as personalized questions, role-plays, and problem-solving tasks. To develop writing skills, a thematic topic, signaled by an icon, is also included for each lesson.

- **Continuemos...**: To expand students' vocabulary base, **Aumente su vocabulario** presents thematic groupings of useful words and phrases related to the lesson's topic, to be learned for active use. For reinforcement, **¿Recuerda el vocabulario nuevo?** exercises follow.

- **De esto y aquello...**: Designed for pair or group work, this section stimulates meaningful communication by involving students in a wide range of extended interactive tasks related to the lesson's theme. **Hablemos de...** requires students to read and use information gained from authentic documents. **¿Qué dirían ustedes?** provides a series of brief role-play situations. **Una encuesta** employs the results of a student-conducted survey as the basis for classroom discussion. **¡De ustedes depende!** presents a more challenging, open-ended role-play scenario. **Debate / Mesa redonda** supplies a conversation starter on a thought-provoking or controversial issue.

- **Lecturas periodísticas:** Chosen for their appeal and accessibility, these new authentic readings from newspapers and magazines from Spain, Latin America, and the United States expand students' cultural knowledge while reinforcing the lesson's themes. To develop students' reading skills, **Para leer y comprender** incorporates proven reading strategies along with a series of prereading questions. Personalized, open-ended questions (**Desde su mundo**) follow each reading and provide opportunities for students to discuss their own opinions and experiences in relation to the reading topic.

- **Teleinforme:** These activities are designed to be used with the **Teleinforme** modules of the **¡Continuemos!** Video, which is entirely new.

- **¿Están listos para el examen?**: These self-tests, which follow Lessons 3, 6, 9, and 12, enable students to review the structures and vocabulary of the three preceding lessons. Organized by lesson and by grammatical structure, they allow students to determine quickly what material they have mastered and which concepts they should target for further review. An answer key is provided in Appendix C for immediate verification.

- Reference Materials: The following sections provide learners with useful reference tools throughout the course:

    Maps: Colorful, up-to-date maps of the Spanish-speaking world appear in the **¡Bienvenidos al mundo hispánico!** section of the textbook for quick reference.

Appendices: **Apéndice A** summarizes the rules of Spanish syllabification, the use of accent marks, and the norms of punctuation. Conjugations of high-frequency regular, stem-changing, and irregular Spanish verbs constitute **Apéndice B.** **Apéndice C** is the answer key to the **¿Están listos para el examen?** self-tests.

Vocabularies: Spanish–English and English–Spanish glossaries list all active vocabulary introduced in the **Vocabulario** and **Aumente su vocabulario** lists and in the **Estructuras gramaticales** sections. Active vocabulary is identified by the number of the lesson in which the word or phrase first appears. The Spanish–English vocabulary also lists passive vocabulary, which consists of those words glossed by an English equivalent in the text.

Supplementary Materials for the Student

Workbook / Laboratory Manual

Each lesson of the **Workbook / Laboratory Manual** is correlated to the correspondingh lesson in the student's text and is divided into two sections. The **Actividades para escribir** offer an array of writing activities—sentence completion, transformation, fill-in-the-blank, chart completion, and translation—to reinforce the structures and vocabulary presented in the textbook. Each lesson includes a crossword puzzle for vocabulary review, a reading comprehension activity, and an open-ended writing activity. Coordinated with the *¡Continuemos!* Cassette Program, the **Actividades para el laboratorio** feature structured grammar exercises, listening-and-speaking practice, contextualized vocabulary review, pronunciation practice, a listening-and-writing activity, and a dictation. Answer keys for the workbook exercises and the laboratory dictations are provided to enable students to monitor their progress independently.

Cassette Program

The complete Cassette Program to accompany the *¡Continuemos! Workbook / Laboratory Manual* is available for student purchase. Recorded by native speakers, the twelve 60-minute audiocassettes develop speaking-and-listening comprehension skills through contextualized exercises that reinforce the themes and content of the textbook lessons. Each lesson contains structured grammar exercises; listening-and-speaking and listening-and-writing activities based on realistic simulations of conversations, interviews, newscasts, ads, and editorials; a comprehension check of key vocabulary and idiomatic expressions; pronunciation practice; and a dictation. Answers to all exercises, except for those that require a written response, are provided on the cassettes.

The *¡Continuemos!* Video

Thematically linked to the lessons in *¡Continuemos!*, this exciting, new 60-minute video provides a unique opportunity to develop listening skills and cultural awareness through authentic television footage from countries throughout the Spanish-speaking world. Each of the twelve **Teleinforme** video modules is approximately five minutes long. The footage presents diverse images of traditional and contemporary life in Spanish-speaking countries through commercials, interviews, travelogues, TV programs, and reports on art and cooking. The video is available for student purchase.

Supplementary Materials for the Instructor

Instructor's Edition

The Introduction to the Instructor's Edition provides a detailed description of the entire ¡*Continuemos!* program, suggestions for its implementation in the classroom, and a complete answer key to textbook exercises with discrete answers.

Instructor's Resource Manual (Testing Program / Tapescript / Videoscript)

The Testing Program consists of one quiz for each of the twelve lessons in the textbook, two midterm examinations, two final examinations, a complete answer key for all test items, and a script for the listening comprehension portion of each quiz and exam. The Tapescript and the Videoscript contain a written transcript of the contents of the Cassette Program and of the Video, respectively.

We would like to hear your comments on ¡*Continuemos!*, Sixth Edition, and reactions to it. Reports on your experiences using this program would be of great interest and value to us. Please write to us, care of Houghton Mifflin Company, College Division, 222 Berkeley Street, Boston MA 02116.

Acknowledgments

We wish to express our sincere appreciation to the following colleagues for the many valuable suggestions they offered in their reviews of the Fifth Edition:

Humberto Cano, *San Diego State University*

Elisa Dávila, *State University of New York at New Paltz*

Robert M. Fedorchek, *Fairfield University*

Mary Garland Jackson, *Central Michigan University*

José A. Quiñónez, *Virginia State University*

Mary K. Redmond, *Cornell University*

José Salvador Ruiz, *San Diego State University*

Dora Vargas, *Lee College*

We also wish to express our sincere appreciation to Anne Ewing, of the Project for International Communication Studies, who prepared the Video Program and the **Teleinforme** activities.

We also extend our appreciation to the Modern Language Staff of Houghton Mifflin Company, College Division: E. Kristina Baer, Director; Beth Kramer, Development Manager; and Rafael Burgos-Mirabal, Assistant Editor.

Ana C. Jarvis

Raquel Lebredo

Francisco Mena-Ayllón

¡Bienvenidos al mundo hispánico!

Países de habla hispana

PAÍS	CAPITAL	NACIONALIDAD
España	Madrid	español(a)
México	México, D.F.[1]	mexicano(a)
Cuba	La Habana	cubano(a)
República Dominicana	Santo Domingo	dominicano(a)
Puerto Rico	San Juan	puertorriqueño(a)
Guatemala	Guatemala	guatemalteco(a)
Honduras	Tegucigalpa	hondureño(a)
El Salvador	San Salvador	salvadoreño(a)
Nicaragua	Managua	nicaragüense
Costa Rica	San José	costarricense
Panamá	Panamá	panameño(a)
Venezuela	Caracas	venezolano(a)
Colombia	Bogotá	colombiano(a)
Ecuador	Quito	ecuatoriano(a)
Perú	Lima	peruano(a)
Bolivia	La Paz	boliviano(a)
Chile	Santiago	chileno(a)
Paraguay	Asunción	paraguayo(a)
Argentina	Buenos Aires	argentino(a)
Uruguay	Montevideo	uruguayo(a)

¡ATENCIÓN! En Brasil se habla portugués.[2]
La capital es Brasilia y la nacionalidad es brasileño(a).

[1]Distrito Federal

[2]Tampoco se habla español en Guyana, Surinam y Guayana Francesa.

¿Cuánto sabe usted sobre el mundo hispánico?

1. ¿Cuál es la capital de España?
2. ¿Qué ciudades importantes hay en el sur de España?
3. ¿Cuáles son los límites de España?
4. ¿Qué separa a España de Francia? ¿y a España de Marruecos?
5. ¿Dónde están las Islas Baleares?
6. ¿Qué ciudades están cerca del Golfo de Vizcaya?
7. ¿Qué ciudades están sobre el Mar Mediterráneo?
8. ¿Qué países de habla hispana son islas?
9. ¿Cuál de estas islas es la más grande y cuál es la más pequeña?
10. ¿En qué países sudamericanos no se habla español?
11. ¿Qué países de Sudamérica no tienen salida al mar?
12. ¿Cuál es la nacionalidad de una persona de Santiago? ¿De San José?
13. ¿Cuál es la capital de Uruguay? ¿De Paraguay?
14. ¿Con qué países limita Colombia?
15. ¿Con qué países sudamericanos no limita Brasil?
16. ¿Cuáles son los países de Centroamérica?
17. ¿Qué islas están al sureste de Argentina?
18. ¿Qué cordillera (*mountain range*) separa Argentina de Chile?
19. ¿Con qué países limita México?
20. ¿Qué famoso canal une el Océano Atlántico con el Océano Pacífico?

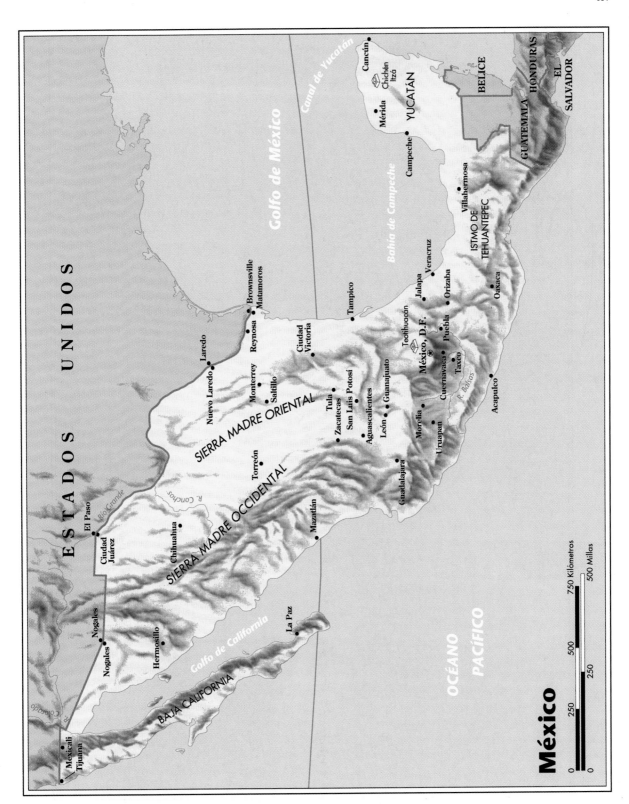

México

ESTADOS   UNIDOS

Golfo de México

Canal de Yucatán

Bahía de Campeche

OCÉANO
PACÍFICO

Golfo de California

BAJA CALIFORNIA

SIERRA MADRE OCCIDENTAL

SIERRA MADRE ORIENTAL

ISTMO DE
TEHUANTEPEC

YUCATÁN

BELICE

GUATEMALA

HONDURAS

EL
SALVADOR

Cancún
Chichén
Itzá
Mérida
Campeche
Villahermosa
Veracruz
Jalapa
Orizaba
Oaxaca
Teotihuacán
México, D.F.
Puebla
Cuernavaca
Taxco
Acapulco
R. Balsas
Tampico
Brownsville
Matamoros
Reynosa
Ciudad
Victoria
Laredo
Nuevo Laredo
Monterrey
Saltillo
Tula
Zacatecas
San Luis Potosí
Aguascalientes
León
Guanajuato
Morelia
Uruapan
Guadalajara
Torreón
Mazatlán
Chihuahua
R. Conchos
El Paso
Ciudad
Juárez
Rio Grande
Nogales
Nogales
Hermosillo
La Paz
Mexicali
Tijuana
Colorado

0   250   500   750 Kilómetros

0   250   500 Millas

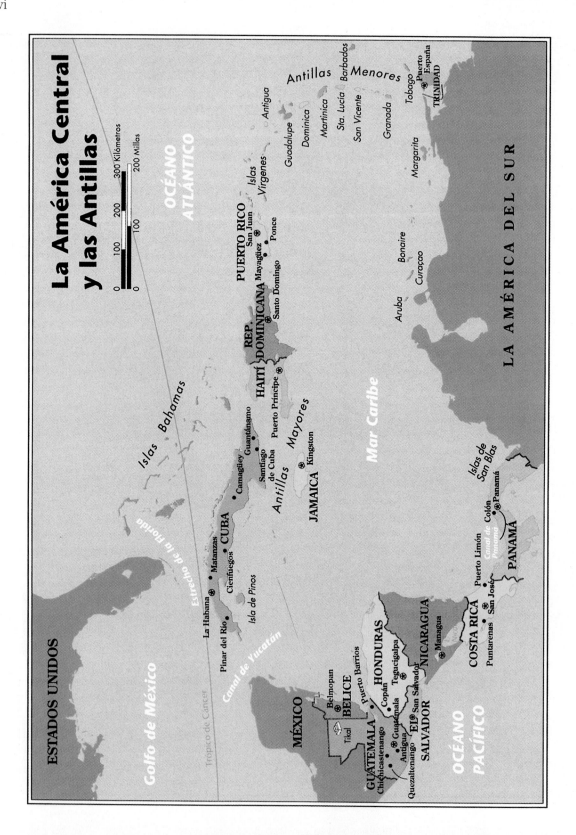

La América del Sur

Mar Caribe

Barranquilla
Cartagena
Maracaibo
Caracas
TRINIDAD
Puerto España

VENEZUELA

Georgetown
GUYANA
Paramaribo
Cayena
SURINAM
GUAYANA
FRAN.

Medellín
COLOMBIA
Bogotá
Cali

Quito
ECUADOR
Guayaquil

CORDILLERA DE LOS ANDES

Ecuador

R. Orinoco

R. Negro
Manaus
R. Amazonas

Belem

Iquitos

R. Madeira

BRASIL

Recife

PERU
Machu Picchu
Lima
Cuzco
Arequipa
Arica
Iquique

Lago Titicaca
La Paz
BOLIVIA
Sucre

R. Paraguay

Brasilia

Salvador

Belo Horizonte

Antofagasta
Salta
Tucumán

PARAGUAY
Asunción

R. Paraná

São Paulo
Santos
Rio de Janeiro

Trópico de Capricornio

OCÉANO
PACÍFICO

CHILE

Córdoba
Rosario

R. Paraná

R. Uruguay

Pôrto Alegre

URUGUAY

Valparaíso
Santiago
Mendoza
Buenos Aires
La Plata
Montevideo

CORDILLERA DE LOS ANDES

Río de la Plata

OCÉANO
ATLÁNTICO

Concepción

ARGENTINA

Bahía
Blanca

Puerto Montt

Estrecho de
Magallanes

Islas Malvinas

Punta Arenas

Tierra del
Fuego
Cabo de Hornos

0   500   1000   1500 Kilómetros
0   500   1000 Millas

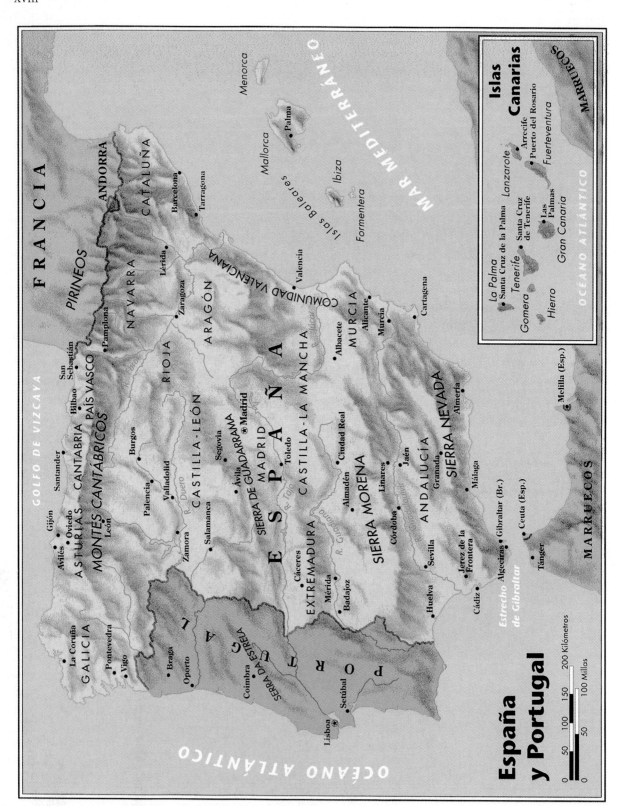

España y Portugal

Islas Canarias

OCÉANO ATLÁNTICO

MARRUECOS

La Palma · Santa Cruz de la Palma
Tenerife · Santa Cruz de Tenerife
Gomera · Las Palmas
Hierro · Gran Canaria
Lanzarote · Arrecife
Fuerteventura · Puerto del Rosario

FRANCIA

OCÉANO ATLÁNTICO

GOLFO DE VIZCAYA

MAR MEDITERRÁNEO

MARRUECOS

PIRINEOS
ANDORRA
NAVARRA
CATALUÑA
PAÍS VASCO
CANTABRIA
ASTURIAS
MONTES CANTÁBRICOS
GALICIA
RIOJA
ARAGÓN
CASTILLA-LEÓN
COMUNIDAD VALENCIANA
MADRID
SIERRA DE GUADARRAMA
E S P A Ñ A
CASTILLA-LA MANCHA
MURCIA
EXTREMADURA
SIERRA MORENA
ANDALUCÍA
SIERRA NEVADA
P O R T U G A L
SERRA DA ESTRELA

Menorca
Mallorca
Palma
Ibiza
Formentera
Islas Baleares

San Sebastián
Bilbao
Pamplona
Santander
Gijón
Oviedo
Avilés
La Coruña
Pontevedra
Vigo
Braga
Oporto
León
Burgos
Palencia
Valladolid
Zamora
Salamanca
Lérida
Zaragoza
Barcelona
Tarragona
Valencia
Albacete
Alicante
Murcia
Cartagena
Almería
Segovia
Ávila
Madrid
Toledo
Ciudad Real
Cáceres
Mérida
Badajoz
Almadén
Córdoba
Linares
Jaén
Granada
Málaga
Sevilla
Huelva
Jerez de la Frontera
Cádiz
Algeciras
Gibraltar (Br.)
Ceuta (Esp.)
Estrecho de Gibraltar
Tánger
Melilla (Esp.)
Coimbra
Setúbal
Lisboa

R. Duero
R. Tajo
R. Guadiana
R. Guadalquivir

0   50   100   150   200 Kilómetros
0   50   100 Millas

- ✦ El presente de indicativo de verbos irregulares
- ✦ El presente progresivo
- ✦ Usos de los verbos **ser** y **estar**
- ✦ El presente de indicativo de verbos con cambios en la raíz

LECCIÓN 1

Sistemas educativos

Estudiantes universitarios en la Universidad Católica, Ecuador.

Sistemas educativos

Hoy es el primer día para matricularse y Noemí, una chica de Santiago, Chile, está hablando con un consejero sobre su programa de estudios en la Universidad de California y pregunta qué clases debe tomar.

CONSEJERO —Veo que su especialización es administración de empresas.

NOEMÍ —Bueno, no estoy segura, pero creo que sí. ¿Qué asignaturas tengo que tomar este semestre?

CONSEJERO —Lo mejor es tomar todos los requisitos generales primero.

NOEMÍ —Yo quiero tomar matemáticas, biología, psicología y, por supuesto, una clase de informática.

CONSEJERO —Son sólo doce unidades. ¿Por qué no toma algún curso electivo: arte o educación física, por ejemplo?

NOEMÍ —No sé... No quiero tomar demasiadas unidades porque tengo una beca y necesito mantener un buen promedio.

Después de hablar con su consejero, Noemí almuerza con su amigo Steve en la cafetería de la universidad. Steve está leyendo el horario de clases de Noemí.

STEVE —Vas a tomar clases muy difíciles; por lo visto eres muy lista. Oye, ¿existen muchas diferencias entre el sistema universitario de Chile y el de aquí?

NOEMÍ —¡Ya lo creo! Por ejemplo, en mi país no tenemos cursos electivos. Tampoco existen los requisitos generales.

STEVE —¿Por qué no?

NOEMÍ —Los estudiantes toman los requisitos en la escuela secundaria. En la universidad, toman solamente las materias propias de sus respectivas carreras.

STEVE —¿Cuántos años deben estudiar para obtener un título de ingeniero, por ejemplo?

NOEMÍ —Por lo regular, unos cinco años en la facultad de ingeniería.

STEVE —Un amigo mío, que es de Paraguay, dice que la asistencia no es obligatoria allí.

NOEMÍ —Bueno, en Paraguay, como en muchos otros países, hay estudiantes que no asisten a clases. Algunos viven lejos de la universidad o trabajan durante las horas de clase; otros simplemente prefieren estudiar por su cuenta. Solamente van a la universidad a tomar el examen de mitad de curso y el examen final.

STEVE —¡Qué buena idea! Yo prefiero ese sistema.

NOEMÍ —Bueno... tiene sus ventajas. Oye, ¿vas a la conferencia de la Dra. Reyes?

STEVE —¿Dónde es la conferencia?

NOEMÍ —Es en el aula número cien, donde tenemos las reuniones del club de francés.

STEVE —Bueno, la conferencia es a las ocho. Paso por ti a las siete y media, a más tardar. ¿Sigues viviendo en la residencia universitaria?

NOEMÍ —Sí. Oye, pero esta vez tienes que ser puntual porque no podemos llegar tarde.

C·O·M·P·R·E·N·S·I·Ó·N

A. El profesor o la profesora hará ciertas afirmaciones basadas en los diálogos. Diga Ud. si son verdaderas o no y por qué.

1. Si Noemí no se matricula hoy no va a poder hacerlo despúes.
2. Noemí es suramericana.
3. Noemí probablemente va a trabajar para una compañía después de graduarse.
4. Noemí va a tener que usar computadoras este semestre.
5. Noemí no toma sus estudios muy en serio.
6. Estados Unidos y Chile tienen el mismo sistema educativo.
7. En Paraguay los estudiantes universitarios tienen que asistir a clase regularmente.
8. En Paraguay los estudiantes universitarios no tienen que tomar exámenes.
9. Noemí no va a ver a Steve esta noche.
10. Por lo regular Steve no es puntual.

B. La clase se dividirá en grupos de cuatro. Dos estudiantes prepararán unas seis u ocho preguntas sobre la primera parte del diálogo y los otros dos harán lo mismo con la segunda parte. Cada pareja contestará las preguntas de la pareja opuesta.

Vocabulario

Nombres

la administración de empresas   business administration

la asignatura, materia   subject (*in a school*)

la asistencia   attendance

el aula, el salón de clase   classroom

la beca   scholarship

la carrera   career, course of study

la conferencia   lecture

el (la) consejero(a)   advisor, counselor

el curso   class, course of study

la educación física   physical education

la escuela secundaria   secondary school (*junior high school and high school*)

la especialización   major

el examen de mitad (mediados) de curso, examen parcial   mid-term examination

la facultad   school, college (*division within a university*)

el horario de clases   class schedule

la informática, la computación   computer science

el (la) ingeniero(a)   engineer

el país   country (*nation*)

el programa de estudios   study program

el promedio   grade point average

el requisito   requirement

la residencia universitaria   dormitory

la reunión, la junta   (*Mex.*) meeting
el título   degree
la ventaja   advantage

Verbos
asistir a   to attend
existir   to exist
mantener (*conj. like* **tener**)   to maintain, to keep
matricularse   to register
tratar de   to try to

Adjetivos
demasiados(as)   too many
educativo(a)   educational, related to education
listo(a)   smart
obligatorio(a)   mandatory
propio(a)   related, own

Otras palabras y expresiones
a más tardar   at the latest
creo que sí (no)   I (don't) think so
entre   between
esta vez   this time
lo mejor   the best thing
pasar por (alguien)   to pick (someone) up
por ejemplo   for example
por lo regular   as a rule
por lo visto   apparently
por su cuenta   on their own
por supuesto, naturalmente   of course
ser puntual   to be punctual
unos, unas   about (*before a number*)
¡Ya lo creo!   I'll say!

Palabras problemáticas

A. **Tomar, coger, agarrar** y **llevar** como equivalentes de *to take*

- **Tomar, coger** y **agarrar** son sinónimos cuando se usan para expresar *to take hold of* o *to seize*. En algunos países (Chile, Paraguay, México y Argentina) **coger** se considera una palabra ofensiva y sólo se usan **tomar** y **agarrar**.

  Él **toma (coge, agarra)** la pluma y escribe.

- **Llevar** se usa para expresar la idea de *to take* (*someone or something to another location*).

  Yo **llevo** a Elena a la universidad.

  Roberto **lleva** los libros a clase.

**Centro
Español
de Nuevas
Profesiones**
Barcelona • Madrid • La Coruña

- **Tomar** también se usa como equivalente de *to take* con respecto a las asignaturas, los medios de transporte y las medicinas.

  Toman los requisitos generales en la escuela secundaria.

  Tomo el tren de las ocho.

  Si tienes dolor de cabeza, debes **tomar** aspirina.

B. **Saber** y **conocer** como equivalentes de *to know*

- **Saber** quiere decir *to know* (*a fact*) o *to know by heart*. Seguido de un infinitivo, significa *to know how* (*to do something*).

  Yo **sé** el poema de memoria.

  Ella **sabe** mi número de teléfono.

  Nosotros no **sabemos** nadar.

- **Conocer** significa *to be familiar* o *to be acquainted with* (*a person, a thing, or a place*). El verbo **conocer** nunca va seguido de un infinitivo.

  Yo **conozco** a Alberto.

  Ellos **conocen** las novelas de Cervantes.

  ¿Tú **conoces** Nueva York?

C. **Pedir** y **preguntar** como equivalentes de *to ask*

- **Pedir** significa *to ask for* o *to request* (*something*).

  Yo nunca les **pido** dinero a mis padres.

- **Preguntar** quiere decir *to ask* (*a question*) o *to inquire*. Cuando se usa con la preposición **por**, quiere decir *to ask, to ask about* (*someone*).

  Le voy a **preguntar** al profesor cuándo es el examen.

  Daniel siempre **pregunta** por ti.

P R Á C T I C A

Complete los siguientes diálogos y represéntelos (*enact them*) con un(a) compañero(a).

1. —¿Tú _____ a Teresa?
   —Sí, ella _____ clases en la facultad de arquitectura.
   —¿_____ su número de teléfono?
   —No, no lo _____.
   —La quiero _____ al cine esta noche. Le voy a _____ si quiere ir conmigo.
   —¿Tienes dinero?
   —No, se lo voy a _____ a mi compañero de cuarto.
2. —¿_____ la dirección de Ana?
   —Sí, la _____ de memoria. (_____ una pluma y escribe la dirección.)
   —¿Dónde queda esta calle? Yo no _____ bien la ciudad.
   —Yo te puedo _____ en mi coche.
   —Muchas gracias... Yo no tengo coche ¡y no _____ conducir!

Estructuras gramaticales

1 · El presente de indicativo de verbos irregulares[1]

A. Verbos de conjugación irregular

- The following verbs are irregular in the present indicative tense.

Infinitive	Present Indicative
ser	soy, eres, es, somos, sois, son
estar	estoy, estás, está, estamos, estáis, están
dar	doy, das, da, damos, dais, dan
ir	voy, vas, va, vamos, vais, van
tener	tengo, tienes, tiene, tenemos, tenéis, tienen
venir	vengo, vienes, viene, venimos, venís, vienen
oír (*to hear*)	oigo, oyes, oye, oímos, oís, oyen

ATENCIÓN

Verbs ending in **-tener** are conjugated exactly like the verb **tener**. All verbs ending in **-venir** are conjugated exactly like the verb **venir**.

mantener   *to maintain, to support*   **convenir**   *to be convenient, to suit*
detener   *to stop, to detain*   **intervenir**   *to intervene*
entretener   *to entertain*

—¿Qué promedio mantienes en   *"What is your grade point average?"*
  tus clases?
—**Mantengo** un promedio de "A".   *"I maintain an 'A' average."*

PRÁCTICA

Entreviste a un(a) compañero(a) usando las siguientes preguntas.

1. ¿Quién eres?
2. ¿Quiénes son tus padres?
3. ¿De dónde son Uds.?
4. ¿Tienes hermanos? (¿Dónde están ahora?)
5. ¿Viene a visitarte tu familia?
6. ¿Tú intervienes en los problemas de tu familia?
7. ¿Te conviene asistir a esta universidad? ¿Por qué?
8. ¿Qué promedio mantienes?
9. ¿Qué días vienes a la universidad?
10. ¿Dónde son tus clases?
11. ¿Cuál es tu clase favorita? ¿Quién da esa clase?

---

[1]Please review the conjugations of regular **-ar**, **-er**, and **-ir** verbs in **Appendix B**.

12. ¿Es difícil para ti el español?
13. Cuando oyes hablar español, ¿tratas de entender lo que dicen?
14. ¿Adónde vas después de la clase de español?

B. Verbos irregulares en la primera persona

- Many Spanish verbs are irregular in the present tense only in the first-person singular. Most verbs ending in a vowel plus **-cer** or **-cir** add a **z** before the **c**.

Common irregular verbs		*Verbs ending in a vowel + -cer or -cir*	
hacer	yo **hago**	conocer	yo **conozco**
poner	yo **pongo**	reconocer (*to recognize;*	yo **reconozco**
salir	yo **salgo**	*to admit*)	
valer (*to be worth*)	yo **valgo**	ofrecer	yo **ofrezco**
traer	yo **traigo**	agradecer (*to thank*)	yo **agradezco**
caer	yo **caigo**	obedecer (*to obey*)	yo **obedezco**
ver	yo **veo**	parecer (*to seem*)	yo **parezco**
saber	yo **sé**	conducir	yo **conduzco**
caber	yo **quepo**	traducir	yo **traduzco**

—¿Tú trabajas los domingos?   *"Do you work on Sundays?"*
—No, yo no **hago** nada los   *"No, I don't do anything on*
domingos. Generalmente **salgo**   *Sundays. I generally go out*
con mis amigos.   *with my friends."*
—¿Quién conduce cuando sales   *"Who drives when you go out*
con tus amigos?   *with your friends?"*
—Siempre **conduzco** yo.   *"I always drive."*

¡ ATENCIÓN ! Verbs ending in **-hacer**, **-poner**, and **-parecer** are conjugated exactly like those verbs.

rehacer *to remake, redo*   **proponer** *to propose*   **desaparecer** *to disappear*
suponer *to suppose*   **aparecer** *to appear*   **imponer** *to impose*

—¿Dónde está Ramiro?   *"Where's Ramiro?"*
—No sé, pero **supongo** que está en   *"I don't know, but I suppose he's at the*
la universidad.   *university."*

P R Á C T I C A

A. Hable con un(a) compañero(a) sobre lo siguiente.

1. la hora en que Uds. salen de su casa (de la residencia)
2. las cosas que Uds. traen a sus clases
3. las personas a quienes Uds. ven todos los días
4. los (las) compañeros(as) de clase que Uds. conocen mejor
5. el tipo de coche que conducen (si conducen)
6. si hacen ejercicio (*exercise*) todos los días, y por cuánto tiempo

B. Termine las siguientes oraciones según su propia experiencia. Compare sus respuestas con las de sus compañeros.

1. Yo siempre desaparezco cuando...
2. Yo reconozco que...
3. Yo siempre (nunca) obedezco...
4. Yo les agradezco a mis padres...
5. Yo conozco...
6. Yo sé...
7. Yo nunca veo...
8. Yo supongo que...

2 • El presente progresivo

A. Formas del gerundio[1]

• To form the present participle (the -ing form in English) of regular verbs, the following endings are used:

-ar verbs: -ando		-er and -ir verbs: -iendo
tratar	tratando	comer comiendo
		vivir viviendo

• The following verbs have irregular forms.

1. -er and -ir verbs whose stems end in a vowel use the ending -yendo instead of -iendo.

   leer   leyendo
   oír   oyendo

2. -ir stem-changing verbs change the e to i and the o to u.

   mentir   mintiendo   dormir   durmiendo
   servir   sirviendo   morir   muriendo
   pedir   pidiendo

3. Other irregular forms are:

   decir   diciendo   ir   yendo[2]
   poder   pudiendo   venir   viniendo[2]

B. Formas y usos del presente progresivo

• The most commonly used present progressive construction in Spanish is formed with the present tense of the verb **estar** and the **gerundio** of the main verb.

—¿Qué **está haciendo** el Dr. Paz?   *"What is Dr. Paz doing?"*
—**Está hablando** con un   *"He's talking with a student."*
  estudiante.

---

[1]The **gerundio** is the Spanish equivalent of the English present participle.

[2]These are hardly ever used in the present progressive. The present indicative is used instead.
Where are you going? = **¿Adónde vas?**

- In Spanish, the present progressive indicates an action that is in progress.

| —¿Qué **estás leyendo?** | *"What are you reading?"* |
| —Una novela de García Márquez. | *"A García Márquez novel."* |

ATENCIÓN !

The present progressive is never used in Spanish to indicate a future action, as it is in English; the present tense is used instead.

| —**Salgo** mañana. | *"I'm leaving tomorrow."* |

The present progressive tense describes temporary actions. Extended or repeated actions are usually described in the present tense.

—¿Dónde **vive** tu sobrino?	*"Where is your nephew living?"*
—**Vive** en Miami.	*"He is living in Miami."*
—¿Qué hace allí?	*"What's he doing there?"*
—Trabaja en una universidad.	*"He's working at a university."*

C. El gerundio con los verbos **seguir** y **continuar**

- **Continuar** or **seguir** + *the present participle* (**gerundio**) may be used in Spanish to indicate an action that started in the past and is still taking place at a given time.

—¿Todavía estás estudiando francés?	*"Are you still studying French?"*
—Sí, yo **continúo estudiando,** pero no aprendo mucho.	*"Yes, I continue (keep on) studying, but I'm not learning much."*
—**¿Sigues estudiando** en la universidad?	*"Are you still studying at the university?"*
—No, porque tengo problemas económicos.	*"No, because I have financial problems."*

ATENCIÓN !

Continuar and **seguir** are *never* followed by the infinitive, as they are in English.

| Ellos | **siguen estudiando** | informática. |
| *They* | *continue to study* | *computer science.* |

Notice that **seguir** and **continuar** are synonymous in this context.

Ellos **siguen (continúan) estudiando.**

PRÁCTICA

A. Ud. y sus amigos están en la residencia universitaria. Usando el presente progresivo y los elementos dados, diga lo que está haciendo cada persona.

1. yo / leer / el horario de clases
2. Marcelo / dormir / su cuarto
3. Alicia / poner / libros / escritorio

4. Rosalía / servir / bebidas
5. Ana y Luis / pedir / refrescos
6. Ernesto / decir / debemos estudiar
7. Silvia / hacer / ejercicio
8. Ramiro / escribir / carta

B. Conteste las siguientes preguntas afirmativamente usando **seguir** o **continuar +
gerundio** en sus respuestas.

1. ¿Todavía trabaja en el mismo lugar?
2. ¿Todavía vive en la misma ciudad?
3. ¿Todavía estudia en la biblioteca?
4. ¿Todavía planea ir a la conferencia?
5. ¿Todavía tiene problemas económicos?

C. En parejas, hagan una lista de lo que está ocurriendo en la clase en este momento
usando los verbos **leer, estudiar, hacer, mirar, charlar** y **escuchar** (*to listen to*).

3 · Usos de los verbos **ser** y **estar**

- Both **ser** and **estar** correspond to the English verb *to be,* but they are *not* inter-
changeable.

A. Usos del verbo **ser**[1]

- **Ser** identifies people, places, or things.

—¿Quién **es** ese muchacho?	*"Who is that boy?"*
—**Es** José Luis Vargas Peña.	*"It's José Luis Vargas Peña."*
—¿Cuáles **son** tus ciudades favoritas?	*"What are your favorite cities?"*
—Río de Janeiro y Caracas.	*"Rio de Janeiro and Caracas."*
—¿Qué **es** esto?	*"What is this?"*
—**Es** una fruta.	*"It's a fruit."*

- With adjectives, it describes essential qualities such as color, size, shape, nationality, religion, and profession or trade.

—¿Cómo **es** tu casa nueva?	*"What is your new house like?"*
—**Es** grande y muy cómoda.	*"It's big and very comfortable."*
—Juan y Eva **son** arquitectos, ¿no?	*"Juan and Eva are architects, aren't they?"*
—Bueno, él **es** arquitecto y ella **es** ingeniera.	*"Well, he's an architect and she's an engineer."*
—¿**Son** colombianos?	*"Are they Colombian?"*
—Creo que sí.	*"I think so."*

---

[1]The use of **ser** in the passive voice will be studied in **Lección 12**.

- With the preposition **de,** it indicates origin, possession, relationship, and the material that things are made of.

—¿De dónde **es** Juan?	*"Where is Juan from?"*
—**Es** de Quito.	*"He is from Quito."*
—¿Roberto **es** el hermano de Daniel?	*"Is Roberto Daniel's brother?"*
—No, **es** su primo.	*"No, he is his cousin."*
—¿De quién **es** el reloj?	*"Whose watch is this?"*
—**Es** de la mamá de Antonio.	*"It's Antonio's mother's."*
—**¿Es** de oro?	*"Is it (made) of gold?"*
—No, **es** de plata.	*"No, it's (made) of silver."*

- It is used to express the time and the date.

—¿Qué hora **es**?	*"What time is it?"*
—**Son** las diez y media.	*"It's ten-thirty."*
—¿Qué fecha **es** hoy?	*"What's the date today?"*
—Hoy **es** el cuatro de abril.	*"Today is April fourth."*

- It is used in impersonal expressions.

—¿Tenemos la reunión hoy?	*"Shall we have the meeting today?"*
—No, **es mejor** tenerla mañana.	*"No, it's better to have it tomorrow."*
—**¿Es necesario** asistir a clase en la Universidad de Asunción?	*"Is it necessary to attend class at the University of Asunción?"*
—No, puedes estudiar por tu cuenta.	*"No, you can study on your own."*

- With the preposition **para,** it indicates for whom or what something is destined.

—¿Para quién **son** estos regalos?	*"Whom are these gifts for?"*
—**Son** para ti.	*"They're for you."*
—¿Para qué **es** este libro?	*"What is this book for?"*
—**Es** para aprender inglés.	*"It's for learning English."*

- It is used to indicate where an event is taking place, when *to be* is the equivalent of *to take place.*

—¿Dónde **es** la conferencia?	*"Where does the lecture take place?"*
—**Es** en el aula 222.	*"It's in (class)room 222."*
—¿Dónde **es** la fiesta?	*"Where's the party?"*
—**Es** en mi casa.	*"It's at my house."*

B. Usos del verbo **estar**

- **Estar** is used to indicate location of a person, place, or thing.

—¿Dónde **está** tu hermano?	*"Where is your brother?"*
—**Está** en el banco.	*"He's at the bank."*

- With adjectives, it indicates a current condition or state.

  —¿Cómo **está** Antonia hoy?   *"How's Antonia today?"*
  —**Está** mucho mejor,   *"She's much better, but*
      pero **está** muy cansada.   *she's very tired."*

- With personal reactions, it describes what is perceived through the senses—that is, how a person or thing seems, looks, tastes, or feels.

  —¿Te gusta la sopa?   *"Do you like the soup?"*
  —¡Sí, **está** muy rica!   *"Yes, it's very tasty!"*

- With the past participle, it indicates the state or condition resulting from a previous action. In this case, the past participle is used as an adjective and agrees with the subject in gender and number.

  —¿No puedes leer las cartas?   *"Can't you read the letters?"*
  —No, **están** escritas en italiano. *"No, they're written in Italian."*

- *To be alive* or *to be dead* are considered states or conditions that are expressed using **estar**.

  —¿**Está** vivo?   *"Is he alive?"*
  —No, **está** muerto.   *"No, he is dead."*

- It is used with the present participle forms **-ando** and **-iendo** in the progressive tenses.

  —¿Qué **estás haciendo**?   *"What are you doing?"*
  —**Estoy haciendo** la tarea.   *"I'm doing the homework."*

- It is also used in many idiomatic expressions:

  1. **estar de acuerdo**   *to agree*

     Ella quiere empezar más temprano, pero yo no **estoy de acuerdo**.

  2. **estar de buen (mal) humor**   *to be in a good (bad) mood*

     Hoy **estoy de buen humor** porque no hay clases.

  3. **estar de vacaciones**   *to be on vacation*

     Mis padres **están de vacaciones** en Viña del Mar.

  4. **estar en cama**   *to be sick in bed*

     Mi hermano **está en cama**. Tiene fiebre.

  5. **estar de viaje**   *to be (away) on a trip*

     Mis suegros **están de viaje** por Sudamérica.

  6. **estar de vuelta**   *to be back*

     Los chicos todavía no **están de vuelta**.

C. Adjetivos que cambian de significado

- Some adjectives change meaning depending on whether they are used with **ser** or **estar**. Here are some of them:

	With **ser**	*With* **estar**
aburrido(a)	*boring*	*bored*
verde	*green (color)*	*green (not ripe)*
malo(a)	*bad*	*sick*
listo(a)	*smart, clever*	*ready*

Los estudiantes **están aburridos**. Eso es porque el profesor **es** muy **aburrido**.

Estas manzanas no **están verdes**. **Son** manzanas **verdes**.

Rosa no puede ir a la reunión porque todavía **está mala**. Tiene mucha fiebre.

No quiero ir a ver a ese médico porque dicen que **es** muy **malo**.

¿Estás lista? Ya son las cuatro.

Mi hijo **es** muy **listo**. Es el más inteligente de la clase.

- Notice that, used with **ser**, these adjectives express an essential quality or a permanent condition. Used with **estar** they express a state or a current, transitory condition.

P R Á C T I C A

A. Forme oraciones con las siguientes palabras o frases usando **ser** o **estar** según corresponda. Añada (*Add*) todos los elementos necesarios, siguiendo el modelo.

MODELO: mesa / metal
La mesa es de metal.

1. fiesta / a las ocho
2. vestido / rayón
3. Rodolfo / muy bajo
4. Elsa / de mal humor
5. maleta / en el dormitorio
6. mi hermana / ingeniera
7. mejor / asistir a clase
8. Elena / de viaje
9. profesor / corrigiendo los exámenes
10. quién / esa chica
11. novia / de Buenos Aires
12. de acuerdo / con mis padres
13. concierto / mañana
14. mañana / ocho de diciembre
15. pobre gato / muerto
16. mis padres / de vuelta
17. Marta / inteligente
18. dónde / la fiesta
19. puertas / abiertas
20. Teresa / muy joven

B. Complete el siguiente párrafo usando las formas correctas del presente de **ser** o **estar,** según corresponda.

_____ las cinco de la tarde y Alicia y Fernando _____ conversando en un café de la avenida 18 de Julio. Alicia _____ una muchacha inteligente y simpática.

_____ ingeniera y ahora _____ trabajando para una compañía norteamericana. Fernando _____ moreno, alto y muy guapo. Los chicos _____ muy buenos amigos. Alicia _____ argentina y Fernando _____ de Venezuela, pero ahora los dos _____ viviendo en Montevideo.

Hoy Alicia _____ de muy buen humor porque su familia _____ de vuelta de un viaje a España, y dentro de unos días comienzan sus vacaciones. Escuchemos lo que _____ diciendo.

FERNANDO —Oye, hoy _____ más bonita que nunca. Esta noche sales con Nicolás, ¿verdad?

ALICIA —¡Ay, no! El pobre _____ muy aburrido y además no _____ muy listo.

FERNANDO —Pero, ¿no _____ tu novio?

ALICIA —¿_____ loco? Para mí lo más importante en un hombre _____ la inteligencia, y él no tiene ninguna.

FERNANDO —¡Qué mala _____ (tú)! Siempre te _____ riendo del pobre chico.

ALICIA —Yo no _____ mala; _____ sincera. Oye, ¿dónde _____ la fiesta de Nora?

FERNANDO —_____ en el hotel Madrid. ¿Vamos juntos? Paso por ti a las ocho.

ALICIA —¡Buena idea! A las ocho en punto _____ lista.

C. Entreviste a un(a) compañero(a) usando las siguientes preguntas.

1. ¿Cómo estás?
2. ¿Cómo eres?
3. Generalmente, ¿estás de buen humor o de mal humor?
4. ¿Cuándo es tu cumpleaños?
5. ¿A qué horas son tus clases?
6. ¿Adónde vas cuando estás de vacaciones?
7. ¿Cómo son tus padres?
8. ¿De dónde son?
9. ¿Siempre estás de acuerdo con tus padres?
10. ¿Qué crees que está haciendo tu padre (madre) en este momento?

D. En parejas, representen los siguientes diálogos en español.

1. "I'm bored! What can we do?"
   "We can go to the movies."
2. "Is he sick in bed?"
   "Yes, the poor boy is very sick."
3. "Where is the meeting?"
   "It's in (class)room 25. Dr. Vega is going to speak about the new requirements."
   "I don't want to go. She's very boring."
   "You have to go. We have to be there at four o'clock. Are you ready?"
   "Not yet. Where's David? Is he going to be there?"
   "David is on vacation."
   "Again? That boy is very smart! He never works!"

E. En parejas, y teniendo en cuenta los usos de **ser** y **estar,** preparen cinco preguntas para hacérselas a su profesor o profesora.

---

4 · El presente de indicativo de verbos con cambios en la raíz

- Certain verbs undergo a stem change in the present indicative, as follows:

preferir (e → ie)		*poder (o → ue)*		*pedir (e → i)*	
prefiero	preferimos	puedo	podemos	pido	pedimos
prefieres	preferís	puedes	podéis	pides	pedís
prefiere	prefieren	puede	pueden	pide	piden

- Notice that the stem change does not occur in **nosotros** and **vosotros.**

Other stem-changing verbs

	-ar	-er	-ir
e → ie	cerrar comenzar empezar pensar confesar despertar negar (*to deny*)	querer encender (*to light*)[1] perder entender	mentir (*to lie*) sugerir sentir advertir (*to warn*)

	-ar	-er	-ir
o → ue	contar costar encontrar probar (*to taste*) recordar acostar almorzar volar mostrar (*to show*) soñar (*to dream*)	volver envolver (*to wrap*) doler (*to hurt*) morder (*to bite*) resolver (*to solve*)	dormir morir

e → i		-ir	
	decir servir impedir (*to prevent*)	competir conseguir despedir (*to fire*) seguir	repetir elegir (*to choose*) corregir (*to correct*) vestir

---

[1]**Encender** también significa *to turn on* cuando se habla de la luz, el radio y el televisor.

PRÁCTICA

A. Transforme los siguientes párrafos, usando los pronombres dados entre paréntesis.

1. *Nosotros* no *queremos* estudiar <u>historia</u>; *preferimos* estudiar <u>geografía</u>. Por lo general *comenzamos* a <u>estudiar</u> a <u>las diez</u> y a <u>las doce</u> *almorzamos*. *Seguimos* <u>estudiando</u> hasta las nueve y después *volvemos* a <u>casa</u>, *cenamos* y *dormimos*.
   (Él...)
2. *Nosotros volamos* a <u>México</u> <u>todos</u> <u>los</u> <u>veranos</u>. *Soñamos* con ir a <u>Buenos Aires</u>, pero nunca *conseguimos* suficiente dinero. *Sentimos* mucho no poder ir, pero... no *perdemos* la esperanza (*hope*). Siempre *decimos* "<u>el año que viene</u>".
   (Ellos...)

Ahora escríbalos de nuevo, usando el pronombre **yo** y cambiando las palabras subrayadas (*underlined*) según sus propias circunstancias.

B. Conteste las siguientes preguntas.

1. ¿A qué hora empiezan sus clases?
2. ¿Qué piensa de esta clase?
3. ¿Entiende siempre al profesor (a la profesora)?
4. ¿Dónde almuerza Ud. generalmente?
5. ¿A qué hora vuelve a su casa (a la residencia)?
6. ¿A qué hora sirven la cena en su casa (en la cafetería)?
7. ¿Cuántas horas duerme por la noche?

C. A estos anuncios y noticias de un programa de televisión les faltan los verbos. Póngaselos Ud. usando el presente de indicativo de los verbos que aparecen en cada lista. Ud. y sus compañeros serán los locutores (*announcers*), y cada uno leerá un anuncio.

| competir | costar | servir | almorzar |

1. Todo _____ menos en el restaurante El Sombrero. Ud. _____ por sólo cinco dólares. Nosotros _____ el mejor pollo frito de la ciudad. Ningún otro restaurante _____ con el nuestro en precios ni en servicios.

| morir | encender | encontrar | sugerir |

2. Si Ud. _____ la luz y _____ cucarachas (*roaches*) en la cocina, debe usar nuestro producto Anticucarachas. En dos minutos, todas las cucarachas _____. Yo le _____ no esperar ni un día más.

| tener | confesar | recordar | contar | repetir |

3. ¿_____ Uds. a la famosa Lolita Vargas? Rosa Barreto nos _____ lo que está pasando en la vida de la famosa actriz. Lolita _____ que _____ un nuevo amor y _____ que *éste es el verdadero* (otra vez).

morder   perder   impedir   despertar

4. ¡Importante! Un agente de policía _____ un robo en la tienda Libertad. Un perro rabioso _____ a dos personas en un parque. El gobernador Francisco Acosta _____ las elecciones. Un hombre _____ después de estar en coma por seis meses. Film a las once.

D. Ahora, en parejas, escriban dos noticias y un anuncio originales usando los verbos aprendidos.

◆ ¿Cuánto sabe usted ahora?

A. Palabras y más palabras

I. Diga lo siguiente de otra manera usando el vocabulario de esta lección.

1. ir (por ejemplo, a clase)
2. asignatura
3. curso que todos los estudiantes tienen que tomar
4. examen de mitad de curso
5. aparentemente
6. salón de clases
7. computación
8. relativo a la educación
9. por lo general
10. naturalmente
11. ayuda monetaria que recibe un estudiante
12. clase
13. no llegar tarde nunca
14. y ni un minuto más tarde
15. inteligente
16. nación

II. En parejas, busquen en la columna **B** las respuestas a las preguntas de la columna **A**.

A	**B**
1. ¿Tenemos que ir a clase?	a. Es ingeniero.
2. ¿Cuál es tu especialización?	b. El Dr. Vargas.
3. ¿Qué título tiene?	c. B+.
4. ¿Es un examen parcial?	d. Sí, paso por ti a las ocho.
5. ¿Qué promedio mantienes?	e. El horario de clases.
6. ¿Dónde vives?	f. Es en la biblioteca.
7. ¿Quién es tu consejero?	g. Sí, la asistencia es obligatoria.
8. ¿Qué estás leyendo?	h. No, él estudia por su cuenta.
9. ¿Puedes llevarme a la universidad?	i. No, final.
10. ¿Asiste a clase?	j. No, primero voy a hablar con mi consejero.
11. ¿Dónde es la reunión esta vez?	k. En la residencia universitaria.
12. ¿Piensas matricularte hoy?	l. Administración de empresas.

B. Vamos a conversar

1. ¿Cuáles son algunas diferencias entre el sistema educativo de Chile y el de Estados Unidos?

2. ¿Es obligatoria la asistencia a clase en todos los países?
3. ¿Qué le conviene más a un estudiante: estudiar por su cuenta o asistir a clase?
4. ¿Qué promedio desea Ud. mantener? ¿Lo mantiene?
5. ¿Qué es necesario hacer para mantener un buen promedio?
6. ¿Tiene Ud. una beca para asistir a esta universidad?
7. ¿Cuándo es el examen de mediados de curso? ¿Y el examen final?
8. Por lo general, ¿son más difíciles los exámenes de mediados de curso o los exámenes finales? ¿Por qué?
9. ¿Vive Ud. en un apartamento, en una casa o en la residencia universitaria?
10. ¿Qué ventajas cree Ud. que tiene vivir en la residencia universitaria?

C. **Una entrevista.**   El (La) director(a) de admisiones quiere que Ud. y un(a) compañero(a) entrevisten a un joven que termina la escuela secundaria este año y espera matricularse en su universidad en septiembre. Hagan una lista de las preguntas que Uds. le harían.

D. **Olga y yo.**   Lea el siguiente párrafo y vuelva a escribirlo en la primera persona de singular, cambiando las palabras en cursiva (*italic*) según sus propias circunstancias.

Olga es una chica muy popular. Conoce a todos los estudiantes de la Facultad y todos dicen que ella vale mucho, porque es muy inteligente.

Los viernes y sábados sale con *sus amigos* (nunca dice que no a una invitación), pero los domingos *no hace nada*; desaparece de la ciudad y no aparece hasta el lunes por la mañana. Generalmente va *con su familia a la montaña.*

Trabaja en una oficina, donde traduce cartas y documentos. Como no tiene mucho tiempo para estudiar en su casa, a veces trae sus libros a la oficina.

Olga *conduce un coche muy bonito* y tiene *bastante* dinero; *todos los meses* pone dinero en el banco para poder *salir de viaje en las vacaciones.* Ella reconoce que es *una chica de mucha suerte.*

Continuemos

Aumente su vocabulario

Algunas facultades

facultad de arquitectura   school of architecture

facultad de ciencias económicas (comerciales)   school of business administration

facultad de derecho   law school

facultad de filosofía y letras   school of humanities

facultad de ingeniería   school of engineering

facultad de medicina   medical school

facultad de odontología   dental school

Algunas profesiones

el (la) abogado(a)   lawyer

el (la) analista de sistemas   systems analyst

el (la) bibliotecario(a)   librarian

el (la) contador(a) público(a)   certified public accountant

el (la) dentista   dentist
el (la) enfermero(a)   nurse
el (la) farmacéutico(a)   pharmacist
el (la) maestro(a)   teacher
el (la) médico(a)   medical doctor

el (la) programador(a)   programmer
el (la) psicólogo(a)   psychologist
el (la) trabajador(a) social   social
   worker
el (la) veterinario(a)   veterinarian

Otras palabras y expresiones relacionadas con el tema

la escuela primaria (elemental)
   grade school, elementary school
la escuela tecnológica   technical
   school
ingresar en   to enter (*e.g., a university*)
la matrícula   tuition
la nota   grade

el profesorado   faculty
la solicitud   application
la universidad estatal   state university
la universidad privada   private
   university
el (la) universitario(a)   college student

¿Recuerda el vocabulario nuevo?

A. Complete las siguientes oraciones con palabras de la lista anterior.

1. Asiste a la _____ porque quiere ser contadora pública.
2. Si quiere ser _____, debe estudiar en la facultad de derecho.
3. Los futuros médicos estudian en la _____ y los futuros _____ en la de Odontología.
4. Es _____. Trabaja en la Biblioteca Nacional.
5. El _____ va a dar una conferencia sobre psicología.
6. Voy a llevar a mi perro al _____ porque está enfermo.
7. Es maestro. Enseña en la escuela _____.
8. Los futuros arquitectos asisten a la _____.
9. En las _____, la matrícula es más cara que en las _____.
10. Debo llenar una _____ para asistir a la facultad de filosofía y _____.
11. Trabaja con computadores. Es _____.
12. El _____ trabaja en la farmacia.
13. Las _____ ayudan a los médicos.
14. Mi esposa es analista de _____.
15. No puedo matricularme porque no tengo dinero para pagar la _____.
16. Hoy hay una reunión del _____ de la universidad.
17. Estudia mecánica. Está en la escuela _____.
18. Mi hermano no es psicólogo; es _____ social.
19. Ella tiene muy malas _____: una "F" y una "D".
20. Jorge va a _____ la universidad este verano.
21. A la conferencia van a asistir _____ de todas las instituciones postsecundarias del país.

B. Ud. y un(a) compañero(a) tienen que elegir su especialización este año. Utilicen el vocabulario nuevo para hablar de los factores que pueden influir en sus decisiones.

MODELO: *Pienso especializarme en matemáticas* porque quiero ser contadora pública.

De esto y aquello...

Hablemos de carreras

En parejas, fíjense en (**notice**) este anuncio y contesten las siguientes preguntas.

1. ¿Cuáles son las ventajas de asistir al Centro de Orientación Pre-Universitaria Andrés Bello?
2. Según el anuncio, ¿qué porcentaje de los alumnos resultan aplazados (*fail*) en el primer semestre?
3. ¿Ofrece el centro cursos especiales para los estudiantes que desean ingresar en la facultad de medicina o en la facultad de filosofía y letras?
4. ¿Dónde queda el centro?
5. ¿A qué número se debe llamar para obtener información acerca de los cursos?
6. ¿Hasta qué día están abiertas las inscripciones?

¿Qué dirían ustedes... ?

Imagínense Ud. y un(a) compañero(a) que se encuentran en las siguientes situaciones. ¿Qué va a decir cada uno?

1. Alguien los (las) invita para ir al cine esta noche y Uds. tienen un examen mañana.
2. Un latinoamericano necesita información sobre el sistema educativo de Estados Unidos.
3. Uds. quieren explicarles a unos amigos algunas cosas sobre el sistema educativo de Chile.
4. Uds. quieren invitar a un(a) amigo(a) a ir a una conferencia con Uds. Esa persona dice que está ocupada, y Uds. tratan de convencerlo(la) de que es mejor ir a la conferencia.

Una encuesta

Entreviste a sus compañeros de clase para tratar de identificar a aquellas personas que...

1. ...están tomando por lo menos tres requisitos generales.
2. ...tienen una beca.
3. ...están tomando por lo menos dos cursos electivos. ¿Cuáles?
4. ...ya saben exactamente qué carrera van a estudiar. ¿Cuál es?
5. ...prefieren no asistir a clase y estudiar por su cuenta.
6. ...prefieren no tener exámenes ni notas.
7. ...mantienen un promedio de "A" en todas sus clases.
8. ...toman más de doce unidades.
9. ...piensan estudiar esta noche.
10. ...siempre son puntuales.

Y ahora, discuta el resultado de la encuesta con el resto de la clase.

¡De ustedes depende!

Una estudiante latinoamericana va a asistir a la universidad donde Uds. estudian. Ud. y un(a) compañero(a), denle la información que ella necesita con respecto a lo siguiente.

1. días de matrícula
2. cuánto debe pagar por la matrícula
3. cuándo empiezan y terminan las clases
4. requisitos que debe tomar
5. posibilidades de obtener ayuda financiera (*financial aid*)
6. programas especiales
7. clubes y organizaciones
8. lugares donde puede vivir

Mesa redonda

Formen grupos de cuatro o cinco estudiantes y hablen de los problemas de la educación en Estados Unidos, sugiriendo posibles soluciones. Hagan una lista de los problemas y otra de las soluciones. Seleccionen un líder de cada grupo que informe al resto de la clase sobre las ideas discutidas en los grupos.

Lecturas periodísticas

Para leer y comprender

A. Antes de leer el siguiente artículo detalladamente, fíjese en (*notice*) el título. Piense en el tema que parece sugerir y en el vocabulario asociado con este tema. En su primera lectura, subraye (*underline*) este vocabulario si lo encuentra y fíjese también en los cognados.

B. Al leer el artículo detalladamente, busque las respuestas a las siguientes preguntas.

1. ¿Qué problema tienen los bachilleres recién graduados al ingresar en la universidad? ¿Por qué?
2. ¿Qué no tiene la mayoría de los colegios y de las universidades?
3. ¿Qué ha hecho un grupo de psicólogos colombianos para ayudar a los estudiantes?
4. ¿Cuándo eligen una carrera muchos estudiantes y cómo lo hacen?
5. ¿Qué opina Guillermo Bernal sobre este problema?
6. Según Alfonso Leyva Zambrano, ¿qué ocurre cuando no se escoge la carrera correcta? ¿Por qué?
7. ¿Qué decidió crear Leyva y con quiénes lo creó?
8. ¿Qué les ofrecen a los estudiantes Leyva y sus colaboradores?

Busco profesión

Muchos bachilleres recién graduados a la hora de ingresar en la universidad aún no saben qué estudiar ya que° elegir la carrera a la que van a dedicarse el resto de su vida no es un asunto° sencillo°. Y, para completar, ni los colegios ni las universidades poseen un sistema de orientación profesional para ayudar al alumno a tomar una decisión. Por eso un grupo de psicólogos se ha especializado en "buscar profesiones". Por medio de un estudio psicológico, que analiza el perfil° individual del estudiante, se le dan a éste las opciones de las carreras más afines con su personalidad, sus aptitudes y sus intereses.

ya... since

matter / simple

profile

Profesora de ciencias en la Universidad Nacional Autónoma de México, en la Ciudad de México.

Al recibir el título de bachiller, son pocos los que ya saben cuál va a ser su profesión. Por eso, la mayoría de las veces la elección sólo llega en el momento de inscribirse° en las universidades y muchos lo hacen al azar°. Según Guillermo Bernal, ex secretario general del Icetex[1], el problema es la desinformación°. "El recién graduado casi nunca cuenta con° una orientación que le muestre las diferentes opciones profesionales que existen y esta situación influye profundamente en el mercado de profesionales en el país."

Según Alfonso Leyva Zambrano, gerente general de Recursos Empresariales —una empresa dedicada desde hace más de 20 años a la selección de profesionales—"es muy difícil encontrar buenos profesionales, pues cuando la decisión de escoger carrera no es la correcta, los trabajadores que se forman son mediocres. En la mayoría de los casos no es por deficiencias intelectuales o de preparación; simplemente es porque la persona escoge dedicarse a algo que nada tiene que ver° con sus gustos y aptitudes más fuertes".

Por eso, junto con un grupo de expertos en educación y en psicología, Leyva decidió crear un programa de orientación profesional para ayudar al estudiante a hacer una elección consciente de la carrera que más le conviene estudiar. "Este sistema de orientación intenta integrar a la decisión tanto la parte profesional como la personal. Nuestra búsqueda consiste en mostrarle al estudiante que de su elección depende su vida entera porque, antes de ser una decisión de carrera, lo que el joven escoge es una opción de vida."

Adaptado de **Semana** (Colombia)

register / **al...** by chance
lack of information
cuenta... has

nada... has nothing to do

---

[1]Instituto Colombiano de Crédito Educativo y de Estudios Técnicos en el Exterior.

Desde su mundo

1. ¿Ve Ud. algunas semejanzas (*similarities*) entre los problemas de los estudiantes colombianos al elegir una carrera y los de los estudiantes norteamericanos? ¿Cuáles?
2. ¿Qué factores son importantes para Ud. en la elección de una carrera?

Pepe Vega y su mundo

Teleinforme

La educación y la experiencia son los dos aspectos más importantes del currículum o resumé. En el video, vamos a ver los efectos de la preparación en la vida de una joven que busca trabajo.

Preparación

¿Trabajo o tiempo libre?   Hay algunas categorías y actividades que pertenecen más al mundo del trabajo y otras que son propias del tiempo libre. Clasifique las siguientes actividades y expresiones según pertenezcan al tiempo libre (**L**) o al mundo del trabajo (**T**).

____	1. ser actriz	____	17. las matemáticas
____	2. hacer aerobic	____	18. la meditación trascendental
____	3. practicar ala delta (*hang-gliding*)	____	19. las computadoras
____	4. archivar (*filing*)	____	20. la pintura
____	5. el ballet clásico	____	21. la publicidad (*advertising*)
____	6. el buceo (*scuba diving*)	____	22. la química
____	7. la contabilidad (*accounting*)	____	23. hacer *rafting*
____	8. dar masajes	____	24. secretario(a)
____	9. la equitación	____	25. el solfeo (*sol-fa*)
____	10. escribir a máquina (*to type*)	____	26. la taquigrafía (*shorthand*)
____	11. el esquí acuático	____	27. tocar el piano
____	12. la filología inglesa	____	28. el tratamiento de textos (*word processing*)
____	13. el fútbol	____	29. hacer *trekking*
____	14. el golf	____	30. el voleibol
____	15. hablar francés	____	31. hacer *windsurf*
____	16. la informática	____	32. el yoga

Comprensión

En la Agencia Supersonic   0:00–2:15

Las chicas de hoy en día es un programa de comedia producido por la estación nacional de España, la RTVE o Radiotelevisión Española. Es sobre las vidas de Charo y Nuri, dos jóvenes que quieren conseguir trabajo como actrices. En este episodio, Nuri busca trabajo para ganarse la vida mientras consigue otro trabajo como actriz. Aquí la vemos en la agencia de colocación Supersonic.

A. **¿Quién menciona qué?**   Vea el video y preste atención a las actividades o habilidades que menciona Chuni, la representante de la Agencia Supersonic; las que menciona Nuri, la solicitante rubia (*blond applicant*) y las que menciona Charo, la amiga de Nuri. De la lista en la sección de **Preparación**, ¿cuáles menciona Nuri, cuáles menciona Chuni y cuáles menciona Charo? Escríbalas en tres columnas:

Nuri   *Chuni*   *Charo*

B. **En su opinión...**

   1. ¿Qué tipo de preparación tiene Nuri?
   2. ¿Qué tipo de preparación busca Chuni?
   3. ¿Qué tipo de trabajo sería apropiado para Nuri?

Ampliación

Anuncios.   En parejas, preparen un anuncio para uno de los siguientes trabajos. Mencione todas las características que requieren los puestos (*positions*), especialmente el tipo de educación y experiencia, y las destrezas (*skills*) deseadas.

entrenador(a) de *windsurf*
instructor(a) de yoga
publicista
secretario(a) bilingüe

¡Naveguemos!

Si desea explorar otros aspectos relacionados con esta lección, haga las actividades de la red (*Internet*) que corresponden a la lección. Vaya primero a http://www.hmco.com/college en la red, y de ahí a la página de *¡Continuemos!*

De viaje

Una agencia de viajes en Caracas, Venezuela.

De viaje

Sara y Pilar están en una agencia de viajes en la Ciudad de México. Planean hacer un viaje a Costa Rica. Como es la temporada turística, hay mucha gente en la agencia. Mientras esperan leen folletos, itinerarios, tarifas de hoteles y propaganda de varios lugares turísticos. Por fin, uno de los agentes las llama para atenderlas.

SARA — —Queremos dos pasajes de ida y vuelta a San José, en clase turista.

AGENTE — —Muy bien. Hay vuelos a San José tres veces por semana: martes, jueves y sábados. ¿Quieren reservar los asientos hoy?

PILAR — —Sí, podemos viajar el sábado 25 de este mes. Queremos reservar un asiento de ventanilla y uno de pasillo en la misma fila, en la sección de no fumar.

SARA — —¿Qué documentos necesitamos? ¿Pasaporte y visa?

AGENTE — —Solamente su pasaporte.

PILAR — —¿El avión hace escala en alguna parte?

AGENTE — —Sí, en la Ciudad de Guatemala, pero no tienen que transbordar.

El día del viaje, en el aeropuerto, después de hacer cola, las chicas hablan con el agente de la aerolínea para facturar el equipaje.

AGENTE — —¿Cuántas maletas tienen?

SARA — —Tenemos cinco maletas y dos bolsos de mano.

AGENTE — —Tienen que pagar exceso de equipaje.

El agente les da tarjetas de embarque y comprobantes para el equipaje. Las chicas suben al avión y le entregan las tarjetas de embarque a la azafata.

AZAFATA — —Sus asientos están en la fila F. Tienen que poner sus bolsos de mano debajo del asiento o en el compartimiento de equipaje.

SARA — —Yo voy a poner mi bolso debajo del asiento. ¿Dónde quieres poner el tuyo?

PILAR — —Aquí, también, porque lo voy a necesitar.

SARA — —Al llegar a San José voy a llamar a Daniel. Él nos va a venir a buscar.

El piloto anuncia por el altavoz que los pasajeros deben abrocharse el cinturón de seguridad porque el avión está para despegar.

PILAR — —No veo la hora de ir a la playa... ¡Tengo ganas de tomar el sol! ¡Ay, no tengo mis anteojos de sol!

SARA — —Yo te presto los míos...

Durante el viaje, las chicas planean las excursiones que van a hacer en Costa Rica. Al rato viene la azafata y les sirve el almuerzo.

C·H·A·R·L·E·M·O·S

1. ¿Por qué hay mucha gente en la agencia de viajes? ¿Qué hacen las chicas mientras esperan?
2. ¿Para qué las llama uno de los agentes?
3. ¿Qué tipo de pasajes quieren las chicas?
4. ¿Cuál de los vuelos escogen las chicas y en qué fecha pueden viajar?
5. ¿Las chicas se van a sentar juntas? (¿Cómo lo sabe?)
6. ¿En qué país hace escala el avión? ¿Las chicas tienen que cambiar de avión?
7. ¿Por qué tienen que pagar las chicas exceso de equipaje?
8. ¿Qué necesitan tener las chicas para subir al avión? ¿Y para recoger el equipaje?
9. ¿Dónde deciden poner los bolsos de mano?
10. ¿A quién van a llamar al llegar a San José y qué va a hacer él?
11. ¿Qué tiene ganas de hacer Pilar? ¿Qué va a necesitar para hacerlo?
12. ¿Las chicas viajan durante el día o durante la noche? (¿Cómo lo sabe?)

 # Vocabulario

Nombres
el altavoz   loudspeaker
los anteojos (las gafas) de sol   sunglasses
el asiento de pasillo (de ventanilla)   aisle (window) seat
la azafata, el (la) auxiliar de vuelo   flight attendant
el bolso de mano   carry-on bag
la clase turista   coach class
el compartimiento de equipaje   luggage compartment
el comprobante   claim check
el equipaje   luggage
el exceso de equipaje   excess luggage
la excursión, la gira   tour
la fila   row
el folleto   brochure
la gente   people
el itinerario, el horario   schedule
el lugar   place
el pasaje, el billete   ticket
el (la) pasajero(a)   passenger
el pasillo   aisle

la propaganda   advertising, promotional material
la sección de (no) fumar   (non)-smoking section
la tarifa   rate
la tarjeta de embarque (embarco)   boarding pass
la temporada turística   tourist season
la vez   time (*in a series*)
el vuelo   flight

Verbos
anunciar   to announce
atender (e→ie)   to assist, to wait on
buscar   to pick up
despegar   to take off (*said of a plane*)
entregar   to give, to turn in
facturar, despachar   to check (*e.g., luggage*)
planear   to plan
prestar   to lend
reservar   to reserve
subir, abordar   to board
transbordar   to change (*e.g., planes*)

Otras palabras y expresiones

abrocharse el cinturón de seguridad
   to fasten one's seatbelt
al llegar   upon arriving
al rato   a while later
como   since
de ida   one way
— y vuelta   round-trip
de viaje   on a trip
debajo de   under(neath)
después de   after
durante   during

en alguna parte   anywhere, somewhere
estar para   to be about to
hacer cola   to stand in line
hacer escala   to make a stopover
hacer un viaje   to go on a trip, to take a trip
No veo la hora de...   I can't wait to . . .
por fin   at last, finally
tener ganas (+ *inf.*)   to feel like (doing something)
tomar el sol   to sunbathe

Palabras problemáticas

A. Tiempo, vez y hora como equivalentes de *time*

- **Tiempo** equivale a *time* cuando nos referimos al período o duración de algo.

  No quiero estar aquí mucho **tiempo**.

- **Vez** equivale a *time* cuando se habla de series.

  Voy a clase dos **veces** por semana.

- **Hora** equivale a *time* cuando se habla de un momento del día o de una actividad específica.

  Es **hora** de cenar.

  No puedo ir a las ocho porque a esa **hora** estoy ocupada.

B. Debajo de, bajo y abajo como equivalentes de *below*

- **Debajo de** equivale a *below* como sinónimo de *underneath*.

  Ponen los bolsos **debajo del** asiento.

- **Bajo** es el equivalente de *under* o *below* y se usa tanto en sentido literal como figurado.

  La temperatura está a veinte grados **bajo** cero.

  Elena está en la guía telefónica **bajo** "Fernández".

  Trabajan **bajo** la supervisión de la Dra. Ortega.

- **Abajo** es el opuesto de **arriba** (*above*). Equivale a *downstairs* cuando nos referimos a un edificio o a una casa.

  —Mi hermano me está esperando **abajo**.

PRÁCTICA

En parejas, representen los siguientes diálogos en español.

1. "Can you take these brochures to the travel agency at two-thirty?"
   "No, I'm going to be busy at that time."
   "Can you go later?"
   "No, I don't have any time today."
2. "Where do you work?"
   "At the university, under the supervision of Professor Rojas."
   "Where is his office?"
   "Downstairs."
3. "How many times a week do you have classes?"
   "Three times a week."

 ## Estructuras gramaticales

1 · La **a** personal[1]

- The personal **a** has no equivalent in English. It is used in Spanish before a direct object noun that refers to a specific person or persons.

—Yo no veo **a** todos mis amigos los sábados.	*"I don't see all my friends on Saturdays."*
—¿**A** quiénes ves?	*"Whom do you see?"*
—**A** Julio y **a** Teresa.[2]	*"Julio and Teresa."*
—¿**A** cuál de las chicas conoces?	*"Which one of the girls do you know?"*
—**A** ésa que está allí.	*"That one over there."*
—¿Qué hace Carlos en la agencia tan temprano?	*"What's Carlos doing at the agency so early?"*
—Espera **a**[3] la Sra. Reyes.	*"He's waiting for Mrs. Reyes."*

- The personal **a** is also used when the direct object is **quien(es)** or is an indefinite expression such as **alguien** or **nadie**.

—¿Necesitas ver **a** alguien?	*"Do you need to see anybody?"*
—No, no necesito ver **a** nadie.	*"No, I don't need to see anyone."*

---

[1]Review the concept of the direct object on page 36.

[2]If there are two or more direct objects, the personal **a** is used before each: Llaman **a** Julio y **a** Teresa.

[3]If the personal **a** is followed by the article **el**, the contraction **al** is formed: Espera al Sr. Reyes.

- The personal **a** is used when an animal or an inanimate object is personified.

—¿Adónde vas?   *"Where are you going?"*
—Voy a llevar **a** mi perrito al veterinario   *"I'm going to take my puppy to the*
porque el pobre está enfermo.   *vet because the poor thing is sick."*

—En Chile tenemos las montañas más   *"In Chile we have the most*
hermosas.   *beautiful mountains."*
—Para ti, Chile es el mejor lugar del   *"For you, Chile is the best place in*
mundo.   *the world."*
—Es que yo amo mucho **a** mi país.   *"Well, I love my country very much."*

- The personal **a** is not used when the direct object refers to a thing, to an unspecified person, or after the verb **tener**.

—¡Hola! ¿Qué haces aquí?   *"Hi! What are you doing here?"*
—Espero un taxi.   *"I'm waiting for a taxi."*

—¿Qué necesitas?   *"What do you need?"*
—Necesito un secretario.   *"I need a secretary."*

—¿Tiene Ud. hijos?   *"Do you have children?"*
—Sí, tengo cuatro hijos.   *"Yes, I have four sons."*

P R Á C T I C A

A. En parejas, lean los siguientes diálogos usando la **a** en los casos en que se necesita.

1. —¿ _____ quién esperas?
   —No espero _____ nadie. Estoy esperando _____ el ómnibus.
2. —¿Cuántos hijos tienes?
   —Tengo _____ dos hijos: Luis y Mario; pero no veo _____ Luis muy frecuentemente.
3. —¿_____ cuál de los chicos prefieres? ¿ _____ ése o _____ aquél?
   —Prefiero _____ aquél.
4. —¿Vas a visitar _____ tus padres en Madrid?
   —Sí, y vamos a ir todos a visitar _____ el Museo del Prado.
5. —¿Qué necesitan Uds.?
   —Necesitamos _____ una recepcionista.

B. Con un(a) compañero(a), represente los siguientes diálogos en español.

1. "David sees Marta sometimes, doesn't he?"
   "Yes, he visits all his friends frequently."
2. "Whom are you waiting for?"
   "I'm not waiting for anybody. I'm waiting for the bus."
   "Aren't you waiting for your sister?"
   "I don't have (any) sisters."

3. "I'm going to take Marisa to the party."
   "Are you going to take a taxi?"
   "No, I have a chauffeur (**chófer**)."
4. "Are you an American?"
   "No, but I love the United States. It's a great country."
5. "Is there anybody here?"
   "I don't see anybody."

---

2 · Adjetivos y pronombres posesivos

A. Adjetivos posesivos

- The forms of the possessive adjectives are as follows:

Singular	Plural	
mi	mis	*my*
tu	tus	*your (familiar)*
su	sus	*your (formal), his, her, its*
nuestro(a)	nuestros(as)	*our*
vuestro(a)	vuestros(as)	*your (familiar)*
su	sus	*your (formal), their*

- Possessive adjectives always precede the nouns they introduce. They agree in number and gender with the nouns they modify, not with the possessor(s).

Yo tengo dos hermanas.   **Mis** hermanas viven en Buenos
                                   Aires con mis padres.

Ellas tienen un bolso de mano. **Su** bolso de mano es azul.

- **Nuestro** and **vuestro** are the only possessive adjectives that have feminine endings. The others have the same endings for both genders.

nuestro profesor   **mi** profesor
nuestra profesora   **mi** profesora
Nosotros tenemos una casa.   **Nuestra** casa está en la calle Quinta.

- In Spanish, unlike in English, a possessive adjective must be repeated before each noun it modifies.

Mi madre y **mi** padre son de España.   *My mother and father are from Spain.*

- Since **su** and **sus** have several meanings, the forms **de él, de ella, de Ud., de Uds., de ellas**, and **de ellos** may be substituted for **su** or **sus** for clarification.

his father $\begin{cases} \textbf{su padre} \\ \textbf{el padre de él} \end{cases}$

PRÁCTICA

A. En parejas, lean los siguientes diálogos usando los adjetivos posesivos correspondientes. Si el uso de **su** o **sus** resulta confuso, utilice **de** + pronombre personal.

1. —¿Dónde vas a pasar _____ vacaciones?
   —En Guadalajara. Voy a visitar a _____ abuela.
2. —¿Dónde están _____ bolsos de mano, señores?
   —Están debajo de _____ asientos. _____ maletas son pequeñas.
3. —¿Es _____ primer viaje en avión? ¡Eres muy joven para viajar sin _____ padres!
   —No viajo sin _____ padres. Ellos están en la fila quince.
4. —Pronto vamos a aterrizar. ¿Tiene Ud. _____ pasaporte?
   —Sí, sí. ¡Al fin llegamos a _____ destino!

Ahora, piensen en otras conversaciones breves que se oyen en los aviones, y representen dos de ellas.

B. Entreviste a un(a) compañero(a) usando las siguientes preguntas.

1. ¿Sabes mi nombre? (Si la respuesta es negativa, dé su nombre.)
2. ¿Vives con tus padres?
3. ¿Dónde queda la casa de Uds.?
4. ¿Dónde vive tu mejor amigo(a)?
5. ¿Conoces a la familia de él (de ella)?
6. ¿Cuáles son las actividades preferidas de Uds.?

   _____

B. Pronombres posesivos

- The forms of the possessive pronouns are as follows:

	Masculine			Feminine		
	Singular	Plural		Singular	Plural	
(el) {	mío	míos	(la) {	mía	mías	(las) {	mine
	tuyo	tuyos		tuya	tuyas		yours (familiar)
	suyo	suyos		suya	suyas		his, her, yours (formal)
(los) {	nuestro	nuestros		nuestra	nuestras		ours
	vuestro	vuestros		vuestra	vuestras		yours (**vosotros** form)
	suyo	suyos		suya	suyas		their, yours (formal)

- Possessive pronouns agree in gender and number with the nouns they replace, that is, with the thing possessed, and they are generally preceded by a definite article.

—No encuentro mis anteojos de sol.	*"I can't find my sunglasses."*
—Si quieres, puedes usar **los míos.**	*"If you want to, you may wear mine."*
—Éstas son mis maletas.	*"These are my suitcases.*
¿Dónde están **las suyas**?	*Where are yours?"*
—**Las nuestras** están debajo del asiento.	*"Ours are under the seat."*
—Mis padres son muy generosos.	*"My parents are very generous."*
—**Los míos** también.	*"Mine are too."*

- Since the third-person forms of the possessive (**el suyo, la suya, los suyos, las suyas**) may be ambiguous, they are often replaced by the following:

el de	**Ud.**
la de	**él**
los de	**ella**
las de	**Uds.**
	ellos
	ellas

- —¿De quién es este diccionario?
- —Es el suyo.
- —¡Ah! Es el diccionario **de ellas.** (*clarified*)
- —Sí, es **el de ellas.**

- After the verb **ser**, the article is usually omitted if one merely wants to express possession.

—¿De quién son estos libros?	*"Whose books are these?"*
—Son **míos.**	*"They are mine."*

- The definite article is used with the possessive pronoun after **ser** to express *the one that belongs to* (me, you, him, etc.).

—Estos libros son **los míos.** ¿Cuáles son **los tuyos**?	*"These books are mine (the ones that belong to me). Which ones are yours (the ones that belong to you)?"*
—Los libros que están sobre la mesa son **los míos.**	*"The books that are on the table are mine (the ones that belong to me)."*

PRÁCTICA

A. En parejas, lean los siguientes diálogos. Escojan el pronombre posesivo que corresponda para completar cada uno.

la mía	la tuya	el suyo	la nuestra
las mías	las tuyas	las suyas	los nuestros

1. —La casa de los García está en la calle Paz. ¿Dónde está la de Uds.?
   —_____ está en la calle 25 de Mayo.
2. —Marta está muy contenta con su viaje.
   —¿Sí? Alberto no está muy contento con _____.
3. —Mi tarjeta de embarque está aquí. ¿Dónde está _____, querida?
   —_____ está en mi bolso.
4. —Mis hijas están en casa. ¿Dónde están las de Marisol?
   —_____ están en casa también.
5. —¿Cuántas cartas hay?
   —Hay cuatro cartas, dos para ti y dos para mí. Yo tengo _____ y _____ están en tu cuarto.
6. —Estos vestidos son de México. ¿De dónde son los vestidos de Uds.?
   —_____ son de Buenos Aires.

B. En parejas representen los siguientes diálogos en español.

1. "The green suitcase is yours (*the one that belongs to you*), Rosita, right?"
   "No, the green one is Ana's (*the one that belongs to Ana*). Mine is yellow."
   "And the black carry-on bags? Are they yours, too?"
   "Yes, they're mine."
2. "Does Pepe's flight land before ours?"
   "Yes, his arrives at six o'clock."
   "Is he going to reserve a room at our hotel?"
   "No, ours is too expensive for him."

3 · Formas pronominales en función de complemento directo

A. El complemento directo de la oración

- The direct object is the object that directly receives the action of the verb.

$$
\begin{array}{ccc}
\text{S} & \text{V} & \text{D.O.}
\end{array}
$$
Él compra **el libro.**

- In the sentence above, the subject **Él** performs the action expressed by the verb, while **el libro**, the direct object, is directly affected by the action of the verb. The direct object of a sentence may be either a person or a thing. It can be easily identified by saying the subject and verb and then asking the question *what?* or *whom?*

Él compra **el libro.**	*He is buying **what?***
Alicia mira **a Luis.**	*Whom **is she looking at?***

B. Formas de los pronombres de complemento directo

- The direct object pronouns replace nouns used as direct objects.

	Singular		*Plural*
me	*me*	**nos**	*us*
te	*you* (familiar)	**os**	*you* (**vosotros** form)
lo	*you,* (m.) *him, it* (m.)	**los**	*you,* (m.) *them* (m.)
la	*you,* (f.) *her, it* (f.)	**las**	*you,* (f.) *them* (f.)

C. Posición de los pronombres personales usados como complemento directo

- In Spanish, direct object pronouns are placed *before* a conjugated verb. They are attached to the end of an infinitive or a present participle (**gerundio**).[1]

—¿**Me** llamas este fin de semana?	*"Will you call me this weekend?"*
—No, no[2] **te** llamo.	*"No, I won't call you."*
—No tenemos tiempo de terminar**lo**.	*"We don't have time to finish it."*
—Sí, haciéndo**lo** entre los dos, **lo** terminamos sin problema.	*"Yes, (by) doing it between the two (of us), we'll finish it without (any) problem."*

- If a conjugated verb and an infinitive or a present participle are used in the same sentence or clause, the direct object pronouns may either be placed before the conjugated verb or attached to the infinitive or present participle.

—¿Cuándo **los** quieres ver?	*"When do you want to see them?"*
—Quiero ver**los** mañana.	*"I want to see them tomorrow."*
—¿Dónde está el periódico? ¿Estás leyéndo**lo**?	*"Where is the paper? Are you reading it?"*
—No, no **lo** estoy leyendo.	*"No, I'm not reading it."*

- The verbs **saber, decir, pedir,** and **preguntar** generally take a direct object. If the sentence does not have one, the pronoun **lo** must be added to complete the idea. **Lo** is also added to **ser** and **estar**.

—No hay muchos descuentos durante la temporada turística.	*"There aren't many discounts during tourist season."*
—Sí, **lo** sé.	*"Yes, I know."*
—No sé el número de teléfono de Olga.	*"I don't know Olga's phone number."*
—Puedes preguntar**lo**...	*"You can ask . . ."*

---

[1]**-ando** and **-iendo** forms

[2]In a negative sentence, the word **no** is placed before the pronoun.

—Él es muy inteligente, ¿verdad?	*"He's very intelligent, isn't he?"*
—Sí, **lo** es.	*"Yes, he is."*
—¿Carlos está muy enfermo?	*"Is Carlos very sick?"*
—Sí, **lo** está.	*"Yes, he is."*

PRÁCTICA

A. Usando el verbo **necesitar**, termine lo siguiente apropiadamente.

MODELO: Yo voy a llevar los libros a casa de Ana porque ella _____.
*Yo voy a llevar los libros a casa de Ana porque ella **los** necesita.*

1. Yo voy a ir a casa de tía Amanda porque ella _____.
2. Las enfermeras van a ir al consultorio del Dr. Torres porque él _____.
3. Tú tienes que ir a la escuela porque el maestro _____.
4. Roberto piensa ir a la casa de sus abuelos porque ellos _____.
5. Nosotros vamos a ir a la oficina de la Srta. Rojas porque ella _____.
6. Yo voy a traer la maleta porque sé que tú _____.

B. Pepe y su hermana Ada están conversando en una playa de Costa Rica. Agregue Ud. (*Add*) los pronombres de complemento directo que faltan.

PEPE   —¿Tienes tus anteojos de sol?

ADA   —Sí, aquí _____ tengo. Oye, ¿a qué hora vas a llamar a mamá por teléfono?

PEPE   —_____ voy a llamar a las dos. Papá dice que quiere llevar _____ a todos al parque Braulio Carrillo esta tarde.

ADA   —Yo quiero invitar a Marcelo y a su hermana.

PEPE   —_____ puedes invitar, si quieres, pero ellos ya _____ conocen.

ADA   —Pero Marcelo va a venir porque _____ quiere ver a mí...

PEPE   —Bueno... Marcelo _____ quiere ver a ti y su hermana _____ quiere ver a mí...

C. Imagínese que Ud. y un(a) compañero(a) están planeando una fiesta en su casa. Túrnense (*Take turns*) para contestar las siguientes preguntas usando siempre pronombres de complemento directo.

1. ¿Tú puedes invitar a todos nuestros amigos?
2. ¿Tú vas a comprar las bebidas?
3. ¿Quieres usar mi radiocasete?
4. ¿Vas a traer las cintas?
5. ¿Vas a llamar al profesor (a la profesora) de español?
6. ¿Me necesitas para limpiar la casa antes de la fiesta?
7. ¿Puedes llevarnos a casa después de la fiesta?
8. ¿Tienes tu auto aquí?

D. En parejas, representen los siguientes diálogos en español.

1. "Do you know Ana Vera, Miss Peña?"
   "Yes, I know her. I'm going to see her this afternoon."
   "She calls me every week. I hope to visit her soon."
   "I know she wants to see you, too. Why don't you come with me?"
2. "Are you going to take us to the movies, Miss Martel?"
   "Yes, I always take you to the movies on Saturdays."
   "But you seem very tired . . ."
   "Yes, I am."

---

4 · Formas pronominales en función de complemento indirecto

- In addition to the direct object, the verb of a sentence may take an indirect object.

	DO	IO			DO	IO
Él le da	el libro	a María.		He gives	the book	to María.

An indirect object describes *to whom* or *for whom* an action is done. In Spanish, an indirect object pronoun can be used in place of an indirect object. The indirect object pronoun includes the meaning *to* or *for*: **Yo les mando los libros (a los estudiantes).**

A. Formas y posición

- The forms of the indirect object pronouns are as follows:

Singular		Plural	
me	(to, for) me	**nos**	(to, for) us
te	(to, for) you (familiar)	**os**	(to, for) you (**vosotros** form)
le	(to, for) you, him, her, it	**les**	(to, for) you, them

- Like direct object pronouns, indirect object pronouns are usually placed before a conjugated verb.

—¿Qué **te** dice tu hermana en la carta?   *"What does your sister say (to you) in the letter?"*
—**Me** dice que necesita los billetes.   *"She tells me that she needs the tickets."*

- When a conjugated verb is followed by an infinitive or a present participle the indirect object pronoun may either be placed in front of the conjugated verb or be attached to the infinitive or present participle.

Le voy a traer una maleta. ⎫
Voy a traer**le** una maleta. ⎬ *I'm going to bring him a suitcase.*

Les está leyendo la lección. ⎫
Está leyéndo**les** la lección. ⎬ *She is reading the lesson to them.*

- The third-person singular and plural pronouns **le** and **les** are used for both masculine and feminine forms.

—¿Qué **le** vas a traer a él?	*"What are you going to bring (for) him?"*
—Voy a traer**le** un libro.	*"I'm going to bring him a book."*
—¿Y a Rosa?	*"And to Rosa?"*
—**Le** voy a traer una revista.	*"I'm going to bring her a magazine."*

- If the meaning of the pronouns **le** or **les** is ambiguous, the preposition **a** + *personal pronoun or noun* may be used for clarification.

Le doy el pasaje.   (**¿a quién?**)   *I'm giving the ticket . . . (**to whom?**)*

Le doy el pasaje $\begin{cases} \text{a Ud.} \\ \text{a él.} \\ \text{a ella.} \\ \text{a María.} \end{cases}$

- The prepositional phrase **a** + *personal pronoun* may be used for emphasis even when it is not needed for clarification.

Ella quiere dar**me** el dinero **a mí**.	*She wants to give the money to me (and to no one else).*

ATENCIÓN   Prepositional phrases with **a** are not substitutes for the indirect object pronouns. The prepositional phrase is optional, but the indirect object pronouns must always be used.

B. Otros usos de las formas pronominales de complemento indirecto

- Remember that in Spanish the definite article, not the possessive adjective, is used when referring to parts of the body or articles of clothing (including shoes and jewelry). The indirect object pronoun is used in such sentences to indicate the possessor.

—¿Quién **te** corta el pelo?	*"Who cuts your hair?"*
—Alberto.	*"Alberto."*
—¿Qué vestido quieres poner**le** a la niña?	*"Which dress do you want to put on the girl?"*
—Quiero poner**le** el vestido rosado.	*"I want to put her pink dress on her."*

PRÁCTICA

A. En parejas, hablen de las cosas que cada uno va a traerles a las siguientes personas en sus próximas vacaciones, y por qué. Sigan el modelo.

MODELO: A mi papá...
A mi papá le voy a traer una maleta porque la que él tiene es muy vieja.

1. A mi mamá...
2. A mis amigos...
3. A ti (*su compañero*[*a*])...
4. A mis hermanos(as)...
5. Al profesor (a la profesora)...

B. Ud. es un(a) agente de viajes. Teniendo esto en cuenta y usando la información dada, conteste estas preguntas.

1. ¿Qué le va a decir Ud. al Sr. Rivera?   (el precio del pasaje)
2. ¿Qué le va a preguntar la Sra. Barrios a Ud.?   (cuándo hay vuelos)
3. ¿Qué les va a dar Ud. a los pasajeros?   (los pasajes)
4. ¿Qué les va a dar el Sr. Soto a Ud. y a los otros agentes?   (dinero)
5. ¿Qué le va a pedir Ud. a la recepcionista?   (los folletos)

C. Imagínese que Ud. está en una fiesta y oye fragmentos de conversaciones. Siempre oye las preguntas, pero nunca oye las respuestas. ¿Qué cree Ud. que contesta cada persona? Complete los diálogos y represéntelos con un(a) compañero(a) usando los pronombres de complemento indirecto en sus respuestas.

1. ANA   —Jorge, ¿qué te dice Susana de mí?
   JORGE   —_____

2. TERESA   —¿Qué me vas a regalar para mi cumpleaños?
   RAFAEL   —_____

3. MARÍA   —Elena, ¿qué vestido le vas a poner a la niña mañana, el rojo o el azul?
   ELENA   —_____

4. LUIS   —¿Cuánto dinero vas a darle a Luisito?
   ROSA   —_____
   LUIS   —Pero eso es mucho dinero...

5. ROBERTO   —¿En qué idioma les hablan a Uds. sus abuelos?
   MONIQUE   —_____

6. MARCOS   —Olga, ¿qué les vas a comprar a tus hijos?
   OLGA   —_____

Ahora piensen en otras conversaciones breves que se oyen en la fiesta. Escriban dos más y represéntenlas.

D. En parejas, representen los siguientes diálogos en español.

1. "I want to cut your hair, dear."
   "Okay, maybe you can do it this afternoon."
2. "Do you write to your parents, Julia?"
   "Yes, I write to them every Monday."
3. "What are you doing, Teresa?"
   "I'm washing Anita's hands."
4. "We are going to send you the tickets right now, Mr. Vera."
   "Very well. Can you also send me the brochures?"
   _____

◈ ¿Cuánto sabe usted ahora?

A. Palabras y más palabras

I. Complete lo siguiente usando el vocabulario de esta lección.

1. —¿Quiere un asiento de ventanilla?
   —No, de _____, en la sección de no _____.
2. —¿Vas a poner tu _____ de mano en el _____ de equipaje?
   —No, _____ de mi asiento.
3. —¿Hay mucha _____?
   —Sí, tenemos que hacer _____ para comprar los billetes.
4. —¿A quién tengo que darle la tarjeta de _____?
   —A la _____ de vuelo.
5. —¡No veo la _____ de estar en la playa!
   —Bueno... si vas a _____ el sol, vas a necesitar los _____ de sol.
6. —¡Vamos! La conferencia está _____ empezar. ¿Qué asientos tenemos?
   —A y B, en la _____ cuatro.
7. —¿Cuál es el número de nuestro _____?
   —Doscientos tres. ¡Rápido! Tenemos que _____ el avión.
8. —¿Tú vas a ver a Rosa hoy en _____ parte?
   —Sí, en la agencia de viajes.

II. En parejas, busquen en la columna **B** las respuestas a las preguntas de la columna **A**.

A	B
1. ¿Tienes cuatro maletas?	a. No, el avión no hace escala.
2. ¿Cuándo me vas a llamar?	b. Una excursión a Puerto Rico.
3. ¿Tienen que transbordar?	c. En el verano.
4. ¿Qué estás leyendo?	d. Los comprobantes.
5. ¿Cuándo es la temporada turística?	e. Sí, tengo que pagar exceso de equipaje.
6. ¿Quiere un pasaje de ida y vuelta?	f. Sí, dos veces por semana.
7. ¿Qué estás planeando?	g. No, no pienso regresar.
8. ¿Qué necesitas para recoger las maletas?	h. Los folletos.
9. ¿Ves a Luisa?	i. ¡Sí, por fin!
10. ¿Te van a atender ahora?	j. Al llegar a Lima.

B. Vamos a conversar

1. ¿En qué época es una buena idea reservar pasajes y hoteles antes de viajar? ¿Por qué?
2. ¿Qué cosas debo saber para planear mis vacaciones?
3. Tengo cinco mil dólares para gastar en mis vacaciones. ¿Qué puedo hacer?
4. ¿Qué deben hacer los pasajeros cuando despega el avión?
5. ¿Puede nombrar algunos lugares que son buenos para ir de excursión?

6. ¿Es necesario tener mucho dinero para viajar a un país extranjero? ¿Por qué?
7. Si Ud. está en un hotel, ¿prefiere tener un cuarto arriba o abajo? ¿Por qué?
8. ¿Cuál cree Ud. que es una ciudad extraordinaria? ¿Por qué?
9. ¿Qué lugares turísticos importantes hay en el estado donde Ud. vive?
10. ¿Dónde planea Ud. pasar sus vacaciones este verano?

C. Charle con un(a) compañero(a) sobre los planes que tienen para sus próximas vacaciones. Hablen de las siguientes cosas:

1. cómo decidir adónde ir de vacaciones
2. los lugares adonde quieren viajar
3. cómo prefieren viajar (en avión, en coche, en tren, etc.)
4. las cosas que necesitan hacer para preparar el viaje

D. ¿Qué país visitar?   Escriba dos o tres párrafos sobre el país que Ud. desea visitar, explicando por qué. Incluya los lugares que quiere visitar, la época del año en que piensa viajar, el probable costo del viaje, etc.

Continuemos

Aumente su vocabulario

Otras palabras relacionadas con el turismo

la aduana customs	**la lista de espera** waiting list
el alojamiento lodging	**la llegada** arrival
aterrizar to land	**el monumento** monument
el balneario beach resort	**pagar por adelantado** to pay in advance
cancelar to cancel	
el castillo castle	**la pensión** boarding house
la catedral cathedral	**el recuerdo** souvenir
confirmar to confirm	**el registro** registration card
el consulado consulate	**el retraso, el atraso** delay
el crucero cruise	**revisar** to inspect
la embajada embassy	**la salida** departure, gate
en tránsito in transit	**la tarjeta de turismo** tourist card
el guía guide	**veranear** to vacation in the summer
hospedarse, quedarse to stay (*e.g., at a hotel*)	

¿Recuerda el vocabulario nuevo?

A. Complete las siguientes oraciones, según corresponda.

1. No voy a _____ en un hotel sino en una _____.
2. ¿Tenemos que _____ o podemos pagar al irnos?

3. Si Ud. necesita un cuarto y no tiene reservación, puedo ponerlo en la
   _____ .
4. En España vamos a ver _____ medievales y muchas iglesias y _____
   magníficas.
5. Vamos a comprar _____ para toda la familia.
6. En Washington está el famoso _____ a Lincoln.
7. Es difícil conseguir _____ en diciembre, porque todos los hoteles están
   llenos.
8. No vamos a quedarnos en este país; estamos _____ .
9. La _____ argentina está en Washington, D.C.
10. Si venimos de otro país, nos revisan el equipaje en la _____ .
11. El _____ les muestra a los turistas los lugares de interés.
12. Tengo que ir al _____ mexicano para conseguir la visa.
13. Necesitamos saber a qué hora es la _____ del avión.
14. Si va a viajar tiene que _____ la reserva y si no va a viajar, la debe
    _____ .
15. ¿Prefieres ir a _____ a un balneario o hacer un _____ por el Caribe?
16. Tienes que abrocharte el cinturón de seguridad ahora mismo. El avión está
    para _____ .

B. Ud. y un(a) compañero(a) van a viajar a Madrid. Utilicen el vocabulario nuevo
   para hablar sobre lo que van a hacer allí.

   MODELO: Al llegar a Madrid tenemos que pasar por la **aduana.**

AGENCIA DE VIAJES MAYORISTA - TITULO LICENCIA Nº3 - N

De esto y aquello...

Hablemos de viajes

En parejas lean el anuncio y luego contesten las siguientes preguntas.

1. ¿Qué agencia de viajes ofrece la excursión de Semana Santa?
2. ¿Está la agencia cerca de la embajada americana?
3. ¿A qué país va la excursión?
4. ¿Cuánto tiempo dura la excursión?
5. ¿De qué país es la línea aérea Lacsa?
6. ¿Cuál es la moneda nacional de Costa Rica?
7. ¿Qué catedral van a visitar los turistas?
8. ¿Hay que pagar extra por el servicio de guías?
9. ¿Van a tener tiempo los turistas para comprar recuerdos?
10. ¿La excursión incluye el alojamiento?

¿Qué dirían ustedes... ?

Imagínese que Ud. y un(a) compañero(a) se encuentran en las siguientes situaciones. ¿Qué va a decir cada uno?

1. Uds. quieren ir de vacaciones y van a hablar con un agente de viajes. Hagan una lista de preguntas para obtener la información necesaria para el viaje que desean realizar.
2. Uds. están en el aeropuerto de la Ciudad de México y van a viajar a Los Ángeles. Hablen de todas las cosas que tienen que hacer antes de tomar el avión.
3. Escojan un lugar del mundo hispánico que desean visitar. Uds. están en un avión con destino a ese lugar. Hagan planes sobre lo que van a ver y a hacer allí.
4. Uds. están en un hotel en Lima. Hagan todos los arreglos necesarios con el recepcionista para hospedarse en ese hotel.

Una encuesta

Entreviste a sus compañeros de clase para tratar de identificar a aquellas personas que...

1. ...están planeando ir de vacaciones a un país extranjero. ¿Adónde?
2. ...conocen un país extranjero. ¿Cuál?
3. ...prefieren viajar en avión.
4. ...no quieren viajar por avión porque tienen miedo.
5. ...conocen las Cataratas del Niágara.
6. ...quieren conseguir un puesto de auxiliar de vuelo.
7. ...cuando están de vacaciones, prefieren las actividades al aire libre.
8. ...cuando están de vacaciones, prefieren visitar grandes ciudades.

Y ahora, discuta el resultado de la encuesta con el resto de la clase.

¡De ustedes depende!

Un grupo de estudiantes venezolanos va a visitar la ciudad donde Ud. vive. Con un(a) compañero(a) de clase denles la información que ellos necesitan con respecto a lo siguiente.

1. la mejor época del año para visitar la ciudad
2. ropa adecuada
3. lugares donde pueden hospedarse, incluyendo precios
4. lugares de interés que ellos pueden visitar
5. actividades recreativas en las que pueden participar
6. actividades culturales
7. recuerdos que pueden comprar para sus familiares y amigos

¡Debate!

La clase se va a dividir en dos grupos de acuerdo con la opinión de cada estudiante sobre lo que son unas "vacaciones perfectas". Cada grupo va a hablar de las ventajas de sus vacaciones "ideales" y va a tratar de convencer a los miembros del otro grupo.

1. Unas vacaciones en las que acampamos en la playa, en el bosque o en la montaña, y participamos en toda clase de actividades al aire libre.
2. Unas vacaciones en las que visitamos una ciudad muy interesante, nos hospedamos en buenos hoteles y participamos en todas las actividades típicas de una gran ciudad.

Lecturas periodísticas

Para leer y comprender

A. Lea rápidamente el siguiente artículo y trate de identificar las ideas más importantes en cada párrafo. Evite (*Avoid*) traducir al inglés las palabras que no conoce; trate de pensar en español. Fíjese (*Notice*) en los cognados, en los nombres y en los verbos.

B. Al leer el artículo detalladamente, busque las respuestas a las siguientes preguntas.

1. En Costa Rica, ¿qué es lo que más atrae al visitante?
2. ¿Es una buena idea hacer un viaje a Limón? ¿Por qué?
3. ¿Qué excursiones recomienda el artículo?
4. ¿Qué le ofrece al turista el hotel Casa Turire?
5. ¿Qué lugares de interés podemos visitar en San José?
6. ¿Qué hoteles de San José recomienda el artículo y qué dice de ellos?

Costa Rica, la Suiza de América

Esta república centroamericana está siendo descubierta cada día más por el turismo internacional, y lo que más atrae es su bellísima° naturaleza. Sus parques nacionales, sus ríos, sus montañas y su increíble fauna (¡pájaros° y mariposas° como en ningún otro lugar!) son una atracción muy poderosa°.

El itinerario ideal de este viaje es por lo menos de una semana, distribuido entre San José y quizás° un viaje a Limón, para conocer el famoso Parque Nacional de Tortuguero, en la costa del Caribe, donde se crían° unas misteriosas e impresionantes tortugas marinas. Estableciendo el "centro de operaciones" en San José, tenemos a nuestra disposición una cantidad variada de excursiones de un día y de medio día, y vale la pena° tomar varias de ellas.

very beautiful

birds / butterflies
powerful

perhaps

se... are raised

vale... it's worth it

Bosque tropical en Costa Rica.

El paseo en el Tren Histórico por la selva° es fascinante. También se puede escoger entre un día en el Valle del Orosí, la excursión de todo el día al Lago Arenal y a los volcanes o la de medio día al Parque Nacional del Volcán Irazú.   °rain forest

Una idea excelente es pasar unos días en hoteles campestres°, como el hotel Casa Turire, a sólo una hora y media de San José. Muy pequeño, pero elegante y exclusivo, el hotel está en lo alto° de una montaña, bajo la cual pasa el río Reventazón (por donde podemos ir en balsa° y hacer excursiones que el propio hotel arregla). Allí podemos disfrutar de° la piscina, montar a caballo, irnos de excursión al cercano Parque Nacional de Guayabo o simplemente sentarnos en el jardín y dejarnos entretener por el sonido de las aguas del río y de los exóticos pájaros.   °country   °en... on top of   °raft   °disfrutar... enjoy

En San José podemos pasar dos o tres días agradables, tomando excursiones y conociendo los sitios de interés como la Catedral, el Teatro Nacional y el Museo Nacional. Entre los mejores hoteles están el San José Palacio (en una colina° con vista de la ciudad) y el Hotel Cariari, un poco más lejos, cerca del aeropuerto.   °hill

Como ven, las opciones son muchas, por lo que nuestro consejo° es contactar una buena agencia y planear un viaje que incluya San José y la estancia° en algún hotel campestre. Así podrán hacer un viaje realmente inolvidable° a uno de los países más bellos y amistosos° de nuestra América Latina.   °advice   °stay   °unforgettable   °friendly

Adaptado de **Vanidades** (Hispanoamérica)

Desde su mundo

1. Después de leer el artículo, ¿quiere Ud. visitar Costa Rica? ¿Por qué o por qué no?
2. ¿Ud. prefiere pasar sus vacaciones en ciudades grandes o en lugares de gran belleza natural? ¿Por qué?

Pepe Vega y su mundo

Teleinforme

La costa del Caribe de Costa Rica ofrece muchas atracciones para los viajeros aventureros. El video nos presenta un destino popular de esta parte de Costa Rica: Puerto Viejo de Limón. La zona al norte de la ciudad de Limón es accesible sólo por barco o por avión; no hay carreteras porque la región es refugio ecológico. El viejo puerto de Limón queda al sur de la ciudad de Limón y sí es accesible por tierra. Aquí hay playas bonitas y comodidades para los turistas que buscan relajarse frente al mar.

Preparación

Consejos turísticos.   Una amiga costarricense le da algunos consejos para sus vacaciones en la costa del Caribe de Costa Rica. Ud. apunta sus recomendaciones en el orden en que ésta se las dice a Ud. Ahora, como Ud. quiere pasar unas vacaciones muy buenas, ¡trate de organizar mejor sus apuntes! Clasifique las recomendaciones bajo las categorías apropiadas.

1. Tomar autobús desde Limón Centro.
2. Montar en bicicleta.
3. Bribri y Sixaola: cerca de la frontera con Panamá
4. Bucear.

5. Pasear a caballo.
6. Cahuita: playa, surf
7. Cieneguita
8. Alquilar coche (*to rent a car*).
9. Cruzar el puente sobre el Río La Estrella.
10. El Continente: comida internacional
11. Hotel Casa Camarona: barato en temporada baja
12. Hacer *kayaking*
13. La Tortuga: con comida tradicional caribeña
14. Nadar.
15. Parque Nacional Cahuita (arrecifes de coral)
16. Parque Nacional Tortuguero (tortuga verde)
17. Pensión del Tío José: muy barata
18. Puerto Viejo de Limón: playas
19. Hacer *surfing*.
20. Refugio de Gandoca-Manzanillo (banco natural de ostión de mangle [*giant oysters*])
21. Tomar la Carretera 36.
22. Hacer *rafting*.
23. Tico Tico: comida rápida
24. Hay varios *bed and breakfasts*.

lugar/pueblo/ciudad:

para llegar:

alojamiento (*lodging*):

comida:

actividades:

excursiones:

Comprensión

Puerto Viejo de Limón   2:17–8:02

De paseo es una serie de programas educativos producidos por SINART/Canal 13 en Costa Rica. Cada programa presenta bellas imágenes de un destino particular de Costa Rica. El programa ofrece información importante sobre cada lugar: cómo llegar, su historia, su gente y por qué se debe visitar. En este programa, vamos a visitar Puerto Viejo de Limón.

A. Información.   Mientras Ud. ve el video, escoja o escriba, según corresponda, la(s) respuesta(s) correcta(s).

1. Puerto Viejo de Limón está en la costa del (Mar Caribe / Océano Pacífico / Golfo de México).
2. Para llegar a Puerto Viejo hay que dirigirse hasta el Cantón de (Bribri / Sixaola / Talamanca).
3. La carretera hacia Puerto Viejo está en _____ condiciones.
4. Llegando a Puerto Viejo se pasa por plantaciones de (yuca / banano / café).

5. La economía de Puerto Viejo está basada en gran parte en _____.
6. ¿Qué tipos de alojamiento hay en Puerto Viejo?
7. ¿Cuándo abrió sus puertas el Hotel Casa Camarona?
8. Estamos en la temporada (baja / alta). En esta temporada los hoteles son más (caros / baratos).
9. ¿Cómo son los precios del Hotel Casa Camarona para el turista costarricense?
10. El hotel tiene (7 / 16 / 17) habitaciones y (80 / 18 / 8) empleados.
11. Este hotel debe respetar muchas obligaciones con respecto a _____.
12. Puerto Viejo de Limón fue fundado por negros que vinieron de (Cuba / Jamaica / Panamá / Niacaragua).
13. Cultivaron (papas / café / coco / cacao / ñame / yuca / plátanos / tubérculos).
14. Según Edwin Patterson, las tres características principales de Puerto Viejo son _____.

B. ¿Qué están haciendo?   Al comienzo del video, Ud. va a ver una serie de imágenes que presentan a varias personas participando en distintas actividades. Indique lo que están haciendo las personas que Ud. ve en estos primeros segundos del video usando el presente progresivo de los verbos apropiados. Además, describa a cada persona con alguna frase.

MODELO: caminar por la playa
Las dos mujeres en bikini están caminando por la playa.

1. hacer *kayaking*
2. jugar con pelota y paletas (*paddleball*)
3. descansar en la playa
4. tomar el sol
5. usar bronceador (*tanning lotion*)
6. leer un libro
7. caminar en el agua

Ampliación

Comente Ud.   Usando la información que aprendió sobre Costa Rica y Puerto Viejo de Limón, haga una de las siguientes actividades.

1. Ud. es el nuevo presentador o la nueva presentadora del programa *De paseo*. Escoja dos minutos del video sobre Puerto Viejo de Limón y prepare una narración original.
2. Ud. es reportero(a) para la sección *Viajes* del periódico de su pueblo de origen o de la universidad donde estudia. Prepare un reportaje turístico sobre Puerto Viejo de Limón.

¡Naveguemos!

Si desea explorar otros aspectos relacionados con esta lección, haga las actividades de la red (*Internet*) que corresponden a la lección. Vaya primero a http://www.hmco.com/college en la red, y de ahí a la página de *¡Continuemos!*

LECCIÓN 3

Vamos de compras

- ✦ Pronombres de complementos directo e indirecto usados juntos
- ✦ Usos y omisiones de los artículos definidos e indefinidos
- ✦ El pretérito
- ✦ Verbos que cambian en el pretérito

Encaje de ñandutí, una muestra de la artesanía paraguaya.

Vamos de compras

Marisol y Rebeca, dos chicas panameñas, están en una pequeña tienda de objetos de regalo en la ciudad de Lima. Marisol está comprando algunos objetos de artesanía para su familia. La dueña de la tienda les muestra también unos vestidos bordados a mano, unas blusas de encaje y unos bolsos muy bonitos que, según ella, son una ganga.

MARISOL —La semana pasada le compré un vestido de algodón a mamá, pero éste es más bonito.

REBECA —Y es más barato que el que compraste. Ése te costó trescientos soles... ¡Unos cien dólares!

MARISOL —Me da rabia. De ahora en adelante voy a pensarlo muy bien antes de comprar algo.

REBECA —¡Qué bonitos[1] son estos cinturones! Son de cuero... ¡Y están en liquidación!

MARISOL —¿Por qué no le llevas uno a tu hermano? Puedes regalárselo para su cumpleaños. ¿Y también una billetera? Se va a poner muy contento.

REBECA —¡Oye! ¡Tú eres una persona muy generosa con el dinero de los demás! Él solamente me pidió un portafolios.

MARISOL —(*Se ríe y le pregunta a la dueña*) Estas joyas son de plata, ¿verdad?

DUEÑA —Los aretes y las pulseras, sí; los collares, no.

REBECA —Marisol, los anillos que trajiste de Asunción son de plata, ¿no?

MARISOL —Sí. Busqué anillos de oro para mi prima, pero el precio del oro está por las nubes. Por eso no se los compré.

REBECA —Oye, ¿por qué no vamos a la tienda Marité? Ayer fui y vi unos abrigos de alpaca muy elegantes y de buena calidad.

MARISOL —¿Por qué no te compraste uno?

REBECA —Porque no pude decidir cuál comprarme. ¡Tú me vas a ayudar!

MARISOL —Bueno, voy contigo, pero yo no puedo comprar nada más porque en Paraguay gasté todo mi dinero.

REBECA —Sí, pero compraste un montón de cosas: una sobrecama de *ñandutí*[2], adornos, cestas...

MARISOL —Y eso que no compré todo lo que me encargaron. Oye, ¿qué le compraste a tu papá, un sombrero?

REBECA —No, él no usa sombrero. Le compré una chaqueta.

MARISOL —(*A la dueña*) Si le compro dos pares de aretes, ¿me da un descuento?

DUEÑA —Sí, se los doy con un diez por ciento de descuento.

MARISOL —¡Perfecto! ¿Me los puede envolver para regalo?

DUEÑA —Sí, cómo no.

MARISOL —(*A Rebeca*) Y ahora vámonos, porque no quiero gastar un centavo más.

---

[1] **Qué** + adjective is equivalent to *How* + adjective.

[2] Tipo de encaje hecho en Paraguay. *Ñandutí* es una palabra del idioma guaraní, que significa "tela de araña".

C·O·M·P·R·E·N·S·I·Ó·N

A. El profesor o la profesora hará ciertas afirmaciones basadas en los diálogos. Diga Ud. si son verdaderas o no y por qué.

1. Marisol y Rebeca no están en su país.
2. Las chicas hablan con una empleada de la tienda.
3. Según la dueña de la tienda, las blusas de encaje son muy caras.
4. Marisol le dice a Rebeca que le va a comprar un vestido a su madre.
5. El hermano de Rebeca le encargó muchas cosas.
6. Marisol compró joyas cuando estuvo en Paraguay.
7. Las joyas de oro están muy caras.
8. Marisol compró algo que va a poner en su dormitorio.
9. Los aretes que compró Marisol son para ella.
10. Marisol quiere seguir comprando.

B. La clase se dividirá en grupos de cuatro. Dos estudiantes prepararán unas seis u ocho preguntas sobre la primera mitad del diálogo y los otros dos harán lo mismo con la segunda mitad. Cada pareja contestará las preguntas de la pareja opuesta.

Vocabulario

Nombres
el abrigo   coat
el adorno   ornament, decoration
el algodón   cotton
el anillo, la sortija   ring
los aretes   earrings
la artesanía   handicrafts
la billetera   wallet
el bolso, la cartera   purse
la calidad   quality
el centavo   cent
la cesta   basket
el cinturón   belt
el collar   necklace
la cosa   thing
el cuero   leather
el descuento   discount
el (la) dueño(a)   owner
el encaje   lace
la ganga   bargain

las joyas   jewels, jewelry
el oro   gold
el par   pair
la plata   silver
el portafolios   briefcase
el precio   price
la pulsera, el brazalete   bracelet
la sobrecama, el cubrecama   bed-spread
la tienda de objetos de regalo   gift shop

Verbos
ayudar   to help
buscar   to look for
encargar   to order
envolver (o → ue)   to wrap
gastar   to spend (*e.g., money*)
mostrar (o → ue), enseñar   to show
regalar   to give as a gift
reírse   to laugh

Adjetivos
barato(a)   inexpensive
bordado(a)   embroidered

Otras palabras y expresiones
a mano   by hand
cómo no   certainly
dar rabia   to make furious
de ahora en adelante   from now on
envolver para regalo   to gift-wrap
estar en liquidación (venta)   to be
   on sale
estar por las nubes   to be sky-high
   (*in price*)
ir de compras   to go shopping
los demás   other people, the others
pensarlo bien   to think it over
ponerse contento(a)   to be happy
por ciento   percent
según   according to
un montón de   a lot of
y eso que   and mind you

Palabras problemáticas

A. Personas, gente y pueblo como equivalentes de *people*

- **Personas** es el equivalente en español de la palabra *people* cuando se refiere a los individuos de un grupo. Puede referirse a un número determinado o indeterminado de individuos.

  Cinco **personas** solicitaron el trabajo.

  Algunas **personas** llegaron muy temprano a la fiesta.

- **Gente**[1] equivale a *people* cuando se usa como nombre colectivo de un grupo. No se usa con números o con las palabras **algunas** y **varias.**

  La **gente** se preocupa demasiado por el dinero.

- **Pueblo** equivale a *people* cuando se refiere a las personas de una misma nacionalidad.

  El **pueblo** paraguayo va a elegir un nuevo presidente.

B. Pedir, ordenar, mandar y encargar como equivalentes de *to order*

- **Pedir** se usa como equivalente de *to order* en restaurantes o cafés.

  Voy a **pedir** pollo asado.

- **Ordenar** y **mandar** son equivalentes de *to order* en el sentido de *to command.*

  El jefe me **ordenó** terminar el trabajo hoy mismo.

- **Encargar** es el equivalente de *to order* refiriéndose a mercancías.

  Voy a **encargar** cortinas para el cuarto.

---

[1] **Gente** is usually used in the singular:
   La gente **está** asustada.   *People are frightened.*

P R Á C T I C A

Complete los siguientes diálogos y represéntelos con un(a) compañero(a).

1. —¿Qué piensa el _____ americano del nuevo presidente?
   —En general, la _____ está contenta con él, pero hay muchas _____ que creen que no va a poder resolver los problemas económicos.
2. —¿Qué vas a _____ de postre? ¿Torta o flan?
   —Ni torta ni flan.
3. —¿Qué le dijiste a Carlos?
   —Le _____ traer los documentos a la oficina esta noche.
4. —¿Cuándo vas a _____ los muebles para el dormitorio?
   —Mañana por la tarde.

Estructuras gramaticales

1 · Pronombres de complementos directo e indirecto usados juntos

A. Usos y posición

- When a direct and an indirect object pronoun are used together, the indirect object pronoun always precedes the direct object pronoun.

  I.O. D.O.
  Ella **me los** compra.

- The indirect object pronouns **le** and **les** change to **se** when used with the direct object pronouns **lo, los, la,** and **las.**

  D.O.   I.O.
  Le digo la verdad [a mi padre].   L̶e̶ **la** digo.
                                             Se **la** digo.

  D.O.   I.O.
  Les leo el poema [a los niños].   L̶e̶s̶ **lo** leo.
                                             Se **lo** leo.

ATENCIÓN In the preceding examples, the meaning of **se** may be ambiguous, since it may refer to **Ud., él, ella, Uds., ellos,** or **ellas.** The following prepositional phrases may be added for clarification.

Ella **se** los compra
- a Ud.
- a él.
- a ella.
- a Uds.
- a ellos.
- a ellas.
- a Roberto.
- a los niños.

- When two object pronouns are used together, the following combinations are possible.

me	lo, la		te	lo, la		se	lo, la		nos	lo, la
	los, las			los, las			los, las			los, las

- Both object pronouns must always appear together, either *before* the conjugated verb or *after* the infinitive or the present participle. In the latter case, they are always attached to the infinitive or the present participle and a written accent mark must be added on the stressed syllable.

—¿Quién te trajo los brazaletes de plata?
—**Me los** trajo Alfredo.

"Who brought you the silver bracelets?"
"Alfredo brought them to me."

—¿A quién quieres regalarle ese cinturón?
—Quiero regalár**selo** a Diego.
—¿Por qué **se lo** quieres regalar a él?
—Porque es su cumpleaños.

"To whom do you want to give that belt?"
"I want to give it to Diego."
"Why do you want to give it to him?"
"Because it is his birthday."

—¿No le vas a escribir la carta a Sergio?
—Estoy escribiéndo**sela.**

"Aren't you going to write the letter to Sergio?"
"I'm writing it to him."

PRÁCTICA

A. Felipe siempre le hace muchas promesas a todo el mundo, pero no cumple (*doesn't keep*) ninguna. Complete Ud. lo siguiente diciendo todo lo que probablemente no va a hacer.

MODELO: A Juan le promete mandarle un portafolios.
No se lo va a mandar.

1. A Eva le promete comprarle unos aretes.
2. A mí me promete darme unos anillos.
3. A Uds. les promete traerles un adorno para la sala.

4. A nosotros nos promete traernos una sobrecama.
5. A ti te promete enviarte un cinturón de cuero.
6. A mis primas les promete regalarles unas pulseras.
7. A Roberto le promete mandarle unas revistas.
8. A Teresa y a Carmen les promete traerles unos libros.

B. ¿Qué dicen Ud. y las siguientes personas en cada una de las siguientes circunstancias? Complete lo siguiente usando pronombres de complementos directo e indirecto.

MODELO: Mi mamá y yo estamos en una tienda y yo veo un cinturón que me gusta. Mi mamá _____.
Mi mamá me lo compra.

1. Yo compro un vestido para regalárselo a mi mamá y no me gusta envolver regalos. La empleada _____.
2. Mi mejor amiga quiere comprar algo y no tiene el dinero que necesita. Yo _____.
3. No tenemos tiempo para terminar los exámenes, pero la profesora dice que tenemos que entregarlos. Nosotros _____.
4. Yo tengo una maleta que no uso. Tú la necesitas. Yo _____.
5. Mi compañero(a) de cuarto y yo necesitamos unos libros que están en la casa de mi amiga. La llamamos por teléfono a su casa. Mi amiga _____.
6. Yo estoy en una tienda con mi mejor amiga y a ella le gusta una cesta que hay allí. Es su cumpleaños. Yo _____.

C. Imagínese que Ud. y un(a) compañero(a) de cuarto van a irse de vacaciones y necesitan la ayuda de varias personas durante su ausencia. Indique quién va a hacer qué. Use los pronombres de complementos directo e indirecto.

MODELO: ¿Quién va a darle la comida al gato?
Se la va a dar mi mamá.
(o: *Mi mamá va a dársela.*)

1. ¿Quién va a limpiarles el apartamento?
2. ¿Quién va a cuidarle las plantas a Ud.?
3. ¿Quién va a recogerles el correo?
4. ¿Quién va a darle la comida al perro?
5. ¿Quién me va a abrir la puerta a mí si yo quiero dormir en el cuarto de Uds.?

B. Usos especiales

• With the verbs **decir, pedir, saber, preguntar,** and **prometer,** the direct object pronoun **lo** is used with the indirect object pronoun to complete the idea of the sentence when a direct object noun is not present. Note how this is implied rather than stated in the English examples that follow.

—Oye, la conferencia es esta noche.   *"Listen, the lecture is tonight."*
—¿**Se lo** digo a Roberto?   *"Shall I tell (it to) Roberto?"*
—No, ya **lo** sabe.   *"No, he already knows (it)."*

—Yo no tengo dinero para ir al cine.   *"I don't have (any) money to go to the movies."*

—¿Por qué no **se lo** pides **a tu papá**?   *"Why don't you ask your dad (for it)?"*

—Buena idea. ¿Sabes si Julio viene con nosotros?   *"Good idea. Do you know if Julio is coming with us?"*

—No, pero puedo preguntár**selo a él.**   *"No, but I can ask him (that)."*

PRÁCTICA

En parejas, representen los siguientes diálogos en español.

1. "Does your grandfather want to have a birthday party?"
   "I can ask him tonight."
   "How old is he?"
   "I don't know, and I don't want to ask him."
2. "Anita, when is the exam? Can you tell me?"
   "It's tomorrow afternoon."
   "I need your Spanish book."
   "If you ask me tonight, Paco, I can lend it to you."
   "Why tonight? Where are you going now?"
   "I can't tell you."

2 · Usos y omisiones de los artículos definidos e indefinidos

A. Usos y omisiones del artículo definido

- The definite article is used more frequently in Spanish than it is in English.

The definite article is used:	*The definite article is not used:*
1. With abstract nouns: **La educación** es muy necesaria.	
2. With nouns used in a general sense: **El café** tiene cafeína.	
3. With parts of the body and articles of clothing instead of the possessive adjective: Me duele **la cabeza.** Me pongo **los zapatos.**	When possession is emphasized to avoid ambiguity, the possessive adjective is used instead: **Mis** ojos son azules. **Tu** sombrero es muy elegante.
4. With the adjectives **pasado** and **próximo:** Terminamos **el próximo** año.	
5. With titles such as **señor, doctor,** etc., when talking about a third person: **La señora** Soto no está aquí.	In direct address: Buenos días, **doctora** Soto.

The definite article is used:	The definite article is not used:
6. With names of languages: **El español** es fácil.	Directly after the verbs **hablar** and **estar** or the prepositions **en** and **de**: **Hablo** español. **Escribo en** inglés.
7. With seasons of the year, days of the week, dates of the month, and time of day: Vengo **los lunes a las cinco.**	With the days of the week, after the verb **ser** in the expressions **hoy es, mañana es,** etc.: Hoy **es lunes;** mañana **es martes.**
8. To avoid repeating a noun: Los libros de Ana y **los** de Eva están aquí.	

PRÁCTICA

Lisa Smith tiene que escribirle a una amiga argentina, pero no está muy segura de cuándo debe usar el artículo definido. Ayúdela Ud., y ponga los artículos donde sea necesario. Después lea la carta para ver si quedó bien.

24 de septiembre de 1999

Querida Sandra:

Hoy es _____ viernes, y como _____ viernes yo no tengo clases, tengo tiempo para escribirte. Tengo muchas cosas que contarte. Como ves, te estoy escribiendo en _____ español. Mi profesora de español, _____ Dra. Torres, dice que estoy progresando mucho. En realidad, _____ español no es muy difícil.

_____ domingo pasado, David y yo fuimos a comer a un restaurante argentino.¡Qué buena es _____ comida de Uds., sobre todo _____ parrillada![1]

Este fin de _____ semana pienso ir a Nueva York. Voy a pasar _____ sábado en la casa de Anita y _____ domingo en _____ de Mary. _____ otoño en Boston es hermoso. ¿Por qué no vienes a verme _____ mes próximo? Así puedes hablar _____ inglés con mis amigos, para practicarlo. No debes olvidar que, para aprender una lengua, _____ práctica es lo más importante.

Bueno, te dejo porque me duele un poco _____ cabeza y quiero descansar.

Un abrazo,

Lisa

---

[1] barbecued steak and sausage

B. Usos y omisiones del artículo indefinido

- The indefinite article is used less frequently in Spanish than in English.

The indefinite article is not used:	*The indefinite article is used:*
1. Before unmodified nouns of profession, religion, nationality, or political party: Roberto es **ingeniero.** Marta es **mexicana**, pero no es **católica.** ¿Ud. es **republicano** o **demócrata?**	When the noun is modified by an adjective: Roberto es **un buen ingeniero.**
2. With nouns in general, when the idea of quantity is not emphasized: ¿Tienes **novia?** Yo nunca uso **sombrero.**	When the idea of quantity or a particular object (or objects) is emphasized: Tengo **un** sombrero azul.
3. With the adjectives **cien(to)**, **mil**, **otro, medio, tal**, and **cierto:** El abrigo cuesta **mil** dólares. Necesitamos **otro** contador. Esperé **media** hora.	
4. After the words **de** and **como**, when they mean *as*: Él trabaja **de** (**como**) secretario.	

P R Á C T I C A

A. Conteste las preguntas para recrear una conversación escuchada en un restaurante. Use la información que aparece entre paréntesis, prestando atención al uso u omisión del artículo indefinido. Siga el modelo.

MODELO: ¿Qué buscan Uds.? (apartamento)
            Buscamos apartamento.

1. ¿Qué es tu papá?	(abogado)
2. ¿Qué es tu hermano?	(actor / muy famoso)
3. ¿De qué nacionalidad es?	(americano)
4. ¿Es republicano?	(no / demócrata / fanático)
5. ¿De qué religión es?	(católico)
6. ¿Qué profesión tiene tu hermana?	(trabajar / auxiliar de vuelo)
7. ¿Qué quieres beber?	(media / botella / vino)
8. ¿Cuánto cuesta el vino aquí?	(cien / pesos)
9. ¿Quieres pedir alguna otra cosa?	(Sí / otro / plato de sopa)
10. Oye, ¿dónde está tu sombrero?	(no usar / sombrero)

B. En parejas, preparen ocho preguntas para hacérselas a su profesor(a). Recuerden los usos y omisiones de los artículos definidos e indefinidos.

Pregúntenle sobre lo siguiente:

1. sus ideas sobre la educación
2. lo que piensa hacer el verano próximo
3. los días que trabaja
4. la hora en que viene a trabajar
5. el color de sus ojos
6. si es americano(a) o no
7. su afiliación política

3 • El pretérito

A. El pasado en español

- There are two simple past tenses in Spanish: the preterit and the imperfect. Each tense expresses a distinct way of viewing a past action. The preterit narrates in the past and refers to a completed action in the past. The imperfect describes in the past; it also refers to a customary, repeated, or continued action in the past, without indicating the beginning or the end of the action.

B. Formas de los pretéritos regulares

- The preterit of regular verbs is formed as follows.

-ar *verbs*	-er *and* -ir *verbs*	
hablar	*comer*	*vivir*
hablé	comí	viví
hablaste	comiste	viviste
habló	comió	vivió
hablamos	comimos	vivimos
hablasteis	comisteis	vivisteis
hablaron	comieron	vivieron

- Note that the endings for -er and -ir verbs are the same.

- Verbs of the -ar and -er groups that are stem-changing in the present indicative are regular in the preterit.

C. Usos del pretérito

- The preterit is used to refer to actions or states that the speaker views as completed in the past.

—¿**Compraste** algo ayer?   *"Did you buy anything yesterday?"*
—Sí, **compré** unas blusas bordadas a   *"Yes, I bought some hand-embroidered*
    mano.   *blouses."*

—¿A qué hora **volviste** a casa? *"At what time did you return home?"*
—**Volví** a las dos. *"I returned at two."*

- It is also used to sum up a past action or a physical or mental condition or state in the past that is viewed as completed.

—¿Por qué no **asististe** a las clases ayer? *"Why didn't you attend classes yesterday?"*
—Porque me **dolió** la cabeza todo el día. *"Because my head ached all day long."*

—¿Es verdad que Daniel viene la semana próxima? *"Is it true that Daniel is coming next week?"*
—Sí. Nos **alegramos** mucho cuando **recibimos** la noticia. *"Yes. We were very happy when we got the news."*

PRÁCTICA

A. Las siguientes oraciones expresan lo que estas personas hacen siempre. Cambie las oraciones para expresar lo que hicieron ayer.

1. Yo salgo de mi casa a las siete.
2. Mi profesor estudia y trabaja hasta las nueve.
3. Mis hermanos asisten a muchas conferencias.
4. Nosotros planeamos nuestras actividades juntos.
5. Mi compañero(a) de cuarto y yo comemos y bebemos en la cafetería.
6. Mis amigos corren por la mañana.
7. Mi mamá me llama por teléfono.
8. Tú les escribes a tus padres.

Ahora cambie las oraciones según sus propias circunstancias.

B. Diga Ud. lo que pasó ayer.

Ayer yo _____ en la biblioteca hasta las tres. Después _____ a casa y _____ una ensalada y _____ un vaso de leche. Mi compañera de cuarto y yo _____ televisión y después ella _____ por teléfono a sus padres y yo _____ unas cartas. Por lo general yo preparo la cena, pero anoche la _____ Gloria porque por fin _____ a cocinar. Después de cenar nos _____ unos amigos. Gloria _____ con ellos hasta muy tarde, porque a ellos les encanta conversar. Yo _____ a la biblioteca para seguir estudiando.

C. Converse con un(a) compañero(a). Háganse preguntas sobre lo que hicieron (*what you did*) ayer, anteayer y la semana pasada usando los verbos de la lista.

trabajar	aprender	salir	escribir
estudiar	volver	ver	comer
almorzar	comenzar	recibir	asistir

D. Verbos irregulares en el pretérito

- The verbs **ser**, **ir**, and **dar** are irregular in the preterit.

ser	ir	dar
fui	fui	di
fuiste	fuiste	diste
fue	fue	dio
fuimos	fuimos	dimos
fuisteis	fuisteis	disteis
fueron	fueron	dieron

- **Ser** and **ir** have the same forms in the preterit. The meaning is made clear by the context of each sentence.

Anoche Rosa **fue** al cine con
    Miguel. **(ir)**

*Last night Rosa went to the movies
    with Miguel.*

George Washington **fue** el primer
    presidente. **(ser)**

*George Washington was the first
    president.*

- The following verbs have irregular stems and endings in the preterit.

tener[1]	tuv-		
estar	estuv-		
andar	anduv-		
poder[1]	pud-		
poner	pus-		
saber	sup-	-e	-imos
caber	cup-	-iste	-isteis
		-o	-ieron
hacer[1]	hic-		
venir	vin-		
querer	quis-		
decir	dij-		
traer[1]	traj-	-e	-imos
conducir	conduj-	-iste	-isteis
traducir	traduj-	-o	-eron
producir	produj-		

—¿Qué **hiciste** ayer?
—Fui al cine. ¿Y tú?
—Yo **estuve** en la universidad con unos
    amigos.

"What did you do yesterday?"
"I went to the movies. And you?"
*"I was at the university with some
    friends."*

---

[1] Verbs of the **tener**, **poder**, **venir**, and **traer** families conjugate exactly as their respective root verbs. Examples of these are **mantener** and **contener**; **componer** and **reponer**; **convenir** and **prevenir**; **distraer** and **atraer**.

ATENCIÓN The stress in the first-person singular and the third-person singular forms of the preterit of these verbs is different from that in the respective forms of the preterit of regular verbs. In regular verbs the stress is on the verb ending, while in irregular verbs the stress is on the verb stem. Compare:

	Irregular verbs	*Regular verbs*
1st person singular	pude	hablé, comí
3rd person singular	tuvo	compró, vivió

- The **c** changes to **z** in the third-person singular of the verb **hacer** to maintain the soft sound of the **c: él hizo.**

- All the verbs in the fourth group in the chart above (**decir, traer,** etc.) omit the **i** in the third-person plural ending.

—¿Quién **trajo** el coche?　　　　　*"Who brought the car?"*
—Lo **trajeron** mis padres.　　　　　*"My parents brought it."*

ATENCIÓN The preterit of **hay** (impersonal form of **haber**) is **hubo** (*there was, there were*).

Anoche **hubo** una fiesta.　　　　　*Last night there was a party.*

P R Á C T I C A

A. Entreviste a un(a) compañero(a) usando las siguientes preguntas.

1. ¿A qué hora viniste a la universidad hoy?
2. ¿Condujiste tu coche a la universidad?
3. ¿Trajiste el libro de español a la clase?
4. ¿Pudieron tú y tus compañeros terminar la tarea anoche?
5. ¿Le diste la tarea al profesor (a la profesora) al comenzar la clase?
6. ¿Fueron tú y un(a) amigo(a) a la biblioteca ayer?
7. ¿Tuviste que trabajar ayer?
8. ¿Dónde estuvieron tú y tus amigos anoche?
9. ¿Qué hiciste por la noche?
10. ¿Hubo una fiesta en la universidad el fin de semana pasado?

B. Termine las siguientes oraciones en forma original. Use los verbos que están en cursiva (*italic*).

1. Hoy Antonio no *tiene* que trabajar, pero anoche...
2. Ahora los chicos *están* en clase, pero ayer no...
3. Hoy *andas* por el centro, pero ayer...
4. Hoy Ud. *quiere* ir a la fiesta, pero anoche no...
5. Hoy *dices* que no, pero ayer...
6. Hoy *hacemos* ensalada, pero anoche...
7. Hoy *vienen* en ómnibus, pero ayer...
8. Hoy *traen* los discos y ayer...
9. Hoy *traduzco* del español al inglés y ayer...
10. Este año *soy* estudiante del profesor Soto, pero el año pasado...

C. En parejas, preparen seis preguntas para su profesor(a) sobre las cosas que él (ella) hizo ayer, la semana pasada, etc.

4 • Verbos que cambian en el pretérito

A. Verbos de cambios ortográficos

- **c → qu** (before **é**). Verbs ending in **-car** change the **c** to **qu** before the final **-é** of the first-person singular of the preterit[1]: **buscar—busqué**.

- **g → gu** (before **é**). Verbs ending in **-gar** change the **g** to **gu** before the final **-é** of the first-person singular of the preterit[1]: **pagar—pagué**.

- **z → c** (before **é**). Verbs ending in **-zar** change the **z** to **c** before the final **é** of the first-person singular of the preterit[1]: **empezar—empecé**.

-car *verbs*		-gar *verbs*		-zar *verbs*	
sacar	yo saqué	llegar	yo llegué	empezar	yo empecé
tocar	yo toqué	jugar	yo jugué	comenzar	yo comencé
buscar	yo busqué	pagar	yo pagué	almorzar	yo almorcé

—¿Tocaste en el concierto anoche?	*"Did you play in the concert last night?"*
—Sí, **toqué**. ¿No me oíste?	*"Yes, I played. Didn't you hear me?"*
—No, porque **llegué** tarde.	*"No, because I arrived late."*
—¿Cuándo empezaste a enseñar música?	*"When did you start teaching music?"*
—**Empecé** cuando tenía diez y ocho años.	*"I started when I was eighteen years old."*
—¿En serio? ¿Tan joven?	*"Seriously? So young?"*
—Es que **comencé** a estudiar música a los siete años.	*"The fact is I started studying music when I was seven."*

- **gu → gü** (before **é**). Verbs ending in **-guar** change the **gu** to **gü** before the final **-é** of the first-person singular of the preterit. Examples of this kind of verb are **averiguar** (*to find out, to guess*): **averigüé**, and **atestiguar** (*to attest, to testify*): **atestigüé**.[2]

- Verbs whose stem ends in a vowel (**a, e, o, u**) change the unaccented **i** of the preterit ending to **y** in the third-person singular and plural.

---

[1] This change is made to maintain the same sound through the conjugation.

[2] This change is made to maintain the same sound through the conjugation. It is discussed further in **Apéndice B**, under **Verbos de cambios ortográficos**, number 3.

Infinitive	Third-person singular	Third-person plural
leer	leyó	leyeron
creer	creyó	creyeron
caer	cayó	cayeron
oír	oyó	oyeron
construir	construyó	construyeron
sustituir	sustituyó	sustituyeron
contribuir	contribuyó	contribuyeron
huir	huyó	huyeron

—Dice Aníbal que anoche **huyeron** diez criminales.	*"Aníbal says that ten criminals escaped last night."*
—¿Lo **oyó** en la radio?	*"Did he hear it on the radio?"*
—No, lo **leyó** en el periódico.	*"No, he read it in the paper."*

P R Á C T I C A

En parejas lean los siguientes diálogos y complétenlos usando el pretérito de los verbos que aparecen entre paréntesis.

1. —Ayer (yo) _____ (sacar) las entradas para el teatro; _____ (pagar) mil pesetas por cada entrada. ¿Qué hiciste tú?
   —_____ (Buscar) un regalo para Marité, pero no encontré nada.
2. —¿Con cuánto _____ (contribuir) ellos para la Cruz Roja?
   —Con 500.000 pesetas. ¿No lo _____ (leer) Ud. en el periódico?
3. —¿Arrestaron al ladrón (*thief*)?
   —No, _____ (huir) cuando _____ (oír) a los policías.
4. —¿A qué hora empezaste a tocar el piano?
   —_____ (Empezar) a las nueve y _____ (tocar) hasta las doce.
5. —¿Almorzaste con Adela?
   —No, _____ (almorzar) solo porque _____ (llegar) tarde.

B. Verbos que cambian en la raíz

- All **-ir** verbs that are stem-changing in the present tense change the **e** to **i** and the **o** to **u** in the third-person singular and plural of the preterit.

	$e \rightarrow i$			$o \rightarrow u$
pedir	pidió, pidieron		dormir	durmió, durmieron
servir	sirvió, sirvieron		morir	murió, murieron
conseguir	consiguió, consiguieron			
elegir	eligió, eligieron			
repetir	repitió, repitieron			

- Other verbs that use the **e** → **i** conjugation are **advertir, competir,** and **mentir.**

—¿Qué **pidieron** los chicos en el restaurante?
—Tomás **pidió** sopa y pescado y Teresa **pidió** bistec.

"What did the children order at the restaurant?"
"Tomás ordered soup and fish and Teresa ordered steak."

—¿Cómo **durmieron** Uds. anoche?
—Yo dormí bien, pero Carlos no **durmió** nada.
—¿Por qué?
—Ayer **murió** un amigo suyo y estuvo muy triste toda la noche.

"How did you sleep last night?"
"I slept well, but Carlos didn't sleep at all."
"Why?"
"A friend of his died yesterday and he was very sad all night long."

—¿**Consiguieron** ellos el empleo?
—No, no lo **consiguieron**.

"Did they get the job?"
"No, they didn't get it."

PRÁCTICA

A. Complete los siguientes diálogos usando el pretérito de los verbos de la lista que aparece arriba.

1. —¿Cómo _____ Ud. anoche, señora?
   —_____ muy bien, gracias.
2. —¿Qué _____ Uds. en el restaurante?
   —Yo _____ enchiladas y mi esposo _____ tamales.
3. —¿Dónde _____ Ud. ese brazalete?
   —Lo _____ en una tienda de regalos.
4. —¿Cuál de los anillos _____ su hija?
   —El de oro.
5. —¿Hubo un accidente?
   —Sí, pero no _____ nadie.
6. —¿Qué _____ Uds. en la fiesta?
   —_____ sándwiches y cerveza.
7. —¿Cuántas veces _____ la profesora la pregunta?
   —La _____ tres veces.

B. Entreviste a un(a) compañero(a) de clase utilizando la información dada. Use los verbos en el pretérito y la forma **Ud.** Siga el modelo.

MODELO: empezar a estudiar español   (cuándo)
—¿Cuándo empezó Ud. a estudiar español?
—Empecé a estudiar español el año pasado.

1. comenzar a estudiar en esta universidad   (cuándo)
2. leer libros el semestre pasado   (qué)
3. elegir esta clase   (por qué)
4. llegar a la universidad hoy   (a qué hora)
5. sacar un libro de la biblioteca   (cuándo)
6. pagar por su libro de español   (cuánto)
7. pedir en la cafetería   (qué)
8. servir en la última fiesta que dio   (qué)
9. dormir anoche   (cuántas horas)

◆ ¿Cuánto sabe usted ahora?

A. **Palabras y más palabras.**

I. ¿Qué palabra o palabras corresponden a lo siguiente?

1. alegrarse
2. pulsera, collar, anillos
3. bolso
4. metal precioso de color amarillo
5. mucho
6. joya que se usa en el dedo
7. carísimos
8. propietario
9. lo que se usa en la cintura
10. joya que se usa en la oreja
11. en el futuro
12. brazalete
13. maleta pequeña que se usa para llevar papeles, documentos, etc.
14. fibra que se usa para hacer vestidos, camisas, etc.
15. lo que se paga por algo que se compra

II. Complete lo siguiente usando el vocabulario de esta lección.

1. —¿Cuánto dinero tienes en la _____?
   —Solamente ochenta _____.
2. —¿Dónde compraste la _____ para la cama de Petra?
   —En una tienda de _____.
3. —¿Fuiste de _____ con Marisol?
   —Sí, compramos todas estas cestas por veinte dólares. ¡Una _____! Todo estaba en _____.

4. —Compré dos _____ de aretes.

—¿_____ mucho dinero?

—No, porque me dieron un veinte _____ de _____.

5. —¿La blusa es de _____?

—No, pero está _____ a mano y es de muy buena _____.

6. —¿No te vas a poner el _____?

—No, no tengo frío.

7. —¿Me puede _____ el collar para regalo?

—¡_____ no, señorita!

8. —Los adornos no son caros; son muy _____. ¿No los vas a comprar?

—No sé... Voy a _____ bien antes de decidir.

B. Una pequeña conversación: pregúntele a un(a) compañero(a) lo que hizo durante el fin de semana. Siga el modelo.

MODELO: ir / adónde

—¿Adónde fuiste?

—Fui al cine.

1. visitar / a quién   6. mirar / qué programa
2. cenar / dónde   7. dormir / cuántas horas
3. estudiar / qué   8. comprar / qué
4. estar / dónde   9. salir / con quién
5. hacer / qué   10. volver / a qué hora

C. **Vamos a conversar**

1. La última vez que Ud. fue de viaje, ¿qué cosas trajo de los lugares que visitó?
2. ¿Qué objetos de artesanía tiene Ud. en su casa?
3. ¿Qué artesanía típica hay en Estados Unidos?
4. ¿Qué le recomienda Ud. a un extranjero que quiere llevar algunos recuerdos de Estados Unidos?
5. ¿Qué objetos de cuero tiene Ud.?
6. ¿Qué joyas tiene Ud.?
7. ¿Adónde fue Ud. de vacaciones el año pasado?
8. ¿Gastó mucho dinero?

D. En parejas planeen un viaje. Hablen de lo siguiente:

1. país que desean visitar
2. medios (*means*) de transporte
3. puntos de interés que pueden visitar en ese país
4. cuánto dinero necesitan para el viaje
5. cuánto tiempo tienen para hacer el viaje y la fecha conveniente para ambos (*both*)
6. cosas que quieren comprar, especialmente objetos típicos del país

E. **De compras.**   Imagínese que está de vacaciones y entra en una tienda de objetos de regalo. Escriba un diálogo entre el empleado, que quiere venderle muchas cosas, y Ud., que no quiere gastar mucho dinero.

Continuemos

Aumente su vocabulario

Otras palabras relacionadas con la ropa

la blusa la camisa el vestido	de mangas cortas de mangas largas sin mangas a cuadros a rayas estampado(a)	short-sleeved long-sleeved sleeveless plaid striped print	blouse shirt dress

el hilo (lino)   linen cloth   **la seda**   silk
la lana   wool   **el terciopelo**   velvet
el nilón   nylon

Palabras relacionadas con la artesanía

la alfombra   rug, carpet   **la muñeca**   doll
el barro, la arcilla   clay   **la perla**   pearl
el diamante   diamond   **la piedra**   stone
la esmeralda   emerald   **el rubí**   ruby
el jade   jade   **el tapiz**   tapestry
el mármol   marble   **el topacio**   topaz
las monedas   coins   **el vidrio**   glass

¿Recuerda el vocabulario nuevo?

A. Complete las siguientes oraciones con palabras de la lista anterior.

1. Mi blusa no es de seda sino de _____.
2. No quiero un vestido de mangas cortas, ni de mangas largas sino _____.
3. No me gustan las camisas estampadas, ni a cuadros. Me gustan a _____.
4. El jade y la _____ son verdes.
5. El _____ es una piedra preciosa roja.
6. Él colecciona monedas y su hija colecciona _____ de distintos países.
7. Con un vestido negro es bueno llevar un collar de _____.
8. La estatua es de _____.
9. Los indios utilizan la _____ para hacer sus vasijas (*pottery*).
10. No puedes ponerla en la pared porque no es un tapiz; es una _____.
11. El _____ es una piedra amarilla.
12. En verano no usamos ropa de terciopelo; usamos ropa de _____ porque es más fresca.
13. Con un _____ podemos cortar vidrio.
14. Este suéter no es de algodón; es de _____.

B. Ud. y un(a) compañero(a) van a ir de compras. Utilicen el vocabulario nuevo para hablar de sus preferencias en ropa y adornos.

MODELO: Me gusta mucho **el terciopelo,** pero **la lana** es más práctica.

De esto y aquello...

Hablemos de artesanías

Ud. y un(a) compañero(a) quieren comprar algunos objetos de artesanía. Fíjense en este anuncio y contesten las siguientes preguntas.

La Perla

VISÍTENOS Y ENCONTRARÁ LOS MEJORES
ARTÍCULOS DE ARTESANÍA IMPORTADOS
DE LATINOAMÉRICA

 cerámicas y figuras de madera tallada de México

billeteras, bolsos, portafolios y cinturones de cuero de Argentina

manteles y sobrecamas de encaje de ñandutí de Paraguay

vestidos bordados de Guatemala y México

 aretes y pulseras de filigrana de Paraguay

joyas de oro y plata de Perú y Bolivia

HORAS: lunes a viernes de 10–6; sábados de 12–5; domingos cerrado

1. ¿Podemos encontrar en La Perla objetos importados de España? ¿Por qué o por qué no?
2. ¿Qué objetos de cuero podemos comprar en la tienda?
3. ¿De dónde importan vestidos bordados?
4. ¿De qué son las sobrecamas y los manteles, y de qué país los importan?
5. ¿Venden joyas en La Perla?
6. ¿De qué países las traen?
7. ¿Podemos comprar en La Perla los domingos? ¿Por qué o por qué no?
8. ¿Cuál es el horario de la tienda?

BECO
SU CENTRO DE COMPRAS

¿Qué dirían ustedes... ?

Imagínese que Ud. y un(a) compañero(a) se encuentran en las siguientes situaciones. ¿Qué va a decir cada uno?

1. Tienen un amigo que va a viajar a Latinoamérica. Hagan una lista de las cosas que Uds. le van a encargar.
2. Alguien quiere ir de viaje y les pide a Uds. ideas sobre qué lugares debe visitar. Uds. le sugieren algunos sitios que conocen.
3. Alguien quiere saber lo que Uds. hicieron la semana pasada.
4. Uds. están en una tienda en la Ciudad de México, comprando regalos para todos sus parientes y amigos. Digan lo que le van a comprar a cada uno.

Una encuesta

Entreviste a sus compañeros de clase para tratar de identificar a aquellas personas que...

1. ...compraron objetos de artesanía recientemente.
2. ...prefieren usar ropa de algodón.
3. ...tienen mucho dinero para ir de compras.
4. ...tienen joyas de oro.
5. ...tienen una chaqueta de cuero.
6. ...saben hacer objetos de artesanía.
7. ...saben bordar a mano.
8. ...conocen a gente de Paraguay.

Y ahora, discuta el resultado de la encuesta con el resto de la clase.

¡De ustedes depende!

Ud. y un(a) compañero(a) están en una tienda en Asunción, Paraguay, sirviéndoles de intérpretes a dos chicas norteamericanas que no hablan español y que quieren comprar ropa, objetos de artesanía y joyas.

1. Pregunten los precios de ropa, calzado y otros artículos, especificando el material de que están hechos.
2. Traten de regatear (*bargain*) con la dueña de la tienda, diciéndole todo lo que las chicas pueden comprar si los precios son más razonables.
3. En el departamento de joyas, ayuden a las chicas a comprar aretes, collares, anillos, etc., de diferentes piedras preciosas. Averigüen (*Find out*) los precios y pidan una rebaja (*discount*).

Mesa redonda

Formen grupos de cuatro o cinco estudiantes y discutan las posibilidades de importar ropa, joyas y objetos de artesanía de otros países. Decidan qué objetos van a importar, de dónde, qué tipo de propaganda van a hacer para vender los artículos importados, y dónde los van a vender. Intercambien ideas con el resto de la clase.

Lecturas periodísticas

Para leer y comprender

A. En su primera lectura de la historia de los hermanos Lladró, fíjese en los adjetivos que se utilizan para describirlos a ellos y para describir su vida y sus creaciones. ¿Qué tono le dan al artículo?

B. Al leer el artículo, busque las respuestas a las siguientes preguntas.

1. ¿Quiénes son los hermanos Lladró y cuánto tiempo hace que empezaron a trabajar en cerámica?
2. ¿Qué inauguró recientemente la firma de porcelanas Lladró y dónde?
3. ¿Dónde comenzaron a trabajar en cerámica los hermanos Lladró?
4. ¿Cuáles fueron los primeros artículos que vendieron?
5. ¿Dónde está la fábrica de las porcelanas Lladró?
6. ¿Cuántos empleados tiene la fábrica Lladró y adónde son exportadas las figuras de porcelana?

Porcelanas Lladró, aporte° artístico español en los Estados Unidos

contribution

Hace poco más de treinta años, en Almácera, España, tres hermanos valencianos, Juan, José y Vicente Lladró, confiando° un poco en su natural inclinación y mucho en la Providencia Divina como guía, construyeron un horno° para los trabajos de cerámica en el patio de su modesta casa. Aquéllos eran tiempos difíciles, pero los hermanos Lladró, inspirados por la madre confiada y práctica, que les aconsejaba a diario° "pintar y cantar", trabajaban de día y asistían a la Escuela de Artes y Oficios por la noche.

trusting
kiln

a... every day

Recientemente, y a sólo tres décadas de aquellos días tan difíciles, la firma de porcelanas Lladró inauguró, en el corazón° mismo de Manhattan, en Nueva York, el Museo y Galerías Lladró, el primero en los Estados Unidos patrocinado° por una empresa española. El museo, donde se exhiben novecientas muestras° de porcelana, es un ejemplo de lo que puede lograr° el talento artístico unido al trabajo infatigable y a la fe° en el triunfo.

heart
sponsored
samples
achieve
faith

Los hermanos Lladró vivieron una infancia° y una adolescencia frugales. Como aprendices primero y como especialistas después, trabajaron en las casas "Azulejera Valenciana" y "Nalda", decorando azulejos° y moldeando y pintando platos de cerámica.

childhood

tiles

"Empezamos a trabajar cuando éramos aún° niños", comenta Juan, el mayor de los hermanos y el más innovador en sus creaciones. Mientras Juan o José pintaban, Vicente servía de modelo y José, con su innata predilección por los negocios°, ayudaba a vender sus primeras pinturas y piezas de cerámica. Iniciaron cien experimen-

still

business

"Flores de la estación", una muestra de las exquisitas figuras de porcelana Lladró.

tos y técnicas en la gradación del fuego°, las mezclas, el lustre y la aplicación de colores. Sus primeras ventas° fueron creaciones florales y platos decorados con motivos de la pintura clásica, que se vendían por poco dinero. Hoy, los precios de las creaciones Lladró fluctúan entre $50 y $17.000.

    Gracias al esfuerzo conjunto° y al conocimiento práctico adquirido tras° muchos años modelando porcelana, los hermanos Lladró echaron los cimientos° de su primera fábrica, que es hoy, en Tavernes Blanques, Valencia, la Ciudad de la Porcelana Lladró, un conjunto de elegantes edificios blancos, piscina olímpica, talleres°, áreas de deporte° y jardines donde una gran familia, integrada por 24.000 empleados, crea las estilizadas figuras de porcelana que son exportadas a todas partes° del mundo.

gradación... firing temperature / sales

joint / after
echaron... laid the foundation
workshops
sports
todas... everywhere

Adaptado de ***Diario de las Américas*** (Estados Unidos)

Desde su mundo

1. ¿Conoce Ud. las figuras Lladró? ¿Qué piensa Ud. de ellas?
2. ¿A Ud. le interesa trabajar como artesano(a)? ¿Por qué o por qué no? ¿Le interesa algún otro tipo de trabajo manual o artístico?
3. ¿Quién lo (la) inspira a Ud. en sus estudios o en su trabajo?

Pepe Vega y su mundo

Teleinforme

En España, como en muchos países, hay dos épocas importantes para comprar: las rebajas de invierno (winter sale) y las rebajas de verano (summer sale). En este teleinforme vamos a ver que ¡las opiniones de los compradores con respecto a las rebajas no son siempre positivas!

Preparación

Ventajas y desventajas (*Advantages and disadvantages*).   Abajo tiene Ud. algunas observaciones sobre un día de compras durante las rebajas. Clasifique cada observación según represente para Ud. una ventaja (**V**) o una desventaja (**D**) de las rebajas.

_____ 1. Hoy compro como una descosida (*a lot;* lit. "*unsewn*").
_____ 2. Encuentro cosas a la mitad del precio (*half-priced*).
_____ 3. Comprar vale (merece) la pena (*it is worth it*).
_____ 4. La cremallera (*zipper*) del pantalón está rota.
_____ 5. Esta camisa tiene un botón quitado (*missing button*).[1]
_____ 6. Hay buenas oportunidades.

---

[1] Por lo general se dice: "A esta camisa le falta un botón."

_____ 7. No encuentro nunca nada.

_____ 8. Las posibilidades económicas no me permiten comprar.

_____ 9. Hay muchas ofertas especiales.

_____ 10. Prefiero comprar en temporada (*season*).

_____ 11. Hay mucho bullicio (*bustle*).

_____ 12. Necesito más tiempo para elegir (*choose*).

_____ 13. La gente anda con mucha prisa (*hurry*).

_____ 14. Hay mucha gente que empuja (*pushes*).

_____ 15. No hay ninguna ganga (*bargain*).

_____ 16. Todo está carísimo en los grandes almacenes (*department stores*).

_____ 17. Hoy las tiendas tienen los precios más bajos del año.

_____ 18. Los zapatos tienen un 20% de descuento.

_____ 19. Con la tarjeta de personal (*employee's special card*), tengo 45% de descuento.

_____ 20. Busco cosas concretas.

_____ 21. El domingo parece un poco más tranquilo para ir de compras.

_____ 22. La tienda está animada.

_____ 23. Las plantas de confección (*ready-to-wear*) están abiertas hasta la noche.

_____ 24. Encontré una falda muy barata.

_____ 25. Hoy pueden venir treinta o cuarenta mil personas al almacén.

_____ 26. La boutique de señoras tiene hoy descuentos del 50%.

_____ 27. No hay mercancía defectuosa (*defective merchandise*).

_____ 28. Algunas tallas (*sizes*) son más caras que otras.

_____ 29. No encuentro demasiadas rebajas.

_____ 30. Todo es más o menos lo mismo de siempre.

_____ 31. Nada merece mucho la pena.

Comprensión

Rebajas en El Corte Inglés   8:04–12:55

El Corte Inglés es uno de los almacenes más importantes de España. Aquí vemos unas entrevistas (*interviews*) hechas por el canal 1 de la Televisión Española en las calles de Madrid y en las plantas de El Corte Inglés. Vamos a escuchar las impresiones de la gente que viene el primer día de las rebajas de invierno.

A. **Inferencias.**   Vea el video sin sonido (*without the sound*). Para cada persona entrevistada, adivine (*guess*) si la persona...

   a. ...compra o no en las rebajas y

   b. ...tiene una impresión positiva o negativa de las rebajas.

B. **Verificación.**   Ahora vea el video con sonido. Primero, verifique las respuestas suyas de la actividad A y escriba la información en las columnas **a** y **b**. Luego, para cada persona entrevistada, escriba en la columna **c** una frase que resuma la opinión que tienen sobre las rebajas.

Persona	a. Compra en las Rebajas	b. Impresión + / −	c. Opinión
1. la señora del abrigo verde			
2. la señora de las gafas			
3. la pareja joven			
4. la señora de pelo blanco y gafas			
5. el joven de las gafas			
6. el señor con bigote y corbata			
7. la señora de pelo blanco y abrigo de color marrón			
8. el señor de las gafas			
9. la señora del polo azul			
10. la joven rubia			

Ampliación

¿De acuerdo?　En parejas, preparen un diálogo sobre una de las siguientes situaciones.

1. Dos personas quieren comprar la misma cosa durante las rebajas.
2. Un(a) cliente le pide un descuento mayor a un(a) dependiente(a).
3. Un(a) joven quiere ir de compras pero su novia(o) no quiere.

En cada caso, explique la situación y cómo se resuelve.

¡Naveguemos!

Si desea explorar otros aspectos relacionados con esta lección, haga las actividades de la red (*Internet*) que corresponden a la lección. Vaya primero a http://www.hmco.com/college en la red, y de ahí a la página de *¡Continuemos!*

¿Están listos para el examen?

(Lecciones 1—3)

Tome este examen para ver cuánto ha aprendido. Las respuestas correctas aparecen en el **Apéndice C**.

Lección 1   **A.** El presente de indicativo de verbos irregulares

Complete las siguientes oraciones con el equivalente español de los verbos que aparecen entre paréntesis.

1. Yo _____ el sábado y no _____ hasta el lunes.   (*disappear / appear*)
2. Yo _____ que yo no _____ hacer eso.   (*admit / know*)
3. Yo _____ que yo no _____ aquí.   (*see / fit*)
4. Yo _____ la tarea, _____ los libros en el coche y _____.   (*do / put / leave*)
5. Yo _____ muy bien.   (*drive*)

B. El presente progresivo

Complete las siguientes oraciones con el equivalente español de las palabras que aparecen entre paréntesis.

1. Roberto _____ español.   (*continues to study*)
2. El maestro _____ a sus amigos.   (*is visiting*)
3. Ellos _____ en la escuela secundaria.   (*continue to work*)
4. El consejero _____ mis notas.   (*is asking for*)
5. ¿Qué _____ tú ahora?   (*are doing*)
6. Yo _____ con varios estudiantes universitarios.   (*am working*)
7. Nosotros _____ sobre la conferencia del Dr. Vargas.   (*continue to speak*)
8. Arturo _____ su programa de estudios.   (*is reading*)

C. Usos de los verbos **ser** y **estar**

Complete las siguientes oraciones, usando **ser** o **estar**, según corresponda.

1. ¿De quién _____ este libro? ¡_____ muy interesante!
2. Estos relojes _____ de plata.
3. El consejero _____ de vacaciones.
4. El ingeniero _____ allí mismo.
5. La biblioteca no _____ abierta todavía.
6. Elsa sabe más que nadie. _____ muy lista.
7. ¿Quién _____ ese hombre que _____ hablando con Teresa? ¡_____ muy aburrido!
8. Ricardo _____ enfermo y por eso no puede tomar el examen hoy.
9. Yo _____ muy aburrida. No tengo nada que hacer.

10. Aurelio _____ en cama porque _____ malo.
11. ¿Dónde _____ la conferencia y a qué hora _____? Yo ya _____ lista para salir.
12. ¿Para quién _____ el horario de clases?
13. _____ mejor tomar todos los requisitos primero.
14. David _____ norteamericano, pero no _____ de California.
15. No debes comer esas manzanas. _____ verdes.

D. El presente de indicativo de verbos con cambios en la raíz

Complete las siguientes oraciones con el equivalente español de los verbos que aparecen entre paréntesis.

1. ¿Tú nunca _____ lo que _____?   (*remember / dream*)
2. Cuando él _____ las pruebas, siempre _____ cambios.   (*corrects / suggests*)
3. Yo le _____ que ese perro _____.   (*warn / bites*)
4. Nosotros nunca _____ a ese profesor.   (*understand*)
5. ¿Uds. _____ su carrera este año?   (*begin*)
6. Yo les _____ que no _____ nada en este curso.   (*confess / understand*)
7. Él no _____ que no le gusta esa materia.   (*deny*)
8. Ellos _____ que su jefe _____ a los empleados sin motivo.   (*say / fires*)

E. ¿Recuerda el vocabulario?

Complete las siguientes oraciones con palabras y expresiones de la **Lección 1**.

1. Elena no asiste a clases. Ella estudia por su _____.
2. Asistir a clase es _____ en esta universidad.
3. Juan está estudiando la _____ de médico.
4. Yo no pago matrícula porque tengo una _____.
5. Elvira es muy lista. En todas sus clases _____ un _____ de "A".
6. El examen de _____ de _____ es el doce de marzo.
7. La conferencia empieza a las ocho a más _____.
8. ¿Puedes prestarme tu programa de _____?
9. Voy a preguntarle a mi _____ qué materias debo tomar.
10. Raúl siempre llega tarde. No es nada _____.

Lección 2   A. La **a** personal

¿Cómo se dice lo siguiente en español?

1. I want to take my dog with me.
2. Don't you love your country, Mr. Medina?
3. I don't have (any) brothers.
4. We don't need to see anybody.
5. I'm looking for a secretary.

B. Adjetivos posesivos

Conteste las siguientes preguntas usando en sus respuestas los adjetivos posesivos correspondientes y las palabras que aparecen entre paréntesis.

1. ¿Dónde están las tarjetas de embarque de Uds.?   (en el bolso de mano)
2. ¿De dónde son tus padres?   (Lima)
3. ¿De dónde es el título del profesor?   (de la Universidad de La Habana)
4. ¿Dónde está mi equipaje?   (en el cuarto)
5. ¿Quién es una buena amiga tuya?   (Rosa)

C. Pronombres posesivos

Conteste las siguientes preguntas usando en sus respuestas los pronombres posesivos correspondientes.

1. Mis viajes son largos. ¿Y los tuyos?
2. Mi abuelo es mexicano. ¿De dónde es el tuyo?
3. Yo tengo tus folletos. ¿Tú tienes los míos?
4. Nuestro agente de viajes es muy simpático. ¿El de Uds. también?
5. Mis excursiones son por la mañana. ¿Cuándo son las de tus amigos?

D. Formas pronominales en función de complemento directo

Conteste las siguientes preguntas en forma afirmativa, reemplazando las palabras en cursiva por los pronombres de complemento directo correspondientes.

1. ¿Conoces a *esa gente*?
2. ¿Hay muchas *agencias de viaje* aquí?
3. ¿*Me* llamas mañana? (use la forma **tú**)
4. ¿Tus padres *te* visitan todos los días?
5. ¿Tú tienes *los folletos*?
6. ¿Sabes que él tiene la *tarjeta de embarque*?
7. ¿La azafata *los* conoce a Uds.?
8. ¿Pueden Uds. hacer *ese vuelo* hoy?

E. Formas pronominales en función de complemento indirecto

¿Cómo se dice lo siguiente en español?

1. I want to give him his sunglasses.
2. I'm going to buy my daughter a ticket to Costa Rica.
3. They always write to us when they go on a trip.
4. He is going to bring me the brochures.
5. I'm going to speak to them about the tourist season.
6. Who cuts your hair, Anita?

F. ¿Recuerda el vocabulario?

Elija la palabra o frase que mejor completa cada oración.

1. El avión va a (facturar, despegar, reservar) ahora.
2. Tengo clases dos (tiempos, veces, meses) por semana.
3. Tienes que darle la (propaganda, tarjeta, temporada) de embarque al auxiliar de vuelo.
4. Quiero un asiento de (pasaje, pasillo, fila).
5. Voy a poner las maletas en el compartimiento de (vuelo, folleto, equipaje).
6. Voy a poner el bolso de mano (debajo, bajo, después) del asiento.
7. Los pasajeros deben (recoger, abordar, despachar) el avión.
8. Uds. deben (hospedarse, abrocharse, reservarse) el cinturón.
9. Vamos a veranear en (una catedral, una embajada, un balneario).
10. No puedo viajar hoy. Voy a (confirmar, cancelar, subir) el pasaje.
11. *Itinerario* es un sinónimo de (curso, crucero, horario).
12. El inspector revisa los documentos en la (aduana, catedral, pensión).

Lección 3   A. Pronombres de complementos directo e indirecto usados juntos

Conteste las siguientes preguntas en forma afirmativa, sustituyendo las palabras en cursiva por los pronombres correspondientes.

1. ¿Puedes comprarme *ese abrigo*?
2. ¿Les pides *los aretes* a las chicas?
3. ¿Tu papá te da *el dinero* que necesitas?
4. ¿Piensas comprarle *ese portafolio* a tu hermano?
5. ¿El empleado les va a dar a Uds. *las joyas*?

B. Usos y omisiones de los artículos definidos e indefinidos

¿Cómo se dice lo siguiente en español?

1. Dr. Vera says that education is important.
2. My composition has a thousand words, and Ana's has only a hundred.
3. My son is a doctor. He's a very good doctor!
4. He has a class on Mondays at four o'clock.
5. I need another job because I have financial problems.
6. Mr. Soto never wears a hat.

C. El pretérito

Cambie las siguientes oraciones al pretérito.

1. Yo *compro* billeteras de buena calidad.
2. Ellos *traen* adornos de México y después los *venden*.
3. ¿Tú les *das* las joyas?
4. Ella lo *sabe*, pero no *dice* nada.
5. Ella *es* la que *trae* las sobrecamas.

6. *Piden* fruta y no la *comen*.
7. *Viene* muy contento del viaje.
8. ¿Dónde *pones* las carteras?
9. No *puedo* encontrar otro vestido bordado como éste.
10. Jorge y yo *tenemos* que planear la reunión.
11. ¿*Van* a la tienda para encargar la pulsera?
12. Yo no *quepo* en el coche y por eso no *voy*.
13. ¿Qué *dicen* Uds.?
14. ¿Dónde *estás*?
15. ¿Quién lo *hace*?

D. Verbos que cambian en el pretérito

Vuelva a escribir las siguientes oraciones, reemplazando los verbos en cursiva por los que aparecen entre paréntesis.

1. Ella *compró* el vestido.   (elegir)
2. Yo *comencé* a estudiar español a los doce años.   (empezar)
3. Yo *vine* a esta ciudad en agosto.   (llegar)
4. Yo *escuché* música clásica anoche.   (tocar)
5. Ernesto *escribió* un artículo sobre la artesanía de Perú.   (leer)
6. Los niños *jugaron* todo el día.   (dormir)
7. Le *di* trescientos dólares por el anillo.   (pagar)
8. ¡En serio! No lo *compré*.   (negar)
9. *Trajeron* varios adornos.   (pedir)
10. ¿Me *habló* Ud.?   (oír)

E. ¿Recuerda el vocabulario?

Elija la palabra o frase que mejor completa cada oración.

1. Compré una blusa (educada, bordada, escrita) a mano.
2. Trajeron un (cinturón, portafolio, adorno) para la sala.
3. Gasté mucho dinero porque los precios estaban (por las nubes, de mal humor, encargados).
4. Un sinónimo de *brazalete* es (joya, pulsera, cartera).
5. Compré un cinturón de (papel, cemento, cuero).
6. Este collar cuesta muy poco. Es una (cosa, rabia, ganga).
7. Le voy a (gastar, regalar, ayudar) un collar a Teresa.
8. El dueño nos va a dar un buen (centavo, descuento, oro) en el precio.
9. Voy a encargarle a Luisa unos aretes de (lana, cuero, oro) para mi hija.
10. Un sinónimo de *cartera* es (dueño, bolso, encaje).

LECCIÓN 4

La pintura y la música

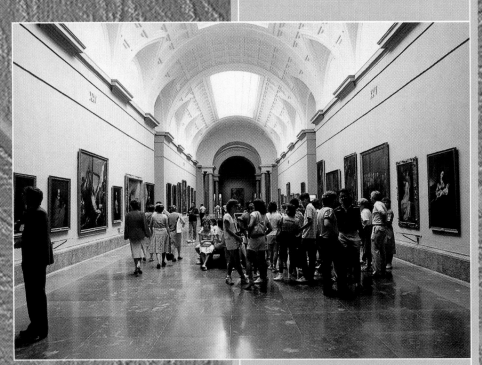

Uno de los salones del Museo del Prado.

La pintura y la música

Irma, Diego, Pablo y Ester, cuatro estudiantes latinoamericanos que estudian en Madrid, planean varias actividades para el fin de semana. El sábado piensan ir primero al Museo del Prado y por la noche a un club donde van a actuar varios grupos folklóricos internacionales. El domingo por la mañana piensan ir a escuchar un concierto de música clásica por la Orquesta Sinfónica de Madrid; por la noche quieren ver una zarzuela[1] y después ir a dar una vuelta por la Gran Vía.[2]

Los cuatro jóvenes hablan de sus planes en el piso de Irma y Ester.

IRMA —Pablo, la última vez que estuvimos en el museo no tuvimos tiempo de verlo todo. Tú que sabes tanto de arte, ¿por qué no nos dices cuáles son las pinturas más importantes?

PABLO —Me parece que debemos empezar con los cuadros de Velázquez. Después la obra de Murillo, la de Goya y la de El Greco.

DIEGO —¿Qué opinas tú de las obras de pintores como Dalí, Picasso y Miró?

PABLO —Bueno, antes no me gustaba la pintura moderna, sobre todo la abstracta; sin embargo, cuando comencé a tomar clases de arte, aprendí a apreciarla. Ahora me encanta.

ESTER —A mí me interesan mucho los muralistas. ¿Viste los murales de Rivera, Orozco y Siqueiros cuando fuiste a México?

PABLO —Sí, cuando estuve allí, aproveché la ocasión para verlos. ¡Son magníficos!

IRMA —Ester, me dijeron que tú pintabas muy bien. ¿Usas óleo o acuarela?

ESTER —Antes pintaba solamente a la acuarela, pero ahora estoy haciendo un retrato al óleo.

IRMA —Me acuerdo de que cuando yo era chica, tomaba clases de arte, pero nunca aprendí a dibujar. Mis compañeros siempre se burlaban de los dibujos que yo hacía.

ESTER —Yo no sabía que tú dibujabas...

Irma y Ester siguen conversando sobre pintura, mientras Pablo hace reservaciones para ver los bailes folklóricos y Diego va hacia el tocadiscos para ver la colección de cintas y discos compactos que tiene Irma.

DIEGO —A mí me interesa mucho la música folklórica. Anoche en la fiesta de Eva toqué varias canciones chilenas y a todo el mundo le gustaron mucho.

IRMA —¡Ay!, yo quería ir a esa fiesta, pero Ester no quiso ir conmigo.

PABLO —Ya hice las reservaciones para mañana a las once. Bueno, me voy porque se hace tarde y voy al concierto de "La Unión" esta noche. ¡A mí me gusta más el rock!

Diego y Pablo se van y las chicas se quedan charlando un rato. A las once deciden acostarse porque mañana tienen que despertarse temprano.

---

[1] Una obra musical donde se alternan la música y el diálogo y en la que casi siempre se presentan costumbres del pueblo español.

[2] Una de las calles principales del centro de Madrid.

C·H·A·R·L·E·M·O·S

1. ¿Qué están planeando los cuatro jóvenes?
2. ¿Adónde piensan ir el sábado? ¿Y el domingo?
3. ¿Ud. cree que el Museo del Prado es grande o pequeño? ¿Por qué?
4. ¿Qué piensa Pablo de la pintura moderna?
5. ¿Cuáles son algunos muralistas mexicanos?
6. ¿Qué diferencias nota Ud. entre Irma y Ester en lo que se refiere a la pintura?
7. ¿De qué se burlaban los compañeros de Irma?
8. ¿Qué tipo de música le interesa a Diego?
9. ¿A Diego y a Pablo les gusta el mismo tipo de música? ¿Cómo difieren sus gustos?
10. ¿Adónde quería ir Irma y por qué no fue?
11. ¿Qué deciden hacer las chicas y por qué?
12. ¿A Ud. le parecen interesantes los planes de los chicos? ¿Por qué o por qué no?

Vocabulario

Nombres
la acuarela   watercolor
la canción   song
la cinta   tape
el concierto   concert
el cuadro   painting, picture
el dibujo   drawing
el disco   record
el disco compacto, el CD   compact disc
el, la joven   young man (woman)
la obra   work (*of art*)
el óleo   oil (*paint*)
el, la pintor(a)   painter
la pintura   painting, paint
el piso (*Spain*), **el apartamento** apartment
el retrato   portrait
el rock   rock music
el tocadiscos compacto   CD player

Verbos
acordarse (de) (o → ue)   to remember
actuar, representar   to perform
apreciar   to appreciate
burlarse (de)   to make fun (of)

despertarse (e → ie)   to wake up
dibujar   to draw
encantar   to love (*literally*, to delight)
escuchar   to listen to
opinar   to think, to have an opinion
parecer   to seem
pintar   to paint
prestar   to lend
quedarse   to stay, to remain
tocar   to play (*a musical instrument*)

Adjetivos
folklórico(a)   folk, folkloric
sudamericano(a), suramericano(a)   South American

Otras palabras y expresiones
aprovechar la ocasión   to take advantage of the opportunity
como   like
dar una vuelta   to go for a walk
en serio   seriously
la última vez   the last time
se hace tarde   it's getting late
sin embargo   however

sobre   about
sobre todo   above all
tanto   so much

todo el mundo   everybody
un rato   a while
unos cuantos   a few

Palabras problemáticas

A. Pensar, pensar (de) y **pensar (en)** como equivalentes de *to think (of)*

- **Pensar** se usa en los siguientes casos.

    1. Cuando se quiere expresar un proceso mental.

       Debes **pensar** mucho para resolver el problema.

    2. Cuando se habla de planear algo.

       El sábado **piensan** ir a un museo.

- **Pensar (de)** es el equivalente en español de *to think of (about)* cuando se pide opinión.

       ¿Qué **piensas** tú **de** la pintura de Picasso y de Miró?

- **Pensar (en)** se usa sólo para indicar un proceso mental y no para expresar opinión.

       Estoy **pensando en** los exámenes.

B. Obra y **trabajo** como equivalentes de *work*

- **Obra** se utiliza principalmente para referirse a un trabajo de tipo artístico o intelectual.

       El profesor de arte nos habló de la **obra** de Velázquez.

- **Trabajo** equivale a *work* como sinónimo de *task*.

       Tengo mucho **trabajo** hoy.

P R Á C T I C A

En parejas, representen los siguientes diálogos en español.

1. "What do you think of Picasso's work, Miss Varela?"
   "I think he was a great painter."
   "We plan to go for a walk after we leave the museum. Do you want to come?"
   "I can't. I have so much work . . ."
2. "What are you thinking about, Raquel?"
   "I'm thinking about the concert."
   "Are you planning to go with us?"
   "I don't know . . . I have to think it over."

Estructuras gramaticales

1 · El imperfecto

A. Formas del imperfecto

- The imperfect of regular verbs is formed as follows.

-ar *verbs*	-er *and* -ir *verbs*	
jugar	*tener*	*vivir*
jugaba	tenía	vivía
jugabas	tenías	vivías
jugaba	tenía	vivía
jugábamos	teníamos	vivíamos
jugabais	teníais	vivíais
jugaban	tenían	vivían

- Note that the endings for **-er** and **-ir** verbs are the same, and that there is a written accent mark on the **i**.

- There are only three irregular verbs in the imperfect.

ser	*ir*	*ver*
era	iba	veía
eras	ibas	veías
era	iba	veía
éramos	íbamos	veíamos
erais	ibais	veíais
eran	iban	veían

B. Usos del imperfecto

- The imperfect tense in Spanish is equivalent to these three forms in English depending on the context.

Yo **jugaba** al tenis.
$$\begin{cases} \text{I used to (would) play tennis.} \\ \text{I was playing tennis.} \\ \text{I played tennis (several times).} \end{cases}$$

The imperfect tense is used:

- To refer to habitual or repeated actions in the past, with no reference to when they began or ended.

| Cuando **vivía** en México, **iba** al cine todos los sábados. | *When I lived in Mexico, I would go to the movies every Saturday.* |
| **Veíamos** a nuestros amigos dos veces por semana. | *We used to see our friends twice a week.* |

Expressions indicating frequency or repetition such as **todas las noches, a menudo, de vez en cuando,** and so on, often accompany verbs in the imperfect tense.

- To describe actions, states, or events that the speaker views as being in the process of happening in the past, again with no reference to when they began or ended.

Cuando **íbamos** al cine, pasamos por un parque muy bello.

As we were going to the movies, we passed by a beautiful park.

- To set the stage upon which another action took place.

Era un hermoso día...

It was a beautiful day . . .

- To describe a physical, mental, or emotional state in the past.

El niño lloraba porque **tenía** frío.

The child was crying because he was cold.

Diego **estaba** triste.

Diego was sad.

- To tell time in the past.

Eran las once y media cuando salimos de casa.

It was eleven-thirty when we left the house.

- To describe a physical condition or characteristic.

Era rubia y **tenía** el pelo largo.

She was blond and had long hair.

- In indirect discourse, when the verb of the main clause is in the past.

JUAN "Las joyas están en el banco." (*direct discourse*)
PEDRO "Juan dijo que las joyas **estaban** en el banco." (*indirect discourse*)

PRÁCTICA

A. Entreviste a un(a) compañero(a) de clase usando las siguientes preguntas y dos preguntas originales.

1. ¿Dónde vivías cuando eras niño(a)?
2. ¿A qué escuela ibas? ¿Estudiabas mucho?
3. ¿Qué hacías en la escuela?
4. ¿Tomabas clases de dibujo? (¿de música?)
5. ¿Qué hacías los fines de semana?
6. ¿Adónde ibas de vacaciones? ¿Con quién?
7. ¿Quién era tu mejor amigo(a)? ¿Cómo era?
8. ¿Veías a tus abuelos a menudo?
9. ¿Cuál era tu programa de televisión favorito?
10. ¿Qué querías ser?

B. Esto es lo que estas personas **hacen ahora**, pero, ¿qué **hacían cuando** eran jóvenes? Use su imaginación y dígalo.

MODELO: Ahora María trabaja mucho...
Ahora María trabaja mucho, pero cuando era joven trabajaba poco.

1. Ahora José vive en Boston...
2. Ahora nosotros somos demócratas...
3. Ahora ellos no comen mucho...
4. Ahora tú tienes mucho dinero...
5. Ahora no ves a tus amigos frecuentemente...
6. Ahora yo no voy mucho al cine...
7. Ahora nosotros hablamos español...
8. Ahora Ud. vuelve a su casa muy temprano...
9. Ahora ellos van a clase todos los días...
10. Ahora Uds. viajan mucho...

2 · El pretérito contrastado con el imperfecto

A. Principios generales

- The difference between the preterit and the imperfect may be visualized in the following way:

The wavy line representing the imperfect shows an action or event taking place over a period of time in the past. There is no reference as to when the action began or ended. The vertical line representing the preterit shows an action or event completed in the past.

- In many instances, the choice between the imperfect and the preterit depends on how the speaker views the action or the event. The following table summarizes some of the most important uses of both tenses.

Imperfect	*Preterit*
1. Describes past actions in the process of happening, with no reference to their beginning or end.	1. Reports past actions or events that the speaker views as finished and completed, regardless of how long they lasted.
¿Viste a Ana cuando **ibas** para el concierto?	Anoche él **tocó** el piano por largo rato.
2. Describes a physical, mental, or emotional condition or characteristic in the past.	2. Sums up a condition or a physical or mental state, viewed as completed.
No fui porque **estaba** enferma.	**Estuve** enfermo toda la noche.
Era delgada y **tenía** el pelo largo.	

Imperfect (cont.)

3. Refers to repeated or habitual actions in the past.

   Siempre **dibujábamos** con Ana.

4. Describes or sets the stage in the past.

   Eran las diez cuando llegué al museo.

   Hacía frío y **llovía.**

5. Expresses time in the past.

   Eran las once cuando llegué.

6. Is used in indirect discourse.

   Ella dijo que no **conocía** la obra de Orozco.

7. Describes age in the past.

   Ella **tenía** seis años.

PRÁCTICA

A. En parejas, lean cuidadosamente el diálogo de esta lección y busquen ejemplos del uso del pretérito y del uso del imperfecto. Den las razones por las cuales se usa uno u otro tiempo.

B. Complete el siguiente diálogo usando el pretérito o el imperfecto de los verbos que aparecen entre paréntesis. Después de completarlo, represéntelo en voz alta con un(a) compañero(a).

VÍCTOR —¡Oye! ¿Qué hora _____ (ser) cuando tú _____ (llegar) anoche?

ANDRÉS —_____ (Ser) las doce y media. Gloria y yo _____ (ir) a una fiesta en casa de Cleo. ¿Qué _____ (hacer) tú ayer?

VÍCTOR —Como el día _____ (estar) muy hermoso y _____ (hacer) calor, Rita y yo _____ (ir) a la playa, pero _____ (volver) temprano porque ella _____ (decir) que le _____ (doler) mucho la cabeza.

ANDRÉS —Ayer a eso de las cuatro _____ (venir) a buscarte un muchacho. _____ (Decir) que _____ (llamarse) John Taylor.

VÍCTOR —¿John Taylor...? No sé quién es... ¿Cómo _____ (ser)?

ANDRÉS —_____ (Ser) rubio, de estatura mediana y _____ (tener) unos veinticinco años... _____ (Hablar) muy bien el español.

VÍCTOR —¡Ah, ya recuerdo! Cuando yo _____ (estar) en la escuela secundaria, él y yo muchas veces _____ (estudiar) juntos en la biblioteca.

ANDRÉS —Él _____ (decir) que _____ (ir) a volver el sábado por la tarde.

VÍCTOR —Oye, ¿tú _____ (ver) a Marta en la fiesta?

ANDRÉS —Sólo por un momento. ¿Tú y Rita no _____ (ir) al cine anoche?

VÍCTOR —No, porque la pobre Rita _____ (estar) enferma toda la noche.

C. En parejas, completen cada oración de acuerdo con sus propias experiencias.

1. Cuando mis padres eran jóvenes...
2. Cuando era niño(a)...
3. Yo tenía ocho años cuando...
4. Mi mejor amigo(a) y yo...
5. En 1995, yo...
6. Mi primer(a) novio(a) era...
7. Cuando yo estaba en la escuela secundaria...
8. El verano pasado, mis amigos y yo...
9. Decidí estudiar en esta universidad porque...
10. Un día no pude asistir a clase porque...
11. La semana pasada, mi profesor(a)...
12. Yo le dije a mi profesor(a) que...
13. Ayer, cuando yo venía a la universidad...
14. Anoche mis amigos y yo...

D. En parejas, escojan a algún personaje famoso (actor / actriz, atleta, etc.) y preparen de diez a quince preguntas para hacerle una entrevista sobre su niñez y su
juventud (*youth*).

B. Verbos que cambian de significado en el pretérito

• Certain Spanish verbs have special English equivalents when used in the preterit
tense. Contrast the English equivalents of **conocer**, **poder**, **querer**, and **saber**
when these verbs are used in the imperfect and preterit tenses.

Imperfect		*Preterit*	
yo **conocía**	*I knew*	yo **conocí**	*I met*
yo **podía**	*I was able* (capable)	yo **pude**	*I managed, succeeded*
yo no **quería**	*I didn't want to*	yo no **quise**	*I refused*
yo **sabía**	*I knew*	yo **supe**	*I found out, learned*

—¿Tú no **conocías** al Dr. Vega?   "Didn't you know Dr. Vega?"
—No, lo **conocí** anoche.   "No, I met him last night."

—Por fin **pude** hacer los ejercicios de   "I finally managed to do the math
matemáticas ayer.   exercises yesterday."
—Al principio yo tampoco **podía**   "At first I couldn't understand them
entenderlos, pero no son tan   either, but they aren't so difficult."
difíciles.

—Elena **no quiso** ir a la fiesta de Rita.   "Elena refused to go to Rita's party.
Se quedó en casa.   She stayed home."
—Yo tampoco **quería** ir, pero al fin fui.   "I didn't want to go either, but in the
                                                                       end I went."

—¿**Sabías** que teníamos un examen   *"Did you know we were having an*
    hoy?   * exam today?"*
—No, lo **supe** esta mañana.   *"No, I found out this morning."*

P R Á C T I C A

A. Complete lo siguiente con el pretérito o el imperfecto de los verbos estudiados, según corresponda.

1. —¿Por qué no fuiste al concierto anoche?
   —No _____ ir porque tuve que trabajar.
   —Yo no _____ que tú trabajabas por la noche.
   —Y Julio, ¿fue?
   —No, él no _____ ir. Prefirió quedarse en casa.
2. —Ayer _____ que Daniel se casaba.
   —Sí, se casó con Nora. Él la _____ cuando estuvo en Madrid.
   —Ah, yo no _____ que ella era de Madrid.
3. —¿Llamaste a Sofía?
   —Sí, _____ invitarla a dar una vuelta conmigo, pero (nosotros) no _____ ir porque ella no se sentía bien.
4. —¿Ud. _____ a Carmen?
   —Sí, la _____ en el Club Internacional la semana pasada.
5. —¡Tú dibujas muy bien!
   —Pues cuando empecé la clase no _____ dibujar nada...

B. En parejas, háganse las siguientes preguntas.

1. ¿Conocías al profesor (o profesora) antes de tomar esta clase?
2. ¿Cuándo lo (la) conociste?
3. ¿Sabías español antes de tomar esta clase?
4. ¿Podías hablar español cuando eras niño(a)?
5. ¿Cuándo supiste quién iba a ser tu profesor (profesora) de español?
6. ¿Pudiste terminar la tarea antes de venir a clase hoy?
7. Yo no quería venir hoy a clase. ¿Tú querías venir a clase hoy?
8. La última vez que no viniste a clase, ¿no pudiste o no quisiste venir?

---

3 · Verbos que requieren una construcción especial

A. Gustar

- The verb **gustar** means *to like* (literally, *to be pleasing* or *to appeal to*). As shown in the following examples, **gustar** is used with indirect object pronouns.

I.O.	Verb	Subject	Subject	Verb	D.O.
Me	gusta	**este libro.**	*I*	*like*	*this book.*

			Subject	Verb	I.O.
			This book	*appeals*	*to me.*

- In Spanish, the person who does the liking is the indirect object, and the thing or person liked is the subject.

- Two forms of **gustar** are used most often: the third-person singular **gusta** (**gustó, gustaba,** etc.) if the subject is singular, or the third-person plural **gustan** (**gustaron, gustaban,** etc.) if the subject is plural.

Indirect object pronouns

Me			bailar.
Te	gusta	←	comer y beber.
Le			ese **bolso.**
Nos			
Os	gustan	←	los **dibujos.**
Les			esos **pintores.**

—¿**Te gustó** la película?   *"Did you like the movie?"*
—Sí, **me gustó** mucho.   *"Yes, I liked it a lot."*

- The preposition **a** is used with a noun or a pronoun to clarify the meaning or to emphasize the indirect object pronoun.

—**A Juan** no **le** gusta ese profesor.   *"Juan doesn't like that teacher."*
—Pues yo no estoy de acuerdo. **A**   *"Well, I don't agree. I like him very*
mí me gusta mucho.   *much."*

—**Me** gustan mucho estos cuadros.   *"I like these paintings very much."*
—**A nosotros nos** gustan más los   *"We like the other ones better."*
otros.

ATENCIÓN   The word **mucho** is placed immediately after **gustar.** The equivalent in Spanish of *to like . . . better* is **gustar más... .**

P R Á C T I C A

A. Vuelva a escribir las siguientes oraciones, sustituyendo **preferir** por **gustar más.** Haga todos los cambios necesarios. Siga el modelo.

MODELO: Yo prefiero asistir a la clase de español.
A mí me gusta más asistir a la clase de español.

1. Ellos prefieren la música moderna.
2. David dice que Ud. prefiere la música clásica.
3. La mayoría de la gente prefiere la música popular.
4. Yo prefiero tocar la guitarra.
5. Yo prefiero los murales de Orozco.
6. ¿Prefieres a los pintores modernos?
7. Mi profesor prefiere pintar con acuarela.

8. Nosotros preferimos bailar en la discoteca.
9. Marisa prefiere los manteles (*tablecloths*) bordados.
10. Tú prefieres estas joyas, ¿verdad?
11. Ellos prefieren estudiar por su cuenta.
12. Oscar prefiere enseñar en la escuela secundaria.
13. Según ella, Carlos prefiere la carrera de médico.
14. Creo que ellos prefieren irse de vacaciones en el verano.

B. Esta actividad tiene dos partes: en la primera, díganos lo que a estas personas les gusta hacer; en la segunda, díganos qué cosas les gusta(n).

   1. Los fines de semana

a mi papá	a mis amigos
a mí	a nosotros
a ti	a Ud.

   2. Éstas son las comidas, las bebidas, la ropa, los lugares, etc., que nos / les gusta(n):

a mí	a mis parientes
a mi mamá	a Ud.
a ti	a Uds.
a nosotros	a mi novio(a)

C. En parejas, imagínense que van a pasar el fin de semana juntos(as). Planeen varias actividades, haciéndose preguntas sobre lo que les gusta y lo que no les gusta. Expliquen el por qué de sus preferencias, usando expresiones como **me gusta(n) mucho...** y **me gusta(n) más...**

B. Verbos con construcciones similares a **gustar**

- The following frequently used verbs have the same construction as **gustar.** Note the use of the indirect object pronouns.

  1. **doler**   *to hurt*

—¡**Me duele** mucho la espalda!	*"My back hurts a lot!"*
—¿Por qué no tomas una aspirina?	*"Why don't you take an aspirin?"*

  2. **faltar**   *to be lacking, to need*

—¿Cuánto **te falta** para poder comprar el regalo?	*"How much do you need to be able to buy the gift?"*
—**Me faltan** veinte dólares.	*"I need twenty dollars."*

  3. **quedar**   *to have (something) left*

—Quiero comprar esa acuarela. ¿Cuánto dinero **nos queda**?	*"I want to buy that watercolor. How much money do we have left?"*
—Solamente **nos quedan** diez dólares.	*"We only have ten dollars left."*

4. **encantar**   *to love* (literally, *to delight*)

—Hoy pasan una película de   *"Today they're showing a Harrison*
   Harrison Ford. ¿Vamos?   *Ford movie. Shall we go?"*
—Sí, **me encantan** las películas de *"Yes, I love Harrison Ford's movies."*
   Harrison Ford.

PRÁCTICA

Complete el siguiente diálogo usando los verbos de la lista en la forma correcta, y represéntenlo en parejas.

doler   gustar   faltar   quedar   encantar

MARTA —¿Quieres ir a la tienda conmigo? Necesito un vestido nuevo para la fiesta de Carlos.

LUIS —Yo necesito una camisa, pero sólo _____ treinta dólares, y la camisa que quiero cuesta cincuenta dólares. _____ veinte dólares.

MARTA —¿Por qué no usas tu tarjeta de crédito?

LUIS —¡Buena idea! Oye, ¿crees que Delia quiere ir a la fiesta también?

MARTA —Sí, a ella _____ las fiestas y, además, creo que le _____ mucho Carlos.

LUIS —Pues, vamos a invitarla, entonces.

MARTA —¡Perfecto! Oye, ¿tienes una aspirina? _____ mucho la cabeza.

LUIS —¿A ti _____ la cabeza? ¡Pues a mí _____ los pies!

4 · Construcciones reflexivas

A. Usos y formas

- A verb is reflexive when the subject performs and receives the action of the verb. In Spanish, most transitive verbs[1] may be used as reflexive verbs. The use of the reflexive construction is much more common in Spanish than in English.

- When a Spanish verb is used reflexively, the following reflexive pronouns must be used.

	Singular		*Plural*
me	*myself*	**nos**	*ourselves*
te	*yourself* (**tú** form)	**os**	*yourselves* (**vosotros** form)
se	*yourself* (**Ud.** form) *himself* *herself*	**se**	*yourselves* (**Uds.** form) *themselves*

- Note that, except for the third-person **se**, the reflexive pronouns have the same forms as the direct and indirect object pronouns.

---

[1] Remember that transitive verbs require a direct object to complete the action of the verb: *Luis compró* **una casa**. Without **una casa**, the sentence would have no meaning.

- The following chart outlines the reflexive forms of **vestirse**: *to dress (oneself), to get dressed.*

vestirse (e → i)

Yo **me visto.**	*I dress (myself), I get dressed.*
Tú **te vistes.**	*You (fam. sing.) dress (yourself). You get dressed.*
Ud. **se viste.**	*You (form. sing.) dress (yourself). You get dressed.*
Él **se viste.**	*He dresses (himself). He gets dressed.*
Ella **se viste.**	*She dresses (herself). She gets dressed.*
Nosotros **nos vestimos.**	*We dress (ourselves). We get dressed.*
Vosotros **os vestís.**	*You (fam. pl.) dress yourselves. You get dressed.*
Uds. **se visten.**	*You (form. pl.) dress (yourselves). You get dressed.*
Ellos **se visten.**	*They (m.) dress (themselves). They get dressed.*
Ellas **se visten.**	*They (f.) dress (themselves). They get dressed.*

Yo no **me levanto** muy temprano porque los niños no **se despiertan** hasta las ocho.

I don't get up very early because the children don't wake up until eight.

- Reflexive pronouns function as either direct or indirect objects; they occupy the same position in a sentence that object pronouns do.

D.O.
Yo **me** lavo.

I.O.   D.O.
Yo **me** lavo **las manos.**

I.O. D.O.
Yo **me las** lavo.
(R.P.)

- When a reflexive pronoun is used with a direct object pronoun, the reflexive pronoun always precedes the direct object pronoun.

—Tienes que lavarte las manos.
—Ya **me las** lavé.

"You have to wash your hands."
"I already washed them."

ATENCIÓN Note that the reflexive pronouns always agree with the subject.

- Some verbs change meaning when they are used reflexively.

acostar	*to put to bed*	**acostarse**[1]	*to go to bed*
dormir	*to sleep*	**dormirse**	*to fall asleep*
levantar	*to raise, to lift*	**levantarse**	*to get up*
llamar	*to call*	**llamarse**	*to be named*
llevar	*to take*	**llevarse**	*to carry off*
probar (o → ue)	*to taste, to try*	**probarse (o → ue)**	*to try on*

---

[1] When a verb is reflexive, the infinitive always ends in **-se.**

poner *to put, to place*	**ponerse** *to put on*
quitar *to take away*	**quitarse** *to take off*
ir *to go*	**irse** *to leave, to go away*
parecer *to seem, to appear*	**parecerse** *to look like*
sentar *to seat*	**sentarse** *to sit down*

—¿Quieres **acostarte** ahora?   *"Do you want to go to bed now?"*
—Sí, pero primero quiero **acostar** a   *"Yes, but first I want to put the*
   los niños.   *children to bed."*

- Some verbs are always used with a reflexive construction.

acordarse (o → ue) (de) *to remember*	**burlarse (de)** *to make fun of*
arrepentirse (e → ie) (de) *to regret, to repent*	**quejarse (de)** *to complain*
arrodillarse *to kneel down*	**suicidarse** *to commit suicide*
atreverse (a) *to dare*	

¡ ATENCIÓN !   The use of reflexive pronouns does not necessarily mean that the action is reflexive:

Los estudiantes **se quejan** del profesor.

The students complain about the professor (not about themselves).

P R Á C T I C A

A. En parejas, lean los siguientes diálogos usando el presente de indicativo de los verbos de la lista.

acordarse	bañarse	arrodillarse	sentarse	acostarse
olvidarse	burlarse	levantarse	quejarse	lavarse

1. —¿A qué hora _____ tú generalmente?
   —_____ a las seis de la mañana y _____ a las once de la noche.
2. —La Sra. Ruiz _____ de los niños todos los días.
   —Es que ellos siempre _____ de su hijito porque él no sabe nadar.
3. —¿Uds. _____ por la mañana?
   —Sí, _____ y _____ la cabeza.
4. —Para rezar (*to pray*), ¿tú generalmente _____ o _____?
   —Me arrodillo.
5. —¡Qué cabeza tienes! Nunca _____ de traer el libro.
   —Es verdad. Todos los días _____ de traerlo.

B. Conteste las siguientes preguntas, seleccionando el verbo reflexivo o el no reflexivo, según corresponda.

1. ¿Qué hacen Uds. cuando tienen mucho sueño? (acostar, acostarse)
2. Si le duelen los pies, ¿qué puede hacer Ud. con los zapatos? (quitar, quitarse)
3. Para saber si la comida está picante (*spicy*) o no, ¿qué hacen Uds? (probar, probarse)
4. Si Ud. es muy similar a su padre, ¿qué le dice la gente? (parecer, parecerse)

5. ¿Qué debe hacer Ud. por la noche para no estar cansado(a) al día siguiente? (dormir, dormirse)
6. ¿Qué hace el profesor cuando termina la clase? (ir, irse)
7. Antes de comprar una chaqueta, ¿qué hace Ud.? (probar, probarse)
8. Si hace mucho frío, ¿qué haces tú con el abrigo? (poner, ponerse)
9. ¿Qué hace Ud. si la clase es muy aburrida? (dormir, dormirse)
10. ¿Qué hacen Uds. después de despertarse? (levantar, levantarse)

C. Use su imaginación y construcciones reflexivas para decir lo que hacen las siguientes personas, según la información dada.

1. Son las seis de la mañana. Yo...
2. En el baño, mi padre...
3. Frente al espejo, mi hermana...
4. En el probador (*fitting room*), tú...
5. Cuando tenemos frío, nosotros...
6. En el restaurante, después de pagar la cuenta, ellos...
7. Cuando vuelvo a mi casa y me duelen los pies, yo...
8. Cuando el servicio en el restaurante es malo, Uds...
9. Cuando tú rezas...
10. A las once de la noche, nosotros...

B. El reflexivo recíproco

- The reflexive pronouns **nos, os,** and **se** may be used to express reciprocal actions involving two or more subjects.

—Tú y Marcos ya no **se ven,** ¿verdad?	*"You and Marcos no longer see each other, right?"*
—No, pero **nos escribimos** todas las semanas.	*"No, but we write to each other every week."*
—¿Por qué **se pelean** tanto Anita y Oscar? ¿No **se quieren?**	*"Why do Anita and Oscar fight so much? Don't they love each other?"*
—Sí, pero no **se comprenden.**	*"Yes, but they don't understand each other."*

P R Á C T I C A

Usando construcciones reflexivas recíprocas, describa la relación que existe entre las siguientes personas, o las actividades que comparten.

MODELO: Marta dice que Daniel es tonto y él dice que Marta es antipática.
Ellos se odian.

1. Miguel y Elisa tienen todas sus clases juntos.
2. A Teresa y a Eva les gusta mucho hablar por teléfono.
3. Ana vive en España y yo vivo en México, pero seguimos siendo amigos.
4. Uds. siempre almuerzan juntos en la cafetería.

Summary of Personal Pronouns

Subject	Direct object	Indirect object	Reflexive	Object of preposition
yo	me	me	me	mí
tú	te	te	te	ti
usted (f.)	la			usted (f.)
usted (m.)	lo	le	se	usted (m.)
él	lo			él
ella	la			ella
nosotros(as)	nos	nos	nos	nosotros(as)
vosotros(as)	os	os	os	vosotros(as)
ustedes (f.)	las			ustedes (f.)
ustedes (m.)	los	les	se	ustedes (m.)
ellos	los			ellos
ellas	las			ellas

ATENCIÓN With the preposition **con, conmigo** and **contigo** are used.

◈ ¿Cuánto sabe usted ahora?

A. Palabras y más palabras. Complete lo siguiente usando el vocabulario de esta lección.

1. No podemos escuchar los discos compactos porque el _____ no funciona.
2. No tengo muchos discos de música clásica, pero tengo unos _____.
3. No pinto a la acuarela; pinto al _____.
4. ¿Quieres venir a dar una _____ por la playa?
5. Nos vamos porque se _____ tarde.
6. Jorge es un gran pintor y sin _____ nadie compra sus _____.
7. No estaba bromeando. Lo dijo en _____.
8. Vamos a un _____ de música folklórica.
9. Me encanta la _____ de ese pintor. ¡Es muy buena!
10. ¿Qué _____ tu padre de esa pintura?
11. Luis dibuja muy bien. ¡Me encantan sus _____!
12. Todo el _____ dice que David _____ muy bien el piano.
13. Me gusta escuchar _____ en español, sobre _____ cuando las canta Enrique Iglesias.
14. Ese _____ y su esposa buscan _____ porque no tienen dinero para comprar una casa.
15. La _____ vez que estuvimos en Madrid nos _____ en casa de Pilar.

B. **¿Qué pasaba? ¿Qué pasó?**   En esta narración faltan los verbos. Complétela Ud., teniendo en cuenta los usos del pretérito y del imperfecto.

_____ (Ser) las once de la noche y como yo no _____ (poder) dormir porque me _____ (doler) mucho la cabeza, _____ (salir) a caminar. Todo _____ (estar) oscuro y _____ (hacer) mucho frío. No se _____ (ver) casi nada y no _____ (haber) nadie en la calle. Yo _____ (ir) caminando por el parque cuando _____ (oír) un grito (*scream*) y _____ (ver) a un hombre que _____ (ir) corriendo. El hombre _____ (ser) alto, delgado y _____ (llevar) unos pantalones azules y una camisa blanca. Detrás de él _____ (venir) una mujer con un cuchillo en la mano; cuando la _____ (ver), me _____ (dar) cuenta de que yo la _____ (conocer); _____ (ser) Ada, la hermana de Raúl. Yo _____ (conocer) a Ada hace mucho tiempo; cuando nosotros _____ (ser) niños, _____ (vivir) en el mismo pueblo y _____ (jugar) juntos. Yo _____ (correr) hacia Ada y le _____ (decir) que no _____ (deber) matar a ese hombre. Ella me _____ (mirar) pero no me _____ (reconocer) y _____ (seguir) corriendo. En eso (*Right then*) _____ (ver) a un policía que _____ (venir) hacia el parque. Cuando _____ (ir) a contarle lo que _____ (pasar), _____ (oír) la voz de mamá que me _____ (llamar) y me _____ (despertar).

C. **Vamos a conversar**

1. ¿Iba Ud. a museos cuando era niño(a)?
2. ¿Tomaba Ud. clases de arte o de música?
3. ¿Le decían sus padres a Ud. que tenía talento artístico?
4. ¿Le interesa a Ud. la pintura abstracta? ¿Por qué o por qué no?
5. ¿Conoce Ud. la obra de algunos pintores?
6. ¿Le gusta a Ud. la música folklórica? ¿Por qué o por qué no?
7. ¿Qué grupo musical le gusta más? ¿Qué cantantes (*singers*) le gustan más? ¿Por qué?
8. ¿Qué grupo musical le gustaba cuando tenía quince años?
9. ¿Les pedía permiso a sus padres para ir a conciertos?
10. ¿Qué le gusta hacer cuando tiene tiempo libre?

D. **Cuando tenías quince años...**   Charle con un(a) compañero(a) sobre las cosas que le gustaban en la adolescencia y las que le gustan ahora. (Por ejemplo, los grupos musicales, el tipo de ropa, personajes famosos, los programas de televisión, las películas (*movies*), etc.)

E. **Tocan a la puerta.**   Use su imaginación para terminar lo siguiente, diciendo quién era la persona, cómo era, qué dijo, qué quería y qué pasó después.

Eran las once de la noche cuando tocaron a la puerta. Cuando abrí...

**Clases de Pintura
sobre Porcelana**
Teléfono 2583309.

Continuemos

Aumente su vocabulario

Instrumentos musicales

el acordeón accordion
el arpa harp
la batería drums
el contrabajo bass
la flauta flute
la guitarra guitar

el órgano organ
el piano piano
el saxofón saxophone
el trombón trombone
la trompeta trumpet
el violín violin

Otras palabras relacionadas con el arte

el bailarín, la bailarina dancer
el, la cantante singer
el, la compositor(a) composer
el cuarteto quartet
el dúo duet, duo
el escenario stage
el, la escultor(a) sculptor

la estatua statue
el músico musician
el pincel brush
el sintetizador synthesizer
la tela canvas
el trío trio

¿Recuerda el vocabulario nuevo?

A. Complete las siguientes oraciones con palabras de la lista anterior.

1. No es un dúo ni un trío. Son cuatro cantantes. Es un _____.
2. Liberace no tocaba el contrabajo. Tocaba muy bien el _____.
3. El instrumento musical que generalmente usan en las iglesias es el _____.
4. *David* es una _____ muy famosa del _____ italiano Miguel Ángel.
5. Los bailarines están bailando en el _____.
6. Un *Stradivarius* no es un acordeón. Es un _____.
7. Louis Armstrong no tocaba la flauta sino la _____.
8. Se dice que los ángeles tocan el _____, no el trombón.
9. Para pintar el cuadro necesito una tela y unos _____.
10. Mozart fue un gran _____.
11. Ringo Starr toca la _____.
12. Fred Astaire era un famoso _____.
13. El _____ es un instrumento de metal.
14. El _____ puede crear el sonido de diferentes instrumentos musicales.

B. En parejas, imagínense que quieren ir a un concierto. Utilicen el vocabulario nuevo para hablar de la música y los músicos que les gustan más.

MODELO: *James Galway es mi músico favorito.*
Me encanta cómo toca la flauta.

De esto y aquello...

Hablemos de arte

En parejas, lean este anuncio y contesten las siguientes preguntas.

INSTITUTO DE BELLAS ARTES

APROBADO POR RESOLUCIÓN N° 000590 DE LA SECRETARIA DE EDUCACIÓN Y CULTURA DEL DEPARTAMENTO

INSCRIPCIONES

FUNDADA EN 1899
MEDELLÍN — COLOMBIA

El Instituto de Bellas Artes abre inscripciones para el segundo semestre en los siguientes cursos: Área básica Artes Plásticas (Dibujo Artístico); Dibujo Infantil; Música y Color; Gramática Musical (Solfeo); Taller Coral; Iniciación Musical; Canto; Piano; Instrumentos de Cuerda — Violín, Cello, Contrabajo; Instrumentos de Viento — Flauta, Clarinete, Oboe; Guitarra Clásica y Popular; Ballet; Percusión.

Los cupos son limitados. Inscripción ordinaria $1.000.00 del 13 al 23 de mayo; extraordinaria $1.500.00, del 26 al 29 de mayo; exámenes de nivelación y cursos de inducción 29, 30 y 31 de mayo.
Informes: Palacio de Bellas Artes Cra. 42 (Córdoba) N° 52-33.

1. ¿En qué ciudad colombiana está el Instituto de Bellas Artes?
2. ¿Es un instituto antiguo? ¿Cómo lo saben?
3. Además de música, ¿qué otras áreas de estudio ofrece el instituto?
4. ¿Qué instrumentos musicales pueden aprender a tocar si asisten al instituto?
5. ¿A qué dirección se debe escribir para pedir información?

¿Qué dirían ustedes... ?

Imagínese que Ud. y un(a) compañero(a) se encuentran en las siguientes situaciones. ¿Qué va a decir cada uno?

1. Uds. están invitando a sus amigos a ver una zarzuela en la universidad. Explíquenles lo que es una zarzuela.
2. Alguien les pide su opinión sobre la pintura abstracta. Digan si les gusta o no y por qué. Mencionen algunos pintores abstractos.
3. Alguien les pregunta cuáles son algunos instrumentos de una orquesta sinfónica y cuáles los de una orquesta de música popular norteamericana.
4. Uds. tienen un amigo a quien no le interesa el arte. Convénzanlo para que vaya con Uds. a un museo y a un concierto de música clásica.
5. Uds. van a dar una fiesta para un grupo de estudiantes latinoamericanos. Discutan todo lo que van a hacer para que la fiesta sea un éxito.

Una encuesta

Entreviste a sus compañeros de clase para tratar de identificar a aquellas personas que...

1. ...conocen la obra de los muralistas mexicanos.
2. ...tocan un instrumento musical. ¿Cuál?
3. ...saben pintar. ¿Al óleo o a la acuarela?
4. ...están tomando una clase de arte.
5. ...asisten a conciertos frecuentemente.
6. ...tienen discos compactos o cintas de música española o latinoamericana.
7. ...piensan ir a un museo este fin de semana.
8. ...tienen una réplica de algún cuadro famoso. ¿Cuál?
9. ...saben bailar bailes folklóricos.
10. ...saben algunas canciones en español.

Y ahora, discuta el resultado de la encuesta con el resto de la clase.

¡De ustedes depende!

Durante una semana Uds. están encargados de todas las actividades del Club Internacional de la universidad. Organicen un programa de actividades para...

1. el lunes por la noche
2. el martes por la tarde
3. el miércoles por la mañana
4. el jueves al mediodía
5. el viernes y el sábado por la tarde
6. el domingo, todo el día

Mesa redonda

Formen grupos de cuatro o cinco estudiantes y discutan la mejor manera de despertar en los niños el interés por la buena música, la literatura y la pintura. ¿Qué deben hacer los padres y los maestros para lograr esto? Comparen sus ideas con las del resto de la clase.

Lecturas periodísticas

Para leer y comprender

A. Antes de leer el *Panorama cultural* detalladamente, fíjese en el título de cada sección y trate de predecir (*predict*) su contenido.

B. Al leer detalladamente el *Panorama cultural,* busque las respuestas a las siguientes preguntas.

1. ¿Qué decisión tomó Linda Vallejo y por qué?

2. ¿Qué tipo de arte se exhibe en la Galería Las Américas?
3. ¿Qué motivo se encuentra siempre en la obra de Linda Vallejo?
4. ¿Cómo se llama el álbum de Gloria Estefan?
5. ¿Quién escribió las canciones que aparecen en el disco?
6. ¿Dónde fue producido el álbum?
7. ¿Quién es Julio Bocca y dónde comenzó a estudiar ballet?
8. ¿Cómo ha cambiado en Argentina la actitud con respecto a los bailarines de ballet?
9. ¿Qué premio recibió Julio Bocca y de qué se siente orgulloso?

Panorama cultural

Galerías

Los hispanos tienen su galería de arte

Después de invertir tiempo y esfuerzo en encontrar una galería interesada en vender y promover su obra, la artista Linda Vallejo decidió aprender el oficio de mercader° de arte y convertirse ella misma en artista empresaria.

merchant

Hace un tiempo° que estableció, en el centro de Los Ángeles, la Galería Las Américas, que expone los nuevos valores° del arte latinoamericano del sur de California. También muestra su propio arte, constituido por obras en todos los medios. Según Linda, ella es la única artista chicana propietaria de una galería comercial.

Hace... Some time ago

talented artists

En los años setenta, Vallejo se dedicó a estudiar seriamente el significado del chicanismo y del mexicanismo, así como° su impacto dentro del arte oficial, y descubrió su identidad cultural como mexicana.

así... as well as

Después de un ciclo de diez años de experimentar en el campo de las artes, encontró la manera de expresarse plenamente a través de° la escultura y, recientemente, de la pintura. Todo su arte siempre tiene el mismo motivo: los valores indigenistas.

a... via

Adaptado de **Más** (Estados Unidos)

Cuadro de la famosa pintora y escultora mexicano-americana Linda Vallejo.

Música

"Mi tierra", un homenaje a sus raíces caribeñas y latinas

Con "Mi tierra", Gloria Estefan, la famosa cantante cubana, supera todas las expectaciones. Su álbum en español es una apasionada explosión de canciones creadas por ella, su esposo Emilio y otros músicos latinos. "Es mi proyecto favorito. Algo que siempre quise hacer", dice Gloria. Producido en los estudios miamenses° de los Estefan y en Madrid y Londres, el L.P. incluye sólo a luminarias. Y, ¿cuál es el resultado? ¡Pues nada menos que el disco del siglo°!

estudios... Miami studios

century

Adaptado de **Vanidades** (Hispanoamérica)

Gloria Estefan, famosa cantante cubana.

Danza

Un triunfo que cambia el concepto de la danza

Desde que Julio Bocca, bailarín principal del American Ballet Theater de Nueva York, comenzó a estudiar ballet con su madre en Buenos Aires a los cuatro años, el joven artista se vio rodeado° por los prejuicios de una sociedad donde la danza clásica no se consideraba apta para varones°. Pero, veinte años después, Bocca se ha ganado el reconocimiento de la comunidad internacional y el triunfo personal de saber que "la gente en mi país ve ahora al ballet con otra perspectiva; entienden y aceptan que la danza sí es una actividad profesional".

surrounded

males

El conocido bailarín argentino Julio Bocca.

Julio Bocca fue honrado con la medalla de oro en la Quinta Competencia Internacional de Ballet en Moscú, lo que le dio fama inmediata.

Los críticos del *New York Times* resaltan° "el estilo clásico y la nobleza en sus movimientos". Julio Bocca, en su interior, se siente además orgulloso° de representar a los hispanos.

point out

proud

Adaptado de ***Más*** (Estados Unidos)

Desde su mundo

1. ¿Va Ud. a las galerías de arte? ¿Por qué o por qué no?
2. ¿Por qué cree Ud. que Gloria Estefan describe su álbum "Mi Tierra" como "mi proyecto favorito"?
3. ¿Cree Ud. que los hombres deben estudiar ballet? ¿Por qué o por qué no?
4. ¿Cuál de las artes mencionadas prefiere Ud.? ¿Por qué?

Pepe Vega y su mundo

Teleinforme

El arte se expresa de muchas formas. Las pinturas prehistóricas en las paredes de una caverna o una representación dramática en un teatro griego son expresiones artísticas del pasado. Hoy día (Nowadays) existen otras expresiones artísticas como, por ejemplo, un concierto de música popular o una exposición de escultura monumental. Vamos a ver dos aspectos del arte de nuestros días: los graffiti —o pintas— en las paredes de una ciudad y las canciones de un joven cantante popular.

Preparación

Clasificación.   Lea las siguientes oraciones, tomadas de canciones populares y de *graffiti*. Clasifique las oraciones bajo la(s) categoría(s) apropiada(s).

a. poesía   b. amor   c. política   d. filosofía

_____ 1. Al final el que la hace la paga.
(*The one who does it pays for it in the end.*)
_____ 2. El capitalismo viene al mundo chorreando (*dripping*) sangre y lodo (*mud*).
_____ 3. El dolor (*pain*) de tu traición (*betrayal*) ya no lo curas con nada.
(*You can no longer cure the pain caused by your betrayal.*)
_____ 4. El mayor dolor es aquél que ya esperabas.
(*The worst pain is that which you were already waiting for.*)
_____ 5. El pecado (*sin*) es el hambre.
_____ 6. Hoy te toca perder. (*It's now your turn to lose.*)
_____ 7. Los conjuros mágicos (*magic spells*) se componen de palabras simples.
(*Magic spells are made of simple words.*)
_____ 8. Nina, te amo.
_____ 9. San José perdió el espacio de la vida.
_____ 10. Sé que vas a llorar cuando me veas del brazo de ella.
(*I know you will cry when you see me with her arm in arm.*)
_____ 11. ¿Ticos[1] o gringos?
_____ 12. Unidos en la huelga (*strike*), ¡no nos moverán!
_____ 13. Vas a sufrir cuando comprendas que te olvidé.
(*You will suffer when you realize that I have forgotten you.*)

Comprensión

Graffitis en San José   12:57–16:14

Aristas es un programa de Costa Rica producido por SINART/Canal 13. El programa presenta reportajes sobre manifestaciones culturales contemporáneas de Costa Rica. En esta lección vamos a ver una forma de arte popular: los *graffiti* de San José.

---

[1] Tico es una expresión local que se usa para referirse a los *costarricenses*.

A. Unos *graffiti* incompletos.   Complete los siguientes *graffiti* según aparecen en el vídeo.

1. San José perdió el _____ de la vida.
2. ...y sean tus espinas defensa contra _____ artificial...
3. Mi alma cara de _____ .
4. ...rellenarles de _____ que verticalicen el horizonte de las mariposas.
5. En el clavo de la pared cuelgan mis _____ .
6. San José termina en la tragedia del _____ .
7. En la espuma de los trastos _____ cantó mi destino de Navegante.
8. Santa Claus y Batman son _____ .
9. Lea _____ 96.
10. Hay _____ perdidas en las copas de los dedos.
11. En la sombra los _____ ; en la luz los _____ .

B. ¿Quién dice qué?   Busque en la columna **B** la opinión expresada por la persona de la columna **A**.

A	B
____ 1. la mujer de las gafas	a. Dicen cosas muy raras… la verdad.
____ 2. el hombre joven de la camisa azul/verde	b. Hay gente que lo pinta por pintarlo nada más.
____ 3. el hombre del bigote y las gafas de sol	c. Me parece que no está bien hecho...
____ 4. la mujer de las gafas de sol	d. Que está bien o está mal. Mal cuando se expresa algo que es indebido, tal vez mal educado; bien cuando expresa algo bien y en sí también son culturales, entonces es parte también de nosotros.
____ 5. el hombre del coche	e. Que les pinten las casas a los otros pero a mí me gustan mucho.
____ 6. el hombre joven de la camisa blanca	f. [Es algo] como de transmitir esos mensajes en los periódicos, ¿me entiendes?, [todo] en la prensa que la gente lo vea pero como no pueden entonces lo hacen en las paredes.

Y sé que vas a llorar   16:15–19:19

Manny Manuel es un joven cantante puertorriqueño. Su música vibra con los ritmos del Caribe. Vamos a ver parte de un concierto especial producido por la Televisión Española. La canción que canta aquí Manny Manuel combina el ritmo del *merengue* con una letra (*lyrics*) que muestra un tema muy popular: el amor y la traición (*betrayal*).

C. Una canción incompleta.   Escuche la primera parte de la canción y escoja las palabras correctas para completar los versos siguientes.

Y ahora tú quieres (1. volver / regresar / hablar)
Después que todo te (2. vi / di / oí)
Y me aventaste al olvido (*you forgot me*).

Ahora que todo va (3. mal / bien / allá)
Ahora sí me quieres (4. hablar / ver / oír)
Y quieres hablar con (5. -migo / una amiga / un amigo).

Recuerda que te advertí
Que todo puede (6. cambiar / quedar)
Y hoy cambiada has venido.

Y ya verás que al final
El que la hace la (7. haga / para / paga).
Y el dolor de tu (8. canción / traición / amor)
Ya no lo curas con nada.

Y sé que vas a llorar, llorar.
Y sé que vas a (9. sofreír, sofreír / sufrir, sufrir / subir, subir)
Cuando comprendas que te (10. recordé / olvidé / oí bien),
Que hoy te toca (11. verdad / verde / perder).

Y sé que vas a llorar, llorar.
Y sé que vas a (12. sofreír, sofreír / sufrir, sufrir / subir, subir)
Cuando me (13. veas / olvides / vayas) del brazo de ella,
Cuando te acuerdes de mí.

D. La entrevista.   Mientras escucha la entrevista con Manny Manuel indique si las siguientes oraciones son verdaderas (**V**) o falsas (**F**). Si son falsas, corríjalas.

_____ 1. El segundo álbum de Manny Manuel se llama *Rey de corazones*.
_____ 2. El primer álbum de Manny Manuel tuvo mucho éxito.
_____ 3. El álbum *Rey de corazones* no tenía música de salsa.
_____ 4. Manny Manuel cree que un cantante nace cantante, no nace merenguero ni salsero.
_____ 5. En su segundo álbum Manny quiso experimentar con la salsa.
_____ 6. Al final, Manny quiere ser un cantante de merengue.

Ampliación

A continuación... Haga una de las siguientes actividades.

1. Escuche la canción de Manny Manuel con varios compañeros y luego discutan todos en clase sus reacciones a este tipo de música y a la letra.

2. ¿Cuáles son las diferencias entre la cultura (expresiones de la vida diaria) y la Cultura (el arte, la literatura, la civilización, la historia)? ¿Hay también conexiones o relaciones entre éstas? ¿Cuál de las dos representan los *graffiti* de San José? ¿Y las canciones de Manny Manuel? Explique su respuesta.

¡Naveguemos!

Si desea explorar otros aspectos relacionados con esta lección, haga las actividades de la red (*Internet*) que corresponden a la lección. Vaya primero a <u>http://www.hmco.com/college</u> en la red, y de ahí a la página de *¡Continuemos!*

LECCIÓN 5

- ✦ *Comparativos de igualdad y de desigualdad*
- ✦ *Los pronombres relativos*
- ✦ *Usos de las preposiciones **por** y **para***
- ✦ *Expresiones de tiempo con **hacer***

En un restaurante

Plaza de la Hostería del Laurel en Sevilla, España.

En un restaurante

Andrés es un muchacho andaluz[1] de veintitrés años, que vive en Sevilla con su familia y trabaja en una compañía de seguros. Hoy va a encontrarse con sus amigos para cenar en el restaurante La Zarzuela, que es uno de los mejores de la ciudad. Hace treinta minutos que sus amigos lo esperan cuando él llega.

PACO —¡Hola, Andrés! Como siempre, llegas tarde... Hace media hora que nosotros llegamos.

ANDRÉS —Es que tuve que llamar por teléfono a mi jefe.

PACO —Bueno, más vale tarde que nunca. ¡Camarero! Tres cervezas bien frías, por favor.

ANDRÉS —No, no. Para mí, un vaso de vino tinto. A mí no me gusta mucho la cerveza.

MANUEL —Y de aperitivo, tráiganos aceitunas y unos trozos de tortilla.

ANDRÉS —Y yo quiero un poco de jamón y queso y unas patatas muy picantes.

MOZO —¿Y qué desean cenar los señores?

ANDRÉS —Un momento, por favor. Queremos ver el menú.

MOZO —Muy bien. Enseguida vuelvo.

Los muchachos se quedan charlando un rato.

ANDRÉS —Paco, ¿cuándo sales tú para Barcelona?

PACO —Salgo el viernes por la noche y voy a pasar allí el fin de semana.

MANUEL —¿Vas en tren?

PACO —No, voy por avión porque tengo que estar de vuelta para el lunes, sin falta. Oye, Andrés, ¿tienes una cita mañana?

ANDRÉS —Sí, mañana voy de excursión a Jerez de la Frontera con Rocío, que es la chica más maja de Sevilla.

MANUEL —¡Eres un tipo con suerte! ¿Tiene una hermana tan maja como ella?

ANDRÉS —Pues sí... tiene una hermana mayor que es simpatiquísima y es más atractiva que ella... pero es casada.

MANUEL —¡Qué mala suerte la mía! ¡Camarero! Ya estamos listos para pedir.

PACO —Tráiganos paella[2] para tres y una botella de vino blanco de buena marca.

ANDRÉS —No, para mí, una chuleta de cerdo bien cocida y patatas fritas. Ah, pero primero, una sopa de verduras.

De postre, Paco y Manuel piden arroz con leche y Andrés pide flan. Después de la cena, piden la cuenta.

ANDRÉS —¡Uy!, qué tarde es. Tengo que estar en casa dentro de una hora. ¡Manuel! Hoy te toca pagar a ti.

---

[1] Nativo de Andalucía, una región del sur de España.

[2] Plato típico español, hecho con arroz, pollo y mariscos.

MANUEL   —(*Mete la mano en el bolsillo.*) ¡Caramba! ¿Puedes pagar tú? No tengo la billetera.

ANDRÉS   —(*Bromeando*) Excusas, excusas... Tú siempre te las arreglas para no pagar. Yo creo que, en el fondo, eres muy tacaño.

MANUEL   —Al contrario, soy muy generoso. ¡Por eso nunca tengo dinero!

C·O·M·P·R·E·N·S·I·Ó·N

A. El profesor o la profesora hará ciertas afirmaciones basadas en el diálogo. Diga Ud. si son verdaderas o no y por qué.

1. Andrés vive en un apartamento con unos amigos.
2. Paco piensa que Andrés es muy puntual.
3. Andrés trabaja por cuenta propia.
4. El restaurante La Zarzuela debe ser muy caro.
5. Hace media hora que Paco y Manuel esperan a Andrés.
6. A Andrés no le gusta la comida picante.
7. Paco piensa quedarse en Barcelona por una semana.
8. Rocío es una chica bonita.
9. Los muchachos no toman bebidas alcohólicas.
10. Parece que Andrés tiene mucha hambre.
11. Después de cenar, Andrés tiene prisa.
12. Cuando los chicos cenan juntos, Manuel siempre paga.

B. La clase se dividirá en grupos de cuatro. Dos estudiantes prepararán unas seis u ocho preguntas sobre la primera parte del diálogo y los otros dos harán lo mismo con la segunda parte. Cada pareja contestará las preguntas de la pareja opuesta.

 ## Vocabulario

Nombres
la aceituna   olive
el aperitivo   appetizer
el arroz con leche   rice pudding
el bolsillo   pocket
la chuleta de cerdo   pork chop
la cita   date, appointment
la compañía de seguros   insurance company
el flan   caramel custard
el, la jefe(a)   boss, chief
la marca   brand
las patatas (papas) fritas   French fries
la suerte   luck
el tipo   guy, fellow

la tortilla   omelet
el trozo, el pedazo   piece
las verduras, las legumbres, los vegetales   vegetables
el vino tinto   red wine

Verbos
bromear   to kid, to joke
cenar   to eat supper, to have dinner
encontrarse (o → ue)   to meet (somewhere)
meter   to put, to insert

Adjetivos
majo(a) (*Spain*)   good looking, pretty
picante   spicy, hot

simpatiquísimo(a)   very charming
tacaño(a)   stingy, cheap

Otras palabras y expresiones
al contrario   on the contrary
arreglárselas (para)   to manage (to)
bien cocido(a)   well cooked, well
   done (meat)
como siempre   as usual
de postre   for dessert
dentro de   within
en el fondo   deep down
Enseguida (En seguida) vuelvo.   I'll
   be right back.

es que...   the fact is . . .
estar de vuelta   to be back
ir de excursión   to go on an outing
llegar tarde (temprano)   to be late
   (early)
Más vale tarde que nunca.   Better
   late than never.
por eso   that's why
que   who
sin falta   without fail
tocarle a uno(a)   to be one's turn
tráiganos   bring us
un poco de   a little

Palabras problemáticas

A. Picante, caliente y cálido como equivalentes de *hot*

- **Picante** es el equivalente de *hot* (*spicy*) cuando hablamos de comida.

  La carne está muy **picante**. Tiene mucha pimienta.

- **Caliente** se usa cuando nos referimos a la temperatura de las cosas.

  El café está muy **caliente**.

- **Cálido** equivale a *hot* o *warm* cuando hablamos del clima.

  El clima de Hawai es muy **cálido**.

B. Pequeño, poco y un poco de

- **Pequeño** significa **chico**, y se refiere al tamaño de un objeto o de una persona.

  Mi hermana es muy **pequeña**.

- **Poco** significa **no mucho**.

  Tengo **poco** dinero. Necesito conseguir más.

- **Un poco de** significa **una pequeña cantidad de.**

  ¿Quieres **un poco de** pescado?

P R Á C T I C A

En parejas, contesten las siguientes preguntas, usando en sus respuestas las palabras problemáticas aprendidas.

1. ¿Le gusta la comida con mucha pimienta?
2. Generalmente, ¿come Ud. mucho?
3. ¿Toma Ud. té helado?

4. En un buffet, ¿se sirve Ud. mucho de cada comida?
5. Si le ofrecen un trozo de torta, ¿toma Ud. un trozo grande?
6. Cuando Ud. va de vacaciones, ¿escoge un lugar de clima frío?

Estructuras gramaticales

1 • Comparativos de igualdad y de desigualdad

A. Comparativos de igualdad

- Comparisons of equality of nouns, adjectives, adverbs, and verbs in Spanish use the adjectives **tanto(-a, -os, -as)** or the adverbs **tan, tanto** + **como,** as follows:

When comparing nouns	When comparing adjectives or adverbs	When comparing verbs
tanto (dinero) (*as much*) **tanta** (plata) **tantos** (libros) (*as many*) **tantas** (plumas) } + **como**	**tan** (*as*) bonita / tarde } + **como**	bebo **tanto** (*as much*) } + **como**

—¡Tengo mucho trabajo!   *"I have a lot of work!"*
—Yo tengo **tanto trabajo como** tú y   *"I have as much work as you (do) and*
   no me quejo.   *I don't complain."*

—Tú compras muchas cintas.   *"You buy a lot of tapes."*
—Sí, pero no compro **tantas cintas**   *"Yes, but I don't buy as many tapes as*
   como tú.   *you (do)."*

—Jaime no es puntual.   *"Jaime is not punctual.*
   Siempre llega tarde.   *He's always late."*
—Es verdad. No es **tan puntual**   *"It's true. He's not as punctual*
   como nosotros.   *as we are."*

—Ahora no camino **tan rápido**   *"These days I don't walk as fast as I*
   como antes.   *used to (before)."*
—Es verdad...   *"That's true . . ."*

—Cada vez que haces algo, te quejas.   *"Every time you do something, you*
     complain."

—Tú te quejas **tanto como** yo, y nunca   *"You complain as much as I (do) and*
   haces nada.   *you never do anything."*

B. Comparativos de desigualdad

- In Spanish, comparisons of inequality of most adjectives, adverbs, and nouns are formed by placing **más** or **menos** before the adjective, adverb, or noun. *Than* is expressed by **que.** Use the following formula.

más (*more*)		adjetivo		
o	+	adverbio	+	que (*than*)
menos (*less*)		nombre		

—Eva tiene un trabajo muy importante.
—Sí, su trabajo es mucho **más importante que** el mío.

"Eva has a very important job."
"Yes, her job is much more important than mine."

- When a comparison of inequality includes a numerical expression, the preposition **de** is used as the equivalent of *than*.

—¿Por qué no te compras ese sombrero?

"Why don't you buy yourself that hat?"

—Porque cuesta **más de quince** dólares y a mí me quedan **menos de doce.**

"Because it costs more than fifteen dollars and I have less than twelve left."

ATENCIÓN

Más que (*only*) is used in negative sentences when referring to an exact or maximum amount.

—¿Por qué no me das un retrato de tu hijo?

"Why don't you give me a portrait of your son?"

—No puedo, porque no tengo **más que uno.**

"I can't, because I have only one."

C. El superlativo

- The superlative of adjectives is formed by placing the definite article before the person or thing being compared.

el					
la			**más** (*most*)		
los	+ nombre + {		o	+	adjetivo (**de**)
las			**menos** (*least*)		

—El Aconcagua es **la** montaña **más alta de** las Américas.

"Mt. Aconcagua is the highest mountain in the Americas."

ATENCIÓN

In the example above, note that the Spanish equivalent of *in* is **de.**

—Estas telas de algodón cuestan demasiado.

"These cotton fabrics cost too much."

—¡Pues son **las menos caras**[1] que tienen aquí!

"Well, they're the least expensive ones they have here!"

—Elena no es muy inteligente, ¿verdad?

"Elena isn't very intelligent, right?"

—Al contrario, es **la más inteligente**[1] de la clase.

"On the contrary, she's the most intelligent in the class."

---

[1] The noun may be omitted because it is understood.

- The Spanish absolute superlative is equivalent to *extremely* or *very* before an adjective in English. This superlative may be expressed by modifying the adjective with an adverb (**muy, sumamente, extremadamente**) or by adding the suffix **-ísimo(-a, -os, -as)** to the adjective.

muy	mala	mal**ísima**	
sumamente	difícil	dificil**ísimo**	
extremadamente	rico	riqu**ísimo**[1]	
extremadamente	largo	lar**guísimo**[2]	

ATENCIÓN   If the word ends in a vowel, the vowel is dropped before adding the suffix **-ísimo(a)**.

—¿No te parece que estos bolsillos son muy grandes?   *"Don't you think that these pockets are very big?"*

—Sí, son **grandísimos.** No me gustan.   *"Yes, they are extremely big. I don't like them."*

D. Adjetivos y adverbios con comparativos y superlativos irregulares

- The following adjectives and adverbs have irregular comparative and superlative forms in Spanish.

Adjectives	Adverbs	Comparative	Superlative
bueno	bien	**mejor**	**el (la) mejor**[3]
malo	mal	**peor**	**el (la) peor**[3]
grande		**mayor**	**el (la) mayor**
pequeño		**menor**	**el (la) menor**

- When the adjectives **grande** and **pequeño** refer to size, the regular forms are generally used.

—¿Tu casa es **más pequeña que** la mía?   *"Is your house smaller than mine?"*

—No... yo creo que es **más grande.**   *"No . . . I think it's bigger."*

- When these adjectives refer to age, the irregular forms are used.

—Felipe es **mayor** que tú, ¿no?   *"Felipe is older than you, isn't he?"*

—No, es **menor.** Yo tengo dos años más que él.   *"No, he's younger. I am two years older than he is."*

- When **bueno** and **malo** refer to a person's character the regular forms are used.

—Diana no es muy buena...   *"Diana is not very kind . . ."*

—Al contrario, es **la más buena** de la familia.   *"On the contrary, she is the nicest in the family."*

---

[1] Words ending in **-ca** or **-co** change the **c** to **qu** before adding the suffix **-ísimo(a)** to maintain the hard **c** sound.

[2] Words ending in **-ga** or **-go** change the **g** to **gu** before adding the suffix **-ísimo(a)** to maintain the hard **g** sound.

[3] The adjectives **mejor** and **peor** are placed before the noun: *Ella es mi **mejor** amiga.*

PRÁCTICA

A. Aquí va a encontrar Ud. información sobre Jorge. Establezca comparaciones de igualdad o desigualdad entre él y Ud., según corresponda.

Jorge:
1. ...es sumamente simpático.
2. ...tiene muchos planes para el próximo sábado.
3. ...gana dos mil dólares al mes.
4. ...tiene cuatro hermanas.
5. ...trabaja ocho horas al día.
6. ...habla muy bien el español.
7. ...tiene muchísima paciencia.
8. ...bebe mucho café.
9. ...tiene treinta años.
10. ...es muy bajo.
11. ...escribe muy bien.
12. ...vive en una casa que tiene tres cuartos.
13. ...habla muy mal el francés.

B. Escriba el superlativo absoluto de los siguientes adjetivos y adverbios y después utilícelo en oraciones originales.

1. hermosas
2. simpática
3. feo
4. fácil
5. grande
6. pequeños
7. rápido
8. rico
9. tarde
10. lenta
11. difícil
12. malas
13. largas

C. Lea cuidadosamente cada oración y después conteste las siguientes preguntas.

1. Mario tiene una "A" en español, José tiene una "B" y Juan una "F".
   ¿Quién es el mejor estudiante?
   ¿Quién es el peor estudiante?
2. Juan tiene veinte años, Raúl quince y David dieciocho.
   ¿Quién es el mayor?
   ¿Quién es el menor?
3. La casa de Elena tiene tres cuartos, la de Marta tiene ocho cuartos y la de Rosa tiene dos cuartos.
   ¿Quién tiene la casa más grande?
   ¿Quién tiene la casa más pequeña?
4. Alicia mide cinco pies, cuatro pulgadas (*is 5'4" tall*), Ana mide cinco pies, nueve pulgadas y Ester mide cinco pies, dos pulgadas.
   ¿Quién es la más alta?
   ¿Quién es la más baja?

D. En parejas, hablen de su familia, estableciendo comparaciones entre los varios miembros de la familia y Ud.

MODELO: *Yo soy mayor que mi hermano, pero él es el más alto de la familia.*

2 • Los pronombres relativos

- Relative pronouns are used to combine and *relate* two sentences that have a common element, usually a noun or pronoun.

A. El pronombre relativo **que**

common element

¿Dónde están **las aceitunas?**   Trajiste **las aceitunas.**

R.P.

¿Dónde están las aceitunas **que** trajiste?

- Notice that the relative pronoun **que** not only helps combine the two sentences, but also replaces the common element (**las aceitunas**)[1] in the second sentence.

common element

¿Cómo se llama **la chica?**   **La chica** vino esta mañana.

R.P.

¿Cómo se llama la chica **que** vino esta mañana?

- The relative pronoun **que** is invariable, and it is used for both persons and things. It is the Spanish equivalent of *that, which,* or *who.* Unlike its English equivalent, the Spanish **que** is never omitted.

B. El pronombre relativo **quien (quienes)**

—¿La muchacha **con quien** hablabas es americana?
—No, es extranjera.

"Is the girl with whom you were speaking an American?"
"No, she's a foreigner."

—¿Quiénes son esos señores?
—Son los señores **de quienes** te habló José.

"Who are those gentlemen?"
"They're the gentlemen about whom José spoke to you."

- The relative pronoun **quien** is only used with persons.

- The plural of **quien** is **quienes. Quien** does not change for gender, only for number.

- **Quien** is generally used after prepositions: for example, **con quien, de quienes.**

- **Quien** is the Spanish equivalent of *whom, that,* or *who.*

---

[1] The common element appears in the main clause. This element is called the *antecedent* of the relative pronoun that introduces the subordinate clause, because it is the noun or the pronoun to which the relative pronoun refers.

- In written Spanish, **quien** may be used instead of **que** for *who* if the relative pronoun introduces a statement between commas. Compare:

Ésa es la señora **que** compró la casa.	*That is the woman who bought the house.*
Esa señora, **quien** compró la casa, es una mujer riquísima.	*That woman, who bought the house, is a very rich woman.*

C. El pronombre relativo **cuyo**

- The relative possessive **cuyo**(-a, -os, -as) means *whose*. It agrees in gender and number with the noun that follows it, *not* with the possessor.

Anita, **cuyos padres** fueron a México, está conmigo ahora.

> **ATENCIÓN** In a question, the interrogative *whose?* is expressed by **¿de quién(es)...?**
>
> **¿De quién** es este anillo?

PRÁCTICA

A. Rafael y Jorge son compañeros de cuarto en la universidad, pero casi nunca se ven. Cuando no pueden hablarse, se escriben notas. Ésta es una nota que Rafael le dejó a Jorge esta mañana. Complétela, usando los pronombres relativos correspondientes.

Jorge:

El señor a _____ llamamos ayer va a venir a las tres para arreglar el refrigerador. ¿Vas a estar en casa? La chica _____ discos usamos en la fiesta llamó esta mañana. Los necesita para la fiesta _____ ella va a dar esta noche. ¿De _____ son las dos cintas de Gloria Estefan _____ están en la mesa? Alberto y yo comimos los sándwiches _____ preparaste para tu almuerzo. ¡Lo siento!

¡Ah! La chica con _____ saliste el sábado quiere que la llames y la muchacha _____ fue con nosotros a la biblioteca te espera allí esta noche.

Rafael

B. Use su imaginación para escribir la nota que Jorge le escribiría (*would write*) a Rafael, en respuesta a la suya. Cuéntele lo que pasó mientras (*while*) él no estaba.

---

3 • Usos de las preposiciones **por** y **para**

A. La preposición **por**

The preposition **por** is used to express the following concepts:

- Period of time during which an action takes place (*during, in, for*).

Estuvimos en Sevilla **por** dos meses.

Lo voy a ver mañana **por** la mañana.

- Means, manner, and unit of measure (*by, for, per*).

  Le hablé **por** teléfono.
  Vinieron **por**[1] avión.
  Me pagan veinte dólares **por** hora.

- Cause or motive of an action (*because of, on account of, on behalf of*).

  No pudieron venir **por** la lluvia.
  Lo hice **por** ellos.

- *in search of, for,* or *to get*.

  Fueron **por** el médico.
  Paso **por** ti a las ocho.

- *in exchange for*.

  Pagué cien dólares **por** el brazalete.

- Motion or approximate location (*through, around, along, by*).

  Él huyó **por** la ventana.
  Caminamos **por** la avenida Magnolia.

- With an infinitive, to refer to an unfinished state (*yet*).

  El trabajo está **por** hacer.

- The passive voice (*by*).

  Este libro fue escrito **por** Mark Twain.

- *for,* in the expression *to (mis)take for.*

  Habla tan bien el inglés que la **toman por** norteamericana.

B. La preposición **para**

  The preposition **para** is used to express the following concepts:

- Destination.

  A las ocho salí **para** la universidad.

- Direction in time, often meaning *by* or *for* a certain time or date.

  Necesito el vestido **para** mañana.

- Whom or what something is for.

  Estos vegetales son **para** los niños.

- *in order to.*

  Necesitamos dinero **para** ir de excursión.

---

[1] The preposition **en** is also used to refer to means of transportation.

- Comparison (*by the standard of, considering*).

  Elenita es muy alta **para** su edad.

- Objective or goal.

  Nora y yo estudiamos **para** ingenieros.

P R Á C T I C A

A. Escriba oraciones con los elementos dados usando la preposición **por** o **para**, según corresponda. Dé las razones por las cuales se usa una u otra preposición.

1. necesitar / la cartera / el sábado
2. pagar / ochenta dólares / regalos
3. estar / en Sevilla / dos semanas
4. darme dinero / comprar / pasajes
5. llegar tarde / la lluvia
6. sopa / Roberto
7. hablar bien / español / tomarme / hispano(a)
8. ir / mi sobrino / a las tres
9. salir / Nueva York / mañana
10. Marisa / estudiar / abogada
11. caminar / centro / con Alberto
12. novela / escrita / Cervantes
13. norteamericano / hablar muy bien / español
14. todo el trabajo / estar / hacer / todavía
15. ¿ / gustarte / viajar / avión / ?

B. En parejas, planeen un viaje. Decidan qué van a hacer con respecto a lo siguiente. Usen **por** o **para** según sea necesario.

1. lugar que van a visitar
2. medio de transporte
3. razones del viaje
4. tiempo que van a estar allí
5. lo que Uds. van a pagar
6. fecha en que Uds. tienen que estar de vuelta

C. **Por** y **para** en expresiones idiomáticas

- The following idiomatic expressions use **por**.

por aquí *around here, this way*	**por eso** *for that reason, that's why*
por completo *completely*	**por fin** *at last, finally*
por desgracia *unfortunately*	**por lo menos** *at least*
por ejemplo *for example*	**por suerte** *luckily, fortunately*

—¿Terminaste tu trabajo **por completo**?

—**Por desgracia**, no, pero, **por suerte**, es para el viernes.

"Did you finish your work completely?"

"Unfortunately, no, but fortunately, it's due Friday."

- The following idiomatic expressions use **para**.

  para siempre   *forever*

  ¿para qué?   *what for?*

  para eso   *for that* (used sarcastically or contemptuously)

  no ser para tanto   *not to be that important, not to be such a big deal.*

  sin qué ni para qué   *without rhyme or reason*

—Papá estaba furioso conmigo **sin qué ni para qué**...	*"Dad was furious with me, without rhyme or reason . . ."*
—Es que no apagaste las luces del coche.	*"Well, you didn't turn off the car lights."*
—¡No era **para tanto**!	*"It wasn't that important!"*
—Me llevó a un restaurante muy barato.	*"He took me to a very cheap restaurant."*
—¿Y **para eso** te pusiste un vestido tan elegante?	*"And for that you wore such an elegant dress?"*

P R Á C T I C A

A. Complete las siguientes oraciones usando las expresiones con **por** o **para**, según corresponda.

1. Trataron de salvarlos pero, _____, murieron todos.
2. Me llevó a un parque. ¡Y _____ me puse un vestido tan elegante!
3. Llovió muchísimo y _____ no pudieron llegar a tiempo.
4. ¿_____ necesitas ir a la biblioteca?
5. Los niños de _____ no creen en los Reyes Magos.
6. _____ terminé el trabajo. Yo creí que no lo iba a terminar nunca.
7. ¡Me encanta Madrid! Yo quiero quedarme aquí _____.
8. No tienes que hacerlo _____ , pero tienes que hacer una parte.
9. Necesitamos tizas de diferentes colores; _____ azul, verde, etc.
10. Estaba furioso porque no le hablaron a Ana. ¡Pero no era _____!

B. En parejas, representen los siguientes diálogos en español.

1. "What time are you coming for me, Jorge?"
   "At nine, because we have to be back by eleven."
2. "How much money do you need to buy the shirts?"
   "Unfortunately, I'm going to need at least a hundred dollars."
   "Whom are they for?"
   "Tomás."
3. "When are you leaving for Buenos Aires, Anita?"
   "Next week."
   "How long are you going to be there?"
   "I'm going to stay in Argentina for two months."
   "How much did you pay for the tickets?"
   "Twelve hundred dollars. Luckily, my father gave me the money."

4 • Expresiones de tiempo con **hacer**

- The expression **hace** + *period of time* + **que** + *verb in the present indicative* is used in Spanish to refer to an action that started in the past and is still going on. It is equivalent to the use of the present perfect or the present perfect progressive + *period of time* in English.

> **Hace + dos horas + que** + estoy aquí.
> *I have been here for two hours.*

—¿Cuánto tiempo **hace que estudias** en la facultad de medicina?	*"How long have you been studying in medical school?"*
—**Hace tres años que estudio** allí.	*"I've been studying there for three years."*
—¿Cuánto tiempo **hace que esperan** al profesor?	*"How long have you been waiting for the professor?"*
—**Hace media hora que lo esperamos.** No sé si va a venir.	*"We've been waiting for him for a half hour. I don't know if he's going to come.*"

- The expression **hacía** + *period of time* + **que** + *verb in the imperfect* is used to refer to an action that started in the past and was still going on when another action took place.

> **Hacía + dos meses + que + vivía** aquí cuando **murió.**
> *He had been living here for two months when he died.*

—¿Cuánto tiempo **hacía que ellos estaban** aquí cuando yo llegué?	*"How long had they been here when I arrived?"*
—**Hacía solamente diez minutos que estaban** aquí.	*"They had only been here for ten minutes."*

- The expression **hace** + *period of time* + **que** + *verb in the preterit* is used to refer to the time elapsed since a given action took place. In this construction, **hace** is equivalent to *ago* in English.

> **Hace + dos horas + que + llegué** a la universidad.
> *I arrived at the university two hours ago.*

—El Sr. Peña todavía no habla inglés.	*"Mr. Peña doesn't speak English yet."*
—¡No...! ¡Y **hace diez años que llegó** a los Estados Unidos!	*"No . . . ! And he arrived in the United States ten years ago!"*
—¿Cuándo terminaron de cenar?	*"When did they finish having dinner?"*
—**Terminaron hace cinco minutos.**	*"They finished five minutes ago."*

| ATENCIÓN | In all of these constructions, if **hace** is placed after the verb, the word **que** is omitted.

Llegó a los Estados Unidos **hace** un año.   *He arrived in the United States a year ago.*

PRÁCTICA

A. Vuelva a escribir lo siguiente, indicando el tiempo transcurrido (*elapsed*) entre los diferentes sucesos (*events*). Siga el modelo.

MODELO: Estamos en el año 2000. / Vivo en California desde (*since*) 1985.
Hace quince años que vivo en California.

1. Estamos en agosto. / Trabajo en la compañía de seguros desde febrero.
2. Son las cinco de la tarde. / Estamos en la biblioteca desde las dos de la tarde.
3. Hoy es viernes. / Yo no veo a mi papá desde el viernes pasado.
4. Estamos en abril. / No cobro (*collect*) mi salario desde enero.
5. Son las tres y veinte. / El pescado está en el horno (*oven*) desde las tres.
6. Son las nueve. / La comida está lista desde las ocho y media.
7. Estamos en el año 2000. / Estudio español desde el año 1998.
8. Son las nueve de la noche. / No como desde las nueve de la mañana.

B. Escriba oraciones usando la información dada y la construcción **hacía... que**. Siga el modelo.

MODELO: tres años / ellos / trabajar allí / conocerse
Hacía tres años que ellos trabajaban allí cuando se conocieron.

1. dos horas / ellas / hablar / arte / yo / llegar
2. cuatro días / ella / estar / Barcelona / enfermarse
3. veinte minutos / Uds. / charlar / yo / llamarlos
4. una hora / nosotros / mirar / televisión / ocurrir / accidente
5. dos años / nosotros / no verlo / cuando / él / venir

C. Entreviste a un(a) compañero(a) de clase sobre lo siguiente. Usen construcciones con **hace** y dé alguna información personal. Siga el modelo.

MODELO: graduarse de la escuela secundaria
E1:   —¿*Cuánto tiempo hace que te graduaste de la escuela secundaria?*
E2:   —*Hace dos años que me gradué de la escuela secundaria. Mi familia vivía en Omaha en esa época.*

1. casarse (*get married*) sus abuelos
2. nacer sus padres
3. aprender a leer
4. aprender a montar en bicicleta
5. graduarse de la escuela primaria
6. empezar a estudiar en la universidad
7. enamorarse (*to fall in love*) por primera vez

❖ ¿Cuánto sabe usted ahora?

A. Palabras y más palabras

I. Diga lo siguiente de otra manera, usando el vocabulario de esta lección.

1. fruto del olivo
2. trozo
3. vegetales
4. opuesto de *generoso*
5. con mucha pimienta
6. poner adentro
7. reunirse
8. ser el turno de uno
9. no decir algo en serio
10. estar de regreso

II. Complete lo siguiente usando vocabulario de esta lección.

1. —¿Qué quieres de _____? ¿Flan?
   —No, _____ con leche.
2. —¿Tienes una _____ con tu novia?
   —Sí, vamos a _____ en el club.
3. —¿Qué vas a pedir? ¿_____ de cerdo?
   —Sí, y un vino _____ de buena _____.
4. —Como _____, Alberto _____ tarde ayer.
   —Bueno, más _____ tarde que _____...
5. —¿Quieres un _____ de sopa?
   —No, prefiero _____ fritas.
6. —Ella siempre se las _____ para no pagar. ¡Es una _____!
   —¡Al _____! ¡Es muy generosa!

B. Planeando las vacaciones.   Lea Ud. la siguiente historia, llenando los espacios en blanco con las preposiciones **por** o **para**, según corresponda.

Helen y John planean irse de vacaciones. _____ fin, después de mucho pensarlo, deciden viajar _____ Europa. Piensan estar allí _____ tres meses y van a viajar _____ avión y _____ tren. Van a salir _____ España el día 10 de junio y piensan estar de vuelta _____ mediados de agosto. _____ suerte este año John va a tener dos meses de vacaciones.

El viaje va a costarles mucho dinero. Van a pagar _____ él casi tres mil dólares, y _____ desgracia eso no incluye más que los pasajes y el hotel. John piensa que en España van a tomar a Helen _____ española porque ella habla muy bien el español, pero ella no lo cree. John no habla español y _____ eso Helen se preocupa un poco _____ él.

Helen se olvidó _____ completo de que _____ estar en Europa tanto tiempo, va a necesitar dejar a alguien en su tienda. Cuando van a comprar los billetes, se da cuenta del problema y dice que va a tener que cancelar el viaje. John no está de acuerdo con ella y le dice que no es _____ tanto porque su hermana puede trabajar en la tienda.

C. **Vamos a conversar**

1. ¿Cómo es el clima del lugar donde Ud. vive?
2. ¿Qué hace Ud. antes de salir de su casa por la mañana?
3. ¿Va usted a cenar con alguien esta semana? (¿Con quién?)
4. ¿Se encuentra Ud. frecuentemente con sus amigos para cenar? (¿Dónde?)
5. ¿Cuál es el mejor restaurante de la ciudad donde Ud. vive?
6. ¿Qué tipo de comida le gusta más?
7. ¿Qué cosas tiene Ud. en el bolsillo (en la bolsa)?
8. ¿A quién considera Ud. un tipo con suerte? ¿Por qué?
9. ¿Qué tiene que hacer Ud. mañana sin falta?
10. ¿Piensa Ud. ir de excursión este fin de semana? (¿Adónde?)

D. **En un restaurante.**   Escriba un diálogo entre Ud. y un(a) amigo(a) con quien está cenando en un restaurante. Durante la cena, planeen lo que van a hacer después.

Continuemos

Aumente su vocabulario

Otras palabras relacionadas con la comida
las albóndigas   meatballs

el batido de $\begin{cases} \textbf{chocolate} & \text{chocolate} \\ \textbf{fresas} & \text{strawberry} \\ \textbf{vainilla} & \text{vanilla} \end{cases}$ shake

el bistec $\begin{cases} \textbf{bien cocido} \\ \textbf{medio crudo} & \text{rare} \\ \textbf{término medio} & \text{medium-rare} \end{cases}$

la carne asada, el rosbif   roast beef

las chuletas $\begin{cases} \textbf{de cerdo} & \text{pork} \\ \textbf{de cordero} & \text{lamb} \\ \textbf{de ternera} & \text{veal} \end{cases}$ chops

la ensalada mixta   mixed salad
los fideos   noodles
el filete   tenderloin steak
la hamburguesa   hamburger

los mariscos   shellfish
{ **el cangrejo**   crab
los camarones, las gambas (*Spain*)   shrimp
la langosta   lobster

el perro caliente   hot dog
los tallarines   spaghetti

¿Recuerda el vocabulario nuevo?

A. Complete las siguientes oraciones, usando las palabras de la lista anterior.

1. No me gustan ni el chocolate ni la vainilla. Quiero un batido de _____.
2. ¿Cómo quiere el bistec: bien cocido, medio crudo o _____?
3. ¿Quieren comer albóndigas o _____ asada? ¿O prefieren _____?
4. No me gustan los mariscos. No quiero _____, _____ ni _____.
5. Voy a servir sándwiches de jamón y una ensalada _____.
6. A muchos norteamericanos les gusta comer _____ calientes y _____.
7. Los italianos comen muchos _____.
8. ¿Prefieres chuletas de _____ o de _____?

B. Ud. y un(a) compañero(a) comparten un apartamento. Utilicen el vocabulario nuevo y otras palabras que Uds. conocen para decidir lo que van a cenar durante las próximas siete noches. Incluyan postres y bebidas.

LA CASA DE LA
PAELIA

Calle 93 No. 13A-46 Tels.: 610 4242 - 610 2408
Carrera 13 No. 38-38 Tels.: 232 0249 - 245 2837

De esto y aquello...

Hablemos de comida

En parejas, estudien los siguientes anuncios. Decidan a qué lugar irían en cada una de las situaciones en la página 131. Expliquen por qué.

1. Uds. quieren comer bien, pero no tienen mucho dinero.
2. Quieren llevar a unos amigos a un restaurante donde puedan divertirse además de comer.
3. Tienen un amigo de Buenos Aires que vive en España hace mucho tiempo y que se siente nostálgico.
4. A una amiga de Uds. le gusta comer langosta.
5. Invitan a almorzar a dos amigos que tienen hijos pequeños.
6. El sábado quieren llevar a un grupo de cubanos a escuchar a un cantante.
7. Van a comer con una amiga mexicana que hace mucho tiempo no come la comida de su país.

¿Qué dirían Uds.?

Imagínese que Ud. y un(a) compañero(a) se encuentran en las siguientes situaciones. ¿Qué va a decir cada uno?

1. Uds. son los (las) cocineros(as) este fin de semana y tienen que preparar el desayuno, el almuerzo y la cena para seis personas. Discutan lo que van a hacer.
2. Cada uno(a) de Uds. quiere que el otro (la otra) salga con una amiga (un amigo) este fin de semana. Traten de convencerse mutuamente de que la "cita a ciegas" (*blind date*) es una buena idea.
3. Uds. van a encontrarse en un restaurante para cenar. Hagan planes.

Una encuesta

Entreviste a sus compañeros de clase para tratar de identificar a aquellas personas que...

1. ...viven con su familia.
2. ...llegan tarde a clase.
3. ...van a ir de excursión este fin de semana.
4. ...a veces aceptan una cita con alguien que no conocen.
5. ...toman vino tinto.
6. ...comen comida bien picante.
7. ...tienen que estar de vuelta en su casa antes de las cinco.
8. ...prefieren la carne bien cocida.
9. ...tienen dinero en el bolsillo.
10. ...generalmente pagan la cuenta cuando salen con sus amigos.

Y ahora, discuta el resultado de la encuesta con el resto de la clase.

¡De ustedes depende!

Un grupo de chicos latinoamericanos y españoles van a pasar unos días en la ciudad donde Uds. viven. Piensen en sus parientes y amigos y digan quiénes tienen afinidad con las siguientes personas y por qué. Planeen actividades para cada par.

1. Marisol Vigo, de Madrid, estudia música.
2. A Ernesto Galvez, de Chile, le gusta mucho bailar.
3. A Lupe Villalobos, de Guadalajara, México, le interesa mucho el arte.

4. A Roberto Calvo, de Sevilla, le encantan las rubias.
5. María Teresa Soto, de Buenos Aires, enseña danza aeróbica.
6. Luis Vera, de Venezuela, siempre está tomando fotografías.
7. A Carmen Sandoval, de Lima, Perú, le gustan mucho las películas de misterio.
8. A Jorge Molina, de Puerto Rico, le gustan todos los deportes.

¡Debate!

La clase se va a dividir en dos grupos para discutir las ventajas y desventajas de vivir en casa de los padres o fuera de casa mientras se asiste a la universidad. El primer grupo va a discutir las ventajas de vivir con los padres. El segundo grupo va a discutir las ventajas de tener su propio apartamento o de vivir en la residencia universitaria.

Lecturas periodísticas

Para leer y comprender

A. Antes de leer detalladamente el siguiente artículo, busque los cognados que contiene y considere cómo se relacionan con el título.

B. Al leer el artículo detalladamente, busque las respuestas a las siguientes preguntas.

1. ¿Qué cambios se han visto en Madrid en las últimas décadas?
2. ¿Qué se conserva todavía en los barrios céntricos de Madrid?
3. ¿Cuáles son algunos de los platos típicos que podemos encontrar en las tabernas y en los restaurantes madrileños?
4. ¿Buscan los emigrantes peninsulares los mismos restaurantes que los turistas? ¿Por qué o por qué no?

Madrid: sus olores y sus regiones urbano-gastronómicas

En las últimas décadas, Madrid crece definitivamente, y se viste a la moda universal, adoptando para su ornato° el mármol artificial, el cristal, el acero cromado o los plásticos, es decir, se viste de gran ciudad europea, o mejor, americana. Aparecen los supermercados, las tabernas se convierten en° bares, y los antiguos cafés en cafeterías de nombres exóticos.

En los barrios céntricos, Madrid conserva su espíritu y su ritmo. Bajo la frívola apariencia del modernismo conserva su espíritu de viejo pueblo castellano, y la gracia° popular del antiguo Madrid. La capital sigue manteniendo entre otras muchas cosas, además de los monumentos históricos, un regionalismo gastronómico, perfectamente delimitado por los olores.

Lo primero que comprobamos es que, pese a la desaparición° de tabernas famosas aún quedan° en Madrid varios centenares de tabernas o restaurantes

| ° embellishment |
| se... are turning into |
| ° charm |
| ° disappearence |
| ° are left |

La paella, el plato típico español más conocido internacionalmente.

económicos que todavía ofrecen los platos típicos de las regiones del norte y levanti- *eastern* / **olla...** *vegetable and meat stew*
nas°, la "olla podrida"° castellana o el gazpacho andaluz. Hay calles que huelen a
"fabada" asturiana[1], a pote gallego[2] y a lacón[3]; en otras se percibe el olor de la paella
valenciana, o del bacalao a la vizcaína.

Esta geografía urbano-gastronómica de Madrid, que descubrimos por el olfato°, *sense of smell*
no es la de los cientos de restaurantes caros que pueden encontrar en Madrid los turistas, sino el refugio de los emigrantes peninsulares que vienen a la conquista de
Madrid. Los que algún día quieren vencer° la nostalgia de sus regiones con los sabores *conquer*
y olores que, además de calorías alimenticias°, les proporcionan° esa inédita poesía *related to food* / *give*
del folklore que les calienta el alma.

Adaptado del diario *ABC* (España)

Desde su mundo

1. ¿Qué aspectos modernos y qué aspectos antiguos se encuentran en la ciudad donde Ud. vive?
2. ¿Cuáles son algunos platos típicos de Estados Unidos?
   ¿Hay regiones urbano-gastronómicas en Estados Unidos?
3. ¿Conoce Ud. algunos de los platos que se mencionan en
   el artículo? ¿Cuáles?
4. ¿Le gustan a Ud. las comidas de otros países? ¿Cuáles?

[1] Stew made of beans and pork
[2] Galician stew made with beef, chicken, and vegetables
[3] Special cut of pork

Pepe Vega y su mundo

Teleinforme

La experiencia de comer en un restaurante comprende varios componentes: el comedor (la sala donde se come), los comensales (las personas que vienen a comer), la comida, el (la) camarero(a) y el (la) cocinero(a), que prepara los platos en la cocina. En estos dos segmentos de video vamos a ver algunos de estos aspectos.

Preparación

Clasificación.   Indique a qué categoría pertenece cada uno de los siguientes alimentos.

a. primer plato (*first course*)   b. segundo plato   c. bebida   d. postre

_____ 1. agua mineral
_____ 2. arroz con leche
_____ 3. café cortado
_____ 4. caldo de pollo
_____ 5. cerveza
_____ 6. chuletas de cordero (*lamb*)
_____ 7. cóctel de gambas (*shrimp*)

_____   8. ensalada templada

_____   9. filete

_____   10. licor de manzana

_____   11. menestra de verduras (*sautéed vegetables*)

_____   12. pacharán (tipo de licor)

_____   13. paella

_____   14. patatas fritas

_____   15. té de poleo menta

_____   16. solomillo (*sirloin*)

_____   17. sorbete de limón (*lime sherbet*)

_____   18. tallarines

_____   19. trucha (*trout*) al horno

_____   20. vino de la casa

Comprensión

Restaurante La Huerta de Madrid   19:21–22:32

Comer en Madrid es una serie de la Televisión Española (RTVE) sobre diversos restaurantes de la capital española. En este programa, vamos a visitar el Restaurante La Huerta de Madrid. Vamos a aprender una receta de su jefe de cocina.

A. El tiempo de cocción.   Indique cuántos minutos hay que cocer cada una de las siguientes verduras.

1. los guisantes
2. los nabos
3. las judías verdes
4. las alcachofas
5. las zanahorias

B. La receta.   Para poder preparar bien la receta, reordene los siguientes pasos.

_____   1. Cocer (*Cook*) las verduras.

_____   2. Cortar las verduras.

_____   3. Darles una vueltecita (*stir*) a las verduras para que se mezclen.

_____   4. Dorar (*Brown*) el ajo en el aceite.

_____   5. Echarle la salsa a las verduras.

_____   6. Hacer la salsa con el agua de cocer las verduras y un poco de harina.

_____   7. Preparar el aceite y el ajo con una batidora (*blender*).

_____   8. Rehogar (*Sautée*) las verduras en el aceite con ajo.

_____   9. Tener la menestra lista para comer.

Euromed "restaurante"   22:33–23:17

RENFE, la Red Nacional de Ferrocarriles Españoles, ha creado varios anuncios para la televisión sobre su servicio de trenes en España y Europa. En este anuncio o spot vemos las ventajas que ofrecen los trenes "Euromed" para la gente que no quiere perder el tiempo.

C. ¿Quién toma qué? De los alimentos mencionados en la sección de **Preparación** arriba, ¿cuáles piden los señores en este anuncio?

	El señor que habla	*Su compañero*
de primero		
de segundo		
para beber		
de postre		
de digestivo		

Ampliación

Ahora les toca a Uds.   Haga una de las siguientes actividades.

1. En grupos de tres, preparen y representen (*enact*) un diálogo en el cual dos de Uds. le piden la comida a un(a) camarero(a) en un restaurante. Si lo desean, sigan el modelo del señor del restaurante en el anuncio de RENFE, pero esta vez, ¡dejen que su compañero(a) pida él (ella) mismo(a) lo que quiera!
2. Cambie tres ingredientes de la receta para la menestra de verduras y revise las instrucciones. ¿Cómo se llama su nueva creación gastronómica?

¡Naveguemos!

Si desea explorar otros aspectos relacionados con esta lección, haga las actividades de la red (*Internet*) que corresponden a la lección. Vaya primero a <u>http://www.hmco.com/college</u> en la red, y de ahí a la página de *¡Continuemos!*

- ✦ El modo subjuntivo
- ✦ El subjuntivo con verbos o expresiones de voluntad o deseo
- ✦ El subjuntivo con verbos o expresiones impersonales de emoción
- ✦ El imperativo: **Ud.** y **Uds.**

Mente sana en cuerpo sano

Parque del Este
en Caracas,
Venezuela.

Mente sana en cuerpo sano

Lucía y su esposo Mario viven en Miami. Lucía está muy preocupada porque Mario tiene el colesterol muy alto. El médico le dice que baje de peso y que haga ejercicio, pero Mario no quiere hacer nada. Lucía espera que él cambie de actitud.

LUCÍA   —Oye, Mario. El otro día me dijiste que querías perder peso y que siempre estabas cansado. Aquí hay un artículo que quiero que leas.

MARIO   —(*Lee.*) Diez reglas infalibles para conservar la salud... Ya me estás dando lata. Yo siempre como bien y hago ejercicio...

LUCÍA   —El único ejercicio que tú haces es caminar hacia el refrigerador y cambiar los canales en la televisión. ¡Y ahora quieres un control remoto!

MARIO   —Tú quieres que yo vaya al gimnasio, que levante pesas, que tome clases de karate... En fin, esperas que me convierta en un superhombre.

LUCÍA   —¡Cómo exageras, Mario! Pero el médico quiere que pierdas unas treinta libras.[1]

MARIO   —¡Bah! Ese doctor quiere que yo viva contando calorías y muriéndome de hambre. Además, yo no soy gordo; lo que pasa es que soy bajo para mi peso.

DIEZ REGLAS INFALIBLES PARA CONSERVAR LA SALUD

Si quiere mantenerse sano y sentirse siempre lleno de energía, es importante que haga lo siguiente:

1. Tenga una dieta balanceada.
2. Haga ejercicio todos los días.
3. Evite las drogas y el tabaco.
4. Evite el estrés y duerma de seis a ocho horas todas las noches.
5. Beba moderadamente o no beba.
6. Disminuya el consumo de grasas.
7. Aumente el consumo de alimentos que contienen fibra.
8. Limite el consumo de sal.
9. Beba por lo menos ocho vasos de agua al día.
10. Mantenga un peso adecuado.

---

[1] En los países de habla hispana se usa el sistema métrico decimal. Un kilo equivale a 2,2 libras; un centímetro equivale a 0,39 pulgadas y un metro equivale a 3,2 pies.

LUCÍA   —(*Se ríe.*) Sí, para ese peso tienes que medir seis pies, cuatro pulgadas... Pero, según un estudio realizado últimamente, es necesario hacer ejercicios vigorosos frecuentemente para mantenerse joven.

MARIO   —¡Ajá! ¡Lo que tú quieres es un esposo joven! Bueno, te voy a hacer caso y me voy a hacer socio de un club. Ojalá que no cobren mucho.

C·H·A·R·L·E·M·O·S

1. ¿Por qué está preocupada Lucía?
2. ¿Qué es necesario que haga Mario?
3. ¿Qué espera conseguir Lucía?
4. Según Mario, ¿cuál es la razón por la cual Lucía le da el artículo?
5. ¿Cuántas libras quiere el médico que pierda Mario?
6. ¿Por qué es una buena idea hacer ejercicios vigorosos?
7. ¿Qué dice Mario que va a hacer? ¿Qué espera?
8. Según el artículo, ¿qué debemos evitar si queremos tener buena salud?
9. ¿Qué alimentos son buenos para la salud?
10. ¿Cuántos vasos de agua debemos beber al día?
11. ¿Ud. cree que Mario va a empezar a cuidarse más? ¿Por qué o por qué no?
12. De las reglas mencionadas en el artículo, ¿cuáles son las dos más importantes para Ud.?

Vocabulario

Nombres

el alimento   food, nourishment, nutrient
el canal   channel
el consumo   consumption
el cuerpo   body
el estrés, la tensión nerviosa   stress
la grasa   fat
la libra   pound
la mente   mind
el peso   weight
el pie   foot
la pulgada   inch
la regla   rule
la salud   health
el, la socio(a)   member

Verbos

adelgazar, perder (e → ie) (bajar de) peso   to lose weight
aumentar   to increase
cambiar   to change
caminar   to walk
convertirse (e → ie) (en)   to become
disminuir (yo disminuyo)[1]   to decrease, to lessen
evitar   to avoid
exagerar   to exaggerate
hacerse   to become
mantenerse (*conj. like* **tener**)   to keep oneself, to stay (*e.g., young or healthy*)
medir (e → i)   to be . . . tall,[2] to measure
realizar   to do, to make

---

[1] This change is discussed in **Apéndice B**, under "**Verbos de cambios ortográficos,**" number 10.

[2] **¿Cuánto mide Ud.?** = How tall are you?

Adjetivos
joven   young
lleno(a)   full
preocupado(a)   worried
sano(a)   healthy
único(a)   only

Otras palabras y expresiones
además   besides
al (por) día   a (per) day
cambiar de actitud   to change one's attitude
darle lata (a alguien)   to annoy or pester (somebody)
hacer caso   to pay attention, to obey

hacer ejercicio   to exercise
hacerse socio(a)   to become a member (*of a club*)
levantar pesas   to lift weights
lo que pasa es que   the truth of the matter is that
lo siguiente   the following
mantenerse joven   to keep young
morirse (o → ue) de hambre   to die of hunger, to starve to death
ojalá   if only, it's to be hoped
últimamente   lately
una dieta balanceada   a balanced diet

Palabras problemáticas

A. Bajo y **corto** como equivalentes de *short*

- **Bajo** es el opuesto de **alto**; equivale a *short* cuando se refiere a estatura (*height*).

  Mi hermana sólo mide cinco pies; es muy **baja**.

- **Corto** es el opuesto de **largo**; equivale a *short* cuando se refiere a longitud (*length*).

  Ese vestido no te queda muy bien. Te queda muy **corto**.

  La distancia entre tu casa y la de mis padres es muy **corta**.

B. Convertirse, ponerse y **hacerse** como equivalentes de *to become*

- **Convertirse en** es equivalente a *to turn into*.

  Hizo mucho frío y el agua **se convirtió en** hielo.

  Ganó la lotería y, de la noche a la mañana (*overnight*), **se convirtió en** un hombre rico.

- **Ponerse** (+ adjetivo) equivale a *to become* cuando se refiere a adoptar o asumir cierta condición o estado.

  Él **se puso** pálido cuando nos vio.

  Yo **me pongo** nerviosa cuando tengo exámenes.

- **Hacerse** equivale a *to become* cuando se refiere a una profesión u oficio.

  Marta **se hizo** médica y Luis **se hizo** electricista.

P R Á C T I C A

Complete los siguientes diálogos y represéntelos con un(a) compañero(a).

1. —¿Por qué sacaste una "F" en el examen de ayer?
   —Porque _____ muy nervioso.
2. —¿Qué sabes de Luis?
   —_____ abogado y ahora vive en Chile.
3. —¿Gonzalo perdió todo su dinero?
   —Sí, _____ un hombre pobre de la noche a la mañana.
4. —¿El viaje de Buenos Aires a Asunción es largo?
   —No, es _____ si vas en avión.
5. —¿Elena es alta o _____?
   —Es de estatura mediana.

Estructuras gramaticales

1 • El modo subjuntivo

A. Introducción

- In Spanish, the indicative mood is used to describe events that are factual and definite. The subjunctive mood is used to refer to events or conditions that are subjective in relation to the speaker's reality or experience. Because expressions of volition, emotion, doubt, denial, and unreality all represent reactions to the speaker's perception of reality, they are followed in Spanish by the subjunctive.

- The Spanish subjunctive is most often used in subordinate or dependent clauses, which are introduced by **que.** The subjunctive is also used in English, although not as often as in Spanish. Consider the following sentence:

  *I suggest that he **arrive** tomorrow.*

- The expression that requires the use of the subjunctive is the main clause, *I suggest.* The subjunctive appears in the subordinate clause, *that he arrive tomorrow.* The subjunctive mood is used because the expressed action is not real; it is only what is *suggested* that he do.

B. Formas del presente de subjuntivo

Verbos regulares

- To form the present subjunctive of regular verbs, the following endings are added to the stem of the first-person singular of the present indicative.

-ar verbs	-er verbs	-ir verbs
hable	aprenda	reciba
hables	aprendas	recibas
hable	aprenda	reciba
hablemos	aprendamos	recibamos
habléis	aprendáis	recibáis
hablen	aprendan	reciban

- If the verb is irregular in the first-person singular of the present indicative, this irregularity is maintained in all other persons of the present subjunctive.

Verb	First-person singular (present indicative)	Stem	First-person singular (present subjunctive)
conocer	conozco	conozc-	conozca
traer	traigo	traig-	traiga
caber	quepo	quep-	quepa
decir	digo	dig-	diga
hacer	hago	hag-	haga
venir	vengo	veng-	venga
poner	pongo	pong-	ponga
ver	veo	ve-	vea

ATENCIÓN ! Verbs ending in **-car**, **-gar**, and **-zar** change the **c** to **qu**, the **g** to **gu**, and the **z** to **c** before **e** in the present subjunctive:

tocar → **toque**   llegar → **llegue**   rezar → **rece**

P R Á C T I C A

Dé las formas del presente de subjuntivo de los siguientes verbos, según los sujetos indicados.

1. (que) yo: traer, dividir, conocer, correr, hablar, sacar
2. (que) tú: mantener, conservar, decidir, comer, venir, llegar
3. (que) Ana: hablar, ver, aprender, abrir, caber, empezar
4. (que) tú y yo: dedicar, decir, beber, recibir, volver, pagar
5. (que) ellos: hacer, insistir, temer, poner, viajar, tocar

El subjuntivo de los verbos de cambios radicales

- The **-ar** and **-er** verbs maintain the basic pattern of the present indicative; they change the **e** to **ie** and the **o** to **ue**.

	e → ie		*o → ue*	
	cerrar *to close*		renovar *to renew*	
-ar verbs	cierre	cerremos	renueve	renovemos
	cierres	cerréis	renueves	renovéis
	cierre	cierren	renueve	renueven
	perder *to lose*		volver *to return*	
-er verbs	pierda	perdamos	vuelva	volvamos
	pierdas	perdáis	vuelvas	volváis
	pierda	pierdan	vuelva	vuelvan

- The **-ir** verbs that change the **e** to **ie** and the **o** to **ue** in the present indicative change the **e** to **i** and the **o** to **u** in the first- and second-person plural of the present subjunctive.

	e → ie		*o → ue*	
	sentir *to feel*		morir *to die*	
	sienta	sintamos	muera	muramos
	sientas	sintáis	mueras	muráis
	sienta	sientan	muera	mueran

- The **-ir** verbs that change the **e** to **i** in the present indicative maintain this change in all persons of the present subjunctive.

	e → i	
	pedir *to request*	
	pida	pidamos
	pidas	pidáis
	pida	pidan

Verbos irregulares

- The following verbs are irregular in the present subjunctive.

dar	dé, des, dé, demos, deis, den
estar	esté, estés, esté, estemos, estéis, estén
saber	sepa, sepas, sepa, sepamos, sepáis, sepan
ser	sea, seas, sea, seamos, seáis, sean
ir	vaya, vayas, vaya, vayamos, vayáis, vayan

¡ ATENCIÓN !   The present subjunctive of **hay** (impersonal form of **haber**) is **haya**.

P R Á C T I C A

Dé la forma correspondiente del presente de subjuntivo, siguiendo el modelo; añada además una palabra o expresión que complete la idea.

MODELO: yo   abrir   *(que) yo abra la puerta*

Sujeto	*Infinitivo*	*Sujeto*	*Infinitivo*
1. nosotros	pedir	6. Uds.	mentir
2. Estela	poder	7. nosotras	dormir
3. tú	ir	8. tú y yo	dar
4. ellos	saber	9. Ana y Eva	servir
5. Ud.	empezar	10. Roberto	estar

2 • El subjuntivo con verbos o expresiones de voluntad o deseo

A. Con verbos que expresan voluntad o deseo

- All impositions of will, as well as indirect or implied commands, require the subjunctive in subordinate clauses. The subject in the main clause must be different from the subject in the subordinate clause.

	Main Clause				Subordinate Clause	
Mi	madre	quiere	**que**		yo	**trabaje.**
My	*mother*	*wants*			*me*	*to work.*

- If there is no change in subject, the infinitive is used.

Mi madre quiere **trabajar.**   *My mother wants to work.*

CAVEGUIAS
PAGINAS AMARILLAS

Deje que sus dedos caminen por usted...

- Some verbs of volition are:

querer	**pedir** (e → i)
desear	**sugerir** (e → ie)
mandar	**aconsejar** (*to advise*)
exigir (*to demand*)[1]	**necesitar**
insistir (en)	**rogar** (o → ue) (*to beg, to plead*)
decir	**recomendar** (e → ie)

—Ella **quiere que tú invites** a
   todos los miembros del club.
—Yo no quiero invitarlos.

*"She wants you to invite all the
   members of the club."*
"I don't want to invite them."

—Yo **les**[2] **sugiero a Uds. que
   hagan** ejercicio.
—Sí, eso es muy importante.

"I suggest that you exercise."
"Yes, that's very important."

- Either the subjunctive or the infinitive may be used with the verbs **prohibir** (*to forbid*), **mandar, ordenar** (*to order*), and **permitir** (*to allow*).

Les **prohibo hablar** de eso.
Les **prohibo que hablen** de
   eso.   *I forbid you to speak about that.*

No les **permiten aterrizar** aquí.
No les **permiten que aterricen**
   aquí.   *They don't allow them to land here.*

Le **ordeno salir.**
Le **ordeno que salga.**   *I order you to get out.*

Me **van a mandar traerlo.**
Me **van a mandar que lo traiga.**   *They are going to order me to bring it.*

P R Á C T I C A

A. En parejas, lean los siguientes diálogos, usando el presente de subjuntivo o el infinitivo de los verbos dados.

    1. —Quiero _____ (adelgazar).
       —Te sugiero que _____ (disminuir) el consumo de grasas y que _____
      (hacer) ejercicio todos los días.
    2. —El médico quiere que yo _____ (beber) mucha agua, que _____
      (limitar) el uso de la sal y que _____ (mantener) un peso adecuado.
      —Si quieres _____ (conservar) la salud, te aconsejo que le _____ (hacer)
      caso.

---

[1] The spelling change for this verb is discussed under "**Verbos de cambios ortográficos**," number 2, in **Apéndice B**.

[2] The indirect object pronoun is used with the verbs **sugerir, pedir, permitir,** and **decir** when they are followed by a subordinate clause.

3. —Mi madre insiste en que nosotros _____ (perder) peso, pero siempre quiere que _____ (comer) todo lo que cocina.

—Yo les sugiero que le _____ (decir) que no tienen hambre.

4. —Le voy a decir a papá que _____ (tratar) de evitar el tabaco y que _____ (dormir) por lo menos seis horas al día.

—Y él te va a decir que no le _____ (dar) lata.

5. —Mis padres me exigen que _____ (llegar) a casa antes de las doce y me piden que _____ (ir) al gimnasio tres veces por semana.

—Eso es porque ellos quieren que tú _____ (ser) sano.

B. Ud. y su compañero(a) son personas que siempre encuentran soluciones para todo y por eso sus amigos los consultan. ¿Qué sugieren, recomiendan o aconsejan Uds. en cuanto a los siguientes problemas?

1. Quiero perder diez libras este verano.
2. Necesito un coche y no tengo dinero.
3. Mis amigos quieren ir al cine el sábado pero tienen que trabajar.
4. Me duele mucho la cabeza.
5. Me ofrecen un puesto en París y yo no hablo francés.
6. Mi novio(a) y yo queremos ir a la playa el sábado pero tenemos un examen muy difícil el lunes.
7. Mi médico me dice que tengo que evitar el estrés.
8. Me estoy muriendo de hambre y no tengo tiempo de cocinar.

C. Ud. está cuidando al hijo de unos amigos. Responda a lo que él dice usando los verbos **prohibir, ordenar** y **permitir.** Siga el modelo.

MODELO: Quiero ir al parque.   (prohibir)
Te prohíbo que vayas al parque.
Te prohíbo ir al parque.

1. No quiero comer los vegetales.   (ordenar)
2. Quiero mirar un programa de televisión que empieza a las doce.   (prohibir)
3. No quiero hacer la tarea.   (ordenar)
4. Quiero jugar en la calle.   (prohibir)
5. Quiero leer un libro.   (permitir)
6. No quiero acostarme.   (ordenar)

EL SUPER GIMNASIO

SUPEREQUIPOS PARA SUPERFISICOS
ASESORIA POR COMPUTADOR
EVALUACION FISICO - ATLETICA
Y ASESORIA MEDICA - DEPORTIVA
PROFESORES CIENTIFICOS
CARRERA 16 No. 97 - 43

218 7864 - 610 3095

B. Con expresiones impersonales que indican voluntad o deseo

- The subjunctive is used after certain impersonal expressions that indicate will or volition when the verb in the subordinate clause has a stated subject. The most common expressions follow:

  es conveniente (conviene) *it is advisable*
  es importante (importa) *it is important*
  es mejor *it is better*
  es necesario *it is necessary*
  es preferible *it is preferable*
  es urgente (urge) *it is urgent*

—**Es importante** que Raquel **practique** más el inglés.	*"It is important that Raquel practice English more."*
—Sí, **es necesario** que lo **hable** todos los días.	*"Yes, it is necessary that she speak it every day."*

- When the subject of a sentence is neither expressed nor implied, the above expressions are followed by an infinitive.

—¿Qué **es necesario hacer** para adelgazar?	*"What is necessary to do to lose weight?"*
—**Es necesario comer** menos y hacer ejercicio.	*"It's necessary to eat less and exercise."*

P R Á C T I C A

Complete las siguientes oraciones, usando el subjuntivo o el infinitivo según sea necesario.

1. Es importante que yo...
2. Es mejor...
3. Es urgente...
4. Es preferible que nosotros...
5. Es conveniente que los estudiantes...
6. Es conveniente...
7. Es necesario que tú...
8. Es importante que nosotros...

---

3 · El subjuntivo con verbos o expresiones impersonales de emoción

A. Con verbos de emoción

- In Spanish, the subjunctive is always used in the subordinate clause when the verb in the main clause expresses any kind of emotion, such as happiness, pity, hope, surprise, fear, and so forth.

- Some common verbs that express emotion are:

alegrarse (de)	**sentir**
esperar	**sorprenderse (de)**
lamentar	**temer**

Main Clause	Subordinate Clause
(Yo) espero	que (**Elena**) **pueda** ir al cine.

Main Clause	Subordinate Clause
(Él) teme	que (**nosotros**) **no podamos** ir al cine.

- The subject of the subordinate clause must be different from that of the main clause for the subjunctive to be used. If there is no change of subject, the infinitive is used.

(Yo) espero poder ir al cine.	*I hope to be able to go to the movies.*
(Ella) teme no **poder ir** al cine.	*She is afraid she won't be able to go to the movies.*

—¿Cuánto nos van a dar ellos para la fiesta?	*"How much are they going to give us for the party?"*
—**Espero** que nos **den** unos cincuenta dólares.	*"I hope they give us about fifty dollars."*
—**Temo** que no **puedan** darnos tanto.	*"I'm afraid they can't give us that much."*

B. Expresiones impersonales que denotan emoción

- When an expression denotes emotion in the main clause of a sentence, the subjunctive is required in the subordinate clause if it contains a subject that is either expressed or implicit. The most common expressions are:

es de esperar *it's to be hoped*	**es (una) lástima** *it's a pity*
es lamentable *it's regrettable*	**ojalá** *it's to be hoped, if only . . .*
es sorprendente *it's surprising*	**es una suerte** *it's lucky*

—**Es una lástima** que Jorge no **pueda** ir con nosotros al gimnasio.	*"It's a pity that Jorge can't go with us to the gym."*
—**Ojalá** que Alberto **esté** libre y **pueda** ir.	*"It's to be hoped that Alberto is free and can go."*

PRÁCTICA

A. En parejas, lean los siguientes diálogos usando el subjuntivo o el infinitivo de los verbos dados.

1. —Espero que tú _____ (ir) al gimnasio con nosotros.
   —Siento no _____ (poder) ir hoy, pero espero que nosotros _____ (salir) juntos mañana.
2. —Es una lástima que mi hija no _____ (saber) tocar el piano.
   —Es verdad. Ojalá que Emilia le _____ (dar) clases este verano.

3. —Es de esperar que mi esposo _____ (leer) este artículo y que _____ (seguir) algunos de los consejos.

—Temo que no _____ (querer) leerlo.

4. —Me alegro de _____ (estar) aquí con Uds., pero siento que mis padres no _____ (estar) aquí también.

—Bueno, esperamos que _____ (venir) el año que viene.

5. —Víctor no quiere dejar de fumar.

—¡Ojalá que _____ (cambiar) de actitud después de hablar con el médico!

B. Usando cada una de las expresiones impersonales de la página 148, ¿qué diría Ud. en estas situaciones?

1. Dicen que mañana va a llover. Ud. quiere ir a la playa.
2. Ud. necesita un empleo. Su tío es presidente de una compañía.
3. Ud. quiere llevar a su amiga al cine, pero ella está muy enferma.
4. Le ofrecen un coche muy barato, pero Ud. no tiene suficiente dinero.
5. Su sobrino tiene menos de un año y ya sabe nadar perfectamente.
6. Hoy es lunes. Ud. no ha estudiado la lección y el profesor muchas veces da exámenes los lunes.

C. Use su imaginación y complete las siguientes frases en forma original.

1. Es sorprendente que...
2. Es lamentable que...
3. Me alegro de que...
4. Ojalá que...
5. Temo que...

6. Es de esperar que...
7. Lamento que...
8. Es una suerte que...
9. Es una lástima que...
10. Espero que...

4 • El imperativo: **Ud. y Uds.**

• The command forms for **Ud.** and **Uds.**[1] are identical to the corresponding present subjunctive forms.

A. Formas regulares

		Ud.	Uds.
-ar verbs	cantar	cant **-e**	cant **-en**
-er verbs	beber	beb **-a**	beb **-an**
-ir verbs	vivir	viv **-a**	viv **-an**

—¿A qué hora salimos mañana?   *"What time shall we leave tomorrow?"*
—**Salgan** a las siete.   *"Leave at seven."*

—¿Qué hago ahora?   *"What shall I do now?"*
—**Lea** este artículo.   *"Read this article."*

---

[1] The commands for **tú** will be studied in **Lección 8**.

¡ ATENCIÓN !   Negative **Ud. / Uds.** commands are formed by placing **no** in front of the verb.

No salgan mañana.

B. Formas irregulares

	dar	*estar*	*ser*	*ir*
Ud.	dé	esté	sea	vaya
Uds.	den	estén	sean	vayan

—¿Cuándo quiere que vaya al   "When do you want me to go to the
club?   club?"
—**Vaya** hoy mismo.   "Go today." (this very day)

C. Posición de las formas pronominales con el imperativo

- With *affirmative commands,* the direct and indirect object pronouns and the re-flexive pronouns are *attached to the end of the verb,* thus forming only one word.

—¿Le traigo las cartas?   "Shall I bring you the letters?"
—Sí, **tráigamelas**[1].   "Yes, bring them to me."

- With *negative commands,* the pronouns are *placed before the verb.*

—¿Tengo que hacerlo ahora?   "Do I have to do it now?"
—No, no **lo** haga todavía.   "No, don't do it yet."

P R Á C T I C A

A. Ud. es médico(a) y está hablando con uno de sus pacientes. Usando el impera-tivo, dígale lo que tiene que hacer y lo que no debe hacer.

1. evitar el estrés y dormir por lo menos seis horas al día
2. disminuir el consumo de sal
3. no preocuparse demasiado
4. tomar la medicina dos veces al día, pero no tomarla con el estómago vacío
5. volver en dos semanas
6. darle este papel a la recepcionista y pedirle un turno
7. llamarlo(a) si tiene algún problema

Ahora dígale a su paciente tres cosas más que debe o no debe hacer.

B. Ud. tiene dos empleados que encuentran toda clase de excusas para no hacer lo que Ud. les dice. Escriba las órdenes que Ud. les da, usando el imperativo.

1. —_____
   —Ahora no podemos escribir las cartas porque no tenemos tiempo.

---

[1] Accents in affirmative commands are discussed in **Apéndice A,** under "**El acento ortográfico,**" number 7.

2. —_____

—Tampoco podemos traducirlas al español porque no tenemos suficiente vocabulario.

3. —_____

—Ahora no podemos ir al correo porque nos duelen los pies.

4. —_____

—No podemos llevarle los documentos al Sr. Díaz porque él está de vacaciones en España.

5. —_____

—No podemos preparar todos los informes para esta tarde porque tenemos que ir a almorzar.

6. —_____

—No podemos estar aquí mañana temprano porque los dos vivimos muy lejos.

7. —_____

—Bueno... podemos encontrar otro empleo fácilmente.

C. En parejas, hagan una lista de sugerencias para los que quieren lograr los siguientes objetivos. Usen el imperativo.

1. mantener un promedio alto en la universidad
2. pasar un fin de semana divertido en la ciudad donde está la universidad
3. mantener buenas relaciones con sus padres y hermanos
4. tener "mente sana en cuerpo sano"

◈ ¿Cuánto sabe usted ahora?

A. Palabras y más palabras

I. Diga lo siguiente de otra manera, usando el vocabulario de esta lección.

1. estrés
2. perder peso
3. opuesto de *aumentar*
4. aceite, mantequilla, etc.
5. doce pulgadas
6. opuesto de *viejo*
7. tener mucha hambre
8. 16 onzas
9. opuesto de *largo*
10. opuesto de *enfermo*
11. carne, verdura, pan, etc.
12. opuesto de *alto*

II. Complete lo siguiente, usando el vocabulario de esta lección.

1. —Yo siempre le digo que tiene que _____ ejercicio.
   —Sí, pero nunca te hace _____.
2. —¿Tú te vas a hacer _____ del gimnasio, Marisa?
   —Sí, quiero perder _____.

3. —¿Qué debo hacer para conservar la _____?

—_____ las drogas y el tabaco, y mantener una dieta _____.

4. —Arturo, tienes que disminuir el _____ de grasas.

—¡Ya me estás dando _____!

5. —Paco, tú eres muy pesimista. Tienes que cambiar de _____.

—Es que estoy muy _____ con los problemas de mis hijos.

B. **Nuestra gente.**   Complete el siguiente diálogo, usando los verbos entre paréntesis en el subjuntivo o el infinitivo, según corresponda.

En el programa de radio Nuestra gente *entrevistan al Sr. Manuel Peña, director de un programa de ayuda a las minorías de origen hispano.*

PERIODISTA   —Yo quiero que Ud. nos _____ (dar) los datos necesarios para informar al público sobre la labor que realiza su organización.

SR. PEÑA   —Sí, es importante que los miembros de los grupos minoritarios _____ (saber) cuáles son las ventajas que ofrece nuestro programa.

PERIODISTA   —Primero quiero que _____ (hablarnos) de las clases de inglés para adultos.

SR. PEÑA   —Ofrecemos clases nocturnas de inglés, y conviene _____ (señalar) que son gratis. Estoy seguro de que muchas personas van a asistir a ellas. Queremos _____ (ayudarlos) también a conseguir empleo.

PERIODISTA   —Es necesario que _____ (haber) programas similares en otras ciudades. Y ahora, Sr. Peña, quiero que _____ (aclararnos) algunos puntos sobre la ayuda legal que ofrece el programa.

SR. PEÑA   —Yo no puedo darle mucha información sobre esto. Le sugiero que _____ (hablar) con nuestro abogado y que _____ (hacerle) la misma pregunta.

PERIODISTA   —Yo sé que nuestros oyentes (*listeners*) van a _____ (tener) muchas preguntas para Ud. Señores, si desean _____ (preguntarle) algo al Sr. Peña, les aconsejo que _____ (llamarnos) ahora. El número es 813–4392.

Ahora represente el diálogo con un(a) compañero(a). Agreguen dos preguntas que los oyentes podrían hacerle al Sr. Peña.

C. **Vamos a conversar**

1. ¿Qué alimentos deben incluirse en una dieta balanceada?
2. ¿Qué alimentos contienen mucha fibra?
3. Si una persona tiene el colesterol alto, ¿qué alimentos debe evitar?
4. ¿Es Ud. socio de algún gimnasio?
5. ¿Hace Ud. ejercicio todos los días?
6. ¿Qué tipo de ejercicio prefiere hacer?
7. ¿Cuántas horas duerme Ud. al día?
8. ¿Cuánto mide Ud.?
9. De las diez reglas que aparecen en el artículo, ¿cuáles sigue Ud.?
10. De las diez reglas, ¿cuáles no sigue Ud.?

D. Superhombres y supermujeres. Ahora el (la) profesor(a) va a dividir la clase en varios grupos de hombres y mujeres. Cada grupo discutirá las estrategias y las prácticas necesarias para ser "superhombres" o "supermujeres" y hará una lista de sugerencias, usando el imperativo. Al terminar la discusión, cada grupo le presentará sus recomendaciones a la clase.

E. La carta de Maité. Ayer llegó a su casa la siguiente carta de su amiga Maité. Responda a su carta por escrito, expresando alegría, temor, sorpresa, u otras emociones en respuesta a sus noticias, y añada algunas recomendaciones.

Queridos amigos:

Espero que todos estén bien. ¡Cuántas noticias tengo para Uds.!

Mario, mi esposo, está muy enfermo y está en el hospital. Estoy muy preocupada por él. Mis hijos están más o menos bien. Teresa y nuestro vecino Jorge, que se odiaban, se van a casar. Por desgracia, Olga y Raúl se van a divorciar. José está tratando de encontrar trabajo, pero no tiene suerte; Alina, en cambio, acaba de conseguir un puesto muy bueno. Raquel, la más pequeña, está tratando de adelgazar.

Ayer hablé con Carlos y Adela y me dijeron que piensan visitarlos a Uds. este verano. ¡Ojalá que yo pueda acompañarlos!

Un beso de

Maité

Continuemos

Aumente su vocabulario

Otras palabras relacionadas con la salud y la nutrición

el calcio calcium
los carbohidratos carbohydrates
descansar to rest
el ejercicio ligero light exercise
engordar, ganar peso to gain weight
la fuente de energía energy source

el hierro iron
ponerse a dieta (a régimen) to go on a diet
la proteína protein
el reposo rest
la vitamina vitamin

Algunos vegetales

el ají, el pimiento verde green pepper
el ajo garlic
el apio celery
el brécol, el bróculi broccoli
la cebolla onion
la espinaca spinach
el hongo, la seta mushroom

la lechuga lettuce
el pepino cucumber
el rábano radish
la remolacha beet
el repollo, la col cabbage
la zanahoria carrot

¿Recuerda el vocabulario nuevo?

A. Complete las siguientes oraciones, usando las palabras de la lista anterior.

1. Estoy muy gordo. Tengo que _____.
2. La naranja tiene _____ C.
3. La leche tiene mucho _____.
4. Los carbohidratos son una _____ de energía.
5. Popeye come _____ y Bugs Bunny come _____.
6. Ud. debe _____ más. Necesita mucho reposo.
7. El _____ y la _____ son vegetales rojos.
8. El _____ es un vegetal muy bajo en calorías.
9. Correr no es un ejercicio _____.
10. Un sinónimo de _____ es seta.
11. No quiero comer torta porque no quiero _____.
12. La carne y el huevo tienen mucha _____.
13. Quiero una ensalada de _____ y tomate, y sopa de _____ con queso.
14. El _____ es un mineral muy necesario.
15. Un sinónimo de _____ es pimiento verde.
16. No te voy a dar un beso porque comiste _____ y _____.
17. Un sinónimo de _____ es col.
18. Si tienes los ojos cansados, puedes ponerte dos rodajas (slices) de _____.

B. En parejas, decidan qué vegetales necesitan usar para preparar los siguientes platos. Indíquen por qué es importante comerlos.

1. una ensalada mixta
2. una sopa de verduras
3. un guiso (stew)
4. sándwiches de verduras

De esto y aquello...

Hablemos de la salud

En parejas, fíjense en este folleto y contesten las siguientes preguntas.

¡anímate y ven!

Tenemos para ti el más avanzado *programa de trabajo cardiovascular* **en Fitness Professional.**

Clases de prueba de todas las actividades, sin compromiso

Y muchos otros servicios.
En más de 2000 m².

Actividades

- Aerobic
- Karate infantil y adulto
- Taekwondo
- Gimnasia de mantenimiento
- Gimnasia Rítmica
- Ballet
- Gimnasia con aparatos
- Musculación
- Peso libre olímpico
- Squash
- Sauna (gratuita para socios)

y además

- Gabinete médico y dietético
- Rehabilitación
- Centro de belleza
- Bronceador U.V.A.
- Preparación para cuerpos especiales: Policía, Bomberos, Academias Militares, etc…

Estamos a tu disposición de:
9,00 h. a 22,30 h. lunes a viernes
9,00 h. a 14,00 h. sábados y domingos

Amparo Usera, 14
28026 Madrid
Telf. 476 36 82

¡No cerramos a mediodía!

1. ¿Cómo se llama el centro deportivo y en qué calle está?
2. ¿A qué número de teléfono se debe llamar para pedir información?
3. Si alguien va al gimnasio un sábado a las tres de la tarde, ¿lo va a encontrar abierto? ¿Por qué?
4. ¿Está cerrado el gimnasio de doce a una de la tarde?
5. ¿Qué miembros de la familia pueden asistir al gimnasio?
6. ¿Qué actividades de origen oriental hay en el gimnasio?
7. ¿Los socios del gimnasio tienen que pagar por usar la sauna?
8. De las actividades que ofrece el gimnasio, ¿cuáles les interesan a Uds.?

¿Qué dirían ustedes?

Imagínese que Ud. y un(a) compañero(a) se encuentran en las siguientes situaciones. ¿Qué va a decir cada uno?

1. Un amigo quiere que Uds. le den algunos consejos para perder peso.
2. Un amigo que tiene una vida muy sedentaria les pregunta qué cambios puede hacer para tener una vida más activa.
3. Uds. tienen que dar una pequeña charla sobre la importancia de tener buenos hábitos para conservar la salud.

Una encuesta

Entreviste a sus compañeros de clase para tratar de identificar a aquellas personas que...

1. ...hacen ejercicio por lo menos tres veces por semana.
2. ...tienen una dieta balanceada.
3. ...no fuman.
4. ...no toman bebidas alcohólicas.
5. ...beben por lo menos ocho vasos de agua al día.
6. ...levantan pesas.
7. ...toman clases de karate.
8. ...practican algún deporte.
9. ...son socios de un club.
10. ...viven contando calorías.

Y ahora, discuta el resultado de la encuesta con el resto de la clase.

¡De ustedes depende!

Ud. y su compañero(a) están encargados(as) de aconsejar a estudiantes de habla hispana con problemas de salud. Díganles a estas personas lo que deben hacer y qué alimentos y bebidas deben o no deben consumir.

1. José tiene el colesterol muy alto.
2. Ana sufre de insomnio.
3. Raquel es demasiado delgada.
4. Mario siempre está cansado.
5. Alina es anémica.
6. Marcos sufre de estrés.

Mesa redonda

Según varias encuestas, muchos niños en Estados Unidos no tienen una buena alimentación. En grupos de cuatro o cinco estudiantes hablen de los problemas que existen, sus causas y las posibles soluciones. Para cada grupo seleccionen un líder que informe al resto de la clase sobre sus ideas.

Lecturas periodísticas

Para leer y comprender

A. Antes de leer detalladamente el siguiente artículo, fíjese en el título y piense en verbos y nombres asociados con este tema. En su primera lectura, subraye este vocabulario si lo encuentra.

B. Al leer detalladamente el artículo, busque las respuestas a las siguientes preguntas.

1. ¿Qué alimentos se deben comer con moderación?
2. ¿Cómo debemos preparar los alimentos?
3. Además de comer adecuadamente, ¿qué otras cosas podemos hacer para perder peso?
4. ¿Con qué debemos tener cuidado?
5. ¿Qué tipos de dietas se deben evitar?
6. ¿Cuál de los programas señalados en el artículo es el más eficaz para no volver a ganar el peso perdido?

Tácticas y estrategias de la pérdida de peso

Es mejor que...

- coma despacio°.   *slowly*
- evite tentaciones. Saque los alimentos de alto contenido calórico del refrigerador y de la despensa°. Tenga en casa únicamente lo que va a comer.   *pantry*
- coma menos grasa. Use azúcares naturales de granos, frutas y verduras.
- coma menos helado, quesos, aderezos° para ensaladas y aceites.   *dressings*
- evite los bocadillos de paquete°, las galletas° y los postres con alto contenido de grasas.   **bocadillos...** *packaged snacks / cookies*
- use utensilios de teflón.
- prepare las carnes al horno o a la parrilla°, y las verduras al vapor°, en lugar de freírlas° en grasa.   **a la...** *grilled /* **al...** *steamed* **en...** *instead of frying them*
- coma productos lácteos° desgrasados°.   *milk / skimmed*
- haga ejercicio regularmente.
- trate de hacer actividades divertidas que no incluyan el comer.
- acuda a terapia individual o de grupo si tiene dificultad para mantener su peso.

Una frutería en la ciudad de Buenos Aires, Argentina.

Cuidado con...

- las píldoras° o productos que prometen "derretir"° la grasa.   pills / melt
- las píldoras que quitan el apetito (tienen efectos indeseables° y, cuanto más°   undesirable / the more
  se usan, menos eficaces son).
- los suplementos de fibra.
- cualquier plan que prometa "quemar"° la grasa.   burn
- los tratamientos en que cubren el cuerpo con cera° y otros materiales.   wax
- los sustitutos de azúcar (y el azúcar).

Evite las dietas que...

- enfatizan un tipo de alimento sobre otros, como toronjas° u otras frutas.   grapefruits
- insisten en mezclar° únicamente cierto tipo de alimentos.   mix
- se tienen que seguir con suplementos de minerales y vitaminas, especialmente si esas "fórmulas especiales" se venden con la dieta.

Prefiera los programas que...

- sugieren alimentos de bajo contenido calórico, especialmente bajos en grasa
  y azúcar.
- ofrecen variedad, para que sean más estimulantes.
- se ajustan a su tipo de vida.
- enfatizan cambios en sus hábitos alimenticios° y estilo de vida para que el   **hábitos...** eating habits
  peso pueda mantenerse constante.
- han sido desarrollados° por expertos y no por alguien sin conocimientos de   developed
  nutrición.

Desde su mundo

1. De los consejos que aparecen en el artículo, ¿cuáles ya había oído Ud.?
2. ¿Qué problemas puede Ud. señalar (*point out*) en la alimentación de muchos norteamericanos?
3. ¿Cree Ud. que estos consejos les son útiles a muchas personas? ¿Por qué o por qué no?

Pepe Vega y su mundo

Teleinforme

Como vimos en esta lección, hay muchas reglas que una persona puede seguir para mantener una mente sana y un cuerpo sano. Pero a veces ocurren accidentes inesperados que afectan la salud mental o la física. ¿Qué hacemos entonces? Vamos a ver dos segmentos de video que nos muestran que sí se puede mantener una mente sana o un cuerpo sano a pesar de (in spite of) accidentes pequeños (como una quemadura) o catastróficos (como la paraplejia).

Preparación

¿Mente sana, cuerpo sano o las dos cosas?   Clasifique las siguientes expresiones según representen aspectos positivos (+) o negativos (-) de una mente sana o de un cuerpo sano. Si cree que la expresión no tiene relación con la categoría, no escriba nada.

	MENTE SANA	CUERPO SANO
1. MODELO: la vida activa	+	+

2. la ampolla (*blister*)
3. la apendicitis
4. el calcio
5. el catarro
6. la cicatriz (*scar*)
7. la clara de huevo (*egg white*)
8. la depresión
9. descansar
10. la esquizofrenia
11. fumar
12. hacer *jogging*
13. hacer meditación
14. hacer yoga
15. la lesión medular
16. levantar pesas (*to lift weights*)
17. las malas posturas
18. la parálisis
19. la paraplejia
20. la pierna rota (*broken leg*)
21. las proteínas
22. la quemedura (*burn*)
23. reestructurar el cuerpo
24. relajarse
25. el remedio
26. la silla de ruedas (*wheelchair*)
27. tocar la guitarra

Dé un ejemplo más de cada una de las siguientes categorías: cuerpo sano (–), cuerpo sano (+), mente sana-cuerpo sano (+), y mente sana-cuerpo sano (–).

Comprensión

Fuera de campo: Lluís Remolí[1]   23:19–26:35

Cartelera TVE es un programa semanal de la Televisión Española que ofrece un resumen (*summary*) de los programas que se presentan durante la semana que empieza. A veces también presenta reportajes sobre figuras conocidas de TVE. En este reportaje vamos a conocer a Lluís Remolí, periodista que sufrió un accidente que lo dejó parapléjico.

---

[1] Luis se escribe *Lluís* en catalán y en valenciano, dos idiomas regionales de España.

A. ¿Verdadera o falsa? Indique si las siguientes oraciones son verdaderas (**V**) o falsas (**F**). Si son falsas, corríjalas.

_____ 1. Lluís Remolí usa una silla de ruedas.

_____ 2. A Lluís no le gusta vivir con la silla.

_____ 3. Lluís da clases de _jogging_ todos los jueves por la tarde.

_____ 4. Ha pasado más de diez años usando la silla.

_____ 5. En sus clases, Lluís les enseña a reestructurar el cuerpo y a relajarse.

_____ 6. Para Lluís, el primer elemento de libertad es el coche.

_____ 7. Lluís no puede conducir; por eso siempre toma taxi.

_____ 8. Lluís vive con una compañera de trabajo.

_____ 9. La pasión absoluta de Lluís es la guitarra.

_____10. Lluís es una persona muy deprimida.

Remedio para quemaduras   26:36–27:45

La botica de la abuela es un programa de la Televisión Española para aprender a preparar remedios en nuestra propia casa, como antiguamente lo hacían nuestras abuelas.

B. Complete las instrucciones. Escoja o escriba las palabras correctas para completar las instrucciones de Txumari Alfaro, el presentador.

1. Vamos a utilizar la clara de un huevo para las _____.
2. Se puede uno(a) quemar con agua (invierno / hirviendo / ardiendo) o con una (perinola / perla / perola).
3. La clara de huevo se usa para que no salgan _____ y luego no deje _____.
4. Primero hay que tomar la (clara / yema / albúmina) del huevo.
5. Luego hay que _____ un poco.
6. Cuando se quema, rápidamente tome la clara batida y aplíquela con una _____ o con una _____ en la zona quemada.
7. Se debe aplicar (muy poca / mucha / bastante) clara de huevo.
8. Es un remedio (en silla / complicado / sencillo).

Ampliación

¡Cuidémonos!   Haga una de las siguientes actividades.

1. La botica de Ud.: Prepare una presentación sobre otro remedio sencillo que Ud. (¡o su abuela!) conoce. Por ejemplo: vinagre para una picadura de abeja (_bee sting_), hielo para un tobillo torcido (_sprained ankle_), etc.
2. Mente sana en cuerpo sano: ¿Cuáles son los elementos más importantes de una vida sana para Lluís Remolí? Comente las semejanzas y las diferencias entre la vida de Lluís y la de Ud.

¡Naveguemos!

WWW

Si desea explorar otros aspectos relacionados con esta lección, haga las actividades de la red (_Internet_) que corresponden a la lección. Vaya primero a http://www.hmco.com/college en la red, y de ahí a la página de ¡_Continuemos_!

¿Están listos para el examen?

(Lecciones 4–6)

Tome este examen para ver cuánto ha aprendido. Las respuestas correctas aparecen en el **Apéndice C**.

Lección 4   **A.** El imperfecto

Complete las siguientes oraciones, usando el imperfecto de los verbos de la lista.

comprar	ir	ser	hacer	pintar
prestar	ver	salir	asistir	

1. Elsa siempre me _____ sus discos compactos.
2. En esa época yo _____ a la universidad.
3. Yo siempre _____ a la casa de ellos, pero nunca _____ a sus abuelos.
4. Ella _____ las cintas para mí.
5. ¿No me dijiste que _____ frío? ¿Dónde está tu abrigo?
6. _____ las seis cuando él llegó al club.
7. Andrés _____ muy bien.
8. Ellos _____ de su casa cuando sonó el teléfono.

B. El pretérito contrastado con el imperfecto

Complete las siguientes oraciones con el equivalente español de los verbos que aparecen entre paréntesis. Tenga en cuenta los usos del pretérito y del imperfecto.

1. Cuando yo _____ niña, _____ con una familia sudamericana, y ellos siempre me _____ en español.   (was / lived / used to speak)
2. El año pasado ellos _____ mucho en sus clases de dibujo.   (progressed)
3. _____ frío y _____ mucho cuando el pintor _____.   (It was / it was raining / arrived)
4. Anoche ellos me _____ que _____ estudiar música sudamericana.   (told / should)
5. En esa época a él le _____ ir a restaurantes y _____ muchísimo.   (loved / ate)
6. _____ las ocho cuando él _____ a hablar de la obra de Dalí, y _____ a las diez.   (It was / began / finished)
7. Ayer yo _____ enfermo todo el día y por eso _____ el trabajo.   (was / didn't finish)
8. Teresa _____ porque le _____ la cabeza.   (didn't come / hurt)

C. Verbos que cambian de significado en el pretérito

Complete el siguiente diálogo, usando el pretérito o el imperfecto de los verbos **querer, saber, conocer** y **poder**, según corresponda.

En una fiesta

INÉS   —¿Por qué no vino René?

GUSTAVO   —No _____ venir porque no se sentía bien.

INÉS   —Yo tampoco _____ venir, pero cuando _____ que iba a tocar esta banda, me decidí.

GUSTAVO   —Yo no _____ que la banda estaba en la ciudad.

INÉS   —Yo _____ hoy al director. ¡Es simpatiquísimo!

GUSTAVO   —¿Carlos Torres? Yo ya lo _____.

INÉS   —Estoy muy contenta porque _____ conseguir su autógrafo para mi hermanita.

D. Verbos que requieren una construcción especial

¿Cómo se dice lo siguiente en español?

1. I love this painting!
2. Mary doesn't like that song.
3. Do your feet hurt, Anita?
4. The watercolor costs ten dollars, and I only have eight dollars left. I need (am lacking) two dollars.
5. It seems to me that they don't like the portrait.
6. They only have one dollar left.

E. Construcciones reflexivas

Conteste las siguientes preguntas, usando la información que aparece entre paréntesis.

1. ¿Qué haces tú por la mañana?   (bañarse y vestirse)
2. ¿Qué hicieron Uds. anoche?   (acostarse temprano)
3. ¿Qué hicieron tus padres el verano pasado?   (irse de vacaciones)
4. ¿Qué hacían tus compañeros cuando tenían exámenes?   (quejarse)
5. ¿Qué dicen de mí?   (parecerse a tu padre)
6. ¿Qué hacen tú y Luis todos los viernes?   (encontrarse en el café)
7. ¿Qué haces antes de comprar un par de zapatos?   (probárselos)
8. ¿Qué vas a hacer ahora?   (lavarse la cabeza)

F. ¿Recuerda usted el vocabulario?

Busque en la columna **B** las respuestas a las preguntas de la columna **A**.

A	**B**
1. ¿Pintas a la acuarela?	a. Fuimos a dar una vuelta.
2. ¿Qué pintaste?	b. Los pinceles.
3. ¿Te gusta este cuadro?	c. Sí, unos cuantos...
4. ¿Tomó clases de dibujo?	d. Un cantante muy famoso.
5. ¿Tienes discos compactos?	e. En enero.
6. ¿Cuándo fue la última vez que lo viste?	f. Un retrato de mi madre.
7. ¿Qué hicieron?	g. El contrabajo.
8. ¿Vive en una casa?	h. Sí, pero nunca aprendió a dibujar.
9. ¿Qué instrumento tocas?	i. No, al óleo.
10. ¿Qué necesitas para pintar?	j. El órgano.
11. ¿Quién es Julio Iglesias?	k. No, tiene un piso en la calle Vigo.
12. ¿Qué instrumento musical usan en las iglesias?	l. ¡Me encanta!

Lección 5

A. Comparativos de igualdad y desigualdad

Complete las siguientes oraciones con el equivalente español de las palabras que aparecen entre paréntesis.

1. Este flan no está _____ como el que hiciste ayer.   (*as tasty*)
2. Esta semana, yo tengo _____ como tú.   (*as many meetings*)
3. Esta marca de cerveza es _____ la que tú compraste. (*better than*)
4. El bistec está _____ el caldo.   (*less spicy than*)
5. Estela es _____ yo.   (*much older than*)
6. Ese tipo es _____ la clase.   (*the tallest in*)
7. Mi casa es _____ la tuya.   (*smaller than*)
8. ¿Tú eres _____ yo?   (*younger than*)
9. Paco come _____ nosotros.   (*as much as*)
10. Ana es una mujer _____.   (*extremely intelligent*)

B. Los pronombres relativos **que, quien(es)** y **cuyo**

Combine cada par de oraciones, sustituyendo el elemento que tienen en común por el pronombre relativo correspondiente. Siga el modelo.

MODELO: Ésa es la señora. La señora vino ayer.
Ésa es la señora que vino ayer.

1. Ésa es la chica española. Yo te hablé de la chica española.
2. La señora está triste. El hijo de la señora tuvo un accidente.
3. El libro es muy interesante. Compré el libro ayer.
4. Vamos a visitar a los niños. Compramos los juguetes para los niños.
5. El anillo es de oro. Compré el anillo en México.

C. Usos de las preposiciones **por** y **para**

Complete las siguientes oraciones, usando **por** o **para**, según corresponda.

1. Mañana salgo _____ México. Voy _____ avión y pienso estar allí _____ un mes. Tengo que estar de regreso _____ el diez de junio _____ empezar mis clases.
2. _____ suerte tengo un poco de comida _____ Jaime.
3. Después de la clase te voy a llamar _____ teléfono _____ decirte lo que tienes que estudiar.
4. Papá se puso furioso cuando le dije que el dinero era _____ Jorge. ¡No era _____ tanto!
5. Queríamos hacer el viaje _____ avión pero, _____ desgracia, suspendieron los vuelos _____ la niebla, así que tuvimos que pagar cien dólares _____ el alquiler de un coche _____ poder llegar a tiempo.
6. Mi hijo estudia _____ médico y _____ eso yo nunca tengo dinero.
7. ¿A qué hora pasas _____ mí? Quiero ir a pasear _____ el centro.
8. Necesito información. _____ ejemplo, ¿_____ quién fue escrita esa novela?
9. Rubén es muy alto _____ su edad.
10. _____ esa fecha, debemos tener el trabajo terminado _____ completo.

D. Expresiones de tiempo con **hacer**

¿Cómo se dice lo siguiente en español?

1. How long have you lived in the United States, Miss Rojas?
2. We have been waiting for you for twenty minutes, Anita!
3. They had been living here for two years when they decided to attend this university.
4. That guy came back two months ago.

E. ¿Recuerda usted el vocabulario?

Complete las siguientes oraciones, usando el vocabulario de la **Lección 5**.

1. No es puntual; siempre _____ tarde.
2. Es un poco estricto pero, en el _____, es una persona muy buena.
3. ¡Tú siempre te las _____ para no trabajar!
4. Como _____, ella sirvió comida muy _____. ¡Usa mucha pimienta!
5. Vamos en agosto y pensamos estar de _____ para el tres de septiembre.
6. Voy a la farmacia. _____ vuelvo.
7. Tienes que hablar con tus padres mañana, sin _____.
8. No es antipático. ¡Al _____! ¡Es simpatiquísimo!
9. Quiero un bistec bien _____.
10. ¿Quieres un _____ de tortilla?
11. Te voy a preparar un _____ de fresas.
12. Voy a pedir _____ de cerdo.

Lección 6   A. El subjuntivo con verbos de voluntad o deseo

Complete las siguientes oraciones, usando el infinitivo o el subjuntivo de los verbos que aparecen entre paréntesis, según corresponda.

1. El médico nos sugiere que _____ (hacer) más ejercicio.
2. Muchas personas quieren que sus hijos _____ (ser) superhombres y que _____ (levantar) pesas.
3. El gobierno desea que el pueblo _____ (aprender) a respetar las leyes, pero mucha gente no lo quiere _____ (hacer).
4. Te ruego que no _____ (dejar) solos a los niños. No quiero que ellos _____ (ir) al parque solos.
5. Mi padre me aconseja que me _____ (dedicar) a estudiar, pero yo prefiero _____ (trabajar).
6. Te prohíbo que _____ (salir) con ellos.
7. Mamá nos exige que siempre _____ (decir) la verdad. No quiere que le _____ (mentir).
8. Mis padres insisten en que nosotros _____ (acostarse) temprano, que _____ (dormir) ocho horas al día y que _____ (levantarse) temprano.
9. Él siempre me pide que le _____ (repetir) lo que le digo, pero no me quiere _____ (escuchar) cuando le hablo.
10. Mi padre no me permite _____ (ser) miembro de ese club.

B. El subjuntivo con expresiones impersonales de voluntad o deseo

Forme oraciones con las siguientes frases, comenzando con las expresiones que aparecen entre paréntesis. Use el subjuntivo o el infinitivo, según corresponda.

1. disminuir el consumo de grasas   (Es importante)
2. tú adelgazar   (Es urgente)
3. ella mantener un peso adecuado   (Es conveniente)
4. hacerse médico que abogado   (Es mejor)
5. Uds. darme la información   (Es necesario)
6. nosotros servir la ensalada primero   (Es preferible)

C. El subjuntivo con verbos de emoción

Forme oraciones con las siguientes frases. Use el subjuntivo o el infinitivo, según corresponda.

1. Siento / tú no puedes ir al gimnasio conmigo
2. Lamento / ella no lee el artículo
3. Me alegro / Uds. son socios del club
4. Ellos temen / ellos no tienen tiempo
5. El médico siente / nosotros no adelgazamos
6. Ellos se alegran / ellos son jóvenes
7. Espero / ella disminuye el consumo de grasas
8. Temo / él no hace ejercicio
9. Siento mucho / Uds. están preocupados
10. Espero / mi hijo limita el consumo de sal

D. El subjuntivo con expresiones de emoción

Complete las siguientes oraciones, usando el equivalente español de los verbos que aparecen entre paréntesis.

1. Es de esperar que ellos no _____ de peso.   (*increase*)
2. Es sorprendente que tú no _____.   (*exercise*)
3. Ojalá que ellos nos _____.   (*obey*)
4. Es lástima que mi esposo no _____ las grasas.   (*avoid*)
5. Es una suerte que ellos _____ venir hoy.   (*can*)
6. Es lamentable que él _____ nervioso.   (*become*)

E. El imperativo: **Ud**. y **Uds**.

Conteste las siguientes preguntas, usando el imperativo (**Ud**. o **Uds**.). Utilice la información que aparece entre paréntesis y reemplace las palabras en cursiva con los complementos correspondientes.

1. ¿Cuándo hacemos *ejercicio*?   (ahora)
2. ¿A quién le leo *el artículo*?   (a Mario)
3. ¿Compro *los alimentos*?   (no)
4. ¿Llamamos *al médico* ahora?   (no)
5. ¿Qué *me* pongo?   (el abrigo)
6. ¿Adónde voy?   (al gimnasio)
7. ¿A quién se lo decimos?   (a nadie)
8. ¿Evito *el tabaco*?   (sí)
9. ¿Bebemos *ocho vasos de agua*?   (sí)
10. ¿A qué hora *me* levanto?   (a las siete)

F. ¿Recuerda el vocabulario?

Diga las siguientes frases de otra manera, usando el vocabulario de la **Lección 6**.

1. lo que comemos
2. mantequilla, margarina, aceite, etc.
3. tiene doce pulgadas
4. perder peso
5. opuesto de *alto*
6. opuesto de *viejo*
7. opuesto de *enfermo*
8. mineral que encontramos en la leche
9. vegetal que tiene muy pocas calorías
10. opuesto de *trabajar*
11. sinónimo de *col*
12. ganar peso

LECCIÓN 7

Los deportes y las actividades al aire libre

Jugadores de fútbol en Austin, Texas.

Los deportes y las actividades al aire libre

David Torres y Janet Wilson son de California y están estudiando medicina en la ciudad de Guadalajara en México. Tienen muchos amigos en la universidad y dos de ellos, Rafael Vargas y su esposa Lupe, les sirven de guía muchas veces.

Esta semana no hay clases y David, Rafael y Janet están sentados en un café al aire libre. Ahora están leyendo el periódico y comentando la página deportiva mientras toman chocolate con churros.[1]

RAFAEL —La próxima semana nuestro equipo favorito juega aquí. ¿Vamos al estadio a ver el partido? Puedo ir a sacar las entradas, si Uds. quieren.

JANET —¡Sí, no nos perdamos ese partido! Ojalá que podamos conseguir entradas, porque todo el mundo quiere verlo.

RAFAEL —Dudo que vaya tanta gente como tú crees. Te apuesto a que no tenemos ningún problema para conseguir las entradas.

JANET —Pues, yo estoy segura de que va a ser difícil conseguirlas. Comprémoslas en seguida, en cuanto empiecen a venderlas.

DAVID —¿Sabían que Pedro Benítez ganó la pelea anoche? ¡Es el mejor boxeador del país!

JANET —¡No hay nada que me guste menos que el boxeo! ¡Es horrible!

DAVID —Oye, Janet, ¿fuiste a patinar con Paco ayer?

JANET —No, él se fue a California a esquiar. Me dijo que quería mejorar su estilo.

DAVID —¿Qué estilo? La última vez que esquiamos juntos por poco se mata.

JANET —*(Se ríe)* Pero tienes que darte cuenta de que Paco se cree un gran atleta y de que le encanta esquiar.

RAFAEL —Pues para mí, lo mejor es ir a acampar. Nosotros tenemos dos tiendas de campaña; ¡una de ellas es enorme! ¿Vamos al campo este fin de semana?

JANET —¡Buena idea! Lupe va a venir con nosotros, ¿verdad?

RAFAEL —Sí, a Lupe le encantan las actividades al aire libre: pescar, montar a caballo, escalar montañas, bucear...

DAVID —¡Perfecto! Entonces está decidido; este fin de semana nos vamos los cuatro a acampar.

JANET —Salgamos el viernes por la tarde, ¿de acuerdo? Hace mucho tiempo que no voy al campo y quiero aprovechar todo el fin de semana.

RAFAEL —Cuando llegue a casa voy a hablar de nuestros planes con Lupe. Creo que no va a haber problema, a menos que ella tenga que trabajar.

DAVID —Bueno, en caso de que tenga que trabajar, cambiamos los planes.

---

[1] Hot chocolate and **churros**, sugared pieces of fried dough, are a traditional snack in many Hispanic countries.

PÁGINA DEPORTIVA

Tenis

Patricia Serna nueva campeona

Ayer la tenista Patricia Serna obtuvo una gran victoria sobre Marisa Beltrán. Con este triunfo quedó clasificada como una de las tres mejores tenistas del mundo.

Fútbol

Fénix ganó 5–3

El domingo pasado el Club Fénix ganó el partido contra los Leones 5 a 3. A pesar de que en el primer tiempo dos de sus jugadores se lastimaron, en el segundo tiempo pudo marcar dos goles más, ganando el partido.

Básquetbol

México le ganó a España

El partido de baloncesto celebrado ayer en el Estadio Metropolitano fue muy reñido. El equipo de la Ciudad de México venció al equipo español por 82 a 80. El entrenador del equipo español estaba furioso y comentó que la próxima vez, su equipo iba a ser el campeón.

C·O·M·P·R·E·N·S·I·Ó·N

A. El profesor o la profesora hará ciertas afirmaciones basadas en los diálogos. Diga Ud. si son ciertas o no y por qué.

1. David y Janet están en México de turistas.
2. A los chicos les interesan mucho los deportes.
3. Janet tiene mucho interés en ver el partido.
4. Rafael no cree que el estadio se llene.
5. A Janet le encanta el boxeo.
6. Paco esquía muy bien.
7. A Lupe le van a gustar los planes de los muchachos.
8. Los muchachos planean hospedarse en un hotel este fin de semana.
9. Si Lupe tiene que trabajar, los chicos van a ir a acampar sin ella.
10. Marisa Beltrán le ganó a Patricia Serna.
11. El Club Fénix obtuvo el triunfo sobre los Leones durante el segundo tiempo.
12. El entrenador del equipo español espera ganar el próximo partido.

B. La clase se dividirá en grupos de cuatro. Dos estudiantes prepararán unas seis u ocho preguntas sobre la primera parte del diálogo y los otros dos harán lo mismo con la segunda parte. Cada pareja contestará las preguntas de la pareja opuesta.

Vocabulario

Nombres
el, la atleta   athlete
el baloncesto, el básquetbol
   basketball
el boxeador   boxer
el boxeo   boxing
el campeón, la campeona   champion
el deporte   sport
el, la entrenador(a)   trainer, coach
el equipo   team
el estadio   stadium
el fútbol, el balompié   soccer
el, la ganador(a)   winner
el, la jugador(a)   player
la página   page
el partido   game, match
la pelea   fight
la tienda de campaña   tent

Verbos
acampar   to camp
apostar (o → ue) (a)   to bet
bucear   to go scuba diving
comentar   to comment
escalar   to climb
esquiar   to ski
ganar   to win
lastimar(se)   to hurt (oneself)
marcar   to score (*in sports*)

mejorar   to improve
patinar   to skate
perderse (e → ie) (algo)   to miss out
   on (something)
pescar   to fish, to catch a fish
servir (e → i) de   to serve as
vencer   to defeat

Adjetivos
deportivo(a)   related to sports
reñido(a)   close (*in a game*)
sentado(a)   seated

Otras palabras y expresiones
a menos que   unless
a pesar de   in spite of
al aire libre   outdoor(s)
darse cuenta de   to realize
en caso de que   in case
en cuanto, tan pronto como   as
   soon as
lo mejor   the best thing
montar a caballo   to ride on horseback
por poco se mata   he almost killed
   himself
primer (segundo) tiempo   first
   (second) half (*in a game*)
sacar las entradas   to get (buy) the
   tickets

Palabras problemáticas

A. **Perderse, perder, faltar a** y **echar de menos** como equivalentes de
   to miss

• **Perderse (algo)** significa **no tener el placer (de hacer algo).**

   ¿No viste el partido? ¡No sabes lo que **te perdiste!**

• **Perder,** cuando se refiere a un medio de transporte, significa **no llegar a tiempo
   para tomarlo.**

   Perdí el tren de las diez, y ahora debo esperar otro.

- **Faltar a** significa **no asistir.**

  Ayer **falté a** clase porque estaba enferma.

- **Echar de menos (extrañar)** significa **sentir la ausencia de.**

  Cuando estoy de viaje, **echo de menos** a mi familia.

B. **Darse cuenta de** y **realizar**

- **Darse cuenta de** significa **notar, comprender;** equivale al inglés *to realize*.

  Yo no **me di cuenta de** que era tan tarde.

- **Realizar** significa **efectuar** o **ejecutar** una acción y equivale al inglés *to do, to accomplish*.

  La Cruz Roja **realiza** una gran labor.

¡ATENCIÓN!   Notice that **realizar** and *to realize* are not cognates.

P R Á C T I C A

En parejas, representen los siguientes diálogos en español.

1. "I had to miss class yesterday."
   "What happened? Were you sick?"
   "No, I missed the bus."
   "Well . . . you missed a very interesting class."
2. "David is in Africa with the Peace Corps (*Cuerpo de Paz*)."
   "That organization does great work. Does he like it?"
   "Yes, and he says that now he realizes that the Peace Corps is very important to him."
   "How long is he going to be there?"
   "Ten months. We miss him."

Estructuras gramaticales

1 • El imperativo de la primera persona del plural

A. Usos y formas

- The first-person plural of an affirmative command (*let's* + *verb*) may be expressed in two different ways in Spanish.

  1. By using the first-person plural of the present subjunctive:

     —Hablemos con los nuevos   *"Let's talk with the new professors."*
       profesores.
     —Sí, **hagámoslo** hoy mismo.   *"Yes, let's do it today."*

2. By using **vamos a** + *infinitive.*

Vamos a ser puntuales.　　　　　*Let's be punctual.*

- To express a negative first-person plural command, only the subjunctive is used.

No saquemos las entradas.　　　　*Let's not buy the tickets.*

- With the verb **ir,** the present indicative is used for the affirmative command. The subjunctive is used only for the negative.

Vamos.　　　　　　　　　　　　*Let's go.*
No vayamos.　　　　　　　　　　*Let's not go.*

B. Posición de las formas pronominales

- As with the **Ud.** and **Uds.** command forms, direct and indirect object pronouns and reflexive pronouns are attached to an affirmative command, but precede a negative command.

—¿Qué le compramos a Dora?　　　*"What shall we buy for Dora?"*
—**Comprémosle**[1] un collar de oro.　*"Let's buy her a gold necklace."*
—No, no le **compremos** eso; es　　　*"No, let's not buy her that; it's very*
　muy caro.　　　　　　　　　　　*expensive."*

- When the first-person plural command is used with a reflexive verb, the final **s** of the verb is dropped before adding the reflexive pronoun **nos.**

Vistamos + nos → **Vistámonos.**

Levantemos + nos → **Levantémonos.**

- The final **s** is also dropped before adding the indirect object pronoun **se.**

Digamos + selo → **Digámoselo.**

Pidamos + selo → **Pidámoselo.**

P R Á C T I C A

A. Ud. y un(a) compañero(a) están en un restaurante. Usen la información dada para decir lo que van a hacer.

MODELO:　¿Para qué hora reservamos la mesa?　(las nueve)
　　　　　Reservémosla para las nueve.

1. ¿Dónde nos sentamos?　(cerca de la ventana)
2. ¿Nos sentamos en la sección de fumar?　(no)

---

[1] Like the other affirmative commands, the **nosotros** affirmative command takes an accent on the vowel of the verb's stressed syllable when object pronouns are attached: **comprémosle, comprémoselas...**

3. ¿Qué le pedimos al mozo?   (el menú)
4. ¿Pedimos el vino ahora?   (no)
5. ¿Le decimos al mozo que el bistec está crudo?   (sí)
6. ¿Le ponemos aceite y vinagre a la ensalada?   (sí)
7. ¿Pedimos la cuenta ahora?   (sí)
8. ¿Le dejamos propina al mozo?   (sí)

B. Ud. y un(a) compañero(a) van a ir de viaje. Digan todo lo que deben hacer con respecto a lo siguiente.

MODELO: pasajes
        E1:   —Compremos los pasajes.
        E2:   —Sí, vamos a comprar los pasajes.

1. los documentos
2. las reservaciones
3. los cheques de viajero
4. el perro

5. el coche
6. las maletas
7. la casa
8. todas las puertas y ventanas

C. Ud. y un(a) compañero(a) van a pasar el fin de semana juntos. Están tratando de planear actividades, pero no pueden ponerse de acuerdo. Cuando uno(a) de Uds. propone una actividad, el otro (la otra) la rechaza y propone otra. Propongan unas seis actividades, siguiendo el modelo.

MODELO: E1:   —Almorcemos en el restaurante "Miramar".
        E2:   —No, no almorcemos allí; almorcemos en el restaurante "La mexicana".

---

2 • El subjuntivo para expresar duda, incredulidad y negación

A. El subjuntivo para expresar duda o incredulidad

- When the verb of the main clause expresses doubt or uncertainty, the verb in the subordinate clause is in the subjunctive.

—Luis cree que su equipo va a ganar mañana.
—**Dudo** que **gane,** porque los jugadores son malísimos.

"Luis thinks his team is going to win tomorrow."
"I doubt that it will win, because the players are extremely bad."

—¿Tú vas a ir con él?
—**Dudo** que **pueda** ir.

"Are you going with him?"
"I doubt that I can go."

ATENCIÓN   When doubt is expressed, the subjunctive always follows the verb **dudar** even if there is no change of subject. When no doubt is expressed, and the speaker is certain of what is said in the subordinate clause, the indicative is used.

Dudo que **pueda** ganar.
No dudo que **puedo** ganar.

I doubt that I can win.
I don't doubt that I can win.

- The subjunctive follows certain impersonal expressions that indicate doubt. The most common expressions are:

es difícil[1] *it is unlikely* **es dudoso** *it is doubtful* **es (im)posible**[2] *it is (im)possible*	**es (im)probable** *it's (im)probable,* *it's (un)likely* **puede ser** *it may be*

—¿Quieres ir a acampar este fin de semana?
—**Es difícil** que yo **tenga** el fin de semana libre, pero **puede ser** que Daniel **pueda** ir contigo.

"Do you want to go camping this weekend?"
"It's unlikely that I'll have the weekend off, but maybe Daniel can go with you."

- The verb **creer** is followed by the subjunctive when it is used in negative sentences to express disbelief. It is followed by the indicative in affirmative sentences when it expresses belief or conviction.

—Yo **creo** que **podemos** montar a caballo esta tarde.
—No, **no creo** que **tengamos** tiempo.

"I think we can go horseback riding this afternoon."
"No, I don't think we'll have time."

ATENCIÓN

When the verb **creer** is used in a question, the indicative is used if no doubt or opinion is expressed. The subjunctive is used to express doubt about what is being said in the subordinate clause.

¿**Crees** que **podemos** montar a caballo?
¿**Crees** que **podamos** montar a caballo?

(Yo creo que sí, o no expreso mi opinión).
(Yo lo dudo.)

B. El subjuntivo para expresar negación

- When the verb in the main clause denies what is said in the subordinate clause, the subjunctive is used.

—Dicen que ese boxeador es millonario.
—Pues él **niega** que su capital **pase** de los quinientos mil dólares.

"They say that boxer is a millionaire."
"Well, he denies that his capital exceeds five hundred thousand dollars."

—Ellos deben de tener mucho dinero porque gastan mucho.
—Es verdad que gastan mucho, pero **no es cierto** que **tengan** mucho dinero.

"They must have a lot of money because they spend a lot."
"It's true that they spend a lot, but it isn't true that they have a lot of money."

---

[1] If there is no subject, the infinitive is used with **difícil**.

Es difícil **poder** estudiar aquí.

[2] If there is no subject, the infinitive is used with **(im)posible**.

Es imposible **salir** por esa puerta.

¡ ATENCIÓN !   When the verb in the main clause does not deny, but rather confirms, what is said in the subordinate clause, the indicative is used.

Él **no niega** que su capital **pasa** de los quinientos mil dólares.
Es cierto que **tienen** mucho dinero.

P R Á C T I C A

A. Ud. nunca está de acuerdo con lo que dice Antonio. Exprese lo contrario de lo que él dice.

MODELO: Es verdad que ella es la campeona de tenis.
No es verdad que ella sea la campeona de tenis.

1. Yo creo que es fácil conseguir entradas para la pelea de hoy.
2. Es verdad que ese boxeador es el mejor.
3. Yo dudo que a ella le interese leer la página deportiva.
4. Luis niega que él y Raquel sean novios.
5. Estoy seguro de que Inés sabe bucear.
6. No es cierto que nuestro equipo siempre gane.
7. Yo no creo que ella sepa jugar al tenis.
8. Yo no dudo que ellos están en el estadio.

B. Complete las siguientes frases de un modo original.

1. No es verdad que yo...
2. Yo no niego que mis padres...
3. Es difícil que un estudiante...
4. No es posible que un niño...
5. Es cierto que mis clases...
6. Es dudoso que nosotros...
7. Estoy seguro(a) de que Uds...
8. Creo que mi amiga...
9. Yo no creo que el profesor...
10. Yo niego que mi familia...

3 • El subjuntivo para expresar lo indefinido y lo inexistente

• The subjunctive is always used when the subordinate clause refers to an indefinite, hypothetical, or nonexistent object or person.

—Busco una persona que **hable** francés.

"I'm looking for someone who speaks French."

—Aquí no hay nadie que **sepa** hablar francés.

"There's no one here who knows how to speak French."

—Queremos una casa que **tenga** piscina.

"We want a house that has a swimming pool."

—En este barrio no hay ninguna casa que **tenga** piscina.

"In this neighborhood there is no house that has a swimming pool."

—¿Hay algún restaurante aquí que **sirva** comida mexicana?

"Is there any restaurant here that serves Mexican food?"

—No, no hay ningún restaurante aquí que **sirva** comida mexicana.

"No, there is no restaurant here that serves Mexican food."

¡ATENCIÓN!   Note that the personal **a** is not used when the noun does not refer to a specific person. If the subordinate clause refers to existent, definite or specified objects, persons, or things, the indicative is used.

Aquí hay una chica que **sabe** hablar francés.	There is a girl here who knows how to speak French.
Vivo en una casa que **tiene** piscina.	I live in a house that has a swimming pool.
Aquí hay muchos restaurantes que **sirven** comida mexicana.	There are many restaurants here that serve Mexican food.

PRÁCTICA

A. ¿Qué es lo que estas personas tienen y qué buscan o quieren? ¿Qué hay y qué no hay? Dígalo Ud. usando su imaginación.

1. Yo quiero una casa que...
2. Nosotros buscamos una secretaria que...
3. En la ciudad donde yo vivo hay muchos restaurantes que...
4. En la clase de español no hay nadie que...
5. Yo prefiero vivir en una ciudad que...
6. Mi amiga busca un esposo que...
7. En esta universidad hay muchos profesores que...
8. En nuestra familia no hay nadie que...
9. Yo tengo un amigo que...
10. Mis padres necesitan a alguien que...
11. En mi barrio hay muchas chicas que...
12. No hay ningún estudiante que...
13. En mi equipo, no hay ningún (ninguna) jugador(a) que...
14. Hay muchos entrenadores que...
15. Necesitamos una tienda de campaña que...

B. Ud. y un(a) compañero(a) de clase van a representar el papel de una persona que es nueva en una ciudad y el de otra que es residente. La persona nueva pide información acerca de las cosas que se pueden encontrar en la ciudad y el (la) residente contesta sus preguntas. Siga el modelo.

MODELO: —¿Hay algunas casas que sean baratas?
　　　　　　—No, no hay ninguna que sea barata.

　　　　　　(Sí, hay algunas que son baratas.)

4 • Expresiones que requieren el subjuntivo o el indicativo

A. Expresiones que siempre requieren el subjuntivo

- Some expressions are always followed by the subjunctive. Here are some of them.

a fin de que *in order that*	**en caso de que** *in case*
a menos que *unless*	**para que** *so that*
antes (de) que *before*	**sin que** *without*
con tal (de) que *provided that*	

—¿No va al estadio?　　　　　　　　　"Aren't you going to the stadium?"
—No podré ir **a menos que** Ana me　　"I won't be able to go unless Ana
　　lleve.　　　　　　　　　　　　　　takes me."
—La llamaré **para que venga** por Ud.　"I'll call her so that she'll come for
　　　　　　　　　　　　　　　　　　　you."
—Está bien, pero llámela **antes de**　　"Okay, but call her before she leaves
　　que salga de su casa.　　　　　　home."

P R Á C T I C A

A. Termine las siguientes oraciones según su propia experiencia. Compare sus respuestas con las de sus compañeros(as).

1. Siempre vengo a mis clases, a menos que...
2. Voy a estudiar mucho en caso de que el profesor (la profesora)...
3. Voy a llamar a un(a) compañero(a) de clase para que...
4. No voy a poder terminar el trabajo sin que tú...
5. El sábado voy a ir a la biblioteca con tal de que...
6. No voy a comprar los libros para el semestre próximo antes de que...

B. Combine cada par de oraciones en una sola, utilizando las expresiones estudiadas. Haga los cambios necesarios.

1. No podemos ir a acampar.
   Compramos una tienda de campaña.

2. Yo puedo sacar las entradas.
   Uds. me dan el dinero.
3. Voy a llevar a David a la universidad.
   Él no tiene que faltar a clase.
4. Voy a decirles a las jugadoras que estén aquí a las dos.
   La entrenadora quiere hablar con ellas.
5. Voy a limpiar mi casa.
   Mi suegra viene a vernos.
6. No puedo salir de casa.
   Los niños me ven.

B. Expresiones que requieren el subjuntivo o el indicativo

- The subjunctive is used after certain conjunctions of time when the main clause expresses a future action or is a command. Notice that the actions in the subordinate clauses of the following examples have not yet occurred.

—¿Vamos a la estación ahora?	*"Are we going to the station now?"*
—No, vamos a esperar **hasta que venga** Eva.	*"No, we are going to wait until Eva comes."*
—Bueno, llámeme **en cuanto** ella **llegue**.	*"Well, call me as soon as she arrives."*

Some conjunctions of time are:

así que	*as soon as, therefore*	**en cuanto**	*as soon as*
cuando	*when*	**hasta que**	*until*
después (de) que	*after*	**tan pronto (como)**	*as soon as*

If there is no indication of a future action, the indicative is used.

Hablé con ella **en cuanto** la **vi**.	*I spoke with her as soon as I saw her.*
Siempre **hablo** con ella **en cuanto** la **veo**.	*I always speak with her as soon as I see her.*

- The conjunctions **quizás** and **tal vez** (*perhaps*) and **aunque** (*even if*) are followed by the subjunctive when they express doubt or uncertainty.

—**Quizás** Jorge **pueda** llevarnos al teatro mañana.	*"Perhaps Jorge can take us to the theater tomorrow."*
—Podemos ir tú y yo **aunque** él no nos **lleve**.	*"You and I can go even if he doesn't take us."*

When **quizás, tal vez,** and **aunque** (*although, even though*) do not express doubt or uncertainty, the indicative follows.

Quizás Jorge **puede** llevarnos. (Estoy casi segura de que puede.)

Fuimos al teatro **aunque** él no nos **llevó**.

- The conjunctions **de modo que** and **de manera que** are followed by the subjunctive when they express purpose. In this case, they are equivalent to *so that*.

Lo voy a mandar hoy **de manera que llegue** a tiempo.

I am going to send it today so (that) it will arrive on time.

When these conjunctions indicate the result of an action, they are followed by the indicative.

Lo mandé ayer, **de modo que llegó** a tiempo.

I sent it yesterday, so it arrived on time.

P R Á C T I C A

A. Cambie las siguientes oraciones apropiadamente.

1. Todos los días Teresa llama a su novio en cuanto llega a casa.
   Mañana...
2. Vamos a esperar al entrenador hasta que venga.
   Siempre esperamos al entrenador...
3. Ayer leí la página deportiva tan pronto como llegó el periódico.
   Esta tarde...
4. Ellos llevaron a María al hospital cuando se dieron cuenta de que estaba enferma.
   Ellos van a llevar a María al hospital...
5. Anoche fuimos al estadio aunque llovió.
   Vamos al estadio el sábado...

B. Combine los elementos de cada columna para formar oraciones completas. Use el subjuntivo o el indicativo según corresponda. Hay varias posibilidades.

A	B	C
Siempre lo espero	tan pronto como	llover
Voy contigo	en cuanto	llegar a casa
Lo mandé por vía aérea	cuando	venir
Hablé con él	hasta que	recibirlo mañana
Voy a llamarla	después de que	estar enfermo
Vamos a ir a la playa	así que	verlo
Lo vamos a comprar	de manera que	tener dinero
Saldremos el lunes	aunque	terminar el trabajo

C. Complete los siguientes diálogos de una manera original y represéntelos con un(a) compañero(a).

1. —¿A qué hora vamos a salir para el aeropuerto mañana?
   —En cuanto...
   —¿Y qué pasa si llueve?
   —Aunque...

2. —¿Hasta qué hora esperaron Uds. al profesor ayer?
   —Hasta que...
   —¿Y a qué hora salieron de la universidad?
   —Tan pronto como...
3. —¿Hablaste con Jorge?
   —Sí, en cuanto...
   —¿Qué te dijo de su próximo viaje?
   —Me dijo que quizás...
4. —¿Vas a llevar a los niños a la casa de sus abuelos?
   —Sí, quiero dejarlos allí de modo que nosotros...
5. —¿Saliste con Eva ayer?
   —No, llegaron sus padres de Quito, de manera que...

◈ ¿Cuánto sabe usted ahora?

A. **Palabras y más palabras.**   En parejas, busquen en la columna **B** las respuestas a las preguntas de la columna **A**.

A	**B**
1. ¿Fuiste a pescar?	a. El baloncesto.
2. ¿Las jugadoras van a venir a esta ciudad?	b. Durante el primer tiempo.
	c. Sí, y por poco me mato.
3. ¿Qué estás leyendo?	d. Dos.
4. ¿Cuál es tu deporte favorito?	e. Sí, porque quieren bucear.
5. ¿Fue reñido el partido?	f. No, me la perdí.
6. ¿Fuiste a esquiar?	g. No, a caballo.
7. ¿Vamos a ir al partido de esta noche?	h. Sí, y yo les voy a servir de guía.
	i. Sí, les ganaron 4 a 2.
8. ¿Cuándo se lastimó el jugador?	j. Sí, terminó 98 a 97.
9. ¿Cómo se rompió la pierna?	k. Sí, ya saqué las entradas.
10. ¿Van al Caribe?	l. Sí, y te traje un salmón.
11. ¿Cuántos goles marcaron?	m. Sí, tengo que mejorar mi estilo.
12. ¿Van a montar en bicicleta?	n. La página deportiva.
13. ¿Los rojos vencieron a los azules?	o. Patinando.
14. ¿Fuiste a la fiesta de Luis?	
15. ¿Vas a practicar hoy?	

B. **El coche del Sr. García.**   Complete la siguiente historia con el indicativo o el subjuntivo de los verbos que aparecen entre paréntesis.

El Sr. García está buscando un coche que _____ (tener) aire acondicionado, que no _____ (ser) muy pequeño y, sobre todo, que _____ (costar) poco. Él tiene ahora un coche que _____ (ser) muy viejo y _____ (funcionar) muy mal. A sus hijos no les gusta porque no hay ninguna chica que _____ (querer) salir en él.

El Sr. García conoce a un hombre que _____ (vender) coches y dice que va a preguntarle si tiene alguno que no _____ (ser) muy caro. Los hijos del Sr. García dudan que él _____ (poder) conseguir un coche como el que ellos _____ (querer) por poco dinero, y dicen que no es verdad que su padre no _____ (tener) dinero para comprar un coche nuevo. ¿Creen Uds. que el pobre Sr. García _____ (poder) comprar un coche nuevo? ¡Yo no!

C. ¿Qué dice Ud.?   Reaccione a las siguientes afirmaciones usando las expresiones dadas.

es dudoso que...   es improbable que...   es difícil que...
es imposible que...   no es verdad que...   es probable que...

1. Dicen que yo tengo treinta años, pero tengo veinticinco.
2. Yo quiero una "A" en el examen de hoy, pero no estudié nada.
3. Juan quiere conseguir un trabajo que pague bien, pero no sabe hacer nada.
4. Quiero comprar un Rolls Royce que no cueste más de ocho mil dólares.
5. Tenemos cinco minutos para llegar a la universidad, que está a veinte millas de aquí.
6. Necesito sacar una "B" en español. Hasta ahora he sacado una "C+" y una "A−".

D. Según cómo, cuándo y para qué.   Escriba una oración original con cada una de las siguientes frases.

1. a menos que
2. a fin de que
3. antes de que
4. con tal de que
5. en caso de que
6. sin que
7. en cuanto (*subjuntivo*)
8. cuando (*indicativo*)
9. hasta que (*subjuntivo*)
10. tal vez (*indicativo*)
11. aunque (*subjuntivo*)
12. de manera que (*indicativo*)

E. Vamos a conversar.

1. ¿Qué actividades al aire libre le gustan a Ud., y cuáles son sus deportes favoritos? ¿Participa Ud. en algún deporte o prefiere ser espectador(a)?
2. ¿Mira Ud. programas deportivos en la televisión? ¿Cuáles?
3. ¿Le gusta el boxeo? ¿Por qué o por qué no?
4. ¿Prefiere Ud. ver un partido muy reñido o ver uno en el cual su equipo favorito gane fácilmente?
5. ¿Cuánto tiempo hace que su equipo ganó un campeonato (*championship*)?
6. ¿Ud. siempre va a los partidos de su equipo favorito o se pierde algunos?
7. ¿Sacó Ud. entradas para algún evento deportivo recientemente? ¿Para cuál? ¿O prefiere otro tipo de eventos? ¿Por qué?
8. ¿Soñó Ud. alguna vez con ser campeón (campeona) en algún deporte? ¿Se hizo realidad su sueño?

F. **¿Qué debemos hacer?**   Imagínese que Ud. y un(a) compañero(a) viven juntos en un apartamento y están tratando de organizar mejor sus actividades. Sugieran cambios en su estilo de vida, usando el imperativo de la primera persona del plural.

MODELO: Levantémonos más temprano y estudiemos hasta las siete.

G. **Diferencias de opinión.**   Escriba un diálogo entre una persona a quien le encantan las actividades al aire libre y una que las odia.

Continuemos

Aumente su vocabulario

Otras palabras relacionadas con los deportes

el (la) aficionado(a) fan	**el fútbol americano** football
el árbitro umpire	**la gimnasia** gymnastics
el bate bat	**el (la) gimnasta** gymnast
el béisbol baseball	**el guante de pelota** baseball glove
el campeonato championship	**el hipódromo** race track
la carrera race	**los Juegos Olímpicos, las Olimpiadas**
la carrera de autos auto race	Olympic Games
la carrera de caballos horse race	**la lucha libre** wrestling
empatar to tie (*a score*)	**el (la) nadador(a)** swimmer
el esquí acuático water skiing	**la natación** swimming

¿Recuerda el vocabulario nuevo?

A. Complete las siguientes oraciones, usando palabras y expresiones de la lista anterior.

1. Para jugar al béisbol, necesito un _____ y un _____ de pelota.
2. Vamos al _____ para ver las carreras de caballo.
3. En el lago, podemos hacer esquí _____.
4. El partido terminó tres a tres. Los equipos _____.
5. El gimnasta no pudo competir en los _____ Olímpicos.
6. No me gusta la natación porque no soy un buen _____.
7. ¿Había muchos aficionados en la _____ de autos?
8. Japón ganó el _____ de _____ libre.
9. Tengo dos clases de educación física: una de natación y una de _____.
10. El _____ suspendió a una de las jugadoras durante el partido de anoche.

B. En parejas, preparen por lo menos ocho preguntas sobre deportes para hacérselas al profesor (a la profesora). Utilicen el vocabulario que acaban de aprender.

De esto y aquello...

Hablemos de deportes

En parejas, fíjense en este anuncio y contesten las siguientes preguntas.

Julio–Agosto

Inglés en Verano

Viviendo el Inglés en plena actividad

En España

- Deportes náuticos • Equitación • Informática
- Artes plásticas • Piscinas • Tenis • Golf
- Actividades culturales. Todo ello en magníficas instalaciones en plena naturaleza

Izarra
International College
Residencial o externos. De 8 a 16 años.

Estepona
(Málaga) Residencial o externos. De 8 a 16 años.

En Inglaterra

Residencial. Desde 8 años.
Jóvenes y adultos.

Cursos intensivos en convivencia con chicos y chicas ingleses de la misma edad.

- Deportes náuticos
- Dry ski • Equitación
- Esgrima • Tenis
- Karts • Moto cross
- Excursiones • Cursos para familias

1. ¿En qué estación del año se ofrecen estos cursos?
2. Si una persona de cuarenta años quiere tomar parte en este programa, ¿dónde lo van a aceptar?
3. Además de los deportes, ¿qué otras clases se ofrecen en España?
4. ¿Qué clases ofrecen en Inglaterra que no ofrecen en España?
5. Si una persona quiere tomar los cursos en España, pero no quiere vivir en la escuela, ¿puede hacerlo? ¿Cómo lo saben?

¿Qué dirían ustedes?

Imagínese que Ud. y un(a) compañero(a) se encuentran en las siguientes situaciones. ¿Qué va a decir cada uno?

1. Un amigo de Uds. no pudo ver un partido de fútbol. Cuéntenle lo que pasó.
2. Uds. quieren ir a ver un partido de básquetbol y un(a) amigo(a) no quiere ir. Traten de convencerlo(a) para que vaya con Uds.
3. Uds. están hablando con unos amigos de los eventos deportivos más importantes de la semana.

Una encuesta

Entreviste a sus compañeros de clase para tratar de identificar a aquellas personas que...

1. ...leen la página deportiva todos los días.
2. ...vieron un partido de fútbol (básquetbol, béisbol) la semana pasada.
3. ...prefieren ir al estadio en vez de ver los partidos en televisión.
4. ...van a ver las peleas de boxeo.
5. ...fueron a patinar la semana pasada.
6. ...saben esquiar.
7. ...tienen tiendas de campaña.
8. ...fueron a pescar el verano pasado.
9. ...saben montar a caballo.
10. ...son aficionados a la lucha libre.

Y ahora, discuta el resultado de la encuesta con el resto de la clase.

¡De ustedes depende!

El club de español va a publicar su propio periódico y Ud. y un(a) compañero(a) están a cargo de la sección deportiva. Discutan cuáles son las noticias que van a publicar este mes y lo que van a escribir sobre ellas.

Mesa redonda

Formen grupos de cuatro o cinco estudiantes y planeen un campamento de verano para niños pobres. Incluyan en sus planes las actividades a realizar, el posible costo, el lugar donde van a establecer el campamento y el tiempo que van a estar allí. Si es necesario obtener fondos, discutan la forma de obtenerlos.

Lecturas periodísticas

Para leer y comprender

Al leer detalladamente el artículo, busque las respuestas a las siguientes preguntas.

1. ¿Cómo se puede definir la palabra *trekking*?
2. ¿Qué requieren los *trekkings* y por qué?
3. ¿Cómo se orientan los *trekkers*?
4. Señale algunos aspectos que es necesario tener en cuenta al planear un *trekking*.
5. ¿Qué conocimientos debe tener el guía?
6. Nombre algunas de las cosas que debe llevar un(a) *trekker*.
7. ¿Con qué ayuda cuentan los *trekkers* para cargar el equipo?

Caminando hasta el fin del mundo

¿Qué es el trekking?

El uso de este anglicismo es mundialmente conocido entre° los aventureros. Es hacer una larga caminata° en lugares lejanos, en contacto con la naturaleza y con culturas remotas. Durante días los *trekkers* se internan en los lugares más fascinantes del mundo: selvas°, desiertos, sierras, altas montañas, los helados reinos° del Ártico y de la Antártida. — **among** / **hike** / **forests / kingdoms**

Estas expediciones requieren una minuciosa planeación y rigurosa preparación física y mental, ya que° durante días los aventureros se encuentran aislados del resto del mundo, a muchas horas y kilómetros de estaciones de radio, hospitales, carreteras, aeropuertos, en fin, de los servicios y las comodidades° de las grandes civilizaciones. Caminan durante días orientándose con brújula° y mapas, soportando las inclemencias del tiempo y afrontando° los peligros de la naturaleza. — **ya... since** / **comforts** / **compass** / **facing**

Esto no quiere decir que practicar el *trekking* sea extremadamente peligroso y reservado para verdaderos locos de la aventura. Sea cual sea el nivel° del *trekking*, éste tiene que estar planeado perfectamente tomando en cuenta° el terreno, la época° del año, las condiciones climáticas, los peligros y posibles accidentes, el sistema de carga°, la comida y los puntos de interés de la zona. — **Sea... Whatever the level** / **tomando... keeping in mind** / **time** / **loading**

Generalmente va un guía especializado en aventura, quien es el encargado de darle confianza y seguridad al grupo. Está preparado en primeros auxilios° y conoce perfectamente el terreno de acción, así como las plantas, los animales, los poblados° y los paisajes más bellos y espectaculares de la ruta. — **primeros... first aid** / **villages**

La planeación de cada *trekking* necesita diferentes logísticas, las cuales dependen del terreno en donde se lleve a cabo°. Lo primero y muy importante es que sea un grupo homogéneo para cubrir las etapas diarias de la caminata. — **se lleve... takes place**

Cada integrante tiene que cargar° todo su equipo, por lo que es muy importante no cargar cosas innecesarias. Hay que llevar botas cómodas y ligeras°, ropa adecuada, una buena mochila°, un botiquín°, dos cantimploras°, comida energética, cuchillo de campo°, un impermeable, una bolsa de dormir y, si se lleva equipo fotográfico, cargar sólo lo indispensable. Cada *trekking* exige° distinto equipo y herramientas°. — **carry** / **light** / **backpack / first aid kit** / **canteens** / **cuchillo... pocketknife** / **demands** / **tools**

Por lo general, se alquilan animales como mulas, caballos, yaks, etc., para cargar el equipo, según el lugar adonde se elige ir, o se contratan porteadores° que ayudan con el equipo. En Nepal hay — **bearers**

Peru: Un grupo de turistas disfruta de la vista de los majestuosos Andes.

porteadores que cargan 100 kilos o más subiendo y bajando por las escarpadas°   steep
montañas.

   Ojalá se entusiasme Ud. con el *trekking* y esté listo para descubrir y proteger
los rincones° más bellos y lejanos de nuestro planeta y para vivir una aventura   corners
inolvidable.

Adaptado de la revista ***Escala*** (México)

Desde su mundo

1. ¿Qué lugares de su país recomienda Ud. para un *trekking*?
2. ¿A Ud. y a sus amigos les gustaría hacer *trekking*? ¿Por qué o por qué no?

Pepe Vega y su mundo

Teleinforme

Los deportes se pueden practicar en grupo o individualmente, para competir o sólo por el placer (pleasure) de llevar a cabo la actividad. Aquí vamos a ver dos actividades muy distintas, pero que tienen algunos aspectos en común: el fútbol, el deporte más popular de todo el mundo hispánico, y el rafting, una actividad al aire libre muy emocionante.

Preparación

Clasifique las siguientes expresiones según pertenezcan al mundo del fútbol (**F**), del *rafting* (**R**) o ¡de los dos (**FR**)! Explique brevemente la clasificación de diez de las expresiones.

____	1. la alineación (*line-up*)	____	16. el gol
____	2. la balsa inflable (*inflatable raft*)	____	17. el guía
		____	18. el hule (*rubber*)
____	3. el cañón (*canyon*)	____	19. el (la) jugador(a)
____	4. el capitán (la capitana)	____	20. maniobrar
____	5. el casco (*helmet*)	____	21. los obstáculos
____	6. el (la) centrocampista (*halfback*)	____	22. el partido
		____	23. los pedazos de árboles
____	7. el chaleco salvavidas (*life jacket*)	____	24. los pies
		____	25. los rápidos [de] clase 3
____	8. clasificarse	____	26. remar (*to row*)
____	9. correr	____	27. el río
____	10. la defensa	____	28. río abajo (*downstream*)
____	11. el entrenamiento (*training*)	____	29. la selección
____	12. el equipo (*team; equipment*)	____	30. la tarjeta amarilla (*yellow card*)
____	13. el estadio		
____	14. la estrategia	____	31. la tarjeta roja
____	15. expulsado(a)	____	32. la victoria

Comprensión

Partido de fútbol España-Rumanía   27:47–30:31

En este reportaje de la Televisión Española (RTVE) vamos a oír las opiniones de varias personas sobre un importante partido de fútbol entre España y Rumanía. España espera quedar en la clasificación final para la Eurocopa de Naciones y Rumanía espera conservar su orgullo (*pride*) nacional y deportivo.

A. ¿Qué oye Ud.?   Mientras ve el video por primera vez, marque las expresiones de la lista en la sección de **Preparación** que Ud. oye o ve en el reportaje sobre el partido de fútbol España-Rumanía.

B. ¿Cuánto entiende Ud.?   Vea el video por segunda vez y conteste las siguientes preguntas según lo que Ud. entienda.

1. Según este reportaje, ¿quién va a ganar el partido probablemente?
2. ¿En qué lugar está el equipo rumano: en primero o en último lugar?
3. ¿Cuáles de estos nombres corresponden a jugadores del equipo español: Filipescu, Kikó, López, Luis Enrique, Manjarín, Nadal, Pizzi, Popesku?
4. ¿En qué ciudad se entrenan los jugadores: en Madrid, en Londres o en Leeds?
5. ¿Qué va a ocurrir si España gana este partido?
6. ¿Por qué están enfadados los jugadores rumanos?
7. ¿Les falta motivación a los jugadores rumanos?

Rafting en el Río Pacuare   30:32–33:40

En este episodio del programa *De paseo* de Costa Rica, conocemos al señor Rafael Gallo, presidente de la Compañía Ríos Tropicales. Rafael nos habla de la popularidad, la técnica y lo divertido del *rafting* en los ríos de Costa Rica.

C. ¿Qué oye Ud.?   Mientras ve el video por primera vez, marque las expresiones de la lista en la sección de **Preparación** que Ud. oye en el programa sobre el *rafting* en el Río Pacuare.

D. ¿Cuánto entiende Ud.?   Indique si las siguientes oraciones son verdaderas (**V**) o falsas (**F**). Si son falsas, corríjalas.

_____ 1. El *rafting* es el deporte de correr.

_____ 2. Se usan balsas de hule inflables para hacer el *rafting*.

_____ 3. Cualquier persona puede manejar y maniobrar la balsa sin la ayuda de un guía.

_____ 4. El Río Corobicí es un río muy tranquilo.

_____ 5. Se puede llevar niños o personas de edad avanzada en un río de clase 1 ó 2.

_____ 6. Hacer *rafting* en el Río Reventazón es poco emocionante.

_____ 7. En un río de clase 3, es el guía el que lleva el control de la balsa y el que debe maniobrarla.

_____ 8. Para practicar *rafting* en los ríos de clase 4 o de clase 5 se necesita bastante experiencia.

_____ 9. El Pacuare tiene rápidos de clase 1 y de clase 2.

_____ 10. Lo más importante del deporte de *rafting* es prestarles atención a las corrientes, al agua.

_____ 11. Sólo los niños deben llevar el chaleco salvavidas.

_____ 12. Los participantes tienen que sentarse con los pies hacia río abajo.

Ampliación

¡Debate!   Con un(a) compañero(a) prepare un debate o una presentación sobre uno de los siguientes temas.

1. actividad de competencia vs. actividad que no es de competencia
2. actividad de equipo vs. actividad individual
3. actividad organizada vs. actividad poco estructurada

Dé ejemplos de cada tipo de actividad. ¿Qué tienen en común? ¿Cuáles son las diferencias importantes? ¿Quiénes son los participantes? ¿Cuál es la estructura de la actividad? ¿Qué equipo es necesario para llevarla a cabo? ¿Cuáles son las ventajas y desventajas de cada tipo de actividad?

¡Naveguemos!

WWW

Si desea explorar otros aspectos relacionados con esta lección, haga las actividades de la red (*Internet*) que corresponden a la lección. Vaya primero a http://www.hmco.com/college en la red, y de ahí a la página de *¡Continuemos!*

L E C C I Ó N 8

◆ El imperativo: **tú** y **vosotros**

◆ El participio

◆ El pretérito perfecto y el pluscuamperfecto

◆ Posición de los adjetivos

Costumbres y tradiciones

Celebración de las tradicionales posadas en San Antonio, Texas.

Costumbres y tradiciones

Sheila, una chica norteamericana, estudia en la Universidad de Puerto Rico y comparte un apartamento con Ana, una estudiante puertorriqueña. Ana acaba de romper un espejo en su habitación y Sheila le dice que va a tener siete años de mala suerte.

ANA —(*Sorprendida*) Pero dime, ¿Uds. también creen en eso?

SHEILA —Bueno, no te lo he dicho en serio. Todos repetimos supersticiones que hemos oído, pero no creemos en ellas. Claro que, por si acaso, yo siempre he evitado pasar cerca de un gato negro o por debajo de una escalera.

ANA —Yo siempre había pensado que solamente eran supersticiosos los pueblos atrasados, pero veo que no es así.

SHEILA —¿Qué te ha hecho cambiar de idea?

ANA —He visto que en muchos países la gente cree que una pata de conejo, un trébol de cuatro hojas o una herradura traen buena suerte.

SHEILA —¿Uds. tienen supersticiones distintas en la cultura hispánica?

ANA —Hay algunas diferencias. Por ejemplo, para nosotros el día de mala suerte es el martes trece y no el viernes trece. En español decimos: "Martes trece, ni te cases ni te embarques".

SHEILA —(*Riéndose*) ¡No me digas! ¡Ahora tengo dos días de mala suerte! ¡Oye! Me has dado una idea para el informe que tengo que escribir para mi clase de sociología. Voy a hacerlo sobre supersticiones, costumbres y tradiciones hispánicas. Hazme un favor: dame más información sobre este tema.

ANA —Bueno, pero no olvides que aunque muchas costumbres y tradiciones vienen de las culturas indígenas o africanas, la mayoría de ellas están relacionadas con la religión católica.

SHEILA —Yo he visto las procesiones de Semana Santa en México y en España. ¡Son interesantísimas!

ANA —Otras celebraciones de origen religioso son las romerías[1], las ferias y las fiestas del santo patrón del pueblo.

SHEILA —El año pasado estuve en la feria de San Fermín en Pamplona. ¡Imagínate que sueltan los toros en las calles! Yo nunca había visto un espectáculo como ése.

ANA —Puedes incluir eso y también escribir algunas cosas interesantes sobre nuestras costumbres de Navidad. Por ejemplo, que el 24 de diciembre celebramos la Nochebuena y a la medianoche vamos a la Misa del Gallo. Y puedes mencionar que son tradicionales de esta época las posadas[2] de México y los pesebres de Paraguay.

SHEILA —¿Los niños creen en Santa Claus?

ANA —No, creen en los tres Reyes Magos, que les traen regalos la noche del cinco de enero.

---

[1] festival religioso en España

[2] fiesta de Navidad en México

SHEILA —A mí me habían dicho que en las Antillas, el 31 de diciembre a la medianoche tiran agua a la calle para alejar los malos espíritus.

ANA —Sí, ésa es una superstición de origen africano. Y hablando de supersticiones, ¿ya has leído tu horóscopo?

SHEILA —¡Ana, tú me habías dicho que no eras supersticiosa!

ANA —Lo sé, pero la verdad es que me divierto mucho leyéndolo. Además,
nunca se sabe... ¡Ah!, acuérdate de que esta noche viene Demetrio.

SHEILA —¡Ay, no! Cuando viene, se queda hasta muy tarde... ¡Y es tan aburrido!

ANA —No te preocupes. Pon una escoba detrás de la puerta y en seguida se va.
Ésa es otra superstición que tenemos aquí.

C·H·A·R·L·E·M·O·S

1. ¿Qué le dice Sheila a Ana sobre el espejo? ¿Por qué?
2. ¿Cómo sabemos que Sheila es un poco supersticiosa?
3. ¿Qué piensa Ana sobre las supersticiones?
4. ¿Cuál es el día de mala suerte en Estados Unidos? ¿Y en Puerto Rico?
5. Según el dicho, ¿qué no hay que hacer el martes trece?
6. ¿Qué celebraciones hispánicas ha visto Sheila?
7. ¿Qué celebraciones de origen religioso menciona Ana?
8. ¿Qué tradiciones hispánicas relacionadas con la Navidad menciona Ana?
9. ¿Qué hacen en las Antillas la noche del 31 de diciembre y qué origen tiene esta
costumbre?
10. ¿Cree Ud. que las chicas son verdaderamente supersticiosas? ¿Por qué o por
qué no?
11. ¿Por qué no le gusta a Sheila que Demetrio venga a visitarlas?
12. Según Ana, ¿qué puede hacer Sheila?

Vocabulario

Nombres

el, la compañero(a) de cuarto
roommate
el conejo   rabbit
la costumbre   custom
la época   time, period
la escalera (de mano)   ladder
la escoba   broom
el espejo   mirror
la feria   fair
el gato   cat
la herradura   horseshoe
la hoja   leaf
el informe   report

la misa   mass
la Misa del Gallo   Midnight Mass
la Nochebuena   Christmas Eve
el país   country, nation
la pata   paw, foot
el pesebre, el nacimiento   manger,
nativity scene
el santo patrón, la santa patrona
patron saint
la Semana Santa   Holy Week
la suerte   luck
el tema   subject, topic
el toro   bull
el trébol   shamrock, clover

los tres Reyes Magos   the Three Kings (Wise Men)
la verdad   truth

Verbos
acabar de (+ *inf.*)   to have just (done something)
alejar   to keep away
casarse (con)   to get married
celebrar   to celebrate
compartir   to share
divertirse (e → ie)   to have fun
embarcarse   to get on a ship
incluir (yo incluyo)   to include
olvidar(se) (de)   to forget
preocuparse   to worry
soltar (o → ue)   to let loose
tirar   to throw

Adjetivos
atrasado(a)   backward, under-developed
distinto(a)   different
indígena   indigenous, native
puertorriqueño(a)   Puerto Rican
relacionado(a)   related
sorprendido(a)   surprised

Otras palabras y expresiones
aunque   although, even though
cambiar de idea   to change one's mind
detrás de   behind
la mayoría de ellas   most of them
no es así   it's (that's) not so
nunca se sabe   one never knows
pasar por debajo   to go (pass) under
por si acaso   just in case
tan   so

Palabras problemáticas

A. **Pasado(a)** y **último(a)** como equivalentes de *last*
   - **Pasado(a)** equivale a *last* cuando se usa con una unidad de tiempo.

     No viniste con nosotros la **semana pasada**.

     Fuimos de excursión a fines del **mes pasado**.

   - **Último(a)** significa *last (in a series)*.

     Éste es el **último** informe que debo escribir.

     Diciembre es el **último** mes del año.

B. **Sobre, de, acerca de, a eso de** y **unos** como equivalentes de *about*
   - **Sobre, de** y **acerca de** son equivalentes de *about* cuando se habla de un tema específico.

     Debo escribir un informe **sobre** las tradiciones hispánicas.

     Las chicas hablan **de** supersticiones y costumbres.

     Están hablando **acerca de** las procesiones de Semana Santa.

   - **A eso de** es equivalente de *about* o *at about* cuando se refiere a una hora del día.

     La procesión empieza **a eso de** las tres de la tarde.

   - **Unos** es el equivalente de *about* o *approximately* cuando se usa con números. No se usa para hablar de la hora.

     Tiene **unos** treinta años.

PRÁCTICA

En parejas, contesten las siguientes preguntas usando en sus respuestas las palabras problemáticas.

1. ¿Cuántos años creen Uds. que tiene el presidente?
2. ¿De qué creen Uds. que va a hablar el presidente en el próximo discurso (*speech*)?
3. ¿A qué hora va a empezar a hablar el presidente?
4. En el calendario hispánico, ¿qué es el domingo?
5. ¿Qué lección estudiaron en clase hace una semana?

Estructuras gramaticales

1 • El imperativo: **tú** y **vosotros**

A. La forma **tú**

- The affirmative command form for **tú** has the same form as the third-person singular of the present indicative.

Verb	*Present indicative*	*Familiar command* (tú)
trabajar	él trabaja	**trabaja**
beber	él bebe	**bebe**
escribir	él escribe	**escribe**
cerrar	él cierra	**cierra**
volver	él vuelve	**vuelve**
pedir	él pide	**pide**

—Ya puse la mesa. ¿Qué quieres que haga ahora?
—**Prepara** la ensalada, **sirve** la comida y **llama** a los niños.

"*I already set the table. What do you want me to do now?*"
"*Prepare the salad, serve the food, and call the children.*"

- Eight verbs have irregular affirmative **tú** command forms.

decir	**di**	salir	**sal**
hacer	**haz**	ser	**sé**
ir	**ve**	tener	**ten**
poner	**pon**	venir	**ven**

—Robertito, **ven** acá. **Hazme** un favor. **Ve** a casa de Carlos y **dile** que venga a cenar con nosotros.
—Bien. Ahora vuelvo.

"*Robertito, come here. Do me a favor. Go to Carlos's house and tell him to come and have dinner with us.*"
"*Okay. I'll be right back.*"

- The negative **tú** command uses the corresponding forms of the present subjunctive.

trabajar	no **trabajes**
volver	no **vuelvas**
tener	no **tengas**

—Ana, **no vengas** tarde porque Pedro viene a cenar.

—¡**No me digas** que viene otra vez!

"Ana, don't be (come) late because Pedro is coming to dinner."

"Don't tell me he's coming again!"

¡ ATENCIÓN !

Object and reflexive pronouns used with **tú** commands are positioned just as they are with formal commands.

Cómpra**selo.**   (*affirmative*)

No **se lo** compres.   (*negative*)

Buy it for him.

Don't buy it for him.

P R Á C T I C A

A. Claudia, Rebeca y Mireya son compañeras de cuarto. Cada vez que Claudia le dice a Rebeca que haga algo, Mireya le dice que no lo haga. Haga Ud. el papel de Mireya.

1. Dale la escoba a Iván.
2. Trae la escalera.
3. Pídele el espejo a María.
4. Escribe el informe hoy.
5. Pon la mesa ahora.
6. Haz la cena.
7. Lávate la cabeza.
8. Siéntate aquí.
9. Toca el piano.
10. Acuéstate antes de las diez.

B. Su hermano se va a quedar solo en la casa. Dígale lo que debe (o no debe) hacer.

1. levantarse temprano
2. bañarse y vestirse
3. no ponerse los pantalones azules; ponerse los blancos
4. hacer la tarea, pero no hacerla mirando televisión
5. salir de la casa a las once
6. ir al mercado, pero no ir en bicicleta
7. volver a casa temprano y decirle a Rosa que la fiesta es mañana
8. tener cuidado y no abrirle la puerta a nadie
9. ser bueno y no acostarse tarde
10. cerrar las puertas y apagar las luces
11. llamarlo(la) a Ud. por teléfono si necesita algo
12. no mirar televisión hasta muy tarde

C. Ud. se va de vacaciones y un(a) compañero(a) se queda en su casa. Háblele respecto a lo siguiente.

1. su ropa sucia	6. la comida
2. el correo (*mail*)	7. los mensajes
3. los vecinos	8. el jardín
4. los libros de la biblioteca	9. la cuenta del teléfono
5. el gato	10. la ventana del baño

B. La forma **vosotros**[1]

- The affirmative **vosotros** command is formed by changing the final **r** of the infinitive to **d**.

  hablar → habla**d**   comer → come**d**   venir → veni**d**

- If the affirmative **vosotros** command is used with the reflexive pronoun **os**, the final **d** is omitted (except with the verb **ir → idos**).

bañar	**bañad**
bañarse	**bañaos**

- The present subjunctive is used for the negative **vosotros** command.

bañar	**no bañéis**
bañarse	**no os bañéis**

P R Á C T I C A

Cambie los siguientes mandatos de la forma **tú** a la forma **vosotros.**

1. Levántate temprano.	6. Invita a las chicas.
2. Báñate en seguida.	7. Llévalas a la Misa del Gallo.
3. Haz una ensalada para el almuerzo.	8. Llámanos esta noche.
4. No te pongas los zapatos negros.	9. Vete ahora mismo.
5. Ponte el abrigo.	10. Ven temprano mañana.

2 · El participio

A. Formas

- The past participle is formed by adding the following endings to the stem of the verb.

-ar *verbs*	-er *verbs*	-ir *verbs*
alej **-ado**	nac **-ido**	recib **-ido**

---

[1] This form is used only in Spain. The **Uds.** command form is used in the rest of the Hispanic world.

- Verbs ending in **-er** have a written accent mark over the **i** of the **-ido** ending when the stem ends in **-a, -e,** or **-o.**

caer	ca-**ído**	creer	cre-**ído**
traer	tra-**ído**	leer	le-**ído**

- The past participle of verbs ending in **-uir** does not have a written accent mark.

construir	constru-**ido**
contribuir	contribu-**ido**

- The past participle of the verb **ir** is **ido.**

- The following verbs have irregular past participles.

abrir	**abierto**	hacer	**hecho**
cubrir	**cubierto**	morir	**muerto**
decir	**dicho**	poner	**puesto**
describir	**descrito**	resolver	**resuelto**
descubrir	**descubierto**	romper	**roto**
devolver	**devuelto**	ver	**visto**
envolver	**envuelto**	volver	**vuelto**
escribir	**escrito**		

P R Á C T I C A

Dé el participio de los siguientes verbos.

1. apreciar	6. devolver	11. leer	16. poner
2. suponer	7. comentar	12. romper	17. huir
3. descubrir	8. parecer	13. hacer	18. decir
4. envolver	9. celebrar	14. evitar	19. caer
5. contribuir	10. morir	15. cubrir	20. escribir

B. El participio usado como adjetivo

- In Spanish, most past participles may be used as adjectives. As such, they must agree in gender and number with the nouns they modify.

—¿Qué compraste cuando fuiste a España?   *"What did you buy when you went to Spain?"*

—Compré unas joyas **hechas** en Toledo.   *"I bought some jewelry made in Toledo."*

—¿Está **cerrada** la biblioteca?   *"Is the library closed?"*

—No, está **abierta** hasta las diez.   *"No, it's open until ten."*

- A few verbs have two forms for the past participle. The regular form is used in forming compound tenses[1], and the irregular form is used as an adjective. The most common ones are:

Infinitive	Regular form	Irregular form
confundir	confundido	confuso
despertar	despertado	despierto
elegir	elegido	electo
prender (to arrest)	prendido	preso
soltar	soltado	suelto
sustituir	sustituido	sustituto

—¿Has **despertado** a los niños?   "Have you awakened the children?"
—Sí, están **despiertos.**   "Yes, they are awake."

P R Á C T I C A

Complete las siguientes oraciones, usando los participios de los verbos que aparecen en la lista.

sustituir	elegir	romper	despertar	encender
confundir	escribir	prender	resolver	soltar

1. El espejo de la sala está _____.
2. Prendieron al ladrón. Hace una semana que está _____.
3. El presidente _____ dijo que iba a resolver los problemas económicos, pero hasta ahora los problemas no están _____.
4. Todas las luces de la casa están _____.
5. Nuestro profesor está enfermo y hoy tuvimos un profesor _____.
6. Su informe ya está _____, pero yo no lo entiendo porque está muy _____.
7. Ellos durmieron muy poco. Están _____ desde las tres de la mañana.
8. Los toros estaban _____ y corrían por las calles.

---

3 · El pretérito perfecto y el pluscuamperfecto

A. El pretérito perfecto

- The Spanish present perfect tense is formed by combining the present indicative of the auxiliary verb **haber** with the past participle of the main verb in the singular masculine form. This tense is equivalent to the English present perfect (have + past participle, as in I have spoken.)

---
[1] See "El pretérito perfecto y el pluscuamperfecto" in this lesson.

haber (present indicative)	Past participle	
he	hablado	*I have spoken*
has	comido	*you have eaten*
ha	vuelto	*he, she has, you have returned*
hemos	dicho	*we have said*
habéis	roto	*you have broken*
han	hecho	*they, you have done, made*

—**Hemos comprado** una herradura y una pata de conejo para tener suerte.

"We have bought a horseshoe and a rabbit's foot to have luck."

—Nunca **he conocido** personas tan supersticiosas como Uds.

"I have never known people as superstitious as you."

¡ ATENCIÓN !   In Spanish, the auxiliary verb **haber** cannot be separated from the past participle in compound tenses as it can in English.

Yo nunca **he visto** eso.   *I **have** never **seen** that.*

- Direct object pronouns, indirect object pronouns, and reflexive pronouns are placed before the auxiliary verb.

—¿**Has visto** a Marta hoy?   *"Have you seen Marta today?"*
—No, no **la he visto.**   *"No, I haven't seen her."*

—¿Qué le **han comprado** a Bárbara para su cumpleaños?   *"What have you bought Barbara for her birthday?"*
—Le **hemos comprado** un anillo de oro.   *"We have bought her a gold ring."*

P R Á C T I C A

A. En parejas, lean los siguientes diálogos, usando el pretérito perfecto de los verbos indicados.

1. (terminar)   —¿Ya _____ Uds. el trabajo?
   (hacer)   —No, todavía no lo _____.
2. (venir)   —¿Ya _____ los chicos?
   (volver)   —Sí, ya _____.
3. (decir)   —¿Qué le _____ tú?
   (decir)   —No le _____ nada.
4. (escribir)   —Jorge te _____ una carta.
   (leer)   —Sí, pero yo todavía no la _____.
5. (ir)   —¿Ya _____ ellos a México?
   (traer)   —Sí, y _____ unos collares muy bonitos.
6. (poner)   —¿Dónde _____ (tú) mi pata de conejo?
   (ver)   —¡Yo no la _____!

B. Complete el siguiente diálogo con verbos en el pretérito perfecto y represéntelo con un(a) compañero(a).

—¡Hola! ¿Qué tal?

—Bien, gracias. Oye, ¿_____ a Jorge? ¡No lo encuentro por ninguna parte!

—No, no lo _____ hoy. Últimamente, mi socia (*partner*) y yo _____ tan ocupados(as) que no _____ de la oficina, excepto para irnos a casa. ¿Y tú? ¿Qué _____ haciendo?

—Lo de siempre... No _____ mucho tiempo para hacer cosas interesantes. Mis amigos me _____ que soy un aguafiestas (*spoilsport*), porque no _____ aceptar ninguna invitación últimamente.

—¿Y tus padres? ¿Ya _____ de su viaje a Colombia?

—Sí, y me _____ muchos regalos, como siempre. Oye, ¿quieres ir a almorzar? Ya _____ ocho cartas y necesito un descanso.

—¡Y yo no _____ nada en todo el día y me estoy muriendo de hambre. ¡Vámonos!

C. Converse con un(a) compañero(a) sobre las cosas que Uds. nunca han hecho y que siempre han querido hacer. Hablen de los lugares donde nunca han estado y de los que han visitado.

B. El pluscuamperfecto

- The past perfect, or pluperfect, tense is formed by using the imperfect tense of the auxiliary verb **haber** with the past participle of the main verb. This tense is equivalent to the English past perfect (*had* + *past participle*, as in *I had spoken.*). Generally, the past perfect tense expresses an action that has taken place before another action in the past.

haber (imperfect)	Past participle	
había	hablado	*I had spoken*
habías	comido	*you had eaten*
había	vuelto	*he, she, you had returned*
habíamos	dicho	*we had said*
habíais	roto	*you had broken*
habían	hecho	*they, you had done, made*

—¿Lavaste la camisa? — "*Did you wash the shirt?*"

—No, porque Berta ya la **había lavado.** — "*No, because Berta had already washed it.*"

—No sabía que **habían elegido** presidenta a María Estévez. — "*I didn't know they had chosen María Estévez as president.*"

—Sí, ella es la presidenta electa. — "*Yes, she is the president-elect.*"

PRÁCTICA

A. Combine los siguientes pares de oraciones usando el pluscuamperfecto para indicar que la acción de la primera oración es anterior a la de la segunda. Siga el modelo.

MODELO: Roberto puso la mesa. / Yo llegué a casa.
Roberto ya había puesto la mesa cuando yo llegué a casa.

1. Tú rompiste el plato. / Nosotros movimos la mesa.
2. Nosotros servimos la cena. / Tú llegaste a casa.
3. El bebé nació. / El médico llegó.
4. Todos murieron. / Llegaron los paramédicos.
5. Yo terminé el trabajo. / Tú viniste.
6. Nosotros preparamos el desayuno. / Uds. se levantaron.

B. Converse con un(a) compañero(a). Háganse las siguientes preguntas.

1. Antes de venir a esta universidad, ¿habías asistido tú a otra?
2. ¿Habías estudiado otro idioma antes de estudiar español?
3. ¿Habías tomado otra clase de español antes de tomar ésta?
4. Para el 15 de septiembre, ¿ya habías vuelto de tus vacaciones?
5. Cuando empezaron las clases, ¿ya habías comprado todos los libros que necesitabas?
6. Cuando tú llegaste a casa anoche, ¿ya habías terminado la tarea para hoy?
7. Hoy a las cinco de la mañana, ¿ya te habías levantado?
8. Cuando tú llegaste a clase, ¿ya había llegado el (la) profesor(a)?
9. El año pasado para esta fecha, ¿ya habías terminado tus exámenes?

4 • Posición de los adjetivos

A. Adjetivos que van detrás y adjetivos que van delante del sustantivo

- While most adjectives may be placed either before or after the noun in Spanish, certain adjectives have a specific position.

- Descriptive adjectives—those that distinguish the noun from others of its kind—generally follow the noun. Adjectives of color, shape, nationality, religion, and ideology are included in this group, as are past participles used as adjectives.

—¿Quieres **vino francés**?   *"Do you want French wine?"*
—No, prefiero los **vinos españoles.**   *"No, I prefer Spanish wines."*

—¿Cuáles son los libros sobre   *"Which ones are the books on indigenous*
   sociedades indígenas?   *societies?"*
—Esos dos **libros rojos** y este **libro**   *"These two red books and this blue*
   azul. Son tres **libros muy**   *book. They are three very interesting*
   interesantes.   *books."*

—¿Cuál es tu cuarto?   *"Which one is your room?"*
—El que tiene la **puerta cerrada.**   *"The one with the closed door."*

ATENCIÓN Adjectives modified by adverbs are also placed after the noun:

> Son libros **muy interesantes.**

- Adjectives that express a quality or fact that is generally known about the modified noun are usually placed before the noun.

> —¿Qué ciudad van a visitar? "What city are you going to visit?"
> —La **antigua ciudad** de Cuzco. "The old city of Cuzco."

- Possessive, demonstrative, and indefinite adjectives and ordinal[1] and cardinal numbers are also placed before the noun.

> —¿Quiénes van a la feria? "Who is going to the fair?"
> —**Mis dos hermanos** y **algunos amigos.** "My two brothers and some friends."

- The adjectives **mejor** and **peor** are placed in front of the noun.

> —¿Cúal es el **mejor hotel**? "Which is the best hotel?"
> —El Hotel Azteca. "The Azteca Hotel."

- Adjectives that are normally placed after the noun may precede it for emphasis or as a poetic device.

> —Leí un **hermoso poema** sobre la Nochebuena. "I read a beautiful poem about Christmas Eve."
> —¿Por qué no me lo prestas para leerlo? "Why don't you lend it to me so I can read it?"

- When two or more adjectives modify the same nouns in a sentence, they are placed after the noun. The last two are joined by the conjunction **y.**

> Es una **mujer hermosa y elegante.** She is a beautiful and elegant woman.
> Era una **casa blanca, grande y bonita.** It was a pretty, large, white house.

B. Adjetivos que cambian de significado según la posición

- The meaning of certain adjectives changes according to whether they are placed before or after the noun. Some common ones are:

grande	un hombre **grande**	(*big*)
	un **gran**[2] hombre	(*great*)
pobre	el señor **pobre**	(*poor, not rich*)
	el **pobre** señor	(*poor, unfortunate*)
único	una mujer **única**	(*unique*)
	la **única** mujer	(*only*)
viejo	un amigo **viejo**	(*old, elderly*)
	un **viejo** amigo	(*long-time*)
mismo	la mujer **misma**	(*herself*)
	la **misma** mujer	(*same*)

---

[1] Except with personal titles (**Enrique Octavo**) and with chapter titles (**Lección primera**).

[2] **Grande** becomes **gran** before a masculine or feminine singular noun.

PRÁCTICA

A. Complete las oraciones, usando los adjetivos de la siguiente lista en el género y el número correspondientes (algunos pueden usarse dos veces). Coloque los adjetivos **antes o después** del sustantivo, según el sentido de la frase.

republicano   algunos   abierto
pobre   francés   muy interesante
único (*dos veces*) antiguo   mismo (*dos veces*)
rojo   ningún   famoso
grande (*dos veces*)

1. George Washington fue un _____ presidente _____.
2. Carlos y María van a tomar la _____ clase _____. _____ Carlos _____ me lo dijo.
3. Atenas, la _____ ciudad _____ griega, es una _____ ciudad _____.
4. Necesito los _____ lápices _____.
5. La organización de _____ mujeres _____ no está de acuerdo con el presidente.
6. Hablé con _____ agentes _____ de policía sobre el accidente.
7. Ella va a comprar un _____ perfume _____.
8. La _____ ventana _____ es la de mi cuarto.
9. Es una _____ mujer _____; es gorda y muy alta.
10. No tiene _____ limitación _____ en su trabajo.
11. El _____ actor _____ norteamericano Richard Gere va a estar presente en la fiesta.
12. Solamente Marta enseña español. Es la _____ profesora _____ de español.
13. No tiene dinero; es un _____ hombre _____.
14. No hay nadie como ella. ¡Es una _____ mujer _____!

B. En parejas, representen los siguientes diálogos en español.

1. "I always avoid going near a black cat or (going) under a ladder."
   "You are a very superstitious person."
2. "Who was your roommate when you were in college?"
   "Ana Torres, a Puerto Rican girl."
3. "Where did you go last summer?"
   "We visited the old city of Athens (**Atenas**)."
4. "Did you go to the fair, Ana?"
   "Yes, and I took my two North American friends with me."
5. "She is a very beautiful girl, isn't she?"
   "Yes, I love her beautiful eyes . . ." (*Be poetic!*)

TALLER de DANZA de CARACAS

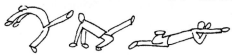

◈ ¿Cuánto sabe usted ahora?

A. Palabras y más palabras

I. ¿Qué palabra o palabras corresponden a lo siguiente?

1. Se celebra el 24 de diciembre.
2. Bugs Bunny es uno.
3. una hoja que trae buena suerte
4. nacimiento
5. opuesto de *adelantado*
6. Garfield es uno.
7. Se lo ponen a los caballos en las patas.
8. Les traen regalos a los niños hispanos.
9. nación
10. diferente

II. Complete lo siguiente usando el vocabulario de esta lección.

1. —¿Tu _____ de cuarto es de San Juan?
   —Sí, es _____.
2. —¿Has roto tu _____?
   —Sí, y voy a tener siete años de mala _____.
3. —Tener procesiones durante la Semana Santa, ¿es una _____ de tu país?
   —Sí, y está _____ con la religión católica.
4. —Saúl es muy supersticioso, ¿no?
   —Sí, siempre evita pasar por _____ de una escalera.
5. —¿Para qué van a _____ agua a la calle?
   —Para _____ los malos espíritus.
6. —¿Dónde vas a poner la escoba?
   —_____ de la puerta.
7. —¿Qué dicen en tu país del martes trece?
   —Martes trece, ni te _____ ni te _____.
8. —¿Alberto ha _____ de idea otra vez?
   —¡Sí! ¡Nunca se _____ lo que él va a hacer! ¡Es _____ difícil!
9. —¿Qué hacen tus amigos en esa época?
   —La _____ de ellos se va a su país.
10. —No tengo dinero para ir a almorzar.
    —No te _____. Yo puedo _____ mi almuerzo contigo.

B. Unas vacaciones perfectas.

Éstos son los comentarios de una turista que visitó las islas del Mar del Sur. Vuelva a escribirlos, modificando las palabras en cursiva con un adjetivo de la siguiente lista. Úselos en el género y número correspondientes. Tenga en cuenta las reglas sobre la posición de adjetivos.

americano	blanco	mucho	alto
numeroso	tranquilo	moderno	hermoso
francés	magnífico	rojo y amarillo	

Si Ud. quiere tener unas *vacaciones*, debe visitar las islas del Mar del Sur. Allí va a encontrar *atracciones*: *playas* donde los *turistas* pasan los días al sol y *hoteles* frente al mar. Los hoteles están rodeados de *flores* y sirven *comida* de varios tipos. No hay *montañas* cubiertas de *nieve*, pero hay *lugares* para descansar.

C. **¿Qué dice Ud.?**   Conteste las preguntas, usando uno de los adjetivos de la lista. Recuerde que estos adjetivos tienen diferentes significados según la posición. Use cada adjetivo de la lista dos veces.

MODELO: ¿Tienes otros profesores además del doctor Ávila?   (no)
No, él es mi único profesor.

mismo   grande   único   viejo   pobre

1. Él es un hombre muy alto y gordo, ¿verdad?   (sí)
2. ¿Uds. ya eran amigos cuando eran niños?   (sí)
3. ¿No puedes hablar con la secretaria en vez de hablar con el director?   (no)
4. ¿Dices que ese hombre gana solamente mil pesos al mes y tiene diez hijos?   (sí)
5. No hay otra mujer como Sofía, ¿verdad?   (no)
6. ¿No quieres usar otro libro?   (no)
7. ¿Dices que ese hombre tiene noventa y ocho años?   (sí)
8. Es un actor magnífico, ¿verdad?   (sí)
9. ¿La niña no tiene padres?   (no)
10. ¿No tienes otras sandalias?   (no)

D. **Vamos a conversar.**

1. Según mucha gente, ¿qué le pasa a uno si rompe un espejo?
2. ¿Qué piensa mucha gente cuando ve un gato negro?
3. ¿Por qué teme mucha gente pasar por debajo de una escalera?
4. Según las personas supersticiosas, ¿qué cosas traen buena suerte?
5. ¿En qué supersticiones cree Ud.?
6. ¿Lee Ud. su horóscopo? ¿Por qué o por qué no?
7. ¿Ha ido Ud. alguna vez a la Misa del Gallo? ¿En qué fecha se celebra?
8. ¿Qué se hace en Estados Unidos para celebrar la Navidad?
9. ¿Cuáles son algunas tradiciones de este país?
10. ¿Qué costumbres y tradiciones de otros países conoce Ud.?

E. **Improvisaciones.**   En parejas, hagan el papel de los siguientes personajes. Cada uno de Uds. debe dar dos órdenes afirmativas y dos negativas. ¡Sean originales!

1. una madre (un padre) a su hijo(a)
2. un(a) maestro(a) a un(a) estudiante que siempre saca malas notas
3. una mujer a su esposo (un hombre a su esposa)
4. un(a) médico(a) hablándole a un(a) niño(a) que está enfermo(a)
5. un(a) estudiante a otro(a)
6. un(a) muchacho(a) a su compañero(a) de cuarto, que nunca hace nada

F. Las tradiciones de mi familia.   Escriba sobre las fiestas que su familia siempre ha celebrado. ¿Cuál es la más importante para Ud.? ¿Por qué? ¿Cómo la celebran Ud. y su familia?

Continuemos

Aumente su vocabulario

Algunas celebraciones

Año Nuevo   New Year's Day
Día de Acción de Gracias
   Thanksgiving
Día de los Enamorados   Valentine's Day
Día de la Independencia
   Independence Day

Día de la Madre   Mother's Day
Día del Padre   Father's Day
Día del Trabajo   Labor Day
Víspera de Año Nuevo (Fin de Año)
   New Year's Eve

Otras palabras relacionadas con las supersticiones

el amuleto   amulet
la bruja   witch
la brujería   witchcraft
el diablo, el demonio   devil, demon

la magia negra   black magic
el (la) mago(a)   magician
el mal de ojo   evil eye
los signos del zodíaco   zodiac signs

¿Recuerda el vocabulario nuevo?

A. Complete las siguientes oraciones, usando las palabras de la lista anterior.

1. Mi _____ es Aries, y yo siempre leo mi horóscopo antes de salir de casa.
2. El _____ es el segundo domingo de mayo, y el _____ es el tercer domingo de junio.
3. En el mes de noviembre, el pueblo norteamericano celebra el _____.
4. Para evitar el mal de _____, usa un _____. Eso es cosa de _____.
5. El 31 de diciembre es la _____.
6. Esa bruja practica la _____ negra.
7. Houdini fue un famoso _____.
8. En el mes de febrero se celebra el _____.
9. La primera fiesta del año es el _____.
10. Otro nombre para el diablo es _____.
11. El 4 de julio es el _____ de Estados Unidos.
12. En Estados Unidos, el primer lunes de septiembre se celebra el _____.

B. Converse con un(a) compañero(a) sobre las celebraciones que se citan (*are named*) en esta sección. ¿En qué fecha tienen lugar y qué hacen Uds. en esas fechas?

De esto y aquello...

Hablemos del horóscopo

Después de leer el horóscopo que aparece a continuación, hable con un(a) compañero(a) acerca de los horóscopos de las siguientes personas, según las fechas de nacimiento indicadas.

ARIES

21 de marzo a 19 de abril
No va a encontrar
soluciones fáciles para sus
problemas.

TAURO

20 de abril a 20 de mayo
Va a recibir mucho dinero.

GÉMINIS

21 de mayo a 21 de junio
Va a conocer a alguien muy
interesante.

CÁNCER

22 de junio a 22 de julio
No debe gastar mucho
dinero hoy.

LEO

23 de julio a 22 de agosto
Sus problemas económicos
van a desaparecer.

VIRGO

23 de agosto a 21 de septiembre
Buenas posibilidades en
el amor.

LIBRA

22 de septiembre a 22 de octubre
No debe darse por vencido.

ESCORPIÓN

23 de octubre a 21 de noviembre
Antes de tomar una decisión
debe pensarlo muy bien.

SAGITARIO

22 de noviembre a 21 de diciembre
Va a recibir buenas noticias.

CAPRICORNIO

22 de diciembre a 19 de enero
Hoy no es buen día para hacer
un viaje.

ACUARIO

20 de enero a 19 de febrero
A fines de esta semana va a
recibir una sorpresa.

PISCIS

20 de febrero a 20 de marzo
Debe escribirles a
sus amigos.

1. Esteban nació el 22 de febrero. ¿Qué no ha hecho últimamente?
2. Raquel nació el 13 de agosto. ¿Cuál es su signo? ¿Cree Ud. que pronto va a tener dinero? ¿Por qué?
3. Francisco nació el 10 de junio. ¿Cree Ud. que hay una chica en su futuro?
4. Dolores nació el 18 de diciembre. ¿Debe preocuparse por el futuro? ¿Por qué?

5. Ana nació el 3 de septiembre. ¿Cuál es su signo? ¿Cree Ud. que va a tener problemas con su novio?
6. Roberto nació el 4 de abril. Si tiene dificultades, ¿va a resolverlas fácilmente?
7. Luis nació el 4 de noviembre. ¿Cuál es su signo? ¿Debe actuar impulsivamente? ¿Por qué?
8. Marisa nació el 13 de julio. ¿Cree Ud. que hoy es un buen día para ir de compras? ¿Por qué?
9. Diego nació el 8 de enero. Él planea salir para México hoy. Según su horóscopo, ¿es una buena idea?
10. Raúl nació el 19 de octubre. Quiere casarse con Teresa y ella no acepta. ¿Debe darse por vencido (*give up*)?
11. María nació el 26 de abril. ¿Cuál es su signo? María quiere ir de vacaciones a España. ¿Cree Ud. que va a poder ir? ¿Por qué lo cree?
12. Diana nació el 14 de febrero. ¿Qué va a pasar el sábado o el domingo?

Y a Ud., ¿qué le dice su horóscopo para hoy?

¿Qué dirían ustedes?

Imagínese que Ud. y un(a) compañero(a) se encuentran en las siguientes situaciones. ¿Qué va a decir cada uno?

1. En una reunión con sus amigos, todos hablan de supersticiones. Comenten las que Uds. tienen o conocen.
2. Un(a) estudiante latinoamericano(a) va a pasar la Navidad en la ciudad de Uds. Háblenle de lo que se hace en Estados Unidos para celebrar esta fiesta.
3. Uds. van a dar una charla para un grupo de estudiantes mexicanos. Háblenles de las fiestas que se celebran en Estados Unidos.

Una encuesta

Entreviste a sus compañeros de clase para tratar de identificar a aquellas personas que...

1. ...creen que romper un espejo trae mala suerte.
2. ...creen que un trébol de cuatro hojas o una pata de conejo traen buena suerte.
3. ...nunca pasan por debajo de una escalera.
4. ...leen su horóscopo todos los días.
5. ...evitan viajar el viernes 13.
6. ...han visto alguna vez una procesión.
7. ...han ido alguna vez a la Misa del Gallo.
8. ...son del mismo signo que el profesor (la profesora). ¿Cuál es?

Y ahora, discuta el resultado de la encuesta con el resto de la clase.

¡De ustedes depende!

El Club de Español va a organizar una fiesta de Navidad típicamente hispana. Ud. y un(a) compañero(a) están a cargo de preparar las actividades y de seleccionar el menú (comidas y bebidas). Tengan en cuenta lo siguiente.

1. ¿Cómo celebran la Navidad en México?
2. ¿Saben Uds. algunos villancicos (*Christmas carols*) en español?
3. ¿Qué comidas van a servir?
4. ¿Qué bebidas van a servir?
5. ¿Qué tipo de música van a escuchar?

 ### Mesa redonda

Formen grupos de cuatro o cinco estudiantes y hablen sobre la importancia de tener tradiciones familiares. Comenten las que tienen Uds. en su familia, especialmente las que se relacionan con el Día de Acción de Gracias, la Navidad u otra celebración religiosa y el Año Nuevo.

Lecturas periodísticas

Para leer y comprender

A. Antes de leer detalladamente el artículo en la página 210, busque las palabras claves usadas para describir la ciudad y las fiestas (por ejemplo, "transparente atmósfera", "ceremonias religiosas"). Trate de visualizar los lugares y los acontecimientos (*events*) que se describen.

B. Al leer detalladamente el artículo, busque las respuestas a las siguientes preguntas.

1. ¿Dónde y a qué altitud está situada la ciudad de Cuzco?
2. ¿Quiénes son los antepasados (*ancestors*) de los peruanos?
3. ¿Cómo es la fiesta del Corpus Christi de Cuzco?
4. ¿Qué hacían los indios de la antigüedad con las momias de sus reyes?
5. ¿Qué hacen en Cuzco la víspera de la fecha del Corpus? ¿Qué pasa el jueves santo?
6. ¿Cuánto tiempo dura la preparación para la fiesta del Corpus Christi?
7. ¿Qué elementos han definido siempre la organización social andina?

El Corpus de Cuzco

En la transparente atmósfera cuzqueña todavía° vive el espíritu de los incas. Aquí, en el corazón de los Andes, a una altitud de 3.400 metros, los peruanos de hoy, herederos° de la sangre del Imperio inca y de la cultura del Imperio español, sacan° las imágenes en procesión para celebrar una de las fiestas más importantes de la ciudad, el Corpus Christi. *(still / heirs / take out)*

La antigua capital del fabuloso Imperio inca, Cuzco, conserva todavía, en gran medida°, su antiguo esplendor. Hasta nosotros han llegado muchísimos recuerdos de lo que fue el centro del imperio más extenso de la América precolombina y que, junto con algunos de los mejores ejemplos del arte colonial español, hacen de esta ciudad una de las más hermosas del mundo. *(measure)*

La mayoría de los habitantes de Cuzco son descendientes directos de aquéllos que levantaron el imperio incaico. Por eso no es extraño encontrar todavía ceremonias religiosas y fiestas folklóricas que reproducen fielmente° las que se celebraban hace más de quinientos años. Algunas, como el Inti Rayma, son famosas en todo el *(faithfully)* mundo. Otra de las más importantes es la conmemoración del día del Corpus Christi, que siempre ha atraído° a gran número de visitantes de todos los puntos de Perú. El Corpus de Cuzco es una fiesta de características propias, donde se mezclan elementos cristianos y andinos. *(ha... has attracted)*

La celebración del Corpus ha sustituido a otra fiesta mucho más antigua en Cuzco. En los tiempos del Imperio inca, en una fecha señalada°, las momias de los que habían sido sus reyes —los que habían poseído el título de *Inca*, nombre que luego se extendió a toda la población— eran sacadas de sus palacios y llevadas en procesión por las calles de la ciudad. *(en... on a given date)*

Después de la conquista, hasta el día de hoy, en la víspera° de la fecha del Corpus se trasladan° a la catedral las imágenes de las vírgenes y de los santos patronos de las iglesias de Cuzco, y el jueves santo son sacadas todas para la impresionante procesión que tiene lugar en la Plaza de Armas. Algunas de estas imágenes son auténticas obras de arte, pero, sobre todo, se *(eve / se... are moved)*

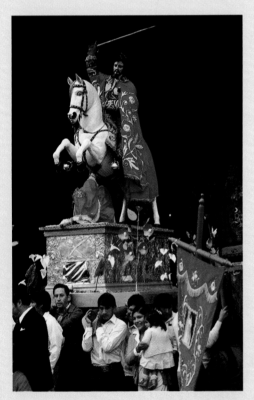

Procesión del Corpus Christi en Cuzco, Perú.

destacan° por la riqueza que las adorna, en ocasiones varios cientos de kilos de plata maciza°.

se... they stand out
solid

Tanto en la preparación —que dura todo el año— como en la celebración del Corpus de Cuzco, están presentes los principios que han definido la organización social andina: el dualismo, la cohesión, la rivalidad y la reciprocidad. Todos ellos han sobrevivido, con muy pocas diferencias, desde los días de gloria del Imperio inca.

Adaptado de la revista **Ronda** (España)

Desde su mundo

1. ¿Cuáles son algunas tribus indias de Estados Unidos? ¿Qué sabe Ud. de ellas?
2. ¿Puede Ud. nombrar algunas características de la sociedad norteamericana?

Pepe Vega y su mundo

Teleinforme

En esta lección vamos a ver costumbres y tradiciones del Ecuador y de la Argentina. El Día de los muertos (o de los difuntos) se celebra en todo el mundo católico. En la península de Santa Elena, en el Ecuador, esta celebración presenta costumbres y tradiciones únicas. La fiesta del gaucho en Argentina es una fiesta tradicional que gira en torno (revolves around) al caballo, un animal muy importante en la crianza de ganado (cattle-raising) y a otros aspectos de la cultura y de la sociedad ganaderas.

Preparación

¿Probable o improbable?   Clasifique cada una de las siguientes expresiones. ¿Será probable (**P**) o improbable (**I**) que se refiera a una de estas fiestas o a ambas?

	Día de los difuntos	Fiesta del gaucho
MODELO: los abuelos	P	I
MODELO: las actividades folklóricas	P	P

el aguardiente (*brandy*)
el algodón hilado (*twisted cotton*)
los animales
bailar
los bisabuelos (*great grandparents*)
el caballo
la carne
la casa
la celebración
el cementerio
los chinchulines (*kind of sausage*)
el chorizo (*spicy sausage*)
la cola (*tail*)
la comunidad
el cordón (*rope belt*)
los costillares asados (*grilled ribs*)
la danza
el desfile (*parade*)
domar (*to break [a horse]*)
las espuelas (*spurs*)
la familia
la identidad étnica
el jinete (*rider*)
la lucha
el maligno (*the devil*)
la mesa
la montura (*mount of horse*)
la morcilla (*blood sausage*)
el muerto

el paisano (*peasant*)
el pan
los pantalones anchos (*wide*)
rezar (*pray*)
la sábana (*sheet*)
el sombrero
la tradición
la tropilla (*drove of horses*)
la tumba (*grave*)

Comprensión

Día de los difuntos   33:42–37:13

El Día de los muertos, o de los difuntos, se celebra en muchos países católicos el 2 de noviembre. En este video, producido por la Fundación Pro-Pueblo del Ecuador, vemos algunos aspectos de cómo se celebra este día en Santa Elena, una región del Ecuador que queda en la costa del Pacífico.

A. ¿Cuánto entiende Ud.?   Mientras Ud. ve el video, complete las siguientes oraciones.

1. La gente de la costa del Guayas tiene distintas _____ que no se encuentran en otras partes del Ecuador.
2. Estas tradiciones unifican _____ y _____.
3. La celebración del _____ es diferente en la zona de Santa Elena.
4. Todo el mundo va al _____ para arreglar _____ de sus queridos muertos.
5. La parte principal de la celebración se realiza en _____.
6. Todo el mundo hace _____ en formas especiales para darles a comer[1] a los muertos.
7. Las amas de casa también les compran a los muertos _____ o _____.
8. De noche, todos _____ y _____ para despedirse de los muertos por otro año.
9. En la zona de Santa Elena se acostumbra a ponerle _____ al muerto.
10. Durante el velado (*wake, vigil*), las mujeres se quedan en casa con _____.
11. Los hombres están abajo haciendo _____.
12. Decían los abuelos que el cordón sirve para defenderse del _____, para que el muerto salga al camino del _____.

Fiesta del gaucho   37:14–39:54

El gaucho es uno de los símbolos de la República Argentina. Este reportaje nos da un resumen de las actividades que se realizan durante la fiesta del gaucho. El caballo y la carne asada son el centro de la fiesta.

B. ¿Qué pasa cuándo?   Ponga en orden cronológico los elementos de la fiesta.

_____ 1. Después de comer y de beber, los gauchos demuestran la destreza.
_____ 2. El caballo no quiere, corcovea, brinca, se retuerce.

---

[1] Por lo general se dice "dar **de** comer".

_____ 3. Toma lugar el desfile de los paisanos con mostachos, espuelas, sombreros y pantalones anchos.

_____ 4. El sol se encamina hacia el ocaso y el día empieza a morir.

_____ 5. Es el turno de las tropillas.

_____ 6. Esta vez hay competencia: cada gaucho muestra su tropilla para ganar el premio.

_____ 7. La paz se rompe entre el hombre y el animal: es la prueba de la doma.

_____ 8. Se presentan las actividades folklóricas.

_____ 9. Se presentan las danzas de los niños.

_____10. Luego, es el turno de otro gaucho, y de otro, y de otro...

_____11. Se come una buena dosis de carne: morcillas, chorizos, chinchulines y el asado.

Ampliación

¡De fiesta!   Prepare una lista de los elementos de un día de fiesta especial de su país o de su familia. ¿Cuáles son los elementos más importantes de la celebración? ¿Qué se come? ¿Cuáles son las actividades? ¿Cómo son los vestidos? ¿Se decora el lugar de manera especial? ¿Hay elementos únicos en su manera de celebrar? ¿Hay elementos que contribuyen a la identidad étnica, familiar o nacional? Descríbalos.

¡Naveguemos!

Si desea explorar otros aspectos relacionados con esta lección, haga las actividades de la red (*Internet*) que corresponden a la lección. Vaya primero a http://www.hmco.com/college en la red, y de ahí a la página de *¡Continuemos!*

El automóvil, ¿un artículo de primera necesidad?

Una vista de la avenida Bolívar en Caracas, Venezuela.

El automóvil, ¿un artículo de primera necesidad?

Claudia, una chica argentina, está de vacaciones en Caracas, la capital de Venezuela. Hoy ella y su amigo Fernando, un muchacho venezolano, han ido a dar una vuelta en auto. Como el tanque del coche está casi vacío, paran en una estación de servicio para comprar gasolina.

FERNANDO —Llene el tanque, por favor. Ah, ¿podría revisar la presión de las llantas?

EMPLEADO —Con mucho gusto. ¿Quiere que revise también el aceite?

FERNANDO —Sí, por favor. (*A Claudia*) ¿Te gustaría ir a almorzar a la Colonia Tovar[1]?

CLAUDIA —Me encantaría, pero tendríamos que regresar antes de las cinco.

FERNANDO —Ah, sí, para esa hora ya habremos vuelto.

EMPLEADO —Todo está bien, señor. ¿Va a pagar en efectivo o con tarjeta de crédito?

FERNANDO —En efectivo. ¿Tiene cambio para un billete de 10.000 bolívares?

EMPLEADO —Creo que sí, pero se lo preguntaré a la cajera.

CLAUDIA —¡Qué barata es la gasolina aquí! Con este precio creo que todos los venezolanos tendrán coche.

FERNANDO —No. En Caracas la gente depende más del transporte colectivo, porque aunque la gasolina es muy barata, los automóviles son carísimos aquí.

EMPLEADO —Aquí tiene el vuelto, señor. ¡Que les vaya bien!

CLAUDIA —¿Y por qué serán tan caros los automóviles? ¿Costará mucho importarlos?

FERNANDO —Sí, porque el gobierno cobra derechos de aduana muy elevados para limitar la importación de automóviles.

CLAUDIA —Pues yo diría que un automóvil es un artículo de primera necesidad.

FERNANDO —Sí, pero el gobierno necesita usar las divisas que recibe por el petróleo para industrializar el país y para ayudar al pueblo a soportar la inflación.

CLAUDIA —Bueno, en realidad el uso del metro y de los autobuses reduce los embotellamientos de tráfico y el ruido dentro de las ciudades, y ahorra energía.

FERNANDO —Y no tendríamos tanta contaminación del aire.

CLAUDIA —(*Bromeando*) Todo eso es verdad pero, ¿dejarías de usar el coche?

FERNANDO —(*Riéndose*) ¡Qué va! Me sentiría perdido sin mi auto.

CLAUDIA —(*Riéndose*) Pues eres un hipócrita... Oye, ¿tu hermana podría encontrarse con nosotros en la Colonia Tovar?

FERNANDO —Ahora no puedo comunicarme con ella. De haber sabido que querías verla, se lo habría dicho esta mañana.

CLAUDIA —No, pensándolo mejor... lo pasaremos bien solos.

---

[1] Villa fundada por inmigrantes alemanes. Esta colonia, situada a cuarenta millas de Caracas, es hoy una atracción turística.

C·O·M·P·R·E·N·S·I·Ó·N

A. El profesor o la profesora hará ciertas afirmaciones basadas en los diálogos. Diga Ud. si son verdaderas o no y por qué.

1. Fernando llenó el tanque de su coche antes de ir a buscar a Claudia.
2. El empleado solamente llena el tanque.
3. Fernando invita a Claudia a almorzar.
4. Claudia tiene planes para después de las cinco.
5. Fernando no tiene dinero en la billetera.
6. Cuesta muchísimo dinero comprar un coche en Venezuela.
7. Claudia piensa que no es necesario tener automóvil.
8. Las divisas son muy importantes para la industrialización del país.
9. Claudia cree que es una buena idea usar el transporte colectivo.
10. Fernando dice que no necesita un coche.
11. A Claudia le gustaría almorzar con la hermana de Fernando.
12. Claudia se divierte mucho cuando está con Fernando.

B. La clase se dividirá en grupos de cuatro. Dos estudiantes prepararán unas seis u ocho preguntas sobre la primera mitad del diálogo y los otros dos harán lo mismo con la segunda mitad. Cada pareja contestará las preguntas de la pareja opuesta.

Vocabulario

Nombres
el aceite   oil
los artículos de primera necesidad   basic necessities
el billete   bill
el, la cajero(a)   cashier
el cambio   change
la contaminación del aire   smog, air pollution
los derechos de aduana   customs, duties
las divisas   foreign exchange
el embotellamiento de tráfico   traffic jam
la estación de servicio, la gasolinera   service station
el gobierno   government
la importación   import
la llanta, el neumático   tire
el metro, el subterráneo   subway

el petróleo   oil, petroleum
la presión del aire   air pressure
el ruido   noise
el tanque   tank
la tarjeta de crédito   credit card
el transporte colectivo   mass transit, public transportation
el vuelto   change (*money*)

Verbos
ahorrar   to save (*energy, labor, money, time*)
cobrar   to charge
importar   to import
industrializar   to industrialize
limitar   to limit
llenar   to fill
parar   to stop
revisar   to check
soportar   to bear

Adjetivos
elevado(a)   high (*e.g., in price*)
vacío(a)   empty
venezolano(a)   Venezuelan

Otras palabras y expresiones
con mucho gusto   gladly
dar una vuelta en auto   to go for a ride

de haber sabido   had I known
en efectivo   cash
pasarlo bien   to have a good time
¡Que les vaya bien!   Have a nice day!
¡Qué va!   No way!

Palabras problemáticas

A. Soportar, aguantar y mantener

- **Soportar** y **aguantar** son los equivalentes de *to bear* o *to stand*.

  El pueblo no puede **soportar** (**aguantar**) la inflación.

  Juan es muy antipático. No lo puedo **aguantar** (**soportar**).

- **Mantener** es el equivalente de *to support* (*financially*).

  Trabaja para **mantener** a toda su familia.

B. Ahorrar, guardar y salvar

- **Ahorrar** significa **no gastar, no desperdiciar** (*waste*).

  Todos debemos **ahorrar** energía.

- **Guardar** es el equivalente de *to put aside, to keep*.

  Voy a **guardar** la comida en el refrigerador.

- **Salvar** equivale a *to rescue* o *to save*.

  El doctor no pudo **salvar** al enfermo.

PRÁCTICA

En parejas, lean los siguientes diálogos y complétenlos con las palabras problemáticas.

1. —Anita, ¿por qué no _____ ese vestido?
   —Porque me lo voy a poner ahora.
2. —¿Por qué te vas?
   —Porque no puedo _____ el ruido.
3. —¿Tienes dos trabajos?
   —Sí, tengo que _____ a mis cinco hijos. Necesito mucho dinero.
4. —Él siempre gasta todo su dinero en ropa.
   —Es verdad, no _____ nada.
5. —¿Murieron todos en el accidente?
   —Sí, no pudieron _____ a nadie.

Estructuras gramaticales

1 · El futuro

A. Usos y formas

- The Spanish future tense is the equivalent of the English *will* or *shall* + *a verb*.

  Ellos **limitarán** las importaciones.   *They will limit imports.*

The Spanish future form is not used to express willingness, as is the English future. In Spanish this is expressed with the verb **querer**.

  ¿**Quiere** Ud. esperar?   *Will you (please) wait?*

- Most verbs are regular in the future tense. It is formed by adding the following endings to the infinitive.

Infinitive		Stem	Endings	
trabajar	yo	trabajar-	é	trabajaré
aprender	tú	aprender-	ás	aprenderás
escribir	Ud.	escribir-	á	escribirá
hablar	él	hablar-	á	hablará
decidir	ella	decidir-	á	decidirá
dar	nosotros(-as)	dar-	emos	daremos
ir	vosotros(-as)	ir-	éis	iréis
caminar	Uds.	caminar-	án	caminarán
perder	ellos	perder-	án	perderán
recibir	ellas	recibir-	án	recibirán

- All endings, except the **nosotros** form, have written accent marks.

  —¿Adónde **irán** Uds. el próximo verano?   *"Where will you go next summer?"*

  —**Iremos** a Venezuela.   *"We will go to Venezuela."*

  —¿Ya **estarán** de vuelta para fines de agosto?   *"Will you (already) be back by the end of August?"*

  —Sí, estoy seguro de que para esa fecha **estaremos** de vuelta.   *"Yes, I'm sure that by that date we will be back."*

  —¿De qué **hablarás** en la reunión?   *"What will you speak about in the meeting?"*

  —**Hablaré** de la contaminación del aire en las ciudades.   *"I will speak about smog in the cities."*

- The following verbs are irregular in the future tense. The future endings are added to a modified form of the infinitive.

Infinitive	Modified stem	Endings	Future (yo-form)
haber[1]	habr-		habré
caber (to fit)	cabr-		cabré
querer	querr-		querré
saber	sabr-		sabré
poder	podr-	-é	podré
		-ás	
poner	pondr-	-á	pondré
venir	vendr-	-emos	vendré
tener	tendr-	-éis	tendré
salir	saldr-	-án	saldré
valer	valdr-		valdré
decir	dir-		diré
hacer	har-		haré

- In the first group, the final vowel of the infinitive is dropped.

- In the second group, the final vowel of the infinitive is dropped and the letter **d** is inserted.

- In the third group, contracted stems are used.

—¿Qué **hará** el gobierno para limitar la importación de automóviles?
—**Tendrá** que cobrar altos derechos de aduana.

"What will the government do to limit the import of automobiles?"
"It will have to charge high custom duties."

—¿A qué hora **saldrán** Uds. para Los Ángeles?
—**Saldremos** muy temprano para evitar el embotellamiento de tráfico.

"What time will you leave for Los Angeles?"
"We will leave very early to avoid the traffic jam."

P R Á C T I C A

A. Diga Ud. lo que estas personas harán en las siguientes situaciones.

MODELO: Mi coche no funciona.
           Lo llevaré al taller mecánico.

1. Tú estás enferma.
2. Mañana tenemos un examen.
3. Hoy es el cumpleaños de mamá y queremos celebrarlo.
4. El tanque de mi coche está vacío.
5. Necesito dinero para comprar libros.

---

[1] Remember that as a main verb, **haber** is used only in the third-person singular. **Habrá** = *there will be.*

6. El domingo Uds. quieren descansar todo el día.
7. No sabemos cuánto cuesta la gasolina.
8. Me duele mucho la cabeza.
9. Ellos quieren ir al centro y no tienen coche.
10. Mi hijo acaba de tener un accidente.

B. Complete las siguientes oraciones usando su imaginación.

1. Yo iré a la estación de servicio y Uds....
2. Tú cambiarás la llanta y yo...
3. Yo revisaré el motor y ella...
4. Ella saldrá mañana y nosotras...
5. Yo pondré el dinero en el banco y tú...
6. Yo llenaré el tanque y ellos...

C. Un amigo de Uds. ha tenido un accidente de automóvil y necesita ayuda. En parejas, hagan una lista de diez cosas que Uds. y otros amigos harán para ayudarlo.

B. El futuro para expresar probabilidad o conjetura

- The future tense is frequently used in Spanish to express probability or conjecture in relation to the present. Phrases such as *I wonder, probably, must be,* and *do you suppose* express the same idea in English.

—¿Qué hora **será?**	*"What time do you suppose it is?"*
—No sé... **serán** las diez y media.	*"I don't know . . . it must be about ten-thirty."*
—¿Dónde **estará** Manuel?	*"I wonder where Manuel is?"*
—**Estará** en su apartamento.	*"He must be in his apartment."*
—¿Cuánto **valdrá** ese Cádillac?	*"I wonder how much that Cadillac is worth (costs)?"*
—**Valdrá** unos cuarenta mil dólares.	*"It probably costs about forty thousand dollars."*

¡ATENCIÓN! **Deber** + *infinitive* is also used to express probability.

Debe costar mucho dinero.   *It must cost (probably costs) a lot of money.*

P R Á C T I C A

A. Ud. y un(a) compañero(a) están en la fiesta de Mario. Háganse las siguientes preguntas y traten de adivinar las respuestas. Usen el futuro para expresar probabilidad.

1. Oye, ¿tú sabes lo que está celebrando Mario?
2. ¿Quién es la chica que está hablando con él?
3. Es muy joven... ¿Cuántos años crees que tiene?
4. ¿Qué está haciendo la mamá de Mario en la cocina?
5. Estela no está aquí todavía. ¿A qué hora va a venir?
6. Esta carne está muy sabrosa. ¿Tú sabes qué es?
7. Mario me dijo que íbamos a bailar. ¿Cuándo empieza el baile?
8. Mario no tiene discos compactos. ¿Quién los va a traer?
9. Mario no toma bebidas alcohólicas. ¿Qué crees que van a servir para tomar?
10. No tengo reloj. ¿Qué hora es?

B. En parejas, hablen sobre lo siguiente, usando el futuro para expresar probabilidad.

MODELO: un chico que Uds. han visto en la estación de servicio
E1:   —¿Quién será aquel chico?
E2:   —Será el nuevo cajero.

1. adónde van sus amigos a las once de la noche
2. qué hay en el garaje
3. cuál es el problema que tiene su coche
4. por qué es necesario tener dieciséis años para obtener el carnet de conducir
5. por qué es tan caro mantener un coche
6. por qué es tan caro el seguro (*insurance*) de automóvil

2 • El condicional

A. Usos y formas

- The conditional tense corresponds to the English *would*[1] + a verb.

  1. The conditional states *what would happen* if a certain condition were true.

     Yo no lo **haría**.   *I wouldn't do it (if I were you, etc.)*[2]

  2. The conditional is also used as the future of a past action. The future states what will happen; the conditional states what would happen.

     Él dice que **llegará** tarde.   *He says that he will be late.*
     Él dijo que **llegaría** tarde.   *He said that he would be late.*

---

[1] When *would* is used to refer to a repeated action in the past, the imperfect is used in Spanish.
[2] For the use of the conditional in *if*-clauses, see **Lección 10**.

3. The Spanish conditional, like the English conditional, is also used to express a request politely.

¿Me **haría** Ud. un favor? *Would you do me a favor?*

- Like the future tense, the conditional tense uses the infinitive as the stem and has only one set of endings for all verbs, regular and irregular.

Infinitive		Stem		Endings
trabajar	yo	trabajar-	ía	trabajaría
aprender	tú	aprender-	ías	aprenderías
escribir	Ud.	escribir-	ía	escribiría
ir	él	ir-	ía	iría
ser	ella	ser-	ía	sería
dar	nosotros(-as)	dar-	íamos	daríamos
hablar	vosotros(-as)	hablar-	íais	hablaríais
servir	Uds.	servir-	ían	servirían
estar	ellos	estar-	ían	estarían
preferir	ellas	preferir-	ían	preferirían

- All of the conditional endings have written accents.

—¿Cuánto te dijo que **costarían** las llantas?   *"How much did he say the tires would cost?"*

—Dijo que **costarían** unos cien dólares.   *"He said it would cost about a hundred dollars."*

—¿Dónde **preferirían** vivir Uds.?   *"Where would you rather live?"*

—**Preferiríamos** vivir en Europa.   *"We would rather live in Europe."*

- The same verbs that are irregular in the future are also irregular in the conditional. The conditional endings are added to the modified form of the infinitive.

Infinitive	Modified stem	Endings	Conditional (yo-form)
haber[1]	habr-		habría
caber	cabr-		cabría
querer	querr-		querría
saber	sabr-		sabría
poder	podr-	-ía	podría
		-ías	
poner	pondr-	-ía	pondría
venir	vendr-	-íamos	vendría
tener	tendr-	-íais	tendría
salir	saldr-	-ían	saldría
valer	valdr-		valdría
decir	dir-		diría
hacer	har-		haría

—Los niños **tendrían** que ir a jugar al jardín porque Paco quiere dormir.

"The children would have to go play in the garden because Paco wants to sleep."

—Ellos dijeron que no **harían** ruido.

"They said they wouldn't make (any) noise."

—David dijo que **vendría** a la gasolinera a las ocho y todavía no ha llegado.

"David said he would come to the service station at eight and he hasn't arrived yet."

—**Podríamos** llamarlo para ver si está en casa.

"We could call him to see if he's home."

P R Á C T I C A

A. Conteste las siguientes preguntas usando el condicional y la información dada entre paréntesis.

MODELO: ¿Qué dijeron del transporte colectivo?   (no resolver el problema)
Dijeron que no resolvería el problema.

1. ¿Cuándo dijeron que iban a terminar el metro?   (terminarlo en dos años)
2. ¿Qué pensaba sobre los derechos de aduana?   (no poder pagarlos)
3. ¿Qué dijo que haría con las llantas?   (cambiarlas)
4. ¿Qué decían sobre la importación de automóviles?   (deber limitarse)
5. ¿Qué dijo Juan de las chicas?   (venir pronto)
6. ¿Qué dijo Ana de Roberto?   (no salir con él)

---

[1] **habría** = *there would be.*

B. ¿Qué cree Ud. que harían Ud. o las siguientes personas en cada una de estas situaciones? Conteste usando el condicional.

1. A su mejor amigo(a) le regalan cien dólares.
2. Ud. tiene un examen y unos amigos lo (la) invitan a una fiesta la noche antes.
3. Su familia tiene hambre y no hay comida en la casa.
4. Sus padres desean comprar un coche nuevo y no tienen suficiente dinero.
5. Un amigo suyo le pide veinte dólares y Ud. sabe que él siempre se las arregla para no pagar.
6. Hay un(a) chico(a) muy antipático(a) que la (lo) invita a salir.
7. Necesitamos llantas nuevas.
8. Uds. tienen mucho frío.
9. Tú y yo necesitamos diez dólares para comprar gasolina.
10. El presidente tiene que limitar la importación de automóviles.

B. El condicional para expresar probabilidad o conjetura

• The conditional tense is frequently used to express probability or conjecture in relation to the past.

—Anoche fui a visitar a Enrique y no estaba en su casa. ¿Dónde **estaría**?	*"Last night I went to see Enrique and he wasn't home. Where do you suppose he was?"*
—**Iría** a la casa de Juan.	*"He probably went to Juan's house."*
—No encuentro mi dinero. ¿Dónde lo **guardaría** Elsa?	*"I can't find my money. Where do you suppose Elsa put it?"*
—Lo **pondría** en su bolsa.	*"She probably put it in her purse."*

P R Á C T I C A

Su compañero(a) de cuarto siempre quiere saber lo que están haciendo los vecinos. Use Ud. su imaginación para tratar de adivinar las respuestas. Use el condicional para expresar conjetura.

1. ¿Qué hora era cuando llegaron anoche?
2. ¿Por qué llegaron tan tarde?
3. ¿Quién era el muchacho que estaba con ellos?
4. ¿De dónde vinieron?
5. Uno de ellos tenía un paquete en la mano. ¿Qué era?
6. Estuvieron conversando hasta muy tarde. ¿De qué hablaban?
7. ¿A qué hora se acostaron?
8. ¿A qué hora se levantaron esta mañana?
9. ¿Qué desayunaron?
10. ¿A qué hora salieron de la residencia?

3 · El futuro perfecto y el condicional perfecto

A. El futuro perfecto

- The future perfect is used to refer to an action that will have taken place by a certain point in the future. It is formed with the future tense of the auxiliary verb **haber** + *the past participle of the main verb*. The future perfect in English is expressed by *shall* or *will have* + *past participle*.

haber (future)	Past participle	
habré	hablado	*I will have spoken*
habrás	comido	*you will have eaten*
habrá	vuelto	*he, she, you will have returned*
habremos	dicho	*we will have said*
habréis	roto	*you will have broken*
habrán	hecho	*they, you will have done, made*

—¿Estará Tito en casa para las ocho?   "Will Tito be home by eight?"
—Sí, estoy segura de que ya **habrá vuelto** para esa hora.   "Yes, I'm sure that he'll have returned by that time."

—¿Ya **habrán terminado** Uds. el trabajo para la semana próxima?   "Will you have finished the job by next week?"
—Sí, para entonces ya lo **habremos terminado.**   "Yes, by then we will have finished it."

PRÁCTICA

A. Diga lo que habrán hecho Ud. y las siguientes personas para las fechas u horas indicadas.

1. Para junio, nosotros...
2. Para el 20 de diciembre, yo...
3. Para fines de este verano, mis padres...
4. Para mañana por la tarde, mi amigo...
5. Para la semana próxima, tú...
6. Para mañana a las siete, Uds....
7. Para las diez de la noche, yo...
8. Para las cuatro, mis compañeros de clase...

B. Converse con un(a) compañero(a) sobre lo que habrá pasado en sus vidas y en las de sus familiares y amigos para el año 2010.

B. El condicional perfecto

- The conditional perfect (expressed in English by *would have* + *past participle of the main verb*) is used for the following purposes.

1. It indicates an action that would have taken place (but didn't), if a certain condition had been true.[1]

De haberlo sabido, lo **habría revisado**.	*Had I known, I would have checked it.*

2. It refers to a future action in relation to the past.

Él **dijo** que para mayo **habrían terminado** la construcción del metro.	*He said that by May they would have finished the construction of the subway.*

• The conditional perfect is formed with the conditional of the verb **haber** + *the past participle of the main verb.*

haber (*conditional*)	*Past participle*	
habría	**hablado**	*I would have spoken*
habrías	**comido**	*you would have eaten*
habría	**vuelto**	*he, she, you would have returned*
habríamos	**dicho**	*we would have said*
habríais	**roto**	*you would have broken*
habrían	**hecho**	*they, you would have done, made*

—El clima de ese lugar era cálido y húmedo. De haberlo sabido, no **habría ido** allí.	*"The climate in that place was warm and humid. Had I know, I wouldn't have gone there."*
—En otras palabras, tus vacaciones no fueron muy buenas...	*"In other words, your vacation wasn't very good . . ."*
—¿Cuántos años más deben estudiar Ana y Paco para graduarse?	*"How many more years must Ana and Paco study to graduate?"*
—Ellos dijeron que dentro de dos años **habrían terminado.**	*"They said that in two years they would have finished."*

P R Á C T I C A

A. **¡Planee mejor que Manuel!** Aquí tiene una lista de las cosas que Manuel hizo y de las que no hizo cuando fue de vacaciones a México en coche. Diga lo que Ud. y otras personas habrían hecho, usando la información dada.

1. No revisó la presión de aire de las llantas.   (yo)
2. No llevó mapas.   (nosotros)
3. Salió después de las nueve de la mañana.   (tú)
4. No cubrió los muebles de su apartamento.   (mis hermanas)
5. Les escribió solamente una carta a sus padres.   (Uds.)

---

[1] For the use of the conditional perfect in *if*-clauses, see **Lección 10**, page 256.

6. No le dijo a nadie cuándo volvía.   (Marta y yo)
7. Volvió en agosto.   (Ud.)

B. Converse con un(a) compañero(a) sobre lo que habrían hecho, y lo que no habrían hecho en la escuela secundaria, de haber sabido lo que saben ahora.

---

4 • Género de los nombres: casos especiales

Sustantivos que cambian de significado según el género

- A few nouns in Spanish vary in meaning according to differences in gender indicated by masculine or feminine articles. The following nouns have a single invariable form.

Masculino		Femenino	
el cabeza	*leader*	**la** cabeza	*head*
el capital	*money, capital*	**la** capital	*capital city*
el corte	*cut, style*	**la** corte	*court*
el cura	*priest*	**la** cura	*healing*
el frente	*front, battlefront*	**la** frente	*forehead*
el guardia	*guard*	**la** guardia	*security force*
el guía	*guide*	**la** guía	*guidebook, directory*
el orden	*order, method*	**la** orden	*order, command*
el parte	*official communication*	**la** parte	*part, portion*
el policía	*policeman*	**la** policía	*police (organization)*[1]

Ellos quieren ir a **la capital,** pero no tienen **el capital** que necesitan.

- Other nouns that change meaning according to gender change both the article and the ending.

Masculino		Femenino	
el bando	*faction, party*	**la** banda	*band, musical group*
el derecho	*right, law*	**la** derecha	*right (direction)*
el fondo	*bottom, fund*	**la** fonda	*inn*
el lomo	*back of an animal*	**la** loma	*hill*
el mango	*handle of a utensil, fruit*	**la** manga	*sleeve*
el modo	*way, manner*	**la** moda	*fashion*
el palo	*stick*	**la** pala	*shovel*
el puerto	*port*	**la** puerta	*door*
el punto	*dot, period*	**la** punta	*point, tip*
el resto	*rest, leftover*	**la** resta	*subtraction*
el suelo	*ground*	**la** suela	*sole*

Me ensucié **la manga** de la camisa con **el mango** de la sartén.

---

[1] **la agente de policía** = policewoman.

PRÁCTICA

A. Complete las siguientes oraciones, usando las palabras de las listas anteriores junto con sus correspondientes artículos definidos o indefinidos.

1. Llevaron _____ de los terroristas a la estación de policía.
2. _____ estaba en la iglesia.
3. Mamá nos llevó a conocer _____ de Brasil.
4. _____ prendieron a los ladrones.
5. Me rompí _____ del vestido con _____ de la sartén.
6. El azúcar siempre se queda en _____ de la taza.
7. No paramos en un hotel sino en _____.
8. Encontré tu dirección en _____ de teléfonos.
9. Pusimos todo _____ en el banco.
10. Sr. Roca, coma Ud. _____ del flan y deje _____ para los niños.
11. Los soldados no obedecieron _____ del general.
12. Los barcos ya están en _____.
13. Se me rompió _____ del lápiz y ahora no puedo escribir.
14. Los soldados murieron en _____ de batalla (*battle*).

B. Busque en la columna **B** la definición que corresponde a cada una de las palabras de la columna **A**.

A	B
1. la corte	a. espalda de un animal
2. el lomo	b. grupo musical
3. la suela	c. opuesto de *izquierda*
4. el palo	d. parte del cuerpo humano
5. el orden	e. la manera
6. la banda	f. facción o partido
7. el guía	g. pedazo de madera
8. la derecha	h. lugar donde trabaja el juez
9. el modo	i. parte del zapato
10. la cabeza	j. método
11. el bando	k. operación aritmética
12. la loma	l. herramienta (*tool*)
13. la pala	m. persona que acompaña a un grupo
14. la resta	n. elevación del terreno
15. el suelo	o. signo de puntuación
16. la puerta	p. parte de la cabeza
17. el punto	q. piso
18. la frente	r. lugar por donde entramos o salimos

◈ ¿Cuánto sabe usted ahora?

A. Palabras y más palabras.

I. ¿Qué palabra o palabras corresponden a lo siguiente?

1. lo que se paga cuando se importan productos
2. gasolinera
3. parte del coche donde se pone la gasolina
4. opuesto de *lleno*
5. aguantar
6. detenerse
7. llanta
8. persona de Venezuela
9. lo que se usa para pagar sin dinero
10. gustosamente
11. divertirse
12. exceso de coches en una calle
13. mirar para confirmar que todo está bien
14. metro, ómnibus, etc.
15. agua, comida, ropa, etc.
16. metro

II. En parejas, busquen en la columna **B** las repuestas a las preguntas de la columna **A**.

A	B
1. Yo le di un billete de $20, ¿no?	a. Petróleo.
2. ¿Revisó el aceite?	b. Cincuenta dólares.
3. ¿Para qué usa el gobierno las divisas?	c. Daremos una vuelta en coche.
4. ¿Qué importan Uds. de Venezuela?	d. No, porque no tengo dinero.
5. ¿Cómo están los precios?	e. Sí, y también la presión de aire de las llantas.
6. ¿Cuánto cobraron?	f. El ruido.
7. ¿Qué les dirás?	g. Al cajero.
8. ¿Qué harán esta tarde?	h. Para industrializar el país.
9. ¿A quién le darás el dinero?	i. Sí, lo voy a llenar.
10. ¿Vas a pagar en efectivo?	j. Muy elevados.
11. ¿Qué te despertó?	k. Sí, aquí tiene el vuelto.
12. ¿Está vacío el tanque?	l. ¡Que les vaya bien!

B. ¿Qué pasará mañana?   Esto es lo que pasó ayer. Vuelva a escribir el siguiente párrafo para decir lo que pasará mañana, usando el futuro de los verbos en cursiva.

Ayer, como todos los días, *me levanté* temprano, *me vestí* y *salí* para la oficina. *Llegué* tarde a causa del embotellamiento del tráfico. Al llegar, el jefe *vino* a verme y me *dijo*: "Necesitamos los últimos informes sobre la importación de petróleo de este año." Yo no *pude* dárselos, porque no *estaban* terminados. *Preparé* los anuncios para ponerlos en el periódico, *hice* café para todos y después *invité* a Nora a almorzar pero, como siempre, no *quiso* ir conmigo. Por la tarde *puse* en orden toda la correspondencia de la semana y *escribí* varias cartas. En fin, *tuve* un día muy ocupado.

C. ¿Qué habrían hecho?   Diga lo que habrían hecho las siguientes personas, según la situación dada. Cambie los infinitivos al condicional perfecto.

De haber sabido que íbamos a tener invitados, habríamos hecho lo siguiente:

1. *Yo:*   levantarme mucho más temprano y limpiar la casa
2. *Elvira:*   comprar comida y refrescos
3. *Tú:*   traer los discos de música latina
4. *Carlos y Alicia:*   volver temprano de la escuela
5. *Víctor y yo:*   preparar un buen postre
6. *Uds.:*   ponerse a lavar las copas

D. Noticias de hoy.   En parejas, completen los anuncios comerciales y las noticias con el equivalente español de las palabras de la lista y representen el telediario (*television news broadcast*).

security force	sleeves	the police
your head	the capital (city)	way
fashion	the leader	policemen
official communication	the inn	the cure
the order	the band	the port

1. Y ahora tenemos para Uds. las últimas noticias. Nicaragua: _____ detuvo esta mañana _____ de una organización terrorista que había atacado a _____ del palacio presidencial. Según _____ oficial, ya se ha restablecido _____ en _____.
2. En la ciudad de Esmeralda, debido a la tormenta, dos _____ resultaron heridos al tratar de ayudar a varias personas que estaban cenando en _____ La Madrileña cuando el techo (*roof*) cayó sobre ellas. Varios barcos que estaban en _____ también sufrieron daños por la tormenta.
3. Otra noticia muy importante: Un científico francés afirma que acaba de descubrir _____ para el cáncer.
4. Si le duele _____, tome Mejoral. Recuerde: *Mejor mejora Mejoral.*
5. ¿Se va de vacaciones? El mejor _____ de viajar es, como siempre, con la Aerolínea Nacional.
6. La tienda La Elegancia presentó hoy una exhibición con la nueva _____ de invierno. Llamaron la atención las enormes _____ y el nuevo estilo de pantalones, que sólo llegan hasta la rodilla. Mientras las modelos desfilaban, _____ musical tocaba música moderna.

E. Vamos a conversar.

1. ¿Cree Ud. que el automóvil continúa siendo un símbolo de progreso? ¿Por qué o por qué no?
2. ¿Usa Ud. el transporte colectivo? ¿Cuándo?
3. En las estaciones de servicio, ¿paga Ud. en efectivo?
4. ¿Qué cosas revisa Ud. en su automóvil antes de salir para un largo viaje?
5. ¿Preferiría Ud. comprar un coche norteamericano o un coche extranjero? ¿Por qué?
6. ¿Qué hace el gobierno de Estados Unidos para limitar la importación de automóviles?
7. ¿Por qué es el automóvil un artículo de primera necesidad en muchas ciudades norteamericanas?
8. ¿Cuál cree Ud. que sería una solución para los embotellamientos de tráfico?
9. ¿Qué tipo de transporte cree Ud. que tendremos que usar en el futuro?
10. ¿Para qué año cree Ud. que se habrá resuelto el problema de la contaminación del aire?

F. Medidas contra la contaminación.   Escriba una lista de sugerencias que Ud. cree que pueden ayudar a resolver el problema de la contaminación del aire causada por el uso excesivo de los automóviles.

Continuemos

Aumente su vocabulario

Otras palabras relacionadas con el automóvil

el acumulador, la batería   battery
el anticongelante   antifreeze
arrancar   to start (*a motor*)
el asiento   seat
el capó   hood
la chapa, la placa   license plate
el faro   headlight
el freno   brake
funcionar   to work, to function
el gato   jack
la goma pinchada (ponchada)   flat tire
la grúa, el remolcador   tow truck

el guardafango   fender
el indicador   turn signal
el limpiaparabrisas   windshield wiper
el maletero   trunk (*of a car*)
el parabrisas   windshield
el parachoques   bumper
el radiador   radiator
remolcar   to tow
el semáforo   traffic light
el taller de mecánica   repair shop
la ventanilla   window (*of a car, bus, etc.*)
el volante   steering wheel

¿Recuerda el vocabulario nuevo?

A. Complete las siguientes oraciones utilizando el vocabulario de la lista anterior.

1. Mi coche no arranca. Tengo que llevarlo al _____. Necesita un _____ nuevo.
2. Necesitamos ponerle anticongelante al _____.
3. Necesito el _____ para cambiar la goma pinchada.
4. Para remolcar el coche, vamos a necesitar una _____.
5. Las luces del _____ son roja, amarilla y verde.
6. No pude parar el coche porque los _____ no funcionaban.

B. Nombre las partes del coche señaladas por los números.

De esto y aquello...

Hablemos del transporte

En parejas, lean este anuncio y contesten las siguientes preguntas.

Buick Century Limited

Más amplio, elegante, cómodo y potente

Mucho más grande que los modelos anteriores, con más espacio interior y con el maletero más amplio, este Buick Century ofrece no sólo comodidad a sus pasajeros, sino mayor seguridad con doble bolsa de aire, frenos antibloqueantes y protección a los lados en caso de accidentes. Con mayor flexibilidad en el volante, sobre todo a la hora de aparcar, este auto es uno de los más competitivos del mercado actual.

Su estilo, sus líneas aerodinámicas, su belleza exterior y su comodidad interior, lo hacen práctico y atractivo ante los ojos de los consumidores. La potencia de su motor—160 caballos de fuerza, transmisión electrónica de cuatro velocidades, 20 millas por galón en la ciudad y 29 en la carretera—dicen claramente de la calidad del Buick Century.

1. ¿Qué marca (*brand*) de coche anuncian?
2. ¿Qué diferencia hay entre este Buick y los modelos anteriores?
3. ¿Por qué es más seguro este Buick Century?
4. ¿Por qué es más fácil aparcar este auto?
5. ¿Por qué es atractivo para el consumidor este Buick?

6. ¿Cuántos caballos de fuerza tiene el motor de este coche?
7. ¿Cuántas millas por galón hace este coche en la ciudad? ¿Y en la carretera?
8. Después de leer este anuncio, ¿compraría Ud. este coche? Explique sus razones.

¿Qué dirían ustedes?

Imagínese que Ud. y un(a) compañero(a) se encuentran en las siguientes situaciones. ¿Qué va a decir cada uno?

1. Uds. están en una estación de servicio y quieren preparar bien el coche para un viaje largo. Necesitan darle instrucciones al empleado de la gasolinera.
2. Uds. le explican a un estudiante latinoamericano por qué el automóvil es un artículo de primera necesidad en Estados Unidos.
3. Unos amigos de Uds. vienen de visita inesperadamente. Su casa está sucia y Uds. no tienen nada que ofrecerles para comer y beber. Díganles lo que Uds. habrían hecho de haber sabido que ellos iban a venir.
4. Uds. van a alquilar un coche. Describan el tipo de coche que quieren y digan por cuánto tiempo lo necesitan.

Una encuesta

Entreviste a sus compañeros de clase para tratar de identificar a aquellas personas que...

1. ...tienen cambio para un billete de veinte dólares.
2. ...siempre pagan en efectivo.
3. ...tienen un automóvil importado.
4. ...han comprado un coche recientemente. ¿De qué marca?
5. ...han viajado en metro alguna vez.
6. ...ahorran dinero todos los meses.
7. ...tendrán que llenar el tanque de su coche hoy.
8. ...tuvieron que llevar el coche al mecánico la semana pasada.

Y ahora, discuta el resultado de la encuesta con el resto de la clase.

¡De ustedes depende!

Uds. y unos amigos sudamericanos piensan viajar en coche por Estados Unidos. Discutan lo que harán para prepararse para el viaje con respecto a lo siguiente.

1. el coche
2. la ropa
3. las maletas
4. la casa
5. quién cuidará al perro y al gato
6. cosas para comer y beber durante el viaje
7. itinerario del viaje
8. lugares que visitarán

¡Debate!

La clase se dividirá en dos grupos para discutir el siguiente tema: ¿Qué es mejor: un buen sistema de transporte público o que cada persona tenga su propio coche? Cada grupo debe señalar las ventajas y desventajas que ofrecen las dos opciones.

Lecturas periodísticas

Para leer y comprender

A. Antes de leer detalladamente el siguiente artículo, fíjese en el título y en las diferentes categorías de información. Haga una lista de palabras y expresiones asociadas con cada categoría.

B. Al leer detalladamente el artículo, busque las respuestas a las siguientes preguntas.

1. ¿Para qué tipo de conductores hay un límite de 0,3 gramos de alcohol por litro de sangre?
2. ¿En qué casos está permitido dar ráfagas de luces?
3. ¿Qué tendrán que usar las personas que viajan en motocicleta?
4. ¿Por qué está prohibido arrojar colillas a la calle?
5. ¿Qué debe hacer el peatón cuando camina por la noche fuera de las poblaciones?
6. ¿Qué les está prohibido a los que usan patines?
7. ¿En qué parte del coche les está prohibido viajar a los niños?
8. ¿Qué no podrán utilizar los conductores de vehículos?

Grandes cambios en el código de circulación

A partir del° 15 de junio, los conductores españoles deben cumplir las nuevas normas de circulación. A continuación° se presentan los principales cambios.

ADELANTAMIENTOS°   Permitido por la derecha en el caso de que el adelantado° doble a la izquierda.

ALCOHOL   Límite de 0,8 gramos de alcohol por litro de sangre con carácter general; para los conductores de camiones° de más de 3.500 kilos, 0,5, y 0,3 para conductores de autobuses, transporte escolar, mercancías peligrosas°, vehículos de emergencia, taxis y transportes especiales. Cualquier° conductor puede ser obligado a someterse a la prueba de alcoholemia, bajo multa°.

LUCES   Prohibido dar ráfagas°, excepto para advertir de la presencia del vehículo, avisar de la intención de adelantar o evitar un accidente. Todos los vehículos que circulen por carriles° reversibles deben llevar las luces encendidas, lo mismo por el día que por la noche.

A... Starting on
A... Below
Passing / the person being passed

trucks
dangerous
Any
fine

dar.. to flash lights

lanes

La motocicleta es un medio de transporte muy popular en Barcelona, España.

CINTURONES   Deben ser usados en ciudad y en carretera. En los automóviles matriculados a partir del 15 de junio, también serán obligatorios para los ocupantes de los asientos traseros. A partir de julio también serán obligatorios para conductor y pasajeros de asientos delanteros° de autobuses.   front seats

CASCO°   Será obligatorio a partir del primero de septiembre, en la ciudad, para los conductores y viajeros de motocicletas.   Helmet

DROGAS   Queda prohibida la ingestión de cualquier medicamento o sustancia estupefaciente que pueda alterar al conductor del vehículo.

INCENDIO   Queda prohibido arrojar° a la vía colillas° o cualquier otro objeto que pueda causar incendios u otros daños°.   throw / cigarette butts / damages

PEATONES°   Los peatones habrán de llevar un elemento reflectante bien visible cuando caminen de noche, fuera de las poblaciones, o cuando la visibilidad sea escasa debido a las condiciones meteorológicas.   Pedestrians

PATINES°   Los usuarios de patines o monopatines° no podrán circular por la calle, ni agarrarse° a los vehículos y dejarse arrastrar° por ellos.   Roller skates / skateboards / hold on / be dragged

NIÑOS   Los menores de doce años nunca podrán viajar en los asientos delanteros.

PRIORIDAD DE PASO   En las zonas residenciales, los conductores siempre cederán el paso° a los peatones.   cederán... will yield the right-of-way

AURICULARES°   Prohibido conducir utilizando auriculares conectados a aparatos de sonido, incluidos los teléfonos.   Headphones

La Dirección General de Transporte no ha dado ningún período de adaptación al nuevo reglamento. A partir del 15 de junio todos deberemos saber los cambios.

Adaptado de ***Tiempo*** (España)

Desde su mundo

1. De las reglas que aparecen en el artículo, ¿cuáles no existen en Estados Unidos o son diferentes de las que hay aquí?
2. ¿Cuáles son las reglas que Ud. considera más importantes para salvar vidas? Señale cuatro o cinco y colóquelas en orden de importancia.

Pepe Vega y su mundo

Teleinforme

Para muchas personas el automóvil les procura (affords them) la independencia. Permite la posibilidad de moverse sin seguir los horarios fijos de los trenes, de los autobuses o de los aviones. Pero también contribuye a la contaminación del aire y a los problemas de tráfico en nuestras ciudades. Una solución es el uso del transporte colectivo: el autobús, el metro o, como vamos a ver en este video, el moto-colectivo.

Preparación

¿Transporte colectivo o personal?   Clasifique cada una de las siguientes expresiones según esté relacionada con el transporte colectivo (**C**), con el transporte personal (**P**) o con ambos (**PC**).

____ 1. el asiento

____ 2. el atasco (*traffic jam*)

____ 3. el autobús

____ 4. el autocar (*long-distance bus*)

____ 5. el automóvil

____ 6. el avión

____ 7. bajar (de un vehículo)

____ 8. el camión

____ 9. la carretera

____ 10. el carro (= el automóvil)

____ 11. el coche (= el automóvil)

____ 12. la comodidad

____ 13. la compañía aérea

____ 14. el (la) conductor(a)

____ 15. el embotellamiento de tráfico (= el atasco)

____ 16. la gasolina

____ 17. la línea

____ 18. llevar

____ 19. el metro

____ 20. la motocicleta

____ 21. la moto de carga (*delivery motorcycle*)

____ 22. el paradero (= la parada, *bus stop*)

____ 23. el (la) pasajero(a)

____ 24. el peatón (*pedestrian*)

____ 25. la pista (= el camino provisional)

____ 26. la plaza

____ 27. ir sentado(a)

____ 28. subir (a un vehículo)

____ 29. el taxi

____ 30. el tráfico

____ 31. el tren de cercanías (*commuter train*)

____ 32. el vehículo

____ 33. el (la) viajero(a)

____ 34. el vuelo

Comprensión

Moto-colectivo   39:56–42:55

Villa El Salvador es un "pueblo joven" que se formó a causa de (*due to*) la explosión demográfica que experimentó Lima, la capital de Perú, en los años setenta. Mucha gente huyó de (*fled*) sus casas en la sierra a Lima después del terremoto de Hyungai en 1970. Como no había espacio para todos en la ciudad, muchas familias construyeron sus casas en el desierto, en las afueras (*outskirts*) de Lima. Poco a poco estos campamentos se convirtieron en pequeñas comunidades, y ahora tienen toda la infraestructura de un pueblo moderno: su propio gobierno, luz, agua, canal de televisión (como el canal 45 V.E.S., coproductor de este video) y transporte público. En este segmento veremos algunos detalles sobre la evolución de varias asociaciones de moto-colectivos en esta comunidad.

A. ¿Qué es un moto-colectivo?   Al ver el video por primera vez, describa un moto-colectivo utilizando las preguntas a continuación como guía. Marque cuáles de los siguientes elementos están presentes en un moto-colectivo.

asientos	indicador	motor	ruedas
capó	limpiaparabrisas	parabrisas	ventanilla
faro	llantas	parachoques	volante
freno	maletero	radiador	

1. ¿Cuántas ruedas tiene un moto-colectivo?
2. ¿Se sientan los pasajeros en los asientos delanteros (*front seats*) o en el asiento trasero (*back seat*)?
3. ¿Pueden sentarse varias personas? ¿Como cuántas?
4. ¿Se sienta el conductor en uno de los asientos delanteros o en el asiento trasero?

B. ¿Qué nos cuentan?   Complete las siguientes oraciones proporcionando la información correcta.

1. El señor que habla llegó a Villa El Salvador hace ... años.
   a. cuatro
   b. cuarenta
   c. catorce
2. Él quiere que las autoridades locales pavimenten las calles para que...
   a. sus motos no se maltraten.
   b. sus hijos puedan correr en bicicleta.
   c. él pueda conducir su carro.
3. La mujer que habla es...
   a. la esposa del fundador de la primera asociación de moto-colectivos.
   b. la esposa del señor que habla.
   c. la fundadora de la primera asociación de moto-colectivos.
4. Cuando empezaron el servicio de moto-taxis, la mujer se sentaba en la moto con su esposo y ella...
   a. conducía.
   b. ayudaba a los pasajeros a subir y a bajar.
   c. llamaba a la gente y luego se bajaba cuando subía el pasajero.
5. Al principio el moto-colectivo era una moto normal, pero ahora tiene...
   a. parabrisas.
   b. asientos.
   c. maletero.
6. Poco a poco la línea se extiende. Es decir, hay más...
   a. asociaciones.
   b. motos.
   c. paraderos.
7. Al principio había una o dos motos y ahora...
   a. hay más de cien motos.
   b. hay más de mil motos.
   c. hay siete motos.

Ampliación

¡A ofrecer un servicio!　En parejas, piensen en algún servicio que Uds. podrían ofrecer, dedicando una cosa suya a un uso colectivo. Por ejemplo: convertir su bicicleta en vehículo de carga, o una minivan en microbús, o su cocina en la cocina de un restaurante, etc. Preparen un anuncio para su nueva asociación y describan el servicio que le ofrecen al público.

¡Naveguemos!

Si desea explorar otros aspectos relacionados con esta lección, haga las actividades de la red (*Internet*) que corresponden a la lección. Vaya primero a http://www.hmco.com/college en la red, y de ahí a la página de *¡Continuemos!*

¿Están listos para el examen?

(Lecciones 7—9)

Tome este examen para ver cuánto ha aprendido. Las respuestas correctas aparecen en el **Apéndice C.**

Lección 7   **A.** El imperativo de la primera persona del plural

Conteste las siguientes preguntas, siguiendo el modelo.

> MODELO: ¿Dónde ponemos los libros?   (en la mesa)
> *Pongámoslos en la mesa.*

1. ¿A qué hora nos levantamos mañana?   (a las seis)
2. ¿A qué hora nos acostamos esta noche?   (a las once)
3. ¿Nos bañamos por la mañana o por la tarde?   (por la mañana)
4. ¿Qué le decimos al supervisor?   (que necesitamos un aumento de sueldo)
5. ¿Se lo decimos al presidente de la compañía?   (no)
6. ¿A quién le damos las cartas que escribimos?   (al Sr. Torres)

B. El subjuntivo para expresar duda, incredulidad y negación

Cambie las siguientes oraciones de acuerdo con los nuevos comienzos.

1. Yo creo que los niños saben jugar al fútbol. Yo no creo _____ .
2. Es verdad que ella siempre gana. No es verdad _____ .
3. Yo no dudo que Uds. pueden mejorar su estilo. Yo dudo _____ .
4. Ellos no creen que nosotros seamos los campeones. Ellos creen _____ .
5. Yo estoy seguro de que ellos van con el guía. Yo no estoy seguro _____ .
6. Es cierto que ellos tienen una tienda de campaña. No es cierto _____ .

C. El subjuntivo para expresar lo indefinido y lo inexistente

Complete las siguientes oraciones, usando el presente de indicativo o el presente de subjuntivo de los verbos que aparecen entre paréntesis.

1. Buscamos una casa que _____ (tener) cinco dormitorios; ahora tenemos una casa que _____ (tener) tres dormitorios.
2. ¿Hay alguien aquí que _____ (poder) conseguir las entradas?
3. Yo no conozco a nadie que _____ (saber) esquiar mejor que Ana.
4. Hay muchas chicas que _____ (escalar) montañas.
5. Buscamos un guía que _____ (conocer) muy bien la ciudad.
6. No hay nadie que _____ (querer) llevar a los niños a acampar.

D. Expresiones que requieren el subjuntivo o el indicativo

Complete las oraciones con el indicativo o el subjuntivo, según sea necesario.

1. No podemos ir al teatro a menos que ellos _____ las entradas.   (sacar)
2. Vamos a empezar el partido en cuanto el árbitro _____.   (llegar)
3. Siempre vamos a montar a caballo cuando _____ dinero.   (tener)
4. Voy a llamarlo tan pronto como _____ la pelea.   (terminar)
5. Quizás tú y yo _____ ir a bucear, pero lo dudo.   (poder)
6. Vamos a escalar con tal de que Ud. lo _____ también.   (hacer)
7. Mi familia no va a ir a esquiar hasta que yo _____.   (aprender)

E. ¿Recuerda el vocabulario?

Complete las siguientes oraciones con palabras y expresiones de la **Lección 7**.

1. No me gustan mucho las actividades al _____ libre.
2. ¿Tú tienes una tienda de _____?
3. Mi _____ favorito es el tenis.
4. Ganó la _____ en el tercer asalto.
5. Hubo un _____ de fútbol americano ayer.
6. Uno de los jugadores se _____. Lo llevaron al hospital.
7. Luis está leyendo la página _____.
8. Quiero ver ese partido. No me lo quiero _____.
9. A _____ de que jugaron muy bien, perdieron 110 a 108. El partido fue muy _____.
10. El atleta por _____ se mata en el segundo _____.
11. A mi hermano no le gusta _____ a caballo.
12. Fuimos al _____ para ver la carrera de _____.
13. Me gusta mucho el _____ acuático.
14. Ella ganó una medalla de oro en los últimos _____ Olímpicos.
15. Alberto es campeón de _____ libre.

Lección 8   **A.** El imperativo: **tú**

Complete las siguientes oraciones, usando el equivalente español de las palabras que aparecen entre paréntesis.

1. _____ al mercado y _____ una docena de huevos. _____ en el refrigerador. _____ en la mesa.   (*Go / bring me / Put them / Don't leave them*)
2. _____ aquí, Anita. _____ un favor: _____ la puerta y _____ las ventanas. (*Come / Do me / close / open*)
3. _____ con Jorge. _____ que venga a vernos mañana.   (*Speak / Tell him*)
4. _____ bueno, Luis. _____ tu calculadora.   (*Be / Lend me*)
5. _____ en el sofá. _____ en la silla.   (*Sit down / Don't sit*)
6. _____ por la puerta, Paquito. _____ por la ventana.   (*Go out / Don't go out*)
7. ¡_____ paciencia, hija! ¡_____ así!   (*Have / Don't talk to him*)

B. El participio

Complete las siguientes oraciones, usando participios en función de adjetivos.

1. No pude entrar porque la puerta estaba _____ .
2. Yolanda no durmió anoche; estuvo toda la noche _____ .
3. Ya no tiene problemas. Todos sus problemas están _____ .
4. Las cartas estaban _____ en francés.
5. Compré unas joyas _____ en Corea.

C. El pretérito perfecto y el pluscuamperfecto

¿Cómo se dice lo siguiente en español?

1. We haven't seen our roommates today. Have you seen them, Anita?
2. My sister has always believed that a rabbit's foot brings good luck.
3. When she arrived home, I had already written the report.
4. When I called her, her husband and her son had already returned.

D. Posición de los adjetivos

Complete las siguientes oraciones, usando el equivalente español de las palabras que aparecen entre paréntesis.

1. Pasé la tarde hablando con _____ .   (*an old friend*)
2. Ella era _____ que tenía hijos.   (*the only woman*)
3. Les serví _____ .   (*a good Spanish wine*)
4. _____ me dijo que no era necesario estudiar ese capítulo.   (*The teacher herself*)
5. Había _____ en el museo.   (*some very interesting paintings*)

E. ¿Recuerda el vocabulario?

Complete las siguientes oraciones, usando vocabulario aprendido en la **Lección 8**.

1. Es _____ . Creo que es de San Juan.
2. No sé si va a venir, pero voy a preparar algo para comer, por si _____ .
3. Ella nunca pasa por _____ de una escalera. ¡Es tan _____ !
4. El niño _____ la pelota por la ventana ayer.
5. Los niños no creen en Santa Claus; creen en los tres _____ Magos.
6. Nos habló de las tradiciones y de las _____ de los pueblos de habla hispana.
7. El 24 de diciembre celebramos la _____ .
8. Va a tener siete años de mala suerte porque rompió un _____ .
9. Iba a llevar a los niños a la feria, pero cambié de _____ .
10. Yo _____ de terminar el informe ahora.
11. Ella cree que es un pueblo atrasado, pero no es _____ . Está muy equivocada.
12. No esperaba verla allí. Me quedé muy _____ cuando la vi.
13. En Estados Unidos se celebra el Día de _____ de Gracias.

Lección 9

A. El futuro

Complete las siguientes oraciones, usando el futuro de los verbos que aparecen entre paréntesis.

1. Yo sé que ella me _____ (decir) que todos nosotros _____ (tener) que trabajar más.
2. Nora _____ (salir) para Costa Rica la semana próxima.
3. Mañana _____ (haber) una fiesta en mi casa, pero yo no _____ (poder) invitar a todos mis amigos.
4. Ellos _____ (poner) todo su dinero en el banco.
5. Nosotros no _____ (caber) en el coche de Tomás, de modo que _____ (ir) en autobús.
6. Supongo que Uds. no _____ (querer) venir a ayudarme mañana. No importa... Yo _____ (hacer) todo el trabajo solo.

B. El futuro para expresar probabilidad o conjetura

¿Cómo se dice lo siguiente en español?

1. Who do you think that girl is? How old do you suppose she is?
2. I wonder what the children are doing in my room.
3. How much do you suppose Alicia's house is worth?
4. Why do you think they bring their children to our house?
5. Do you suppose there is a gas station near here?

C. El condicional

Complete las siguientes oraciones, usando el condicional de los verbos que aparecen entre paréntesis.

¿Qué _____ (hacer) nosotros sin nuestros padres, Adela? Tú no _____ (tener) dinero para estudiar y yo no _____ (poder) comprar ropa. Los chicos _____ (pasar) hambre y Roberto _____ (vivir) en la calle. ¡_____ (ser) un desastre!

D. El condicional para expresar probabilidad o conjetura

¿Cómo se dice lo siguiente en español?

1. What time do you suppose it was when Ana came home?
2. I wonder what she bought.
3. How much do you suppose she paid for the ring?
4. What time do you think she went to bed?

E. El futuro perfecto y el condicional perfecto

Complete las siguientes oraciones usando el equivalente español de las palabras que aparecen entre paréntesis.

1. Para junio, nosotros _____ las clases.   (*will have finished*)
2. ¿Tú _____ para el año dos mil cinco, Anita?   (*will have graduated*)
3. Para la primavera, Jorge ya _____ empleo.   (*will have found*)
4. Yo _____ cien dólares por esos libros.   (*wouldn't have paid*)
5. Ellos _____ la verdad, señora.   (*wouldn't have told you*)

F. Género de los nombres: casos especiales

Dé las palabras que corresponden a las siguientes definiciones.

1. parte de la cabeza
2. espalda de un animal
3. grupo musical
4. manera
5. operación aritmética
6. opuesto de *izquierda*
7. persona que acompaña a un grupo
8. elevación del terreno
9. método
10. signo de puntuación

G. ¿Recuerda el vocabulario?

Complete las siguientes oraciones con palabras y expresiones de la **Lección 9**.

1. El coche no arranca. Yo creo que necesita _____.
2. Voy a pagar con mi _____ de crédito.
3. ¿Tiene Ud. _____ para un billete de veinte dólares?
4. ¿Vamos a dar una _____ en coche?
5. Voy a revisar la _____ de aire de las llantas.
6. El metro es una forma de transporte _____.
7. No aceptan cheques. De haberlo _____, habría traído dinero en _____.
8. El gobierno cobra derechos de _____ muy elevados para limitar la _____ de automóviles.
9. ¿Tú consideras que el automóvil es un artículo de primera _____?
10. Se van de viaje hoy. Espero que lo _____ bien.
11. La _____ de mi coche es JAR 234.
12. Necesito un _____ para cambiar el neumático.
13. Mi coche está descompuesto. Tengo que llevarlo al _____ de mecánica.

Nuestras grandes ciudades:
problemas y soluciones

Dos agentes de policía en Puerto Rico.

Nuestras grandes ciudades: problemas y soluciones

El club de español de una universidad en Miami ha organizado una mesa redonda para hablar sobre los problemas sociales y ambientales de las grandes ciudades. Cuatro estudiantes, de diferentes países de habla hispana, toman parte en la discusión: Gustavo Benedetti, de Argentina; Ignacio Arango, de México; Nélida Hidalgo, de Colombia, y Paloma Iglesias, de España. Rebeca Bernal, nacida en Miami de padres cubanos, es la presidenta del club y va a dirigir la mesa redonda.

REBECA —Bueno, creo que primero debemos identificar los problemas y después hablar de las posibles soluciones. ¿Por dónde empezamos: por los problemas del medio ambiente, de la vivienda, de la delincuencia... ? ¿Ignacio?

IGNACIO —Yo sugiero que empecemos por los problemas de la contaminación del medio ambiente, que no sólo siguen siendo graves, sino que están empeorando más y más, al menos en la Ciudad de México.

REBECA —Estoy segura de que todas las ciudades grandes tienen el problema, aunque poco a poco se están dando pasos para resolverlo. ¿Cuál es la situación en Madrid, Paloma?

PALOMA —Bueno, la contaminación del aire es un problema muy serio, y no se resolverá hasta que la gente no dependa tanto del automóvil, y las fábricas usen combustibles más limpios.

NÉLIDA —Y hasta que nosotros usemos menos pulverizadores de productos químicos, y no produzcamos tanta basura.

REBECA —Exactamente. ¿Y qué me dicen de la contaminación de las aguas? ¿Gustavo?

GUSTAVO —Ése es otro problema que se podría solucionar si la gente cooperara y llevara los residuos de productos químicos a los vertederos públicos, en lugar de ponerlos en la basura o echarlos por los desagües de las casas.

REBECA —Afortunadamente, podemos utilizar productos biodegradables y reciclar todo tipo de materiales. Aquí en Miami reciclamos periódicos, plásticos, aluminio y vidrio. ¿Tienen buenos programas de reciclaje en México, Ignacio?

IGNACIO —Hay algunos, pero dudo que la cooperación haya sido total. Sin embargo, yo opino que los problemas del medio ambiente son más fáciles de resolver que los problemas sociales.

PALOMA —Estoy de acuerdo. En todas las ciudades existen los problemas de las pandillas, de las personas sin hogar y de los que viven en la miseria. Estos problemas son muy complejos y cada día parecen agravarse.

REBECA —Tienes razón. Según las últimas estadísticas, ni aun los pueblos pequeños están libres de las drogas y de otros problemas sociales como los asesinatos, las violaciones y los robos. ¿Cuál es la situación en Colombia, Nélida?

NÉLIDA —Muchas organizaciones están tratando de resolver estos problemas, pero sus esfuerzos fracasarán a menos que todo el mundo coopere y que las leyes sean más estrictas.

IGNACIO —Eso es cierto. Muchos de estos problemas se habrían solucionado ya si se hubiera educado mejor al pueblo.

GUSTAVO —Sí, es importante que hagamos de la educación nuestra primera prioridad. Como dijo Sarmiento: "El pueblo es el soberano, y hay que educar al soberano".

C·H·A·R·L·E·M·O·S

1. ¿Cuál es la nacionalidad de cada uno de los participantes de la mesa redonda?
2. ¿De qué van a hablar los participantes, y quién va a dirigir las discusiones?
3. ¿Qué sugiere Ignacio?
4. Según Paloma, ¿cuáles son las principales causas de la contaminación del aire?
5. ¿Cómo dice Gustavo que podría solucionarse el problema de la contaminación de las aguas?
6. ¿Qué cosas reciclan en Miami?
7. ¿Qué problemas sociales menciona Rebeca? Estos problemas, ¿son exclusivos de las grandes ciudades?
8. Según Nélida, ¿qué pasará si la gente no coopera?
9. ¿Cuál de los problemas mencionados le parece a Ud. más grave?
10. ¿Cómo interpreta Ud. las palabras de Sarmiento?

Vocabulario

Nombres

el asesinato   murder
la basura   garbage, trash
el combustible   fuel
la contaminación, la polución   pollution
la delincuencia   delinquency, crime
el desagüe   sewer, drain
el desecho, el desperdicio   waste
la droga   drug[1]
el esfuerzo   effort
la estadística   statistic
la fábrica, la factoría   factory
la ley   law
el medio ambiente   environment
la miseria, la pobreza   poverty

la pandilla   gang
el pueblo   town
el pulverizador   spray, spray can
el residuo   by-product
el robo   robbery, burglary
el soberano   sovereign
el vertedero   disposal site, dump
la violación   rape
la vivienda   housing

Verbos

agravarse, empeorarse   to become worse
cooperar   to cooperate
dirigir   to direct, to moderate
echar   to throw

[1] Generalmente la palabra **droga** no se usa para referirse a medicinas.

educar   to educate
fracasar   to fail
identificar   to identify
nacer   to be born
organizar   to organize
reciclar   to recycle
resolver (o → ue), solucionar   to solve

Adjetivos
ambiental   environmental
cada   each
complejo(a)   complex
grave, serio(a)   serious
libre   free
limpio(a)   clean

químico(a)   chemical
redondo(a)   round

Otras palabras y expresiones
al menos   at least
aunque   although
dar pasos   to take steps
de habla hispana   Spanish-speaking
en lugar de, en vez de   instead of
hay que (+ *inf.*)   one must, it is necessary to
las personas sin hogar   the homeless
ni aún   not even
poco a poco   little by little
todo tipo de   all kinds of

Palabras problemáticas

A. **Fracasar, quedar suspendido** y **dejar de** como equivalentes de *to fail*

• **Fracasar** es lo opuesto de **tener éxito.**

La organización **fracasó** totalmente.

• **Quedar suspendido** se usa para indicar una nota no satisfactoria en un examen o curso.

El muchacho puertorriqueño **quedó suspendido** en el examen de inglés.

• **Dejar de** es el equivalente de *to fail* (*to do something*).

No **dejen de** reciclar el vidrio y los periódicos.

B. **Libre** y **gratis** como equivalentes de *free*

• **Libre** significa **independiente, accesible, disponible.**

Tenemos libertad. Somos **libres.**

¿Está **libre** este taxi?

• **Gratis** significa que se obtiene **sin pagar.**

Los conciertos son **gratis** durante el verano.

PRÁCTICA

Complete los siguientes diálogos y léalos con un(a) compañero(a).

1. —¿Cómo te fue en el examen?
   —¡Muy mal! _____ _____. Saqué una "F".

2. —¿Tenemos que pagar por los libros?
   —No, son _____.
3. —¿Tuvo éxito el programa?
   —No, _____ totalmente.
4. —Mañana tenemos un examen.
   —Sí, no podemos _____ de ir a clase.
5. —Ahora es difícil conseguir casa en las ciudades grandes.
   —Sí, y hay pocos apartamentos _____.

 ## Estructuras gramaticales

1 · El imperfecto de subjuntivo

- The imperfect subjunctive has two sets of endings: the **-ra** endings (which are more commonly used) and the **-se** endings. The imperfect subjunctive of all verbs is formed by dropping the **-ron** ending of the third-person plural of the preterit and adding the corresponding endings.

-ra *endings*		-se *endings*	
-ra	-´ramos[1]	-se	-´semos[1]
-ras	-rais	-ses	-seis
-ra	-ran	-se	-sen

Verb	Third-person plural preterit	Stem	First-person singular imperfect subjunctive	
			-ra *form*	-se *form*
llegar	llegaron	**llega-**	llegara	llegase
beber	bebieron	**bebie-**	bebiera	bebiese
recibir	recibieron	**recibie-**	recibiera	recibiese
ser	fueron	**fue-**	fuera	fuese
saber	supieron	**supie-**	supiera	supiese
decir	dijeron	**dije-**	dijera	dijese
poner	pusieron	**pusie-**	pusiera	pusiese
servir	sirvieron	**sirvie-**	sirviera	sirviese
andar	anduvieron	**anduvie-**	anduviera	anduviese
traer	trajeron	**traje-**	trajera	trajese

---

[1] Notice the written accent mark on the first-person plural form: **comiéramos, comiésemos.**

- The imperfect subjunctive is used:

    1. When the verb in the main clause is in a past tense (preterit, imperfect, or past perfect) or in the conditional (or conditional perfect) and requires the subjunctive in the subordinate clause.

    —¿Qué les pidió que hicieran?   *"What did he ask you to do?"*
    —**Nos pidió** que **recicláramos**   *"He asked us to recycle the newspapers."*
    los periódicos.

    —**Me gustaría** que **limpiaras** el   *"I would like you to clean the garage."*
    garaje.
    —No tengo tiempo hoy.   *"I don't have time today."*

    2. When the verb in the main clause is in the present, but the subordinate clause refers to the past.

    —Es una lástima que Carlos no   *"It's a pity that Carlos didn't come*
    viniera ayer.   *yesterday."*
    —Estuvo muy ocupado.   *"He was very busy."*

    3. To express an impossible or improbable wish.

    —Oscar se va a España otra vez.   *"Oscar is going to Spain again."*
    —¡Ojalá **tuviera** tanto dinero   *"I wish I had as much money as he*
    como él!   *does!"*

· P R Á C T I C A

A. El Dr. Montoya, que está dando un curso sobre los problemas ambientales, les ha dado a Ud. y a otros miembros de la clase varias instrucciones. Usando el imperfecto de subjuntivo, exprese lo que el profesor ha dicho. Siga el modelo.

MODELO: A Marisa: Busque las estadísticas sobre el uso de pulverizadores.
            Le dijo a Marisa que buscara las estadísticas sobre el uso de pulverizadores.

    1. A Carlos: Escriba un informe sobre el problema de la contaminación de las aguas.
    2. A Uds.: Traigan artículos sobre la polución del aire.
    3. A Mireya y a Saúl: Organicen una mesa redonda.
    4. A ti: Hable con otros estudiantes sobre la importancia del reciclaje.
    5. A mí: Vaya a la biblioteca y saque un libro sobre los problemas ambientales.
    6. A todos nosotros: Estén aquí mañana a las ocho.

B. Un amigo suyo no asistió a la conferencia del profesor Carreras sobre los problemas sociales. Háblele Ud. acerca de algunas de las ideas que el profesor expresó. Siga el modelo.

MODELO: Quiero que Uds. comprendan el problema.
            Dijo que quería que comprendiéramos el problema.

    1. No creo que los problemas sean fáciles de resolver.
    2. Es una lástima que tantos muchachos se unan a las pandillas.

3. Es necesario que identifiquemos los problemas más graves.

4. Es importante que estudiemos los problemas de las personas sin hogar.

5. Es urgente que hagamos un esfuerzo para solucionar los problemas de la delincuencia.

6. No es cierto que la educación sea nuestra primera prioridad.

C. Compare su infancia o adolescencia con las de un(a) compañero(a) usando las siguientes frases.

1. Era una lástima que...   5. Era difícil que...
2. Dudaba que...   6. Yo sentía que...
3. No creía que...   7. Era importante que...
4. Era necesario que...   8. Me alegraba mucho de que...

2 • El imperfecto de subjuntivo en oraciones condicionales

Conditional sentences that contain a subordinate clause starting with **si** (*if*) require the use of the imperfect subjunctive when the verb of the main clause is in the conditional tense. In this construction, the *if*-clause may express

1. a contrary-to-fact situation (one that is not true)
2. a hypothetical situation
3. a supposition

Cond.   Imp. Sub.   Imp. Subj.   Cond.
Iría si **tuviera** dinero.   Si **tuviera** dinero, iría.

Subordinate clause	Main clause
si + imperfect subjunctive ↔ conditional	

—¿Vas a irte de vacaciones este verano?   *"Are you going to go on vacation this summer?"*

—Bueno, si **tuviera** dinero iría a Hawai, pero como no lo tengo, me quedaré en casa.   *"Well, if I had money I would go to Hawaii, but since I don't have it, I'll stay at home."*

¡ ATENCIÓN ! When the *if*-clause expresses something that is real or likely to happen, the indicative is used after **si** in the subordinate clause, and the present or the future is used in the main clause.

Ind.   Fut.   Ind.   Pres.
Si **tengo** dinero **iré** a Hawai.   Si **tengo** dinero **voy** a Hawai.

• The imperfect subjunctive is used after the expression **como si...** (*as if . . .*) because this expression implies a contrary-to-fact condition.

—Nora habla **como si supiera** mucho de política internacional.   *"Nora speaks as if she knew a lot about international politics."*

—Sí, pero realmente sabe poco.   *"Yes, but in reality she knows little."*

PRÁCTICA

A. En parejas, completen los siguientes diálogos usando el imperfecto de subjuntivo o el presente de indicativo.

1. —¿Vas a ir a la conferencia esta noche?
   —Voy a ir si no _____ (tener) que trabajar.
2. —Adela se compró un abrigo que costó cinco mil dólares.
   —¡Está loca! Gasta dinero como si _____ (ser) millonaria.
   —Sí, si su padre no le _____ (dar) tanto dinero no sería tan irresponsable.
3. —¿Adónde vas a ir de vacaciones?
   —Si _____ (poder), voy a ir al norte de California.
   —Si yo _____ (ser) tú, no dejaría de visitar San Francisco.
   —Si los chicos _____ (querer) ir y nosotros _____ (tener) tiempo, iremos.
4. —¿Vas a participar en la mesa redonda?
   —No creo que me inviten, pero si me _____ (invitar) aceptaría con mucho gusto.
5. —¿Vas a aceptar el trabajo en esa fábrica?
   —Lo aceptaría si el salario _____ (ser) mejor y no _____ (tener) que vivir en ese pueblo.

B. Imagínese que Ud. y varios compañeros están haciendo planes para el verano y están hablando de lo que les gustaría hacer y no pueden. Termine las siguientes oraciones de una manera original. Compare sus oraciones con las de un(a) compañero(a).

1. Yo iría a España si...
2. Mi amigo(a) y yo vamos a tomar una clase si...
3. Tú tendrás que trabajar si...
4. Elba visitaría a sus tíos si...
5. Mi familia y yo nos mudaríamos (would move) si...
6. Ignacio y Miguel no tomarían clases si...
7. Yo pasaré unos días en la playa si...
8. Darío nos invitará a su cabaña si...
9. Tú podrías pasar más tiempo con tu familia si...
10. Uds. saldrán de viaje en agosto si...

---

3 • Los tiempos compuestos del subjuntivo

A. El pretérito perfecto de subjuntivo

The present perfect subjunctive is formed with the present subjunctive of the auxiliary verb **haber** + *the past participle of the main verb.* It is used in the same way as the present perfect in English, but only in sentences that require the subjunctive in the subordinate clause.

Yo dudo que ellos **hayan fracasado.**   *I doubt that they have failed.*

		Present subjunctive of haber	Past participle of main verb
que	yo	haya	trabajado
	tú	hayas	aprendido
	Ud., él, ella	haya	recibido
	nosotros(as)	hayamos	abierto
	vosotros(as)	hayáis	escrito
	Uds., ellos, ellas	hayan	hecho

—Espero que **hayas sacado** la basura.　　*"I hope you have taken out the garbage."*
—Sí, y la cocina ya está limpia.　　*"Yes, and the kitchen is already clean."*

—¿Crees que Juan ha resuelto sus problemas?　　*"Do you think Juan has solved his problems?"*
—No, no creo que los **haya resuelto** todavía.　　*"I don't think he has solved them yet."*

P R Á C T I C A

A. En parejas, completen las siguientes conversaciones usando el pretérito perfecto de subjuntivo. Luego léanlas en voz alta.

   1. —Hoy tenemos que entregar el informe, ¿verdad?
      —Sí, y espero que Alicia ya lo _____ (escribir).
      —Dudo que _____ (hacer) nada porque tiene un examen hoy.
      —David fue a buscarla a la universidad. Ojalá que ella ya _____ (terminar) el examen porque él tiene que volver a la fábrica.
   2. —¿Conoces a alguien que _____ (estar) ayer en la conferencia de la Dra. Covarrubias?
      —Bueno, Pedro estuvo allí, pero no creo que _____ (entender) nada de lo que ella dijo.
      —Es una lástima que nosotros no _____ (poder) ir.
   3. —Espero que Carmela _____ (ver) a la chica que organiza la mesa redonda.
      —No, no creo que _____ (ir) a verla todavía.
      —Me alegro de que nos _____ (invitar) a participar, pero temo que para el fin de semana todavía no nos _____ (dar) la información que necesitamos.

B. En parejas, representen los siguientes diálogos en español.

   1. "Is there anybody here who has lived in a Spanish-speaking country?"
      "I doubt that there is anybody."
   2. "It's a pity that they haven't been able to solve the problems of the homeless."
      "I don't think they have tried to solve them."
   3. "They hope that we have finished the report."
      "We won't be able to finish it until you have obtained the statistic that we need."

B. El pluscuamperfecto de subjuntivo

The pluperfect subjunctive is formed with the imperfect subjunctive of the auxiliary verb **haber** + *the past participle of the main verb*. It is used in the same way as the past perfect tense in English, but only in sentences that require the subjunctive in the subordinate clause.

Yo dudaba que él **hubiera salido.**   *I doubted that he had gone out.*

		Imperfect subjunctive of **haber**	Past participle of main verb
que {	yo	hubiera	trabajado
	tú	hubieras	aprendido
	Ud., él, ella	hubiera	recibido
	nosotros(as)	hubiéramos	abierto
	vosotros(as)	hubierais	escrito
	Uds., ellos, ellas	hubieran	hecho

—¿Conseguiste el empleo?
—No, no me lo dieron porque necesitaban a alguien que ya **hubiera terminado** sus estudios.

"Did you get the job?"
"No, they didn't give it to me because they needed someone who had already finished his studies."

—¿Había alguien allá que **hubiera estado** en Chile?
—No, no había nadie que **hubiera estado** allí.

"Was there anyone there who had been in Chile?"
"No, there was no one there who had been there."

• The pluperfect subjunctive is used instead of the imperfect subjunctive in an *if*-clause when the verb in the main clause is in the conditional perfect.

> Yo habría ido   si **hubiera tenido** tiempo.
> *I would have gone if I had   had   time.*

• The pluperfect subjunctive is used after the expression **como si...** to refer to a contrary-to-fact action in the past. This is expressed in English by the past perfect indicative (*had + past participle*).

> Se quejó   **como si hubiera trabajado** todo el día.
> *He complained as if   he had   worked*   all day long.

—¿Te fijaste qué hambre tenía Juancito?

"Did you notice how hungry Juancito was?"

—Sí, comió **como si** no **hubiera comido** por una semana.
—Si yo **hubiera comido** todo eso, me **habría enfermado.**

"Yes, he ate as if he hadn't eaten for a week."
"If I had eaten all that, I would have gotten sick."

PRÁCTICA

A. Andrés y su familia se han mudado a California. Haga Ud. el papel de Andrés y diga cuál fue la reacción de las siguientes personas. Utilice el pluscuamperfecto de subjuntivo.

MODELO: Ana sintió / mi hermana / no quedarse en Tejas
           *Ana sintió que mi hermana no se **hubiera quedado** en Tejas.*

1. Mis amigos lamentaron / yo / mudarme tan lejos
2. El jefe de mi papá sintió / él / dejar la oficina
3. Raquel no creía / nosotros / decidir mudarnos
4. Mis abuelos se alegraron de / mis padres / volver a California
5. Olga no esperaba / nosotros / encontrar una casa grande y barata

B. Diga lo que Ud. habría hecho si las circunstancias hubieran sido diferentes. Siga el modelo.

MODELO: En la tienda había un vestido azul, pero Ud. quería uno rojo.
           Si el vestido hubiera sido rojo, yo lo habría comprado.

1. Ud. necesitaba comprar un coche, pero no le dieron el descuento que Ud. quería.
2. Le ofrecieron media botella de vino tinto, pero Ud. prefiere vino blanco.
3. Uds. querían pasar un fin de semana en la Costa del Sol, pero en los hoteles no había habitaciones libres.
4. Ud. tenía una cita a las cinco y media, pero no llegó a tiempo porque salió de su casa muy tarde.
5. Uds. querían ir a Río para la época de carnaval, pero no habían hecho reservaciones en ningún hotel.
6. Ud. quería ir a Europa, pero no tenía sus documentos en regla (*in order*).
7. El avión hacía escala en Puebla, y Ud. quería ir en un vuelo directo.
8. Le ofrecieron un puesto en el que Ud. debía trabajar bajo las órdenes de su padre, pero Ud. prefiere trabajar con otra persona.

C. Amplíe cada oración, usando la expresión **como si...** . Siga el modelo.

MODELO: Eva habló de él.
           Eva habló de él como si lo hubiera conocido antes.

1. Los chicos se rieron.   4. Me dieron las gracias.
2. Estábamos cansados.   5. Se perdieron.
3. Pasó la luz roja.   6. Escribió sobre el asesinato.

---

4 • Usos de **pero, sino** y **sino que**

- The conjunction **pero** is used to join two independent clauses. If the first clause is affirmative, **pero** means *but*; if it is negative, **pero** means **but** or **however**.

—¿Eva va a dirigir la mesa redonda?   *"Is Eva going to direct the round table?"*
—No, no la va a dirigir, **pero** va a   *"No, she is not going to direct it, but she*
participar.   *is going to participate."*

- **Sino** means *but* when the first part of the sentence is negative and the second part contradicts the first.

—Uds. fueron a la conferencia la
  semana pasada, ¿verdad?

*"You went to the lecture last week,
  didn't you?"*

—No, no fuimos a la conferencia **sino**
  a la clase.

*"No, we didn't go to the lecture but
  (rather) to the class."*

—Pastor puede cantar en la fiesta. Yo
  sé que a él le gusta cantar.

*"Pastor can sing at the party. I know
  that he likes to sing."*

—No, no le gusta cantar, **sino** bailar.

*"No, he doesn't like to sing, but (rather)
  to dance."*

¡ ATENCIÓN !   When a verb follows **sino**, it is in the infinitive.

- **Sino que** replaces **sino** when the clause that follows has a conjugated verb.

—¿Compraron los Carrasco la casa?

"Did the Carrascos buy the house?"

—No la compraron, **sino que** la
  alquilaron.

*"They didn't buy it, but (instead) they
  rented it."*

P R Á C T I C A

A. Complete lo siguiente, usando **pero**, **sino** o **sino que**.

1. —¿Dónde hay que echar los residuos de productos químicos? ¿En la basura?
   —No, no hay que echarlos en la basura _____ en el vertedero.
2. —¿Elba dirigió la mesa redonda?
   —No, ella la organizó, _____ no la dirigió.
3. —Hablaron sobre la delincuencia, ¿no?
   —No, no hablaron sobre la delincuencia _____ hablaron sobre la pobreza.
4. —¿Fueron a la factoría para ver al supervisor?
   —No, no pudieron ir a verlo, _____ lo llamaron por teléfono.

B. Conteste las siguientes preguntas que le hace un(a) compañero(a), usando **pero**, **sino** o **sino que** en sus respuestas. Trate de usar cada conjunción por lo menos dos veces.

1. ¿Siempre obedeces la ley?
2. ¿Te interesan los problemas ambientales?
3. ¿Echas los residuos de productos químicos en la basura?
4. En política, ¿eres conservador(a)?
5. ¿Estudias por necesidad?
6. ¿Qué haces durante el verano?
7. Los sábados por la noche, ¿te quedas siempre en casa?
8. ¿Siempre estudias en la biblioteca?
9. ¿Te dieron un descuento cuando compraste tu coche?
10. ¿Es verdad que a ti te gusta mucho la comida mejicana?

◆ ¿Cuánto sabe usted ahora?

A. Palabras y más palabras

I. ¿Qué palabra o palabras corresponden a lo siguiente?

1. serio
2. colaborar
3. no tener éxito
4. en vez de
5. casas, apartamentos, etc.
6. empeorarse
7. factoría
8. polución
9. desperdicio
10. opuesto de *simple*
11. dar educación
12. resolver
13. gradualmente
14. miseria
15. los que no tienen dónde vivir

II. En parejas, busquen en la columna **B** las respuestas a las preguntas de la columna **A**.

A	B
1. ¿Hay mucho crimen aquí?	a. El uso de las drogas.
2. ¿Adónde se llevan los residuos de productos químicos?	b. El vidrio y el aluminio.
3. ¿Dónde lo echaste?	c. Que debían ser más estrictas.
4. ¿Cuál fue el tema de la conferencia?	d. Sí, aunque es de buena familia.
5. ¿Cuál es una de las causas de la delincuencia?	e. Sí, pero están dando pasos para resolverlos.
6. ¿Es miembro de una pandilla?	f. La presidenta del Club.
7. ¿Qué tipo de combustible usan?	g. En la basura.
8. ¿Qué van a reciclar?	h. Las estadísticas sobre el crimen.
9. ¿Quién dirige la mesa redonda?	i. Resolver el problema de la vivienda.
10. ¿Qué dijeron de las leyes?	j. Al vertedero.
11. ¿Es cubana?	k. No, ella nació en Miami.
12. ¿Tienen muchos problemas?	l. No, está libre.
13. ¿Qué hay que hacer?	m. Gasolina.
14. ¿Está preso?	n. Sí, robos, violaciones y asesinatos.
15. ¿Qué necesitas para tu informe?	o. Se habló de los problemas ambientales.

B. Las instrucciones de Elena.   Antes de salir para la oficina, Elena le dio a su hermana las siguientes instrucciones. Díganos Ud. lo que Elena le dijo a su hermana que hiciera. Siga el modelo.

MODELO: ELENA: *Limpia* la casa.
           Elena le dijo a su hermana que limpiara la casa.

1. *Estudia* tus lecciones y *haz* la tarea.
2. *Prepara* la comida y *tenla* lista para las cinco.
3. *Lava* los platos y *ponlos* en su lugar.
4. *Báñate* y *baña* a los niños.
5. *Ve* al mercado y *compra* lo que *haga* falta.
6. Antes de salir, *cierra* todas las puertas.
7. *Lleva* el coche a la gasolinera y *dile* al mecánico que lo *revise*.
8. *Trata* de estar de vuelta antes de las cuatro.

C. En la unión está la fuerza.   Ud. tiene un amigo que trabaja organizando su comunidad. Reaccione a las cosas que él cuenta, usando el pretérito perfecto de subjuntivo. Empiece con expresiones como *me alegro de que, ojalá que, siento que, espero que, no es verdad que, es una lástima que, dudo que* o *no creo que*. Utilice cada expresión por lo menos una vez. Siga el modelo.

MODELO: Este año han organizado un buen programa de reciclaje.
           Dudo que este año hayan organizado un buen programa de reciclaje.

1. El gobierno ha resuelto el asunto de los desperdicios químicos.
2. Ellos se han reunido para hablar sobre la contaminación del ambiente.
3. La gente siempre ha llevado los residuos de productos químicos al vertedero.
4. Nosotros siempre hemos usado productos biodegradables.
5. Los problemas de la delincuencia han empeorado.
6. Hemos hablado con las personas que organizan la mesa redonda.
7. Todos juntos hemos identificado los problemas más difíciles de resolver.
8. El alcalde (*mayor*) no se ha reunido con nosotros todavía.
9. Yo he dicho que nuestras iniciativas fracasarán.
10. Nuestros esfuerzos han ayudado a educar a la comunidad.

D. Vamos a conversar.

1. ¿Puede Ud. mencionar tres problemas del medio ambiente que existen en las grandes ciudades?
2. ¿Qué debe evitar Ud. echar por el desagüe de su casa?
3. ¿Qué están haciendo en la ciudad donde Ud. vive para solucionar los problemas de la contaminación?
4. ¿Usa Ud. menos pulverizadores de productos químicos ahora que antes? ¿Por qué?
5. ¿Lleva Ud. los residuos de productos químicos a un vertedero público o los pone en la basura?
6. ¿Qué artículos recicla Ud.?
7. ¿Qué debemos tratar de hacer para proteger la naturaleza?

8. ¿Qué problemas sociales hay en la ciudad donde Ud. vive?
9. ¿Qué organizaciones están tratando de resolver esos problemas?
10. Según Sarmiento, "el pueblo es el soberano". ¿Está Ud. de acuerdo?

E. **Consejos de nuestros padres.**   En parejas, hablen de lo que sus padres les dijeron que hicieran o que no hicieran en cada una de las siguientes situaciones.

MODELO: la primera vez que fue a una fiesta
Me dijeron que volviera a las doce.

1. su primera cita
2. la primera vez que condujo
3. cuando empezó a tomar clases en la universidad
4. cuando viajó solo(a) por primera vez
5. cuando se mudó a su apartamento
6. cuando buscó trabajo por primera vez

F. **Así lo veo yo.**   Escriba sobre los problemas que Ud. nota en la ciudad o en el pueblo donde Ud. vive.

Continuemos

Aumente su vocabulario

Otras palabras relacionadas con los problemas de las grandes ciudades

el alcalde, la alcaldesa   mayor
el arma   weapon
el asalto   assault, hold-up, attack
asesinar   to murder
el, la asesino(a)   murderer, assassin
el comité   committee
la democracia   democracy
la huelga   strike

el ladrón, la ladrona   thief, burglar
la pena capital, la pena de muerte   death penalty
la prisión, la cárcel   prison, jail
rescatar   to rescue
el rescate   rescue; ransom
secuestrar   to kidnap

Tiende la mano a la vida
Hazte donante de sangre

HERMANDAD DE DONANTES
DE SANGRE DE MADRID

¿Recuerda el vocabulario nuevo?

A. Complete las siguientes oraciones, usando palabras de la lista anterior.

1. Formaron un nuevo _____ para estudiar los problemas de la contaminación del aire.
2. Hubo un _____ en el banco ayer por la tarde.
3. Eligieron a un nuevo _____ para la ciudad de Los Ángeles.
4. El líder del sindicato organizó una _____ general.
5. El mes pasado unos hombres _____ al hijo de un millonario y pidieron un millón de dólares como _____.
6. No quiero que compres un revólver porque no me gustan las _____.
7. El _____ entró por la ventana y robó dinero y joyas.
8. Condenaron a los _____ a la pena _____.
9. El gobierno de Estados Unidos es una _____.
10. Oswald _____ al presidente Kennedy en Dallas.
11. Alcatraz era una _____ de máxima seguridad.

B. Ud. y un(a) compañero(a) son policías. Utilicen el vocabulario nuevo y otras palabras que Uds. conocen para hablar de lo que pasó en su trabajo esta semana.

De esto y aquello...

Hablemos de la vida urbana

En parejas, fíjense en las siguientes noticias y después contesten las preguntas de la página 264.

Roban enmascarados medio millón de dólares a banco neoyorquino

NUEVA YORK. Enero 24 (EFE)—Tres enmascarados penetraron en una sucursal del "Chase Manhattan Bank" de Brooklyn, a través del sótano, esposaron a cinco empleados y se llevaron más de medio millón de dólares, en lo que constituye uno de los más importantes robos de banco en la historia de Nueva York.

Las autoridades investigan el atraco, perpetrado a última hora de la tarde del lunes, pero no han detenido todavía a nadie, dijo a EFE Joseph Valiquette, portavoz de la Oficina Federal de Investigación (FBI).

Guerrilleros secuestran a un alcalde

BOGOTA, Enero 8 (UPI) — El alcalde de la población de Achi, en el Departamento de Bolívar, Ricardo Alfonso Castellanos, fue secuestrado por miembros del Ejército de Liberación Nacional (ELN), informaron las autoridades.

La policía detuvo en los últimos días a 22 carteristas

JESUS DUVA, Madrid

Veintidós delincuentes, dedicados a la sustracción de carteras y bolsos de mano, fueron detenidos en los últimos tres días por funcionarios de la Brigada de Seguridad Ciudadana de la Policía Nacional. Los sospechosos fueron capturados *in fraganti* cuando actuaban en la zona centro de la capital.

Tres muertos en enfrentamiento entre policías y narcotraficantes

MEXICO, Enero 26 (UPI) — Policías federales se enfrentaron a tiros con un grupo de narcotraficantes en la aldea de Turicato, en el agitado estado mexicano de Michoacán, resultando tres personas muertas, según informaron las autoridades.

1. ¿Cuánto dinero se llevaron los enmascarados que asaltaron el banco de Brooklyn?
2. ¿A cuántas personas han detenido las autoridades por este asalto?
3. ¿Quién es Ricardo Alfonso Castellanos y qué le sucedió?
4. ¿A quiénes detuvo la Policía Nacional de la ciudad de Madrid?
5. ¿Con quiénes se enfrentaron los policías federales en Turicato?
6. ¿Cuál fue el resultado del encuentro?
7. ¿Qué nos demuestra la lectura de estas noticias?

¿Qué dirían ustedes?

Imagínese que Ud. y un(a) compañero(a) se encuentran en las siguientes situaciones. ¿Qué va a decir cada uno?

1. Uds. dirigen la asociación de vecinos (*neighbors*) de su barrio. Decidan cuáles van a ser sus prioridades para este año.
2. Uds. quieren darle dinero a una organización que trata de resolver los problemas sociales que afectan las grandes ciudades. Hablen de la labor que realizan varias organizaciones.
3. Uds. están en un país de habla hispana y fueron testigos (*witnesses*) de un robo a un banco. Cuéntenle a la policía lo que vieron.

Una encuesta

Entreviste a sus compañeros de clase para tratar de identificar a aquellas personas que...

1. ...se preocupan por el medio ambiente.
2. ...reciclan los periódicos.
3. ...usan productos biodegradables.
4. ...pertenecen a una asociación de vecinos.
5. ...han trabajado en una fábrica.
6. ...creen que la educación debe ser la primera prioridad del gobierno.
7. ...nunca usan pulverizadores de productos químicos.
8. ...han participado en una mesa redonda.

Y ahora, discuta el resultado de la encuesta con el resto de la clase.

¡De ustedes depende!

Uds. le están dando una clase de defensa personal a un grupo de estudiantes latinoamericanos. Háblenles sobre lo siguiente y díganles lo que deben o no deben hacer en cada caso.

1. el peligro (*danger*) de caminar solos (solas) por la noche
2. qué hacer si alguien trata de robarles la cartera
3. las ventajas de tomar una clase de karate o yudo
4. las cosas que tienen que tener en cuenta cuando tienen una cita con alguien que no conocen muy bien
5. las precauciones que deben tomar cuando están en el coche

¡Debate!

La clase se dividirá en dos grupos para discutir la pena de muerte. El primer grupo tratará de demostrar que es una medida necesaria y justa para combatir el crimen y la violencia. El segundo grupo dará una serie de razones para no tenerla, señalando que el gobierno no tiene derecho a quitarle la vida a nadie.

Lecturas periodísticas

Para leer y comprender

A. Al leer el siguiente artículo por primera vez, busque la idea principal de cada párrafo y préstele especial atención a los cognados.

B. Al leer detalladamente el artículo, busque las respuestas a las siguientes preguntas.

1. ¿Qué tipo de productos ha proliferado en los supermercados?
2. ¿Podemos confiar en los alegatos que presentan algunas empresas?
3. ¿Debemos preferir los aerosoles que anuncian que no tienen CFC? ¿Por qué?
4. ¿Por qué dice el artículo que la palabra "biodegradable" se presta a confusión?
5. ¿Es mejor comprar productos reciclables o productos reciclados? ¿Por qué?
6. ¿Qué tipos de frutas y vegetales debemos comprar?
7. ¿Cómo podemos disminuir el consumo de las bolsas de plástico?

En el supermercado

Una verdadera revolución se ha iniciado en un sitio que tú conoces muy bien: el supermercado, donde desde hace algún tiempo comienzan a proliferar los llamados productos "verdes" o "biodegradables".

Empresas de prestigio y otras menos conocidas se preocupan por el ambientalismo°, y ésa es una actitud encomiable° pero con la que hay que estar alertas porque el alegato° se presta para ser malinterpretado. Algunas empresas utilizan el engaño°, y otras simplemente presentan alegatos totalmente irrelevantes.

> environmentalism / praise-worthy / claim
> deceit

Por ejemplo, nótese el caso de los aerosoles. Desde 1978, en pro de la protección de la capa de ozono que protege contra los rayos ultravioletas, el gobierno de Estados Unidos prohibió su contenido de clorofluorocarbono o CFC. A esta fecha, son muchísimos los productos que anuncian en su etiqueta° que están libres de CFC, como si existieran en el mercado otros con el peligroso químico.

> label

La famosa palabra "biodegradable" también se presta a confusión. La vemos en el supermercado en cientos de productos cuya biodegradabilidad va desde meses hasta miles de millones de años.

Estantes de un super-
mercado en Caracas,
Venezuela.

"Biodegradable" se convierte así en una palabra mágica, pero que en muchas ins-
tancias realmente no tiene sentido práctico si se desea preservar el planeta. ¡Hasta el
plutonio es biodegradable si se tiene en cuenta que podría desaparecer en unos
pocos millones de años!

"Reciclable" es otro concepto que a los aficionados al ambientalismo les fascina,
pero el hecho° de que un producto sea reciclable no significa que será reciclado ni   fact
que exista la tecnología para que efectivamente pueda volver a utilizarse.

Averigua° si realmente hay mercado para el reciclaje de determinados productos   Find out
en tu área de residencia. Comprar un producto reciclable por el hecho de que lo dice
su etiqueta no ayuda en nada pero adquirir un artículo confeccionado° con material   made
reciclado es una contribución porque estimula a la empresa que lo produjo.

A veces, incluso° es mejor comprar productos sin empaque o fórmulas concen-   even
tradas, como en el caso de los detergentes. Compra frutas y vegetales orgánicos y,
siempre que sea posible, lleva tu propia bolsa de tela° al supermercado para evitar el   cloth
consumo de las de plástico o papel.

Comprar en favor del ambiente es una actividad que requiere usar la lógica y estar realmente bien informado.

Adaptado de ***Imagen*** (Puerto Rico)

Desde su mundo

1. ¿Qué productos biodegradables o reciclables compra Ud. en el supermercado?
2. Mencione tres medidas (*measures*) que Ud. considera importantes para proteger
   el medio ambiente.

Pepe Vega y su mundo

No tengo coche porque no quiero contribuir a la contaminación del aire.

Teleinforme

Dos grandes problemas de nuestras ciudades son la basura y el tráfico. En este video veremos ejemplos de estos problemas y algunas soluciones.

Preparación

En la lista de expresiones y frases que sigue, indique cuáles son causas (→), cuáles son soluciones (+) y cuáles son ejemplos o resultados (=) de los problemas del tráfico y de la basura. Si la expresión no tiene relación con la categoría, no escriba nada.

	BASURA	TRÁFICO
1. MODELO: aumento en el número de viajeros		→, =
2. MODELO: bodegas de reciclaje (*recycling stations*)	+	
3. carretones de recolección (*collection carts*)		
4. cinco kilómetros de atasco (*traffic jam*)		

BASURA   TRÁFICO

5. desperdicios (*waste*)
6. educar a las nuevas generaciones
7. el programa de papel reciclado
8. el turismo particular (*independent travel*)
9. han muerto en las carreteras españolas cuarenta y dos personas
10. la destrucción de la naturaleza
11. la mayoría opta por el automóvil
12. la protección de los recursos naturales
13. la venta de gasolina ha aumentado
14. las compañías aéreas
15. reciclar plásticos, latas, vidrios y papel
16. los medios de transporte público
17. mingas (*teams*) de limpieza de carreteras y pueblos
18. producir tierra de abono (*compost*) con los desechos (*waste*) orgánicos
19. proteger los bosques remanentes (*remaining forests*)
20. viajar por tren
21. retenciones (*traffic jams*) en las salidas de las grandes ciudades
22. reutilización de papel
23. separar los materiales reciclables
24. una crisis ecológica
25. una gran afluencia (*flow*) de vehículos
26. venderles la basura separada a diversas compañías recicladoras

Comprensión

Operación de vacaciones de Semana Santa   42:57–45:19

A comienzos de la Semana Santa en España se produce un éxodo de viajeros que salen a pasar unas minivacaciones fuera de la casa. El resultado es siempre una retención (*traffic jam*) impresionante en las salidas de las grandes ciudades. En este reportaje, vamos a conocer cuál es la situación en Madrid.

A. ¿Qué oye Ud.?   De las cosas mencionadas en la sección de **Preparación**, señale las que Ud. oye mientras ve el reportaje.

B. ¿Qué entiende Ud.?   Mientras ve el video, escriba o escoja, según corresponda, la respuesta correcta.

1. Según el reportaje, muchos españoles viajan a su lugar de _____ .
2. La mayoría de los viajeros optan por el (transporte público / automóvil).
3. Han muerto en las carreteras españolas _____ personas.
4. Los mayores problemas los tiene (Madrid / Valencia / Cataluña).
5. La M-40 tiene (5 / 15 / 50) kilómetros de atasco en los puntos de llegada.
6. El (gobierno / buen tiempo / buen precio de la gasolina) está facilitando todos estos desplazamientos.
7. Desde el viernes la venta de gasolina ha (bajado / aumentado).
8. Los destinos preferidos son _____ .

Mejora tu tren de vida   45:20–45:48

Este anuncio para los trenes de RENFE presenta imágenes sobre el tránsito y la transportación.

C. Preguntas

1. ¿Qué le sugiere a Ud. la música de este anuncio?
2. ¿Qué le sugieren las imágenes?
3. Explique el significado de la expresión «Mejora tu tren de vida». ¿Es adecuada para resumir este anuncio? ¿Por qué o por qué no?

Reciclaje en Colonche y Manglaralto   45:49–48:33

La Fundación Pro-Pueblo en Ecuador fue creada en 1992 para mejorar la calidad de la vida de los ecuatorianos y para proteger los recursos naturales del país. Produjo el video *Nuestra razón de ser* para educar e informar a la gente sobre sus diferentes proyectos. Este segmento trata de su programa sobre la basura.

D. ¿Qué oye Ud.?   De las cosas mencionadas en la sección de **Preparación**, señale las que Ud. oye mientras ve este programa.

E. Objetivos.   Al ver de nuevo el segmento, indique cuáles de las siguientes oraciones representan objetivos de la Fundación Pro-Pueblo.

1. Mejorar la calidad de vida de los habitantes.
2. Destruir la naturaleza.
3. Traer sequías.
4. Causar emigración.
5. Rescatar la sabiduría de los antepasados.
6. Proteger los bosques.
7. Aprovechar la creatividad de la gente.
8. Educar a la gente.
9. Ganar dinero.
10. Pavimentar las carreteras.
11. Ayudar a las fuerzas armadas.
12. Solucionar el problema de la basura.
13. Organizar carretones de recolección.
14. Cerrar las bodegas de reciclaje.
15. Trabajar de puerta en puerta.
16. Enseñarles a las familias a separar los materiales reciclables.
17. Usar los desechos orgánicos para producir tierra de abono.
18. Venderles la basura a otros países.
19. Reutilizar el papel.
20. Organizar talleres teóricos-prácticos.
21. Producir un papel de muy buena calidad.
22. Darles diplomas a sus participantes.
23. Escribirle cartas al gobierno.

Ampliación

Problemas y soluciones.   Haga una de las siguientes actividades.

1. En parejas, discutan las semejanzas y diferencias entre los problemas y las soluciones de un pueblo como Manglaralto y una ciudad grande como Madrid o Lima.
2. En grupos de tres o cuatro preparen una campaña para el pueblo o la ciudad donde viven, o la universidad donde estudian Uds. Describan el problema que quieren resolver y propongan algunas soluciones.

¡Naveguemos!

Si desea explorar otros aspectos relacionados con esta lección, haga las actividades de la red (*Internet*) que corresponden a la lección. Vaya primero a http://www.hmco.com/college en la red, y de ahí a la página de *¡Continuemos!*

- ✦ *El subjuntivo: resumen general*
- ✦ *Usos de algunas preposiciones*
- ✦ *Verbos con preposiciones*
- ✦ *El infinitivo*

El cine y la televisión

Programa de noticias en el Canal 7 de la
televisión en Costa Rica.

El cine y la televisión

En el programa "Desfile de Estrellas", Jorge Salgado entrevista hoy a Marisa Beltrán, la famosa actriz de cine y televisión.

JORGE —¿Cuánto tiempo hace que llegaste a Buenos Aires?

MARISA —Llegué a mediados del mes pasado para asistir al Festival de Cine.

JORGE —Estoy seguro de que el público argentino está contentísimo de que hayas venido. ¿Es cierto que vas a tener el papel principal en la telenovela "Mis hijos", del canal dos?

MARISA —No, no es verdad. Si me hubieran ofrecido el papel lo habría aceptado, pero no me lo ofrecieron.

JORGE —Tú eres a la vez actriz, directora y productora de la nueva película "Las calles de mi ciudad", ¿verdad?

MARISA —Sí, y ojalá que la película gane algún premio en el festival.

JORGE —Espero que sí porque dicen que es extraordinaria. Y ¿qué planes tienes para el futuro?

MARISA —Por el momento, voy a ponerme a leer una novela que me enviaron y de la que quieren hacer una película.

JORGE —¿Vas a volver a dirigir?

MARISA —Probablemente, porque para mí dirigir es tan importante como actuar.

JORGE —Quiero desearte mucho éxito en todos tus proyectos. Bueno, te doy las gracias por permitirme entrevistarte.

MARISA —No hay de qué. Fue un placer charlar contigo.

Marcos y Teresa, dos televidentes que acaban de ver la entrevista, se ponen a conversar.

MARCOS —Cuando estrenen "Las calles de mi ciudad", quiero ir a verla. Según los críticos, es buenísima.

TERESA —Sí, vale la pena ir al estreno. ¿Viste el programa de Jorge Salgado la semana pasada? Entrevistó a Ángel Valle, el crítico que siempre está hablando de la necesidad de la censura en los medios de comunicación como la televisión, la radio y la prensa. Dice que hay demasiada violencia y sexo.

MARCOS —Valle es demasiado conservador. Quiere que se supriman muchos programas interesantes sin los cuales la televisión sería muy aburrida.

TERESA —Bueno, yo soy contraria a toda clase de censura, pero creo que muchos productores de cine y de televisión están más preocupados por la comercialización que por el arte.

MARCOS —Sí, muchos, y sólo cambiarán cuando el público se canse de la programación actual... Oye, ¿dónde está la guía de espectáculos?

TERESA —Aquí está. Esta tarde dan una buena película en la televisión, pero no vamos a estar en casa.

MARCOS —No te preocupes. Voy a programar la videograbadora y podemos grabar la película para verla más tarde.

TERESA —¡Perfecto! No te olvides de grabarla. ¡Cuento contigo!

C·O·M·P·R·E·N·S·I·Ó·N

A. El profesor o la profesora hará ciertas afirmaciones basadas en los diálogos. Diga Ud. si son verdaderas o no y por qué.

1. Marisa Beltrán acaba de llegar a Buenos Aires.
2. Al público argentino le gusta mucho Marisa Beltrán.
3. Marisa va a ser la protagonista de la telenovela "Mis hijos".
4. Marisa acaba de dirigir una película.
5. Marisa espera que la película "Las calles de mi ciudad" tenga éxito.
6. A Marcos no le interesa la opinión de los críticos.
7. Jorge Salgado sólo entrevista a actrices y a actores.
8. Ángel Valle es una persona muy liberal.
9. Teresa se opone a la censura.
10. Teresa no tiene muy buena opinión de algunos productores de cine y televisión.
11. Según Marcos, la opinión del público puede tener influencia en los programas de televisión.
12. Marcos y Teresa no podrán ver la película que dan esta tarde.

B. La clase se dividirá en grupos de cuatro. Dos estudiantes prepararán unas seis u ocho preguntas sobre la primera parte del diálogo y los otros dos harán lo mismo con la segunda parte. Cada pareja contestará las preguntas de la pareja opuesta.

Vocabulario

Nombres
la actriz   actress
la censura   censorship
el, la crítico(a)   critic
el desfile   parade
la entrevista   interview

la estrella   star
el estreno   premiere, debut
el éxito   success
la guía de espectáculos   movie and TV guide
los medios de comunicación   media

la necesidad   need
el papel   role
la película   movie, film
el placer   pleasure
el premio   prize, award
la prensa   press
el, la productor(a)   producer
la programación   programming
la telenovela   soap opera
el, la televidente   (TV) viewer
la videograbadora, el video   video-
   cassette recorder (VCR)

Verbos
actuar   to act, to perform
cansarse   to get tired
charlar, conversar   to chat, to
   converse
dar   to show (i.e., on TV)
dirigir   to direct
entrevistar   to interview
enviar, mandar   to send
estrenar   to show for the first time
grabar   to record, to tape
ofrecer   to offer
permitir   to allow

programar   to program
suprimir   to get rid of
volver (o → ue) a (+ *inf.*)   to do
   something again or over

Adjetivos
actual   current
conservador(a)   conservative
contento(a)[1]   happy
demasiado(a)   too (much)
principal   main

Otras palabras y expresiones
a la vez   at the same time
a mediados de   around the middle of
contar (o → ue) con   to count on
dar las gracias   to thank
demasiado   too
espero que sí   I hope so
no hay de qué   you're welcome
ponerse a (+ *inf.*)   to start (+ *inf.* or
   gerund)
ser contrario(a) a   to be opposed to
sin los cuales   without which
toda clase de   all kinds of
valer la pena   to be worth it

Palabras problemáticas

A. A mediados de, mediano y medio

• **A mediados de** se usa como equivalente de *around the middle of* (*a month, a year, etc.*).

   Saldremos **a mediados de** año.

• **Mediano(a)** equivale a *average, middle.*

   Es de estatura **mediana.**

• **Medio** equivale a (*the*) *middle* o *half.*

   No debes estar en el **medio** de la calle.
   Quiero **medio** pastel.

---

[1] to be happy = **estar** contento(a)

B. Estar de acuerdo, ponerse de acuerdo y **quedar en**

- **Estar de acuerdo** significa **ser de la misma opinión.**

  No **estoy de acuerdo** con lo que dice esa periodista.

- **Ponerse de acuerdo** equivale a *to come to an understanding.*

  Los dos hablaban a la vez, y no podían **ponerse de acuerdo.**

- **Quedar en** significa *to agree to do something.*

  Quedamos en entrevistarlo la próxima semana.

P R Á C T I C A

En parejas, representen los siguientes diálogos en español.

1. "I think we need censorship."
   "I don't agree with you."
2. "When are you going to see the producer?"
   "We agreed to meet around the middle of August."
3. "Your boyfriend is very short!"
   "He's not short. He is of average height."
4. "They are fighting in the middle of the street."
   "I know. They can never come to an understanding about (**en**) anything."

Estructuras gramaticales

1 • El subjuntivo: resumen general

A. Resumen de los usos del subjuntivo en las cláusulas subordinadas

Use the SUBJUNCTIVE . . .	Use the INFINITIVE . . .
• After verbs of volition, when there is change of subject: Yo quiero que él **salga.**	• After verbs of volition, when there is no change of subject: Yo quiero **salir.**
• After verbs of emotion, when there is a change of subject: Me alegro de que tú **estés** aquí.	• After verbs of emotion, when there is no change of subject: Me alegro de **estar** aquí.
• After impersonal expressions, when there is a subject: Es necesario que él **estudie.**	• After impersonal expressions, when speaking in general: Es necesario **estudiar.**

Use the SUBJUNCTIVE . . .	Use the INDICATIVE . . .
• To express doubt and denial: Dudo que **pueda** venir. Niego que él **esté** aquí.	• When there is no doubt or denial: No dudo que **puede** venir. No niego que él **está** aquí.
• To refer to something indefinite or nonexistent: Busco una casa que **sea** cómoda. No hay nadie que lo **sepa**.	• To refer to something specific: Tengo una casa que **es** cómoda. Hay alguien que lo **sabe**.
• With certain conjunctions when referring to a future action: Cenarán cuando él **llegue**.	• With certain conjunctions when the action has been completed or is habitual: Cenaron cuando él **llegó**. Siempre cenan cuando él **llega**.
• In an *if*-clause, to refer to something contrary-to-fact, impossible, or very improbable: Si **pudiera,** iría. Si el presidente me **invitara** a la Casa Blanca, yo aceptaría.	• In an *if*-clause, when not referring to anything that is contrary-to-fact, impossible, or very improbable: Si **puedo,** iré. Si Juan me **invita** a su casa, aceptaré.

PRÁCTICA

A. A la carta de Alicia le faltan algunos verbos. Póngaselos Ud.

Querida Ester:

Siento mucho no _____ (poder) ir a visitarte, pero espero que tú _____ (venir) en diciembre, como me prometiste. El apartamento que nosotros tenemos ahora _____ (ser) pequeño, pero estamos buscando uno que _____ (tener) tres dormitorios. Ojalá lo _____ (encontrar) antes de que tú _____ (venir).

    Yo quiero _____ (ir) a México en junio, pero mis padres quieren que (yo) _____ (tomar) clases en el verano. Si _____ (poder) convencerlos, estaré en Guadalajara dentro de dos semanas. ¡Y si tú _____ (poder) ir también, nos divertiríamos muchísimo! Pero, francamente, dudo que mis padres _____ (cambiar) de idea... Es mejor que (nosotras) no _____ (hacer) planes por ahora.

    Cuando tú _____ (venir) en diciembre, quiero que me _____ (hacer) una tortilla a la española. ¡No hay nadie que la _____ (preparar) como tú!

    Escríbeme pronto.

Abrazos,

Alicia

B. Complete las siguientes oraciones para expresar sus deseos, esperanzas (*hopes*), planes y lo que hace generalmente. Compare sus respuestas con las de un(a) compañero(a).

1. Yo espero que mi profesor(a)...
2. Quiero que mis padres...
3. Dudo que el próximo año...
4. Me alegro de que mis amigos...
5. Ojalá que...
6. Necesito un coche que...
7. No hay nadie en mi familia que...
8. Siempre voy al cine cuando...
9. Yo viajaré este verano si...
10. Yo compraría una casa si...

B. Concordancia de los tiempos con el subjuntivo

• In sentences that require the subjunctive, the verb in the main clause determines which subjunctive tense must be used in the subordinate clause. The models that follow show the possible combinations.

Main clause *(indicative)*	*Subordinate clause* *(subjunctive)*
Present Future Present perfect Command[1]	Present subjunctive *or* Present perfect subjunctive

Es necesario que **terminemos** a mediados de mes.
It's necessary that we finish by mid-month.

Saldremos cuando él **llegue.**
We'll leave when he arrives.

Le **he pedido** a Dios que me **ayude.**
I have asked God to help me.

Me alegro de que te **hayan convencido.**
I'm glad that they have convinced you.

Sentirá mucho que no **hayamos recibido** tu carta.
She'll be very sorry that we haven't received your letter.

Dile que **vaya** al estreno.
Tell him to go to the premiere.

---

[1] Only the present subjunctive may be used after the command.

Main clause (indicative)		Subordinate clause (subjunctive)
Preterit	}	Imperfect subjunctive
Imperfect		*or*
Conditional		Pluperfect subjunctive

Le **dije** que lo **leyera** por lo menos una vez.	*I told him to read it at least once.*
Yo no **creía** que ella **tuviera** ganas de ver la película.	*I didn't believe that she wanted to see the movie.*
Me **gustaría** que **grabaras** el programa.	*I would like you to tape the program.*
Si él **hubiera estado** aquí no **habría permitido** esto.	*If he had been here, he wouldn't have allowed this.*
Me **alegré** de que ellos **hubieran resuelto** el problema.	*I was glad that they had resolved the problem.*

- When the verb in the main clause is in the present but the action in the subordinate clause refers to the past, the imperfect subjunctive is used.

Main clause (indicative)	Subordinate clause (subjunctive)
Present	Imperfect subjunctive

Siento que no **vinieras ayer.**	*I'm sorry you didn't come yesterday.*

PRÁCTICA

Complete las siguientes oraciones, usando el presente, presente perfecto, imperfecto o pluscuamperfecto de subjuntivo. Use todas las combinaciones posibles.

1. Siento mucho que en ese canal...
2. Yo no habría tenido necesidad de trabajar si...
3. Nosotros preferiríamos que la programación...
4. El director nos ordenó que...
5. Pídele a tu amigo que...
6. El público estará muy contento cuando...
7. Nosotros esperábamos que los críticos...
8. Te he pedido muchas veces que...
9. Yo habría ido al estreno si...
10. Dudo que ese actor siempre...
11. Me alegro de que ayer nosotros(as)...
12. Yo temía que la película...

2 • Usos de algunas preposiciones

- The preposition **a** (*to, at, in*) expresses direction towards a point in space or a moment in time. It is used in the following instances.

  1. To refer to a time of day.

     A las cinco salimos para Lima.

  2. After a verb of motion when it is followed by an infinitive, a noun, or a pronoun.

     Siempre venimos **a** grabar aquí.

  3. After the verbs **enseñar, aprender, comenzar,** and **empezar,** when they are followed by an infinitive.

     Van a **empezar a** entrevistar a los actores.

     Te voy a **enseñar a** conducir.

     Yo quiero **aprender a** bailar.

  4. After the verb **llegar.**

     Cuando **llegó al** aeropuerto, le dieron la tarjeta de embarque.

  5. Before a direct object noun that refers to a specific person.[1] It may also be used to personify an animal or a thing.

     Yo no aguanto **a** ese crítico.

     Soltaron **al** perro.

     Amo **a** mi país.

- The preposition **de** (*of, from, about, with, in*) indicates possession, material, and origin. It is also used in the following instances:

  1. With time of day, to refer to a specific period of the day or night.

     El sábado pasado trabajamos hasta las ocho **de** la noche.

  2. After the superlative, to express *in* or *of.*

     Orlando es el más amable **de** la familia.

     Ella es la más alta **de** las tres.

  3. To describe personal characteristics.

     Es morena **de** ojos negros. Con razón la toman por española.

  4. As a synonym for **sobre** or **acerca de** (*about*).

     Hablan **de** todo menos **de** la censura.

---

[1] Remember that, if the direct object is not a specific person, the personal **a** is not used, except with **alguien** and **nadie.**

Busco un buen maestro.   No busco **a nadie.**

- The preposition **en** (*at, in, on, inside, over*) generally refers to something within an area of time or space. It is used in the following instances:

    1. To refer to a definite place.

       De haberlo sabido, me habría quedado **en** casa.

    2. As a synonym for **sobre** (*on*).

       Robertito está sentado **en** la cama.

    3. To indicate means of transportation.

       Nunca volveré a viajar **en** tren.

    4. To refer to the way something is said.

       Dijo que necesitaba mil dólares, pero no lo dijo **en serio**; lo dijo **en broma**.

P R Á C T I C A

A. En parejas, completen el siguiente párrafo usando las preposiciones **a**, **de** o **en**, según corresponda.

Ayer _____ las cinco _____ la tarde vinimos _____ entrevistar _____ la famosa actriz Eva Vargas. Eva es una _____ las más famosas estrellas _____ la televisión mexicana. La actriz nos habló _____ su última telenovela y nos dijo que comenzó _____ trabajar _____ la televisión cuando era muy joven. También nos dijo que iba _____ casarse con el actor chileno Pedro Allende. Según Eva, él es muy guapo; es rubio, _____ ojos verdes y muy simpático. Cuando se casen van _____ vivir _____ Chile. La próxima semana, Eva va _____ viajar _____ avión _____ Chile para reunirse con Pedro.

B. Entreviste a un(a) compañero(a) usando las siguientes preguntas. Preste especial atención al uso de las preposiciones.

1. ¿A qué hora vas a empezar a estudiar mañana?
2. ¿A qué hora llegas a la universidad generalmente?
3. ¿Qué te gustaría aprender a hacer?
4. ¿Qué me podrías enseñar a hacer tú?
5. El próximo sábado, ¿vas a salir o te vas a quedar en casa?
6. ¿Cuándo vas a ir a visitar a tu mejor amigo?
7. ¿De qué te gusta hablar con tus amigos?
8. ¿Te gustan los chicos (las chicas) de ojos verdes?
9. Para ti, ¿quién es el mejor actor (la mejor actriz) de este país?
10. ¿Prefieres viajar en tren o en avión?

3 • Verbos con preposiciones

The prepositions **con**, **de**, and **en** are used with certain verbs to connect the verbs to *someone* or *something*.

- Expressions with **con**

casarse con *to marry*	Ana **se casó con** Oscar.
comprometerse con *to get engaged*	Dora **se comprometió con** Luis.
contar con *to count on*	**Cuento con** Uds.
encontrarse con *to meet (encounter)*	**Me encontré con** Pedro ayer.
soñar con *to dream about / of*	**Sueño con** ir a París.

- Expressions with **de**

acordarse de *to remember*	**¿Te acordaste de** mí?
alegrarse de *to be glad*	**Me alegro de** verte.
darse cuenta de *to realize*	Ella **se dio cuenta de** todo.
enamorarse de *to fall in love with*	Paco **se enamoró de** Estrella.
olvidarse de *to forget*	**¿Te olvidaste de** traerlo?
salir de *to leave (a place)*	**Salí de** casa a la una.
tratar de *to try*	**Traté de** llamarte.

- Expressions with **en**

confiar en *to trust*	No **confío en** él.
convenir en *to agree on*	**Convinimos en** vernos hoy.
entrar en *to enter (a place)*	**Entró en** su cuarto.
fijarse en *to notice*	**¿Te fijaste en** ella?
insistir en *to insist on*	Ella **insistió en** venir.
pensar en *to think about*	**¿En** qué estás **pensando?**

PRÁCTICA

Complete los siguientes diálogos con el equivalente español de las palabras que aparecen entre paréntesis y represéntelos con un(a) compañero(a).

1. —¡Felicítame: Ayer _____ Roberto!   (*I got engaged to*)
   —¡Pero yo creía que tú ibas a _____ Luis!   (*marry*)
   —Sí, pero _____ que no estaba _____ él.   (*I realized / in love with*)
   —¡Pobre Luis! Él _____ ser tu esposo. Pero _____ que seas tan feliz.   (*was dreaming of / I'm glad*)

2. —¿A qué hora _____ casa, Anita?   (*did you leave*)
   —A las siete. _____ salir más temprano, pero no pude. Además _____ los libros y tuve que volver.   (*I tried / I forgot*)
   —Bueno, me voy. Rafael y yo _____ encontrarnos a las nueve.   (*agreed to*)

3. —Paquito: _____ que Olga viene hoy para _____ nosotros.   (*remember / to meet*)
   —Ella siempre _____ ir con nosotros y yo no la soporto. ¡No _____!   (*insists on / count on me*)

4. —Estoy _____ Gustavo. ¿_____ lo contento que estaba? ¡Ganó el premio del mejor empleado!   (*thinking about / Did you notice*)
   —Sí, lo felicité tan pronto como _____ la oficina.   (*I entered*)

4 • El infinitivo

A. Algunos usos del infinitivo

In Spanish, the infinitive is used in the following ways:

• As a noun.

1. Subject of the sentence

—Fue un viaje horrible. Volví cansadísima. | *"It was a horrible trip. I came back exhausted."*
—¡Y dicen que **viajar** calma los nervios! | *"And they say traveling calms the nerves!"*

2. Object of a verb, when the infinitive is dependent on that verb

—¿Adónde **quieren ir?** | *"Where do you want to go?"*
—**Queremos ir** al cine. | *"We want to go to the movies."*

3. Object of a preposition (In Spanish, the infinitive, not the present participle is used after a preposition.)

—¿Qué hiciste **antes de salir** de casa? | *"What did you do before leaving home?"*
—Grabé la película. | *"I taped the movie."*

• As the object of the verbs **oír, ver,** and **escuchar.**

—¿A qué hora llegaste anoche? No te **oí llegar.** | *"What time did you arrive last night? I didn't hear you come in."*
—A eso de las doce. | *"Around twelve."*

• As a substitute for the imperative, to give instructions or directions.

NO FUMAR | *NO SMOKING*
SALIR POR LA DERECHA | *EXIT ON THE RIGHT*

• After the preposition **sin,** to indicate that an action has not been completed or has not yet occurred.[1] This usage is equivalent to the use of the past participle and the prefix *un-* in English.

—¿Vas a servir vino con la cena? | *"Are you going to serve wine with dinner?"*
—Sí, tengo una botella **sin abrir.** | *"Yes, I have an unopened bottle."*

CANAL SATELITE
La Televisión del futuro

---

[1] One exception is the verb **parar. Sin parar** means *without stopping.*
Ana habla **sin parar.**   *Ana talks without stopping.*

PRÁCTICA

Vuelva a escribir las siguientes frases, cambiando las palabras en cursiva por una construcción en la que se utilice el infinitivo.

1. No *use* el ascensor en caso de incendio.
2. Tengo varios poemas *que no he publicado*.
3. Oímos *que hablaban* en inglés.
4. *Entren* por la izquierda.
5. *El trabajo* es necesario.
6. Los vi *cuando salían*.
7. Me gusta escucharla *cuando ella canta*.
8. Todavía tengo dos regalos *que no he abierto*.
9. *Agregue (Add)* una taza de agua.
10. No *fumen* aquí.
11. Oímos *que sonaba* el teléfono.
12. *El estudio* es importante para mí.

B. Frases verbales con el infinitivo

- **Acabar** + **de** + *infinitive*

Acabar (in the present tense) + **de** + *infinitive* is used in Spanish to express that something *has just happened* at the moment of speaking.

Nosotros	**acabamos de**	**comer.**
We	have just	eaten.

—¿Dónde están los niños?   "Where are the children?"
—**Acaban de llegar** de la escuela.   "They have just arrived from school."

—¿Quieres una taza de café?   "Do you want a cup of coffee?"
—No, gracias. **Acabo de tomar** té.   "No, thanks, I've just had (drunk) tea."

ATENCIÓN   When **acabar** is conjugated in the imperfect tense, the expression means that something *had just happened*.

Yo **acababa de llegar** cuando tú me   *I had just arrived when you called me.*
llamaste.

- **Volver** + **a** + *infinitive*

Volver + **a** + *infinitive* is used in Spanish to indicate the repetition of an action. In English, it means *to do something over* or *to repeat it*.

—No lavaste bien el coche. Tu padre   *"You didn't wash the car well. Your*
se va a poner furioso.   *father is going to be furious."*
—Bueno... puedo **volver a lavarlo**.   *"Well . . . I can wash it again."*

—Carmela y Jorge **volvieron a salir**   *"Carmela and Jorge went out together*
juntos ayer.   *again yesterday."*
—Sí, ya lo sé.   *"Yes, I know."*

• **Ponerse** + **a** + *infinitive*

In Spanish, **ponerse** + **a** + *infinitive* indicates that an action is beginning to take place. In English, it means *to start* or *to begin to do something*.

—Tengo que terminar este informe para mañana.	*"I have to finish this report for tomorrow."*
—Entonces tienes que **ponerte a escribir** ahora mismo.	*"In that case, you have to start writing right away."*
—¿Qué hiciste anoche después que yo me fui?	*"What did you do last night after I left?"*
—**Me puse a** ver una película.	*"I started watching a movie."*

P R Á C T I C A

A. En parejas, representen los siguientes diálogos en español.

1. "Pedro, you have already seen that movie, right?"
   "Yes, but I want to see it again."
2. "What did you and your husband do when he arrived, Mrs. Morales?"
   "We started chatting."
3. "What were the children doing when I called?"
   "They had just watched the parade on TV."
4. "What are you going to do now, Celia?"
   "I'm going to start recording the song."

B. Conteste las siguientes preguntas, usando frases verbales con el infinitivo.

1. ¿Cuánto tiempo hace que Ud. llegó?
2. ¿Por qué no quiere Ud. comer nada?
3. Ud. lavó su coche ayer y anoche llovió. ¿Qué va a hacer? ¡Su coche está sucio!
4. Ud. sacó una "D" en su informe. ¿Qué le dijo el profesor que hiciera?
5. ¿Qué hizo Ud. anoche cuando llegó a su casa?
6. Mañana Ud. tiene un examen. ¿Qué va a hacer en cuanto llegue a su casa hoy?

❖ ¿Cuánto sabe usted ahora?

A. **Palabras y más palabras.**   Complete los siguientes diálogos, usando el vocabulario de esta lección.

1. —Te doy las _____ por permitirme entrevistarte.
   —No hay de _____. Ha sido un _____.
2. —Tenemos que asistir al _____ de esa película.
   —Sí, los críticos dicen que va a ser un _____, y que va a ganar el _____ como la mejor película.

3. —¿Armando viene a _____ de julio?
   —Espero _____ sí. No veo la hora de _____ a verlo.
4. —Yo soy _____ a la censura en los medios de _____.
   —Pues yo creo en la _____ de la censura.
5. —Ella es una excelente _____. Actúa muy bien.
   —Sí, y además es directora y _____.
6. —Le ofrecieron el _____ principal en la _____ "Mis hijos" a Estela Vargas.
   —Sí, y ella está muy _____.
7. —No me gusta la _____ del canal 20. Me gustaría _____ los programas
   que tienen tanta violencia.
   —Pues es necesario tener toda _____ de programas.
8. —¿Puedes grabar el programa?
   —No, porque la _____ no funciona.

B. **Eva y Mario.** Complete el siguiente diálogo, usando los verbos entre paréntesis
en el infinitivo, el indicativo o el subjuntivo, según corresponda. Después,
represéntelo con un(a) compañero(a).

EVA   —Hola, Mario. Me alegro de _____ (verte). Siento que tú no _____
      (poder) venir a la fiesta anoche.
MARIO —Si _____ (tener) tiempo, habría venido, pero tuve que trabajar. Le
      dije a Paco que te _____ (llamar).
EVA   —No creo que _____ (tener) que trabajar hasta las nueve. Lo que pasa
      es que cuando yo _____ (invitarte) a mis fiestas nunca vienes.
MARIO —Cuando _____ (dar) otra fiesta, vendré. Oye, ¿conoces a alguien que
      _____ (hablar) francés? Mi hermano necesita una traductora.
EVA   —Sí, conozco a una chica que lo _____ (hablar) muy bien. ¿Quieres
      que la _____ (llamar)?
MARIO —Sí, por favor. Me gustaría que la _____ (llamar).
EVA   —Pues la llamaré en cuanto _____ (poder), y le diré que _____ (ir) a
      ver a tu hermano.
MARIO —Sí, porque él quiere _____ (entrevistar) a la persona tan pronto como
      _____ (ser) posible, de manera que _____ (empezar) a trabajar a
      principios de mes.
EVA   —Entonces es importante que la _____ (llamar) hoy mismo.

C. **Las vacaciones de Marta.** Complete la carta de Marta, añadiéndole las
preposiciones correspondientes.

                                        8 _____ abril _____ 1999

Querida Leonor:

Llegué _____ San Juan _____ las nueve _____ la mañana y, como ves, me
he acordado _____ escribirte. Estoy _____ el hotel Ponce, que es uno _____
los más bellos _____ la ciudad.
      Te diré que estoy enamorada _____ San Juan, y aunque llevo pocas horas
aquí, me he dado cuenta _____ que la gente es muy amable. _____ ejemplo,

cuando entré _____ el hotel con las maletas, dos muchachos vinieron _____ ayudarme. _____ cierto que uno _____ ellos era muy guapo: moreno, _____ estatura mediana y _____ ojos verdes. Insistió _____ servirme _____ guía... También dijo que me enseñaría _____ bailar la rumba.

Mañana pienso recorrer la isla _____ autobús. Ya te contaré _____ mis impresiones _____ mi próxima carta.

Bueno, confío _____ que no te olvidarás _____ cuidar _____ mis gatos.

Cariños,

Marta

D. Teatro minúsculo. En parejas, completen el siguiente diálogo, usando los infinitivos o frases con infinitivos correspondientes. Después, hagan el papel de Roberto y Amalia.

ROBERTO —(*Que _____ a casa y está muy cansado*) Hola... ¿Dónde está el periódico? ¿Qué hay para comer? (*Se sienta.*)

AMALIA —(*Sorprendida*) ¿Eres tú, Roberto? ¡Ah! No te _____. ¡Entraste muy silenciosamente! Oye, hoy es la fiesta de Rosaura. ¿Quieres _____? ¡Es un baile en el Club Náutico!

ROBERTO —¡No! Después de _____ quiero _____ televisión y luego acostarme. ¡Estoy muy cansado!

AMALIA —¡Pero es un baile! ¡Y _____ es un buen ejercicio! ¡Y te pone de buen humor!

ROBERTO —(*Toma el periódico y _____.*) No, gracias. Prefiero estar de mal humor...

AMALIA —Bueno, si no quieres _____ a la fiesta, ¿por qué no tomamos un poco de vermut antes de la cena? Tenemos una botella _____.

ROBERTO —No... prefiero comer algo. Tengo hambre.

AMALIA —(_____ *insistir*) ¿Estás seguro de que no quieres _____ al baile? ¡Roberto! ¿Por qué no me contestas?

ROBERTO —Porque _____ contigo es una pérdida de tiempo (*a waste of time*). ¡Tú nunca me escuchas!

AMALIA —¡Aguafiestas (*Spoilsport*)!

E. Vamos a conversar.

1. ¿En qué programas de televisión entrevistan a actrices de cine?
2. ¿Cuáles son algunos festivales de cine famosos?
3. ¿Ha asistido Ud. a algún festival de cine? (¿A cuál? ¿Cuándo?)
4. ¿Quién tiene el papel principal en su programa de televisión favorito?
5. ¿Sabe Ud. qué película ganó el Óscar el año pasado?
6. ¿Qué habría hecho Ud. si le hubieran ofrecido un papel en una película?
7. ¿En qué programas de televisión cree Ud. que hay demasiada violencia?

8. ¿Cortan a veces algunas escenas de una película al pasarla por televisión? ¿Por qué?
9. ¿Cree Ud. que es necesaria la censura a veces? ¿Por qué o por qué no?
10. ¿Prefiere Ud. mirar la televisión o ir al cine? ¿Por qué?

 F. **¿Le gusta el cine?**   Escriba Ud. sobre una película que vio recientemente, dando su opinión sobre ella.

 ## Continuemos

Aumente su vocabulario

Palabras relacionadas con los medios de comunicación

el actor   actor
cámara lenta   slow-motion
la columna   column
el, la corresponsal   correspondent
el documental   documentary
el, la editor(a)   editor
la editorial   publishing company, editorial
el, la locutor(a)   announcer, speaker, commentator

las noticias   news
la pantalla   screen
la portada   cover
el, la protagonista   protagonist
la publicidad   publicity
el reportaje   report
suscribirse (a)   to subscribe (to)
el telediario, las telenoticias   TV news

¿Recuerda el vocabulario nuevo?

A. Complete las siguientes oraciones con palabras de la lista anterior.

1. Necesitamos una _____ para poder mostrar la película.
2. La foto de esa modelo aparece en la _____ de muchas revistas.
3. La _____ de Ann Landers es muy popular.
4. Durante la guerra, ese periodista trabajó como _____ para el *Times*.
5. La _____ es muy importante para aumentar las ventas de un producto.
6. Mi _____ favorito es Harrison Ford.
7. Están mostrando la escena en cámara _____.
8. ¿Cuánto cuesta _____ a ese periódico por un año?
9. Vi un _____ muy interesante sobre Guatemala.
10. Quiero ver las noticias. Pon el _____ de las ocho.
11. Diane Sawyer es _____ de televisión.

B. En parejas, utilicen el vocabulario nuevo para hablar de las noticias. ¿Prefieren verlas en televisión o leerlas en un periódico? ¿Por qué?

De esto y aquello...

Hablemos de televisión

En parejas, fíjense en la guía de televisión que aparece a continuación y luego contesten las preguntas que siguen.

GUIA

Vea hoy

• **La hija del penal,** a la 1 p.m.; canal 2. Con María Antonieta Pons.

• **Melodía fatal,** a las 9 p.m.; canal 2. Con Roy Thines e Yvette Mimieux.

• **Hola, Juventud,** a las 4:30 p.m.; canal 4. El popularímetro de la música nacional, con Nelson Hoffmann.

Programación

8:35 (2) Buenos días con música.
8:55 (2) Ayer y hoy en la historia.
9:00 (2) Aeróbicos.
9:30 (2) En ruta al mundial.
10:00 (6) Música.
11:00 (6) Capitán Raimar.
11:30 (2) Acción en vivo. (6) El sargento Preston.
11:45 (7) Las aventuras de Lassie.
12:00 (6) Mundo de juguete.

12:15 (7) Telenoticias.
12:30 (2) En contacto directo.
1:00 (2) Tanda del Dos: "La hija del penal". (6) Comentarios con el Dr. Abel Pacheco. (7) La monja voladora.
1:05 (6) Notiséis.
1:30 (7) Mi mujer es hechicera.
1:40 (6) Los tres chiflados.
2:00 (7) Cocinando con tía Florita: Pastel de Cuaresma.
2:05 (6) Tarzán.
2:15 (13) Carta de ajuste.
2:30 (7) Plaza Sésamo.
2:40 (4) Patrón y música.
3:00 (2) Mi marciano favorito. (4) Club cristiano costarricense. (6) Superamigos. (7) El fantasma del espacio y los herculoides. (13) Introducción a la U.
3:30 (2) De to2 para to2. (4) Cruzada de Jimmy Swaggart. (6) Seiscito. (7) Capitán Peligro. (13) El mar y sus secretos.
4:00 (2) Video éxitos del Dos. (4) Club 700. (6) Los Pitufos. (7) El inspector Gadget. (13) Las aventuras de Heidi.
4:30 (4) Hola, juventud. (6) He Man y los amos del Universo. (7) Super héroes. (11) Jesucristo T.V. (13) UNED.
5:00 (2) Teleclub. (6) M.T.V. (7) El justiciero. (11) El pequeño vagabundo. (13) Don Quijote de La Mancha.
5:30 (7) Scooby Doo. (11)

Marvel super heroes. (13) Villa alegre.
5:50 (4) Cenicienta.
6:00 (2) Angélica. (6) Notiséis. (7) Telenoticias. (11) Amar al salvaje. (13) Testigos del ayer.
6:10 (4) Atrévete.
6:30 (4) El Chavo. (13) Aurelia, canción y pueblo.
7:00 (4) Cristal. (6) Lotería. (7) Aunque Ud. no lo crea. (11) Las Amazonas. (13) Pensativa.
7:30 (2) Tú o nadie.
8:00 (4) Rebeca. (6) Comentarios con el Dr. Abel Pacheco. (7) Los magníficos. (11) Mae West. (13) Noches de ópera.
8:05 (6) Miniseries del Seis: "El guerrero misterioso".
8:30 (2) En contacto directo.
9:00 (2) Cine del martes: "Melodía fatal". (4) Voleibol en vivo. (7) Vecinos y amigos.
9:55 (11) De compras.
10:00 (4) Revista mundial. (6) Rituales. (7) Best sellers. (11) Noticiero C.N.N. (13) Cuentos de misterio.
10:30 (4) Despedida. (6) Para gente grande. (13) Despedida y cierre.
11:00 (7) Telenoticias.
11:30 (2) Los profesionales. (6) Notiséis.
12:30 (2) En contacto directo.
1:00 (2) Ayer y hoy en la historia.
1:05 (2) Buenas noches.

Información suministrada por las televisoras.

1. ¿A qué horas hay programas religiosos y cómo se llaman?
2. Necesito hacer ejercicio. ¿Qué programa puedo ver? ¿A qué hora es?
3. ¿Qué programa(s) le va(n) a interesar a la gente joven?
4. ¿En qué canal ponen la película "La hija del penal" y quién es la protagonista?
5. A Paquito le gustan los perros. ¿Qué programa creen Uds. que le gustaría ver?

6. ¿A qué hora puedo mirar la televisión para ver las noticias?
7. ¿Qué programas infantiles ponen hoy en la televisión?
8. A Juan le gustan los deportes. ¿Qué programa creen Uds. que va a ver hoy? ¿En qué canal?
9. A mi mamá le gusta cocinar. ¿Qué programa le recomendarían?
10. ¿A qué hora comienza y termina la programación de hoy?
11. ¿Qué programas les interesa ver y por qué?
12. ¿Qué programas les parecen menos interesantes?

¿Qué dirían ustedes?

Imagínese que Ud. y un(a) compañero(a) se encuentran en las siguientes situaciones. ¿Qué va a decir cada uno?

1. Uds. quieren conocerse mejor. Entrevístense.
2. Uds. han visto una película muy popular. Una amiga quiere saber de qué trata la película y qué opinión tienen Uds. sobre la misma.
3. Uds. están hablando de sus programas favoritos.

Una encuesta

Entreviste a sus compañeros de clase para tratar de identificar a aquellas personas que...

1. ...son contrarias a toda clase de censura.
2. ...conocen personalmente a alguna persona famosa.
3. ...han visto la película que ganó el Óscar el año pasado.
4. ...tuvieron el papel principal en alguna obra de teatro estudiantil.
5. ...han ganado algún premio.
6. ...han asistido al estreno de una película últimamente.
7. ...prefieren las películas musicales.
8. ...tienen una videograbadora.

Y ahora, discuta el resultado de la encuesta con el resto de la clase.

¡De ustedes depende!

El famoso actor español Antonio Banderas viene a visitar la universidad a la que Uds. asisten. Ud. y un(a) compañero(a) están a cargo de entrevistarlo. Preparen las preguntas que le van a hacer, incluyendo lo siguiente.

1. fecha y lugar de nacimiento
2. algo sobre su niñez
3. sus experiencias de la escuela
4. dónde pasó su juventud
5. las mujeres en su vida
6. su vida actual
7. planes para el futuro

¡Debate!

La clase se dividirá en dos grupos: los que están a favor de la censura en los medios de comunicación y los que se oponen a ella. El primer grupo tratará de demostrar que algún tipo de censura es necesaria para proteger al público, sobre todo a los niños. El segundo grupo dará una serie de razones para demostrar que toda censura va contra la libertad de expresión.

Lecturas periodísticas

Para leer y comprender

A. En su primera lectura del siguiente artículo, présteles especial atención a las citas (*quotes*) que contiene. ¿Qué imagen dan del mundo de la televisión?

B. Al leer detalladamente el artículo, busque las respuestas a las siguientes preguntas.

1. ¿Qué comentarios hace Kate del Castillo sobre las horas de trabajo?
2. ¿A través de qué canal se transmite la telenovela?
3. ¿Qué diferencias hay entre "Muchachitas" y otras telenovelas?
4. ¿Cuál es el argumento de "Muchachitas"?
5. ¿Cuál es la actriz de más experiencia y qué ventaja tiene sobre las otras?
6. ¿A qué aspiran estas jóvenes actrices en el futuro?

Jóvenes estrellas nacen con la telenovela "Muchachitas"

En un camerino°, las protagonistas de "Muchachitas" comentan sobre los proble-   **dressing room**
mas de ser estrellas de televisión.

"Hay un desgaste° físico y emocional", dice Cecilia Tijerina.   **toll**

"Las horas son larguísimas. Llegamos a las siete de la mañana para el maquillaje°   **makeup**
y frecuentemente trabajamos hasta las nueve o diez de la noche, y a veces filmamos hasta las dos de la mañana", dice Kate del Castillo.

Así hablan las estrellas de "Muchachitas", la telenovela más exitosa de México transmitida en Estados Unidos a través de Univisión. "Muchachitas" es parte de un nuevo tipo de telenovela que ha proliferado en México en los últimos años: con valores de producción más altos, actores mejor preparados, escenografías y vestuarios°   **wardrobes**
más fastuosos°, diálogos más realistas y ligeros, y una edición más vertiginosa° que   **lavish / fast**
hace que la telenovela parezca un videoclip.

La historia trata de unas jovencitas que se conocen en una escuela de artes escénicas donde estudian actuación, danza y canto. Aunque provienen de diferentes medios socioeconómicos de la Ciudad de México y tienen personalidades muy dife-

Un cine en la famosa calle Lavalle, en Buenos Aires.

rentes, se hacen amigas inmediatamente. El argumento gira en torno a° los enredos románticos, profesionales y familiares de las muchachitas, así como de quienes las rodean.

gira... revolves around

Cecilia, la actriz con más experiencia del grupo, ha actuado profesionalmente durante ocho de sus veintiún años. Durante su niñez, vivió tres años en Inglaterra y Estados Unidos, por lo que su inglés es fluido y sin acento. Su excelente inglés le ha permitido trabajar en películas producidas en México por HBO.

Kate es la hija del conocido actor Erik del Castillo. Ha aparecido en numerosos comerciales de televisión en su niñez y adolescencia.

Emma Laura fue descubierta en la calle por un buscador de talentos de Televisa. "Siempre quise ser actriz, pero era un poco frustrante. Hay muy poco teatro en Guadalajara", dice Emma.

En el futuro, todas aspiran a participar en el resurgimiento del cine mexicano, que tanto ha cautivado° al público en México y en festivales internacionales.

captivated

Adaptado de **Más** (Estados Unidos)

Desde su mundo

1. ¿Qué telenovelas son famosas en la televisión norteamericana?
2. ¿Cree Ud. que es fácil la vida de los actores? ¿Por qué o por qué no?
3. ¿Cuáles son sus actores o actrices favoritos de la televisión norteamericana?
4. ¿Le gustan a Ud. las telenovelas? ¿Por qué o por qué no?

Pepe Vega y su mundo

Teleinforme

Como hemos podido ver a lo largo de (throughout) los teleinformes anteriores, en los países hispánicos existe una programación variada que incluye programas de comedia, conciertos, programas educativos, programas de cocina, telenoticieros, anuncios publicitarios, etc. Los programas de Estados Unidos tienen también una presencia considerable en la televisión de todos los países hispánicos (y del resto del mundo), pero a veces sucede lo contrario. Por ejemplo, ¡el programa mexicano El chavo del ocho se menciona en varios episodios del programa de dibujos animados Los Simpson!

Preparación

Trate de definir por categorías los programas que Ud. ha visto en las lecciones anteriores. A continuación aparecen en una columna las categorías y en la otra los nombres de los programas y los segmentos de video.

CATEGORÍA	PROGRAMA
programa especial	*Telediario* (Partido de fútbol España-Rumanía; La fiesta del gaucho; Operación de vacaciones de Semana Santa)
programa de concursos (*game shows*)	*De paseo*: (Puerto Viejo de Limón, *Rafting* en el Río Pacuare)
documental	*La botica de la abuela* (Remedio para quemaduras)
programa informativo	*Tradiciones milenarias en la Península de Santa Elena* (Día de los difuntos)
magazín (programa en que se combinan entrevistas, reportajes y variedades)	*Cartelera TVE*: (Fuera de campos: Lluís Remolí)
noticiero / telediario	*Especial de Manny Manuel* (Y sé que vas a llorar)
programa de dibujos animados	Anuncios RENFE: (Euromed «restaurante», «Mejora tu tren de vida»)
programa de cocina	*Las chicas de hoy en día* (En la Agencia Supersonic)
programa cultural	*Comer en Madrid* (Restaurante La Huerta de Madrid)
anuncio publicitario o *spot*	*Aristas* (*Graffitis* en San José)
telecomedia	*Villa El Salvador* (Moto-colectivo)
telenovela (*soap opera*)	*Nuestra razón de ser* (Reciclaje en Colonche y Manglaralto)

Comprensión

El chavo del ocho   48:35–50:59

El chavo del ocho es un programa de comedia creado por la Estación Televisa de México. Cuenta la historia de la Chilindrina, Quico y el Chavo, quienes conviven en un humilde patio de vecinos (*neighborhood*). Aunque ya no hay nuevos episodios, los viejos se siguen transmitiendo y siguen encantando a los niños de todo el mundo hispánico. Aquí veremos una muestra del programa con varias entrevistas a algunos aficionados (*fans*) de un colegio de España.

A. ¿Quién dice qué?   En este segmento hablan varias personas y, a menudo, ¡todas a la vez! Para separar las oraciones, identifique a cada uno de los hablantes que dicen las siguientes cosas. En el caso de los niños, sólo indique si es niño o niña.

Juan Pedro López Silva	la Chilindrina
la presentadora	Quico
un niño	el Chavo
una niña	

LO QUE DICE	HABLANTE
1. "Nuestro compañero Juan Pedro López Silva busca en el colegio la opinión de los chavales sobre esta serie."	_____
2. "¡Ay, muy bien, hijo, y ¿qué vas a contar, hijo?"	_____
3. "Pues... ¡que es muy bonito!"	_____
4. "Altea, ¿tú crees que si los inversores en bolsa vieran *El chavo del ocho* estarían como más eufóricos y más alegres?"	_____
5. "Eh, pues, sí, más... más graciosos, más..."	_____
6. "¡Chusma, chusma! ¡Pff!"	_____
7. "Sí, mami. Chusma, chusma. ¡Pff!"	_____
8. "Chespirito interpreta al Chavo."	_____
9. "Bueno, pero no se enoje."	_____
10. "Juan Carlos Villagrán interpreta a Quico."	_____
11. "¿Qué me dices de la Chilindrina?"	_____
12. "Pues que se llama María Antonieta, y que es la hija de don Ramón."	_____
13. "Yo soy una niña muy obediente."	_____
14. "Mira qué coleta más bonita tiene Carmen."	_____
15. "Yo nunca me lo pierdo. Y es un payaso el Chavo del ocho."	_____
16. "...en el canal 2 de la Televisión Española y a las seis menos cuarto."	_____

Esmeralda   51:00–53:16

Esmeralda es una telenovela mexicana, también de Televisa, que cuenta la historia de una niña que nace ciega (*blind*), su padre rico que sólo quiere tener un hijo y la partera (*midwife*) que cambia a la niña por el hijo de una mujer pobre que murió.

B. ¿Quién es quién?   Después de ver el video, escriba el nombre del personaje al que corresponde cada una de las siguientes descripciones. Los personajes son Esmeralda, José Armando, don Rodolfo Peñarreal y Blanca. Hay más de una descripción para cada personaje.

DESCRIPCIÓN	PERSONAJE
1. una chica que nace ciega	_____
2. Su belleza y sensualidad hace que todos los hombres la deseen.	_____
3. el único hombre que gana el amor de Esmeralda	_____
4. la verdadera madre de Esmeralda	_____
5. el verdadero padre de Esmeralda	_____
6. Su hijo será hombre porque él lo quiere así.	_____
7. señor rico y poderoso	_____
8. Ella dio a luz a una niña, una niña que nació muerta.	_____
9. un huerfanito	_____
10. Sus ojitos tienen luz.	_____
11. la ladrona de las fresas	_____

Ampliación

Ahora le toca a Ud.   Ud. trabaja para una estación de televisión como productor o productora. Necesita decidir los programas y películas que su estación transmitirá durante la mañana, la tarde o la noche de cierto día. ¿Qué tipos de programa escogería Ud.? ¿Por qué?

¡Naveguemos!

Si desea explorar otros aspectos relacionados con esta lección, haga las actividades de la red (*Internet*) que corresponden a la lección. Vaya primero a http://www.hmco.com/college en la red, y de ahí a la página de *¡Continuemos!*

- ✦ La voz pasiva
- ✦ Construcciones con **se**
- ✦ Usos especiales de **se**
- ✦ Algunas expresiones idiomáticas comunes

El español en Estados Unidos

Uno de los edificios históricos de la ciudad de San Agustín en la Florida.

El español en Estados Unidos

Sandra, David y Steve son tres estudiantes norteamericanos que viven en la Casa Hispánica de la Universidad de California. En este momento están conversando con Isabel Hernández, una joven mexicana que desempeña el cargo de directora. Los chicos se llevan muy bien con Isabel porque ella los ayuda mucho y tiene un buen sentido del humor.

ISABEL —David, ¿es verdad que vas a ir a Honduras con el Cuerpo de Paz? Es una lástima que no hayas tomado más clases de español.

DAVID —Si a principios de curso lo hubiera sabido, habría tomado una clase avanzada.

STEVE —Espero que no tengas los problemas que tuve yo cuando estuve en México. Estoy seguro de que la mitad de lo que decía no tenía ni pies ni cabeza. ¡Decía unos disparates!

ISABEL —No lo pongo en duda. ¡Cuéntanos!

STEVE —Una vez, por ejemplo, estaba de visita en casa de unos amigos y cuando estábamos comiendo, se me cayó la taza llena de café y manché el mantel. Lo único que pude decir fue que estaba muy embarazado[1] y, como se imaginarán, todo el mundo se echó a reír. ¡Qué colorado me puse!

DAVID —Cuando yo estuve en Miami, tuve muchos problemas por no saber español. Hay barrios donde sólo se habla español, y lo cómico es que en algunas tiendas tienen letreros que dicen: *English spoken here.*

SANDRA —No sólo en la Florida se habla tanto español. No olviden que más de la mitad de este país fue descubierta y colonizada por España.

STEVE —Sí, y muchos de los estados tienen nombre español: la Florida, Arizona, Nevada, California, Colorado...

SANDRA —Bueno, según mi profesor de sociología, los documentos que cuentan la historia de buena parte de este país están en español.

ISABEL —Sí, pero no toda esa influencia del español es histórica. La mayor parte se debe al gran número de inmigrantes hispanos que viven aquí y que siguen hablando en español.

DAVID —En realidad, el español es ya la segunda lengua de este país. En muchos lugares, hay más oportunidades de trabajo para las personas que hablan los dos idiomas. Es una verdadera ventaja ser bilingüe.

SANDRA —¡Ya lo creo! Por ejemplo, si mi hermano hubiera hablado español, habría podido conseguir un buen empleo en un banco internacional el año pasado.

ISABEL —Pero no solamente se debe estudiar español por necesidad, sino por el placer de ser capaz de entender una nueva cultura.

DAVID —Sí, vivimos juntos y tenemos que entendernos. Para eso, lo mejor es que nosotros aprendamos el español y ellos aprendan el inglés.

STEVE —Mi meta es lograr un dominio completo del español y, algún día, vivir en un país de habla hispana.

---

[1] **estar embarazada:** to be pregnant; **pasar vergüenza:** to be embarrassed

C·H·A·R·L·E·M·O·S

1. ¿Cree Ud. que Sandra, David y Steve tienen muchas oportunidades de practicar el español? ¿Por qué?
2. ¿Qué sabe Ud. de Isabel Hernández?
3. ¿Por qué se llevan bien los chicos con Isabel?
4. ¿Por qué le interesa tanto a David mejorar su español?
5. ¿Por qué pasó vergüenza Steve cuando estuvo en México?
6. ¿Qué dicen los letreros que hay en algunas tiendas de Miami?
7. ¿Cómo se ve la influencia española en Estados Unidos?
8. ¿Qué dice David sobre la importancia del español en Estados Unidos?
9. ¿Cuáles son algunas de las razones que dan los estudiantes para estudiar español?
10. Isabel menciona otra razón por la cual se debe estudiar español. ¿Cuál es?
11. ¿Tiene Ud. la misma meta que Steve?
12. ¿Piensa Ud. seguir tomando clases de español? ¿Por qué?

Vocabulario

Nombres
el barrio   neighborhood
el cargo   position
el Cuerpo de Paz   Peace Corps
el disparate   blunder
el dominio   mastery
el empleo, el trabajo   job
el estado   state
la lengua, el idioma   language
el letrero   sign
el mantel   tablecloth
la meta   goal
el sentido del humor   sense of humor
la ventaja   advantage

Verbos
contar (o → ue)   to tell
desempeñar   to hold (*e.g., a position*)
imaginarse   to imagine
lograr   to achieve
manchar   to stain

Adjetivos
avanzado(a)   advanced
bilingüe   bilingual
colorado(a)   red
cómico(a)   comical, funny

embarazada   pregnant
juntos(as)   together
verdadero(a)   real, true

Otras palabras y expresiones
a principios de   at the beginning of
caérsele a uno   to drop something
echarse a reír   to burst out laughing
en realidad   in fact
en todas partes, en todos lados   everywhere
estar de visita   to be visiting
llevarse bien   to get along
lo mejor   the best thing
lo único   the only thing
no tener ni pies ni cabeza   not to make any sense
poner en duda   to doubt
ponerse colorado(a), ruborizarse   to blush
por necesidad   out of necessity
por no saber   for not knowing
ser capaz de   to be capable of, to dare to
tener un dominio completo de una lengua   to be fluent in a language
una vez   once

Palabras problemáticas

A. Letrero, signo y señal como equivalentes de *sign*

- **Letrero** equivale a *printed sign*.

  Hay un **letrero** que dice: "Aquí se habla inglés".

- **Signo** es una indicación que se usa en las escrituras o en las matemáticas.

  El **signo** "×" indica multiplicación.

- **Señal** significa **marca** o **nota** que se pone en las cosas para distinguirlas de otras.

  Pon una **señal** en el libro para saber dónde está la sección gramatical.

B. Conseguir y recibir como equivalentes de *to get*

- **Conseguir** es el equivalente de *to get* cuando es sinónimo de *to obtain*.

  Mi hermano **consiguió** un buen empleo.

  Carlos no **consiguió** habitación en el hotel.

- **Recibir** significa **tomar lo que le envían a uno.** Es el equivalente de *to get* cuando éste es sinónimo de *to receive*.

  Ayer **recibí** una carta de mi padre.

P R Á C T I C A

Conteste las siguientes preguntas, usando en sus respuestas las palabras problemáticas aprendidas.

1. ¿Qué usamos para indicar multiplicación?
2. ¿Le escribió su mejor amigo(a)?
3. ¿Qué pone Ud. en un libro para marcar la página que está leyendo?
4. ¿Le dieron el trabajo que solicitó?
5. En la carretera, ¿qué nos indica cuál es el límite de velocidad?

Estructuras gramaticales

1 • La voz pasiva

- The passive voice is formed in Spanish in the same way as it is in English.[1] The subject of the sentence does not perform the action of the verb, but receives it.

América **fue descubierta** por los   *America was discovered by the*
   españoles.[2]   *Spaniards.*

---

[1] This construction is used less frequently in Spanish than in English.

[2] Active voice: Los españoles **descubrieron** América.

- The passive voice is formed in the following way:

> *subject* + **ser** + *past participle* + **por** + *agent*

Only the verb **ser** can be used as the auxiliary verb. The past participle must agree with the subject in gender and number.

> **América fue   descubierta   por   los españoles.**
> *subject* + **ser** + *past participle* + **por** + *agent*

- The passive voice may be used whether the agent is identified specifically or not.

Esa ciudad **fue fundada** por los franceses.   (*agent identified*)

Don Quijote **fue escrito** en 1605.   (*agent implied*)

—¿Quién construyó ese hospital?   *"Who built that hospital?"*
—Ese hospital **fue construido** por la   *"That hospital was built by the Torres*
   Compañía Torres.   *Company."*

—¿Quién publicará esos folletos?   *"Who will publish those pamphlets?"*
—Los folletos **serán publicados** por   *"The pamphlets will be published by*
   el Gobierno.   *the government."*

- When the action expresses a mental or emotional condition, **de** may be substituted for **por**.

Era amado de todos.   *He was loved by all.*

¡ATENCIÓN! The tense of the verb **ser** in the passive voice matches the tense of the verb in the active voice.

Esa asociación **fue fundada** por ellos   **Fundaron** esa asociación el año
   el año pasado.   pasado.

P R Á C T I C A

A. Cambie las siguientes oraciones a la voz pasiva.

MODELO: La Compañía Argos construyó la universidad.   (voz activa)
          *La universidad **fue construida** por la Compañía Argos.*   (voz pasiva)

1. Fundaron esta universidad en 1970.
2. El presidente ha entrevistado a todos los profesores.
3. Terminaron el estadio a principios de 1974.
4. El gobierno pagaba todos los gastos de la universidad.
5. Los estudiantes publicarán el periódico universitario.
6. No creo que ya hayan comprado todos los libros para la biblioteca.

B. Conteste las siguientes preguntas.

1. ¿En qué año fue fundada la universidad a que Ud. asiste?
2. ¿Por quiénes fue escrito su libro de español?

3. ¿En qué año fue descubierta América?
4. ¿Sabe Ud. por quiénes fueron fundadas las misiones de California?
5. ¿Dónde cree Ud. que será construida la primera ciudad espacial?
6. ¿Ha sido descubierta ya una cura para el cáncer?
7. ¿Qué noticia importante fue publicada la semana pasada en todos los periódicos?
8. ¿Qué películas cree Ud. que serán nominadas como las mejores del año?

2 • Construcciones con se

A. El se pasivo

- A reflexive construction with **se** is often used in Spanish instead of the passive voice when the subject is inanimate and the agent is not specified. The verb is used in the third-person singular or plural, depending on the subject.

El banco **se abre** a las diez.	*The bank opens at ten.*
Los bancos **se abren** a las diez.	*The banks open at ten.*

B. El se impersonal

- **Se** is also used as an indefinite subject in Spanish. As such it is equivalent to the impersonal *one* or the colloquial *you* in English.

—¿Cómo **se sale** de aquí?	*"How does one (do you) get out of here?"*
—Por aquella puerta.	*"Through that door."*

- **Se** is frequently used in impersonal sentences implying orders, regulations, or ads.

Se prohíbe fumar.	*Smoking is forbidden.*
Se compran autos usados.	*Used cars bought.*

P R Á C T I C A

A. Vuelva a escribir las siguientes oraciones, usando el **se** pasivo. Siga el modelo.

MODELO: La carta *fue entregada* ayer.
             La carta se entregó ayer.

1. Esos libros *fueron escritos* a principios de año.
2. Pronto *serán construidas* las casas.
3. Las cartas *son enviadas* los jueves.
4. El trabajo *ha sido terminado.*
5. La cena *fue servida* a las diez.
6. La gira *va a ser organizada* en junio.
7. Los documentos *serán firmados* el próximo mes.
8. La censura *ha sido eliminada.*

B. Conteste las siguientes preguntas en oraciones completas.

1. ¿Qué lengua se habla en Chile? ¿Y en Brasil?
2. ¿Cómo se dice "embarazada" en inglés?
3. ¿Cómo se escribe el signo de multiplicar?
4. ¿A qué hora se termina la clase?
5. ¿Cómo se sale de este cuarto?
6. ¿Cómo se llega a su casa?
7. ¿Qué ropa se usa en el invierno?
8. ¿Cómo se hace una hamburguesa?

3 • Usos especiales de se

El uso de **se** para referirse a acciones imprevistas

- The reflexive **se** is used with the corresponding indirect object pronoun and the verb in the third-person singular or plural to describe an accidental or unexpected action.

Se	me	perdió	el dinero.
	I	*lost*	*the money.*
Se	le	rompieron	los vasos.
	He / She / You (Ud.)	*broke*	*the glasses.*

¡ATENCIÓN! Note that the verb is used in the singular or plural, according to the subject that appears immediately after it. Only the following combinations of pronouns are possible.

se {
me
te
le
nos
os
les
} Siempre **se** {
me pierden las llaves.
te manchan los pantalones.
le descompone el coche.
nos rompen los vasos.
os olvida el portafolio.
les descompone el tocadiscos.
}

—A mí siempre **se me pierde** o **se me olvida** algo. ¡Es terrible!

"*I always lose or forget something. It's terrible!*"

—A Elena también **se le olvida** todo. Dicen que ese tipo de persona es muy inteligente.

"*Elena also forgets everything. They say that that type of person is very intelligent.*"

—En ese caso yo debo ser un genio.

"*In that case I must be a genius.*"

¡ATENCIÓN! The indirect object pronoun indicates the person involved, but **a** + *noun* or *pronoun* may be added for emphasis or clarification.

A Elena se le olvida todo.

PRÁCTICA

A. Aquí se describen los problemas de diferentes personas. Vuelva a escribirlos para expresar que la acción es accidental o inesperada. Siga el modelo.

MODELO: Yo siempre pierdo las cintas.
A mí siempre se me pierden las cintas.

1. Lorenzo olvidó traer las revistas.
2. La pobre mujer perdió la tarjeta de embarque.
3. El visitador social ha perdido los anteojos.
4. Cuando viajo, siempre olvido hacer reservaciones.
5. Se echó a reír porque yo quemé la comida.
6. Algunas veces yo olvido firmar los cheques.
7. Cuando ella pone la mesa, siempre rompe algo.
8. Se perdió mi perro.

B. Conteste, siguiendo el modelo.

MODELO: ¿Trajiste la taza?   (romper)
No, se me rompió.

1. ¿Facturaron Uds. las maletas?   (olvidar)
2. ¿Leyó Ud. el periódico?   (perder)
3. ¿Trajeron ellos la lámpara?   (romper)
4. ¿Trajo ella el vaso?   (caer)
5. ¿Hice yo los letreros?   (olvidar)
6. ¿Llevaste a tu perrito contigo?   (morir)
7. ¿Usaron Uds. la máquina de escribir?   (descomponer)
8. ¿Trajo él los libros?   (perder)

---

4 • Algunas expresiones idiomáticas comunes

A. Expresiones idiomáticas con **dar, tener, poner** y **hacer**

- Idioms with **dar**

  1. **dar ánimo**   *to cheer up*

     David está triste. Voy a tratar de **darle ánimo.**

  2. **dar gato por liebre**   *to deceive, to defraud*

     Este anillo no es de oro. Te **dieron gato por liebre.**

  3. **dar marcha atrás**   *to back up*

     Dio marcha atrás y rompió la puerta del garaje.

  4. **dar en el clavo**   *to hit the nail on the head*

     Cuando ella dijo que él era un ladrón, **dio en el clavo.**

- Idioms with **tener**

  1. **tener chispa**   *to be witty*

     Todo lo que dice es muy cómico. **Tiene** mucha **chispa.**

  2. **no tener pelos en la lengua**   *to be outspoken, to be frank*

     Ella dice exactamente lo que piensa. **No tiene pelos en la lengua.**

  3. **por no tener (algo)**   *for the lack of (something)*

     No pudo conseguir el puesto **por no tener** experiencia como contador.

- Idioms with **poner**

  1. **poner en duda**   *to doubt*

     Al principio **puso en duda** lo que le decíamos, pero después quedó convencido.

  2. **poner en peligro**   *to endanger*

     Para salvar a su hijo, **puso en peligro** su vida.

  3. **poner peros**   *to find fault*

     ¡Nunca te gustan mis ideas! ¡A todo le **pones peros**!

  4. **ponerse en ridículo**   *to make a fool of oneself*

     Siempre estás diciendo tonterías y **poniéndote en ridículo.**

- Idioms with **hacer**

  1. **hacer caso**   *to obey; to pay attention*

     Ellos nunca me **hacen caso.**

  2. **hacer(se) (de) la vista gorda**   *to overlook*

     Su secretaria siempre llega tarde, pero él **se hace de la vista gorda.**

  3. **hacerse el tonto (la tonta)**   *to play dumb*

     Tú entiendes muy bien lo que te digo, pero **te haces el tonto.**

  4. **hacérsele a uno agua la boca**   *to make one's mouth water*

     ¡Mmm! Cuando pienso en el postre de hoy, **se me hace agua la boca.**

P R Á C T I C A

Complete las siguientes oraciones, usando las expresiones idiomáticas estudiadas, según corresponda.

1. No pudo comprar el coche _____ suficiente dinero.
2. ¡Estoy tan triste! ¿Por qué no vienes a _____?
3. Yo sé que eso es verdad. ¡No lo _____!

4. El doctor dice que si no me opero, estoy poniendo mi vida _____.
5. Me dijeron que la pulsera era de oro y no es verdad; es de cobre (*copper*). Me dieron _____.
6. Es inteligente y tiene un gran sentido del humor. ¡La verdad es que tiene _____!
7. Ese hombre dice muchas tonterías; siempre se pone en _____.
8. Ella siempre dice exactamente lo que piensa; no tiene _____.
9. Tú sabes muy bien de lo que te estoy hablando. ¡No te _____!
10. ¡Qué comida tan estupenda! Sólo de verla se me _____.
11. Para sacar el coche del garaje, tienes que _____.
12. Nada le gusta; a todo le _____. Y nunca hace lo que le digo. No me _____.
13. Puedes creer lo que dice, porque siempre _____.

B. Otras expresiones idiomáticas comunes

1. **¿A cuánto estamos hoy?**[1]   *What date is today?*

   A ver... **¿a cuánto estamos hoy?** A 13 de marzo, ¿no?

2. **a la larga**   *in the long run*

   Si sigues trabajando así, **a la larga** te vas a cansar.

3. **al fin y al cabo**   *after all*

   No le voy a comprar el vestido. **Al fin y al cabo,** no lo necesita.

4. **al pie de la letra**   *exactly, to the letter*

   Quiere que sigamos sus instrucciones **al pie de la letra.**

5. **algo por el estilo**   *something like that*

   Se llama Adela... Delia... o **algo por el estilo.**

6. **aquí hay gato encerrado**   *there's something fishy here*

   Lo que está pasando es muy extraño... **Aquí hay gato encerrado...**

7. **caerle bien a uno**   *to like*

   Ella es muy simpática. **Me cae muy bien.**

8. **con las manos en la masa**   *red-handed*

   Pescaron (*They caught*) al ladrón **con las manos en la masa.**

9. **de mala gana**   *reluctantly*

   Si lo vas a hacer **de mala gana,** prefiero que no lo hagas.

10. **en el acto**   *immediately, at once, right away, instantly*

    Cuando lo llamamos, vino **en el acto.**

---

[1] También se dice **¿A cómo estamos hoy?**

11. **en voz alta (baja)**　*aloud, in a loud voice (in a low voice)*

    No hablen **en voz alta** porque el niño está durmiendo. ¡Hablen **en voz baja!**

12. **entre la espada y la pared**　*between a rock and a hard place*

    No sé qué hacer en esta situación. Estoy **entre la espada y la pared.**

13. **estar hasta la coronilla de**　*to be fed up with*

    ¡No lo aguanto más! ¡**Estoy hasta la coronilla de** él!

14. **poner el grito en el cielo**　*to hit the roof*

    Cuando vio que los chicos habían roto la ventana, **puso el grito en el cielo.**

15. **sudar la gota gorda**　*to sweat blood, to go through a difficult experience*

    Trabajé muchísimo. ¡**Sudé la gota gorda!**

P R Á C T I C A

Conteste las siguientes preguntas, usando en sus respuestas las expresiones idiomáticas estudiadas, según corresponda.

1. ¿A cuánto estamos hoy?
2. ¿Hace exactamente todo lo que le dicen sus padres?
3. Si alguien está durmiendo, ¿cómo habla Ud.?
4. ¿Ha pescado Ud. a alguien haciendo algo que no debía?
5. Cuando Ud. era pequeño(a), ¿hacía a veces cosas que no quería hacer porque sus padres se lo ordenaban?
6. Alberto y Elsa escribieron exactamente la misma composición. ¿Cómo cree Ud. que sucedió eso... ?
7. Si su mejor amigo(a) le dijera que lo (la) necesitaba urgentemente, ¿iría Ud. a verlo(la) inmediatamente?
8. Si Ud. tuviera que trabajar tiempo completo y no graduarse a tiempo o estudiar y no tener dinero, ¿cómo se sentiría?
9. ¿Qué va a pasar si Ud. aprende un poco de español cada día?
10. ¿Está Ud. cansado(a) de tener que trabajar todos los días? ¿De su supervisor(a)?
11. ¿Qué haría Ud. si alguien le robara su coche?
12. ¿Qué piensa Ud. de sus compañeros de clase?

◈ ¿Cuánto sabe usted ahora?

A. Palabras y más palabras

En parejas, busquen en la columna **B** las respuestas a las preguntas de la columna **A**.

A	**B**
1. ¿Qué dice ese letrero?	a. Se echaron a reír.
2. ¿Se llevan bien?	b. No, es muy cómica.
3. ¿Cuál es tu meta?	c. Español y francés.
4. ¿Tú entiendes esto?	d. Ser bilingüe.
5. ¿Qué hicieron cuando te caíste?	e. ¡Un disparate!
6. ¿Cuándo llega Ernesto?	f. Sí, no lo pongas en duda.
7. ¿Es una película triste?	g. No, pelean mucho.
8. ¿Qué lenguas habla?	h. Se puso colorado.
9. ¿Qué dijo Andrés?	i. En el estado de Utah.
10. ¿Dónde nació?	j. No, no tiene ni pies ni cabeza.
11. ¿Es verdad?	k. Se me cayó el café.
12. ¿Cómo manchaste el mantel?	l. "No fumar".
13. ¿Qué hizo cuando le diste un beso?	m. A principios de mayo.
14. ¿Trabaja?	n. El mantel.
15. ¿Qué necesitas para poner (*set*) la mesa?	o. Sí, tiene un buen empleo.
16. ¿Dónde se venden revistas en español?	p. En todas partes.

B. De visita.
Roberto está de visita en casa de Olga. En este momento están caminando por el centro de la ciudad. ¿Qué dice Roberto?

ROBERTO —_____

OLGA —Sí, ésta es una ciudad muy antigua. Fue fundada en 1580.

ROBERTO —_____

OLGA —La catedral se construyó en 1605.

ROBERTO —_____

OLGA —Sí, hay muchos. Se puede visitar el museo de arte, por ejemplo. ¡Ah! y también la Plaza de Armas.

ROBERTO —_____

OLGA —Bueno, el Banco Central no se abre hasta las nueve.

ROBERTO —_____

OLGA —No, las tiendas todavía no están abiertas a esta hora.

ROBERTO —_____

OLGA —Sí, en esta cafetería se come muy bien. ¿Tienes ganas de comer algo?

ROBERTO —_____

OLGA —¿Se te olvidó la billetera? No te preocupes. Yo te invito.

ROBERTO —_____

OLGA —Sí, podríamos ir a la montaña esta tarde.

ROBERTO —_____

OLGA —Se va en coche o en autobús.

C. En otras palabras.   De las expresiones idiomáticas que Ud. aprendió en esta lección, ¿cuáles seleccionaría Ud. como equivalentes de lo siguiente?

1. exactamente
2. decir todo lo que se piensa
3. ruborizarse
4. encontrarlo todo mal
5. engañar (*to deceive*)
6. no poder soportar más
7. trabajar en exceso
8. inmediatamente
9. con el paso del tiempo
10. no tener sentido alguno
11. decidir entre dos problemas igualmente difíciles
12. sin deseos
13. después de todo
14. no me gusta

D. Vamos a conversar.

1. ¿Cree Ud. que es una ventaja hablar más de un idioma? ¿Por qué?
2. ¿Estudia Ud. español por placer o porque lo necesita para su trabajo?
3. Al terminar este curso, ¿será Ud. capaz de hablar español perfectamente?
4. ¿Sabe Ud. la fecha del examen final para esta clase?
5. ¿Ha tenido alguna vez algún problema por no saber hablar bien el español?
6. Si tuviera la oportunidad, ¿qué país de habla hispana le gustaría visitar?
7. ¿Sabe Ud. cuándo fue construida la universidad?
8. ¿A qué hora se abre la biblioteca de la universidad? ¿A qué hora se cierra?
9. ¿Se ve mucha influencia extranjera en la ciudad donde Ud. vive? Dé ejemplos.
10. ¿Qué haría Ud. si se le olvidara estudiar para el examen de español?

E. ¿Qué hacen Uds.?   Complete las siguientes oraciones y compare sus experiencias y opiniones con las de un(a) compañero(a).

1. Nunca soy capaz de...
2. Se me hace agua la boca cuando...
3. Yo nunca pongo en duda...
4. A mí siempre se me pierden...
5. Yo me hago el tonto (la tonta) cuando...
6. Sudo la gota gorda cuando...
7. Yo siempre hablo en voz baja cuando...
8. Nunca me echo a reír cuando...
9. Yo pongo el grito en el cielo cuando...
10. A mí siempre se me olvida(n)...

F. ¿Qué ha aprendido Ud.?   Escriba una composición sobre el tema "Cosas que he aprendido en mis clases de español".

Continuemos

Aumente su vocabulario

Algunos dichos populares

A mal tiempo, buena cara.   *Keep a stiff upper lip.*

A quien madruga, Dios lo ayuda.   *The early bird catches the worm.*

De tal palo, tal astilla.   *A chip off the old block.*

Dime con quién andas y te diré quién eres.   *You are known by the company you keep.*

El tiempo es oro.   *Time is money.*

El que a hierro mata, a hierro muere.   *He who lives by the sword, dies by the sword.*

Hoy por ti, mañana por mí.   *One hand washes the other.*

Lo barato sale caro.   *You get what you pay for.*

Más vale pájaro en mano que cien volando.   *A bird in the hand is worth two in the bush.*

Ojo por ojo y diente por diente.   *An eye for an eye and a tooth for a tooth.*

El hábito no hace al monje.   *The clothes don't make the man.*

¿Recuerda el vocabulario nuevo?

A. Diga qué dicho popular podría usarse en cada una de las siguientes situaciones.

1. Juan se levantó temprano y encontró un billete de cien dólares.
2. Marcos le hizo mal a mucha gente, y ahora todos se están vengando (*taking revenge*) de él.
3. Hace poco Ud. compró un par de zapatos por $10 y ya tuvo que comprarse otros porque se rompieron.
4. Me ofrecieron cien mil dólares por mi casa; no la vendí porque quería más dinero y ahora nadie me la compra.
5. Cuando Jorge era joven, era muy popular con las chicas. Su hijo también lo es.
6. No debes desperdiciar (*to waste*) ni un minuto.
7. Si tú me ayudas con mi tarea hoy, yo te ayudo con la tuya mañana.
8. Tú no me invitaste a tu fiesta, así que yo no te voy a invitar a la mía.
9. Raquel tiene amigos que no son buenas personas, y ahora la gente cree que ella es como ellos.
10. Olga tiene muchos problemas, pero siempre tiene una sonrisa (*smile*) para todos.
11. Él siempre está bien vestido, pero es maleducado (*rude*).

B. En parejas, escojan los dichos que más les gustan, y digan por qué.

De esto y aquello...

Hablemos de intercambios culturales

En parejas, fíjense en el anuncio y contesten las siguientes preguntas.

Familias españolas para nuestros estudiantes americanos

Jóvenes americanos de BUP y COU llegarán a España en septiembre para pasar un año escolar en nuestro país.

¿Les gustaría recibir a uno/a de ellos en su casa?

A Vds. esto les aportará:

- **Una experiencia familiar diferente y simpática**
- **Una posibilidad única de conocer una nueva cultura**
- **La oportunidad de desarrollar nuevos lazos de amistad**

Para obtener mayor información, llame a:

ef **Colegios Europeos de Verano, S. A.**

Teléfonos (91) 250 98 00 y (93) 204 12 16
Educational Foundation for Foreign Study

1. ¿Qué necesitan los Colegios Europeos de Verano?
2. ¿En qué mes llegarán los jóvenes americanos?
3. ¿Cuánto tiempo pasarán los estudiantes en España?
4. ¿Cuáles son las ventajas de tener un estudiante americano en su casa?
5. ¿A qué números deben llamar las familias interesadas para solicitar más información?

¿Qué dirían ustedes?

Imagínese que Ud. y un(a) compañero(a) se encuentran en las siguientes situaciones. ¿Qué va a decir cada uno?

1. Uds. están hablando del dicho "Dime con quién andas y te diré quién eres". ¿Qué experiencias tuvieron en la escuela secundaria que le dan la razón a ese dicho?
2. Alguien les pregunta en qué forma puede aplicárseles a Ud. y a su padre (su madre) el dicho "de tal palo, tal astilla".
3. Uds. están hablando de palabras que se usan en inglés y que son de origen español.
4. Un amigo está muy desanimado. Traten de darle ánimo.
5. Uds. están quejándose de las cosas que a veces tienen que hacer de mala gana.

Una encuesta

Entreviste a sus compañeros de clase para tratar de identificar a aquellas personas que...

1. ...son de origen hispano.
2. ...tomaron español en la escuela secundaria.
3. ...se ponen coloradas fácilmente.
4. ...siempre siguen todas las instrucciones al pie de la letra.
5. ...están hasta la coronilla de alguien.
6. ...piensan que el tiempo es oro.
7. ...creen en el proverbio "ojo por ojo y diente por diente".
8. ...han podido comprobar que es cierto que "lo barato sale caro".

Y ahora, discuta el resultado de la encuesta con el resto de la clase.

¡De ustedes depende!

Imagínense que Ud. y un(a) compañero(a) están encargados(as) de preparar un folleto de propaganda turística sobre la ciudad donde viven o estudian. Discutan los siguientes puntos, necesarios para escribir el folleto.

1. ¿Cuándo fue fundada la ciudad y por quién(es)?
2. ¿Qué lugares interesantes se pueden visitar?
3. ¿En qué restaurantes se come bien?
4. ¿A qué hora se abren y se cierran las tiendas, los bancos, etc.?
5. ¿Qué tipo de ropa se debe llevar?
6. ¿Qué fiestas populares se celebran y en qué fechas?
7. ¿Cómo se llega a esa ciudad?
8. ¿Qué otros idiomas, además del inglés, se hablan allí?
9. ¿Qué actividades culturales hay?
10. Otras cosas que Uds. consideren interesantes.

Mesa redonda

Formen grupos de cuatro o cinco estudiantes y hablen de las cosas que pueden hacer para practicar más el español, aumentar su vocabulario y conocer mejor la cultura hispana, de modo que algún día lleguen a dominar (*master*) el español.

Lecturas periodísticas

Para leer y comprender

A. En su primera lectura del artículo en la página siguiente, busque las ideas claves (*key*) de cada párrafo y haga una breve lista de las contribuciones hispanas a Estados Unidos.

B. Al leer detalladamente el artículo, busque las respuestas a las siguientes preguntas.

1. ¿Cuánto tiempo ha pasado desde el descubrimiento de América?
2. ¿Qué influencia hispana señala (*points out*) el artículo en la pintura, la música y la danza de Estados Unidos?
3. ¿Cuál ha sido la participación de los hispanos en las guerras (*wars*) de Estados Unidos?
4. ¿En qué aspectos de la vida norteamericana están representados los hispanos?
5. Según el artículo, ¿cuál es la contribución hispana de mayor trascendencia en Estados Unidos?
6. Para el autor de este artículo, ¿cuál podría ser el gran Encuentro, el mayor Descubrimiento?

Origen de las raíces° culturales hispanas   roots

Muestra de la pintura mural de los mexicanos en California.

A las puertas del siglo XXI y después de quinientos años transcurridos° desde que   having passed
Colón estableciera una vía de comunicación entre el Viejo y el Nuevo Mundo, Estados Unidos está redescubriendo su herencia hispana. La contribución hispana a la formación de los Estados Unidos ha resurgido constantemente en la historia del país a través de múltiples expresiones culturales.

Los extraordinarios murales que hoy día se ven en los barrios de California son el resultado de la herencia dejada por los pintores mexicanos Orozco, Rivera y Siqueiros. La llamada música norteña y tejana que se escucha en el suroeste es una amalgama° de ritmos que incluyen la polca europea, la ranchera mexicana y la   combination
cumbia colombiana. La música de Gloria Estefan es pariente de los sones° de su   Cuban dance
nativa Cuba. De Cuba también llegaron Celia Cruz, el mambo y el chachachá.

Los detalles desconocidos de esta historia han ido apareciendo a medida que° la población latina crece° y cientos de miles de inmigrantes siguen llegando en busca de un futuro mejor. Por ejemplo, ahora se reconoce la importancia de la participación hispana en los conflictos bélicos° de este país, desde la guerra de independencia hasta la del Golfo Pérsico.

a... as
grows

conflictos... wars

Hoy en día los hispanos estamos representados en casi todos los niveles de la vida nacional. Los más reconocidos son las figuras del mundo deportivo y artístico que han logrado la fama entre los anglosajones, pero hay más. Los hispanos están presentes en la fuerza laboral°, en el ámbito cultural, en las mesas de votación, en los departamentos de policía, en los hospitales, en el ejército, en la educación y en los medios de comunicación.

fuerza... work force

Por lo tanto, no todo lo que brilla° es en inglés. Existe en ciertas ciudades del país un mundo de estrellas latinas. La farándula°, como la llamamos, se desplaza° deslumbrante° por un Estados Unidos que ríe y se divierte todas las noches en español.

glitters
show business / moves
dazzlingly

Quizás, la contribución hispana de mayor trascendencia para el futuro de esta nación sea la importancia de la enseñanza del idioma español en escuelas y universidades, en gran parte desempeñada por maestros y profesores hispanos. Apenas vislumbramos° lo que esto puede significar: un país donde latinos y no latinos nos entendamos sin barreras lingüísticas, donde aprendamos unos de los otros sin complejos ni prejuicios, donde el proceso de asimilación se dé en ambas° direcciones. Éste podría ser el gran Encuentro, el mayor Descubrimiento.

we have a glimmering sight of
both

Adaptado de **Más** (Estados Unidos)

Desde su mundo

1. ¿Por qué está Ud. estudiando español?
2. ¿Qué cambios ha habido (*have there been*) últimamente en Estados Unidos con respecto a las lenguas extranjeras?
3. ¿Qué influencias hispanas ve Ud. en su universidad, en la ciudad donde vive, y en otros lugares de Estados Unidos que Ud. ha visitado?

Pepe Vega y su mundo

Teleinforme

¿Quiénes son los hispanohablantes en Estados Unidos? Vienen de varios países por muchas razones. En este video conoceremos a siete jóvenes de San Diego State University (SDSU) que hablan de su vida entre dos culturas.

Preparación

Términos.   A continuación aparecen algunos términos relacionados con los hispanohablantes en Estados Unidos. ¿Los reconoce Ud.? Defina los términos que Ud. reconoce. Para los otros, trate de definirlos o de explicarlos.

centroamericano(a)	latinoamericano(a)
chicano(a)	mexicano(a)
cubano(a)	mexicoamericano(a)
hispano(a)	puertorriqueño(a)
hispanoamericano(a)	sudamericano(a)
latino(a)	

---
[1] **llueve...** it's pouring

Comprensión

Conversaciones con estudiantes de la San Diego State University   53:17–58:01

Estas conversaciones fueron tomadas del programa *Somos*. *Somos* fue producido por el National Language Resource Center de la SDSU para ayudar a que se conocieran mejor las perspectivas de los estudiantes latinos y chicanos de California.

¿Qué aprendió Ud.?   Después de oír cada conversación, conteste las preguntas.

1. Carmen habla de MEChA y Aztlán.
   ¿Qué significa MEChA?
   ¿Qué es Aztlán?
2. Teresa habla de UBAC.
   ¿Qué significa UBAC?
   ¿A quiénes ayuda UBAC en San Diego State University?
   ¿Qué tipo de ayuda da?
3. Guadalupe habla de los términos **latino** y **chicano**.
   Para ella, ¿cuál es la diferencia entre los dos términos?
4. Rubén habla de su identidad.
   ¿Se considera chicano, mexicano o mexicoamericano?
   ¿Dónde nació Rubén? ¿Y su madre? ¿Y sus abuelos?
5. Javier habla de su familia.
   ¿Cuántos hijos hay en la familia de Javier? ¿Qué edades tienen?
   ¿Dónde nacieron todos?
6. Ruth habla de los problemas raciales que ha tenido en la universidad.
   ¿Con quiénes se sentó un día en el auditorio?
   ¿Qué hicieron estas personas cuando Ruth se sentó?
   ¿Cómo se sintió Ruth?
7. Guillermina les da algunos consejos a los profesores de la universidad para que les puedan ofrecer mejor servicio a los estudiantes chicanos o mexicoamericanos.
   Según Guillermina, ¿cómo son los estudiantes latinos?
   Según Guillermina, ¿qué deberían hacer los profesores?

Ampliación

Debate.   Formen equipos para discutir los siguientes temas. Discutan los argumentos a favor y los argumentos en contra. Usen ejemplos tomados de su propia experiencia o de la vida de alguien que Uds. conocen.

1. la inmigración en Estados Unidos
2. el inglés como lengua oficial de Estados Unidos
3. el bilingüismo o el plurilingüismo en Estados Unidos

¡Naveguemos!

Si desea explorar otros aspectos relacionados con esta lección, haga las actividades de la red (*Internet*) que corresponden a la lección. Vaya primero a http://www.hmco.com/college en la red, y de ahí a la página de *¡Continuemos!*

¿Están listos para el examen?

(Lecciones 10—12)

Tome este examen para ver cuánto ha aprendido. Las respuestas correctas aparecen en el **Apéndice C**.

Lección 10   **A.** El imperfecto de subjuntivo

Cambie del discurso directo al discurso indirecto. Siga el modelo.

> MODELO: El profesor me dijo: "Identifica los problemas".
> *El profesor me dijo que identificara los problemas.*

1. Él les advirtió: "Usen productos biodegradables".
2. Luis nos dijo: "Lean las noticias sobre la contaminación".
3. Ellos nos rogaron: "No se unan a las pandillas".
4. Él te aconsejó: "Coopera con los demás".
5. Ellos me pidieron: "Saca la basura".
6. La profesora le aconsejó: "Haga un esfuerzo por mejorar".

B. El imperfecto de subjuntivo en oraciones condicionales

Complete las siguientes oraciones, usando los verbos que aparecen entre paréntesis.

1. Si _____ (tratar) de resolver todos esos problemas, fracasarían.
2. Habla como si nuestra ciudad no _____ (tener) problemas sociales.
3. Si ellos nos lo _____ (pedir), los ayudaríamos.
4. Esas organizaciones trabajan como si _____ (estar) seguras del éxito.
5. Uds. ayudarían mucho si _____ (reciclar) los periódicos.
6. ¡Ojalá ese presidente _____ (poder) resolver todos los problemas ambientales!

C. Los tiempos compuestos del subjuntivo

Complete las siguientes oraciones con el presente perfecto o el pluscuamperfecto de subjuntivo.

1. Dudo que ellos _____ (hacer) un esfuerzo.
2. Yo habría aceptado el trabajo si Uds. me lo _____ (dar).
3. Espero que tú ya le _____ (ofrecer) el puesto.
4. Habla de la ley como si él la _____ (hacer).
5. Me alegro de que el programa no _____ (empezar) todavía.
6. Dudaban que el gobierno _____ (dar) la noticia.
7. Si ellos me lo _____ (permitir) yo lo habría hecho.
8. No creo que Uds. _____ (resolverlo) todo.
9. Siento que nosotros no _____ (ir) a la fábrica.
10. No es verdad que los alcaldes _____ (ponerse) de acuerdo.

D. Usos de **pero, sino** y **sino que**

Escriba oraciones con los elementos dados, añadiendo las conjunciones **pero, sino** o **sino que.**

1. él / tener / mucho dinero / no / gastarlo
2. ahora / yo / no / tener ganas de / comer / de tomar algo
3. en esa época / nosotros / no / trabajar / estudiar
4. yo / no / tenerlo / ahora / poder / conseguírtelo
5. no es / visitador social / profesor
6. ellos / no me escribir / me llamar

E. ¿Recuerda el vocabulario?

Busque en la columna **B** las respuestas a las preguntas de la columna **A.**

A	**B**
1. ¿Adónde debemos llevar los residuos de productos químicos?	a. Los periódicos y el vidrio.
2. ¿Con qué debemos sustituir los productos químicos?	b. Los robos y los asesinatos.
3. ¿Dónde echa mucha gente los productos químicos?	c. Cooperar todos.
4. ¿Qué debemos reciclar?	d. Al pueblo.
5. ¿Qué problemas parecen agravarse cada día?	e. Con productos biodegradables.
6. ¿Qué debemos hacer para resolver estos problemas?	f. Las personas sin hogar.
7. ¿Cuáles son algunos de los problemas sociales?	g. En los desagües.
8. ¿Cómo llamamos a los que no tienen dónde vivir?	h. Combustibles más limpios.
9. ¿Qué deben usar las fábricas?	i. Al vertedero (municipal).
10. ¿A quién debemos educar para poder resolver los problemas de las ciudades?	j. Los problemas sociales.

Lección 11   A. El subjuntivo: resumen general

Complete las siguientes oraciones con el equivalente español de los verbos que aparecen entre paréntesis. Use el indicativo, el infinitivo o el subjuntivo.

1. Ellos querían que yo les _____ la videograbadora.   (*bring*)
2. Es mejor que (tú) _____ al productor.   (*see*)
3. Dile que te _____ la guía de espectáculos.   (*give*)
4. No habrían suprimido el programa si _____ bueno.   (*had been*)
5. No habrá nadie que _____ entrevistarlo.   (*can*)
6. Siento que nosotros no _____ los papeles principales.   (*had*)
7. Hay muchas personas que _____ a esa fiesta.   (*go*)
8. Me alegro de _____ aquí.   (*to be*)

9. Irán a ver el estreno si _____ tiempo.   (*have*)
10. No creo que _____ la telenovela todavía.   (*has begun*)
11. Si nosotros _____ ahora, llegaríamos a mediados de junio.   (*left*)
12. Por suerte podremos salir en cuanto _____ los chicos.   (*arrive*)
13. Es verdad que ellos _____ contrarios a la censura.   (*are*)
14. El periodista no la quería _____ allí.   (*interview*)
15. Nosotros no queremos que ellos _____ ese programa.   (*get rid of*)

B. Usos de algunas preposiciones

Complete las siguientes oraciones usando las preposiciones **a, de** y **en**, según corresponda.

1. Ayer, _____ las nueve _____ la mañana, fuimos _____ visitar _____ Isabel.
2. Le dije _____ Gustavo que yo quería que él empezara _____ enseñarme _____ bailar tan pronto como llegáramos _____ Acapulco.
3. Me olvidé _____ decirte que íbamos _____ volver _____ coche.
4. Yo salí sin darme cuenta _____ que había dejado _____ la gata _____ la calle.
5. Mis hermanos y yo convinimos _____ que hablaríamos _____ todo, menos _____ política.
6. No te acordaste _____ decirle que la ropa estaba _____ la cama.
7. Adela es morena, _____ ojos verdes, y es la chica más simpática _____ la familia.
8. Cuando te dije que él se había enamorado _____ mí, lo dije _____ broma.
9. Insistió _____ entrar _____ la tienda.
10. Oscar nunca confía _____ nadie.

C. Verbos con preposiciones

Complete las siguientes oraciones usando el equivalente español de las frases dadas.

1. Carlos ya no quiere _____ (*marry*) Aurora porque está _____ (*in love with*) Marta.
2. Yo no _____ (*remember*) su número de teléfono.
3. Armando y yo _____ (*agree on*) _____ (*leave*) casa a las diez.
4. Ellos siempre _____ (*insist on*) _____ (*meet*) nosotros los domingos.
5. _____ (*I am glad*) que Uds. no _____ (*trust*) él.

D. El infinitivo

¿Cómo se dice lo siguiente en español?

1. They say that eating fruit is good.
2. They wanted to go to the fair.
3. Before going to Midnight Mass, they had dinner.
4. He returned around twelve. I heard him come in.
5. The children wanted to see the manger.
6. My roommate says he (she) has three unfinished reports.
7. I don't want to talk about that again.

8. No smoking.
9. They have just returned from the country.
10. I'm going to start studying for the exam.

E. ¿Recuerda el vocabulario?

Complete las siguientes oraciones usando el vocabulario de la **Lección 11**.

1. Ellos son _____ a toda _____ de censura.
2. El _____ de la película será a _____ de mes.
3. Podemos grabar la telenovela porque ayer compramos una _____.
4. Yo no estoy de _____ con suprimir esos programas.
5. Para saber qué programa hay en la televisión, leo la guía de _____.
6. Marisa Beltrán no es simplemente una actriz famosa; ¡es una _____!
7. No es liberal. Es muy _____.
8. Esa película es muy buena. Recibió el primer _____ en el festival.

Lección 12   A. La voz pasiva

Conteste las siguientes preguntas usando la voz pasiva y la información dada entre paréntesis.

1. ¿Quién escribió esa novela?   (Cortázar)
2. ¿Cuándo construirán ese hospital?   (en el 2005)
3. ¿Quién ha publicado ese libro?   (la Editorial Losada)
4. ¿Quién firma los documentos?   (el director)
5. ¿Quién traducía las cartas?   (el Sr. Ruiz)

B. Construcciones con se

Complete las siguientes preguntas, usando el **se** pasivo o el **se** impersonal y los verbos dados entre paréntesis.

1. ¿Qué lengua _____ (hablar) en Brasil?
2. ¿Cómo _____ (decir) "disparate" en inglés?
3. ¿Dónde _____ (vender) alfombras?
4. ¿Por dónde _____ (entrar) en este edificio?
5. ¿A qué hora _____ (cerrar) los bancos?
6. ¿Cómo _____ (poder) obtener el puesto de visitador social?

C. El uso de se para referirse a acciones imprevistas

Complete las siguientes oraciones, usando construcciones con **se** para indicar que la acción es accidental.

1. Ayer a mí _____ (romper) los platos.
2. A nosotros siempre _____ (perder) las llaves.
3. Anoche _____ (manchar) los pantalones al niño.
4. A ti siempre _____ (olvidar) los libros.
5. A esos pobres chicos _____ (morir) el gato ayer.

D. Algunas expresiones idiomáticas comunes

Complete las siguientes oraciones con el equivalente español de las expresiones idiomáticas que aparecen entre paréntesis.

1. La carta de Julio _____. (*didn't make any sense*)
2. Siempre que le hablo, _____. (*he blushes*)
3. Yo nunca _____ lo que tú me dices. (*doubt*)
4. Voy a visitar a Rosa para _____. (*cheer her up*)
5. ¡Eso es de plástico! Ellos _____. (*deceived you*)
6. No sé qué decidir; estoy _____. (*between a rock and a hard place*)
7. No debes preocuparte tanto por tus problemas. Recuerda que debes poner _____ . (*keep a stiff upper lip*)
8. Se parece mucho a su padre y por eso cuando lo ven, todos dicen _____ . (*a chip off the old block*)
9. No pierdas ni un minuto. Recuerda que _____. (*time is money*)

E. ¿Recuerda el vocabulario?

Diga lo siguiente de otra manera usando el vocabulario de la **Lección 12**.

1. Se dice de una persona que habla dos idiomas.
2. que no tiene sentido
3. obtener
4. rojo
5. opuesto de *falso*
6. dudar
7. ruborizarse
8. visitar
9. idioma
10. opuesto de *trágico*

Apéndices

Apéndice A: Algunas reglas generales

Separación de palabras

A. Vocales

1. A vowel or a vowel combination can constitute a syllable.

   e-ne-ro   a-cuer-do   Eu-ro-pa   ai-rea   u-no

2. Diphthongs and triphthongs are considered single vowels and cannot be divided.

   vie-ne   Dia-na   cue-ro   es-tu-diáis   bui-tre

3. Two strong vowels (**a**, **e**, or **o**) do not form a diphthong and are separated into two syllables.

   em-ple-o   le-an   ro-e-dor   tra-e-mos   lo-a

4. A written accent mark on a weak vowel (**i** or **u**) breaks the diphthong; thus the vowels are separated into two syllables.

   rí-o   dú-o   Ma-rí-a   Ra-úl   ca-í-mos

B. Consonantes

1. A single consonant forms a syllable with the vowel that follows it.

   mi-nu-to   ca-sa-do   la-ti-na   Re-na-to

   ATENCIÓN   **ch**, **ll** and **rr** are considered single consonants.

   co-che   a-ma-ri-llo   ci-ga-rro

2. Consonant clusters composed of **b**, **c**, **d**, **f**, **g**, **p**, or **t** with **l** or **r** are considered single consonants and cannot be separated.

   su-bli-me   cre-ma   dra-ma   flo-res   gra-mo   te-a-tro

3. When two consonants appear between two vowels, they are separated into two syllables.

   al-fa-be-to   mo-les-tia   me-ter-se

   ATENCIÓN   When a consonant cluster composed of **b**, **c**, **d**, **f**, **g**, **p**, or **t** with **l** or **r** appears between two vowels, the cluster joins the following vowel.

   so-bre   o-tra   ca-ble   te-lé-gra-fo

4. When three consonants appear between two vowels, only the last one goes with the following vowel.

ins-pec-tor   trans-por-te   trans-for-mar

ATENCIÓN ! When there is a cluster of three consonants in the combinations described in rule 2, the first consonant joins the preceding vowel and the cluster joins the following vowel.

es-cri-bir   im-plo-rar   ex-tran-je-ro

El acento ortográfico

In Spanish, all words are stressed according to specific rules. Words that do not follow the rules must have a written accent mark to indicate the change of stress. The basic rules for accentuation are as follows:

1. Words ending in a vowel, **n**, or **s** are stressed on the next to the last syllable.

ver- de   re-**ten**-go   ro-**sa**-da   es-**tu**-dian   co-**no**-ces

2. Words ending in a consonant, except **n** or **s**, are stressed on the last syllable.

es-pa-**ñol**   pro-fe-**sor**   pa-**red**   tro-pi-**cal**   na-**riz**

3. All words that do not follow these rules, and also those that are stressed on the second from the last syllable, must have a written accent mark.

ca-**fé**   co-**mió**   ma-**má**   sa-**lón**   fran-**cés**
án-gel   **lá**-piz   **mú**-si-ca   de-**mó**-cra-ta

4. The interrogative and exclamatory pronouns and adverbs have a written accent mark to distinguish them from the relative forms.

¿**Qué** comes?

¡**Qué** calor hace!

5. Words that have the same spelling but different meanings have a written accent mark to differentiate one from another.

el	*the*	él	*he, him*
mi	*my*	mí	*me*
tu	*your*	tú	*you*
te	*you, yourself*	té	*tea*
si	*if*	sí	*yes*
mas	*but*	más	*more*
solo	*alone*	sólo	*only*

6. The demonstrative pronouns have a written accent mark to distinguish them from the demonstrative adjectives.

éste	ésta	ése	ésa	aquél	aquélla
éstos	éstas	ésos	ésas	aquéllos	aquéllas

7. Affirmative commands with object pronouns have written accent marks if the word has two or more syllables after the stress.

Tráigamela.   Cómpralo.   Pídasela.

Uso de las mayúsculas

In Spanish, only proper nouns are capitalized. Nationalities, languages, days of the week, and months of the year are not considered proper nouns.

Jamie Ballesteros es de Buenos Aires, pero sus padres no son argentinos, son de España. El sábado, tres de junio, Jaime y sus padres, el doctor[1] Juan Ballesteros y su esposa, la señora[1] Consuelo Ballesteros, salen para Madrid.

Puntuación

1. Inverted question marks and exclamation marks must be placed at the beginning of questions and exclamations.

—¿Tú quieres ir con nosotros?

—¡Por supuesto!

2. A comma is not used before **y** or **o** at the end of a series.

Estudio francés, historia, geografía y matemáticas.

3. In a dialogue, a dash is frequently used instead of quotation marks.

—¿Cómo estás, Pablo?

—Muy bien, ¿y tú?

Estudio de cognados

A. *Cognates*

Cognates are words that are the same or similar in two languages. It is extremely valuable to be able to recognize them when learning a foreign language. Following are some principles of cognate recognition in Spanish.

1. Some words are exact cognates; only the pronunciation is different.

general	terrible	musical	central	humor	banana
idea	mineral	horrible	cultural	natural	terror

2. Some cognates are almost the same, except for a written accent mark, a final vowel, or a single consonant in the Spanish word.

región	comercial	arte	México	posible	potente
personal	península	oficial	importante	conversión	imposible

---

[1]These words are capitalized only when they are abbreviated: **Dr., Sra.**

3. Most nouns ending in *-tion* in English end in **-ción** in Spanish.

conversación   solución   operación   cooperación

4. English words ending in *-ce* and *-ty* end in **-cia**, **cio**, **-tad**, and **-dad** in Spanish.

importancia   precipicio   libertad   ciudad

5. The English ending *-ous* is often equivalent to the Spanish ending **-oso(a)**.

famoso   amoroso   numeroso   malicioso

6. The English consonant *s-* is often equivalent to the Spanish **es-**.

escuela   estado   estudio   especial

7. English words ending in *-cle* end in **-culo** in Spanish.

artículo   círculo   vehículo

8. English words ending in *-y* often end in **-io** in Spanish.

laboratorio   conservatorio

9. English words beginning with *ph-* begin with **f-** in Spanish.

farmacia   frase   filosofía

10. There are many other easily recognizable cognates for which no rule can be given.

millón   deliberadamente   estudiar   millonario   mayoría
ingeniero   norte   enemigo   monte

B. *False cognates*

False cognates are words that look similar in Spanish and English, but have very different meanings. Some common ones are as follows:

English word	Spanish equivalent	False cognate
actually	realmente	actualmente (*nowadays*)
application	solicitud	aplicación (*diligence*)
card	tarjeta	carta (*letter*)
character (*in lit.*)	personaje	carácter (*personality, nature*)
embarrassed	avergonzado(a)	embarazada (*pregnant*)
exit	salida	éxito (*success*)
library	biblioteca	librería (*bookstore*)
major (*studies*)	especialidad	mayor (*older, major in armed services*)
minor (*studies*)	segunda especialidad	menor (*younger*)
move (*from one home to another*)	mudarse	mover (*move something*)
question	pregunta	cuestión (*matter*)
subject	asunto, tema	sujeto (*subject of a sentence*)

Apéndice B: Verbos

Verbos regulares: Modelos de los verbos que terminan en -*ar*, -*er*, -*ir*

Infinitive		
amar (*to love*)	**comer** (*to eat*)	**vivir** (*to live*)

Present Participle		
amando (*loving*)	**comiendo** (*eating*)	**viviendo** (*living*)

Past Participle		
amado (*loved*)	**comido** (*eaten*)	**vivido** (*lived*)

Simple Tenses

Indicative Mood

Present		
(I love)	*(I eat)*	*(I live)*
amo	como	vivo
amas	comes	vives
ama	come	vive
amamos	comemos	vivimos
amáis	coméis	vivís
aman	comen	viven

Imperfect		
(I used to love)	*(I used to eat)*	*(I used to live)*
amaba	comía	vivía
amabas	comías	vivías
amaba	comía	vivía
amábamos	comíamos	vivíamos
amabais	comíais	vivíais
amaban	comían	vivían

Preterit

(I loved)	(I ate)	(I lived)
amé	comí	viví
amaste	comiste	viviste
amó	comió	vivió
amamos	comimos	vivimos
amasteis	comisteis	vivisteis
amaron	comieron	vivieron

Future

(I will love)	(I will eat)	(I will live)
amaré	comeré	viviré
amarás	comerás	vivirás
amará	comerá	vivirá
amaremos	comeremos	viviremos
amaréis	comeréis	viviréis
amarán	comerán	vivirán

Conditional

(I would love)	(I would eat)	(I would live)
amaría	comería	viviría
amarías	comerías	vivirías
amaría	comería	viviría
amaríamos	comeríamos	viviríamos
amaríais	comeríais	viviríais
amarían	comerían	vivirían

Subjunctive Mood

Present

([that]) I [may] love)	([that] I [may] eat)	([that] I [may] live)
ame	coma	viva
ames	comas	vivas
ame	coma	viva
amemos	comamos	vivamos
améis	comáis	viváis
amen	coman	vivan

Imperfect

(two forms: -ra, -se)

([that] I [might] love)	([that] I [might] eat)	([that] I [might] live)
amara -ase	comiera -iese	viviera -iese
amaras -ases	comieras -ieses	vivieras -ieses
amara -ase	comiera -iese	viviera -iese
amáramos -ásemos	comiéramos -iésemos	viviéramos -iésemos
amarais -aseis	comierais -ieseis	vivierais -ieseis
amaran -asen	comieran -iesen	vivieran -iesen

Imperative Mood

(love)	(eat)	(live)
ama (tú)	come (tú)	vive (tú)
ame (Ud.)	coma (Ud.)	viva (Ud.)
amemos (nosotros)	comamos (nosotros)	vivamos (nosotros)
amad (vosotros)	comed (vosotros)	vivid (vosotros)
amen (Uds.)	coman (Uds.)	vivan (Uds.)

Compound Tenses

Perfect Infinitive

| haber amado | haber comido | haber vivido |

Perfect Participle

| habiendo amado | habiendo comido | habiendo vivido |

Indicative Mood

Present Perfect

(I have loved)	*(I have eaten)*	*(I have lived)*
he amado	he comido	he vivido
has amado	has comido	has vivido
ha amado	ha comido	ha vivido
hemos amado	hemos comido	hemos vivido
habéis amado	habéis comido	habéis vivido
han amado	han comido	han vivido

Pluperfect

(I had loved)	*(I had eaten)*	*(I had lived)*
había amado	había comido	había vivido
habías amado	habías comido	habías vivido
había amado	había comido	había vivido
habíamos amado	habíamos comido	habíamos vivido
habíais amado	habíais comido	habíais vivido
habían amado	habían comido	habían vivido

Future Perfect

(I will have loved)	*(I will have eaten)*	*(I will have lived)*
habré amado	habré comido	habré vivido
habrás amado	habrás comido	habrás vivido
habrá amado	habrá comido	habrá vivido
habremos amado	habremos comido	habremos vivido
habréis amado	habréis comido	habréis vivido
habrán amado	habrán comido	habrán vivido

Conditional Perfect

(I would have loved)	(I would have eaten)	(I would have lived)
habría amado	habría comido	habría vivido
habrías amado	habrías comido	habrías vivido
habría amado	habría comido	habría vivido
habríamos amado	habríamos comido	habríamos vivido
habríais amado	habríais comido	habríais vivido
habrían amado	habrían comido	habrían vivido

Subjunctive Mood

Present Perfect

([that] I [may] have loved)	([that] I [may] have eaten)	([that] I [may] have lived)
haya amado	haya comido	haya vivido
hayas amado	hayas comido	hayas vivido
haya amado	haya comido	haya vivido
hayamos amado	hayamos comido	hayamos vivido
hayáis amado	hayáis comido	hayáis vivido
hayan amado	hayan comido	hayan vivido

Pluperfect

(two forms: -ra, -se)

([that] I [might] have loved)	([that] I [might] have eaten)	([that] I [might] have lived)
hubiera -iese amado	hubiera -iese comido	hubiera -iese vivido
hubieras -ieses amado	hubieras -ieses comido	hubieras -ieses vivido
hubiera -iese amado	hubiera -iese comido	hubiera -iese vivido
hubiéramos -iésemos amado	hubiéramos -iésemos comido	hubiéramos -iésemos vivido
hubierais -ieseis amado	hubierais -ieseis comido	hubierais -ieseis vivido
hubieran -iesen amado	hubieran -iesen comido	hubieran -iesen vivido

Verbos de cambios radicales

A. *Verbos que terminan en -ar y -er*

Stem-changing verbs are those that have a change in the root of the verb. Verbs that end in **-ar** and **-er** change the stressed vowel **e** to **ie**, and the stressed to **o** to **ue**. These changes occur in all persons, except the first- and second-person plural of the present indicative, present subjunctive, and imperative.

The *-ar* and *-er* Stem-changing Verbs

Infinitive	Present Indicative	Imperative	Present Subjunctive
cerrar	cierro	——	cierre
(*to close*)	cierras	cierra	cierres
	cierra	cierre	cierre
	cerramos	cerremos	cerremos
	cerráis	cerrad	cerréis
	cierran	cierren	cierren
perder	pierdo	——	pierda
(*to lose*)	pierdes	pierde	pierdas
	pierde	pierda	pierda
	perdemos	perdamos	perdamos
	perdéis	perded	perdáis
	pierden	pierdan	pierdan
contar	cuento	——	cuente
(*to count,*	cuentas	cuenta	cuentes
to tell)	cuenta	cuente	cuente
	contamos	contemos	contemos
	contáis	contad	contéis
	cuentan	cuenten	cuenten
volver	vuelvo	——	vuelva
(*to return*)	vuelves	vuelve	vuelvas
	vuelve	vuelva	vuelva
	volvemos	volvamos	volvamos
	volvéis	volved	volváis
	vuelven	vuelvan	vuelvan

Verbs that follow the same pattern are:

acordarse *to remember*	llover *to rain*
acostar(se) *to go to bed*	mostrar *to show*
almorzar *to have lunch*	mover *to move*
atravesar *to go through*	negar *to deny*
cocer *to cook*	nevar *to snow*
colgar *to hang*	pensar *to think, to plan*
comenzar *to begin*	probar *to prove, to taste*
confesar *to confess*	recordar *to remember*
costar *to cost*	rogar *to beg*
demostrar *to demonstrate, to show*	sentar(se) *to sit down*
despertar(se) *to wake up*	soler *to be in the habit of*
empezar *to begin*	soñar *to dream*
encender *to light, to turn on*	tender *to stretch, to unfold*
encontrar *to find*	torcer *to twist*
entender *to understand*	

B. *Verbos que terminan en* -ir

There are two types of stem-changing verbs that end in **-ir**: one type changes stressed **e** to **ie** in some tenses and to **i** in others, and stressed **o** to **ue** or **u**; the second type changes stressed **e** to **i** only in some tenses.

Type I: **e → ie/i** and **o → ue/u**

These changes occur as follows.

Present Indicative: all persons except the first- and second-persons plural change **e** to **ie** and **o** to **ue**.
Preterit: third-person, singular and plural, changes **e** to **i** and **o** to **u**.
Present Subjunctive: all persons change **e** to **i** and **o** to **ue**, except the first- and second-persons plural, which change **e** to **i** and **o** to **u**.
Imperfect Subjunctive: all persons change **e** to **i** and **o** to **u**.
Imperative: all persons except the second-person plural change **e** to **ie** and **o** to **ue**, and first-person plural changes **e** to **i** and **o** to **u**.
Present Participle: changes **e** to **i** and **o** to **u**.

The -*ir* Stem-changing Verbs (Type I)

Infinitive	Indicative		Imperative	Subjunctive	
	Present	*Preterit*		*Present*	*Imperfect*
sentir	siento	sentí	——	sienta	sintiera (-iese)
(*to feel*)	sientes	sentiste	siente	sientas	sintieras
	siente	sintió	sienta	sienta	sintiera
Present	sentimos	sentimos	sintamos	sintamos	sintiéramos
Participle	sentís	sentisteis	sentid	sintáis	sintierais
sintiendo	sienten	sintieron	sientan	sientan	sintieran
dormir	duermo	dormí	——	duerma	durmiera (-iese)
(*to sleep*)	duermes	dormiste	duerme	duermas	durmieras
	duerme	durmió	duerma	duerma	durmiera
Present	dormimos	dormimos	durmamos	durmamos	durmiéramos
Participle	dormís	dormisteis	dormid	durmáis	durmierais
durmiendo	duermen	durmieron	duerman	duerman	durmieran

Other verbs that follow the same pattern are:

advertir	*to warn*	mentir	*to lie*
arrepentir(se)	*to repent*	morir	*to die*
consentir	*to consent, to pamper*	preferir	*to prefer*
convertir(se)	*to turn into*	referir	*to refer*
divertir(se)	*to amuse oneself*	sugerir	*to suggest*
herir	*to wound, to hurt*		

Type II: **e → i**

The verbs in the second category are irregular in the same tenses as those of the first type. The only difference is that they only have one change: **e** to **i** in all irregular persons.

The -*ir* Stem-changing Verbs (Type II)

Infinitive	Indicative		Imperative	Subjunctive	
	Present	*Preterit*		*Present*	*Imperfect*
pedir	pido	pedí	——	pida	pidiera (-iese)
(*to ask for,*	pides	pediste	pide	pidas	pidieras
to request)	pide	pidió	pida	pida	pidiera
Present	pedimos	pedimos	pidamos	pidamos	pidiéramos
Participle	pedís	pedisteis	pedid	pidáis	pidierais
pidiendo	piden	pidieron	pidan	pidan	pidieran

Verbs that follow this pattern are:

competir *to compete*	reír(se) *to laugh*
concebir *to conceive*	reñir *to fight*
despedir(se) *to say good-bye*	repetir *to repeat*
elegir *to choose*	seguir *to follow*
impedir *to prevent*	servir *to serve*
perseguir *to pursue*	vestir(se) *to dress*

Verbos de cambios ortográficos

Some verbs undergo a change in the spelling of the stem in some tenses, in order to keep the sound of the final consonant. The most common ones are those with the consonants **g** and **c**. Remember that **g** and **c** in front of **e** or **i** have a soft sound, and in front of of **a**, **o**, or **u** have a hard sound. In order to keep the soft sound in front of **a**, **o**, or **u**, we change **g** and **c** to **j** and **z**, respectively. And in order to keep the hard sound of **g** or **c** in front of **e** and **i**, we add a **u** to the **g** (**gu**) and change the **c** to **qu**. The most important verbs of this type that are regular in all the tenses but change in spelling are the following.

1. Verbs ending in **-gar** change **g** to **gu** before **e** in the first-person of the preterit and in all persons of the present subjunctive.

   pagar   *to pay*
   > *Preterit:*   pa**gu**é, pagaste, pagó, etc.
   > *Pres. Subj.:*   pa**gu**e, pa**gu**es, pa**gu**e, pa**gu**emos, pa**gu**éis, pa**gu**en

   Verbs with the same change: **colgar, jugar, llegar, navegar, negar, regar, rogar.**

2. Verbs ending in **-ger** or **-gir** change **g** to **j** before **o** in the first-person of the present indicative and before **a** in all the persons of the present subjunctive.

   proteger   *to protect*
   > *Pres. Ind:*   prote**j**o, proteges, protege, etc.
   > *Pres. Subj.:*   prote**j**a, prote**j**as, prote**j**a, prote**j**amos, prote**j**áis, prote**j**an

   Verbs with the same pattern: **coger, corregir, dirigir, escoger, exigir, recoger.**

3. Verbs ending in **-guar** change **gu** to **gü** before **e** in the first-person of the preterit and in all persons of the present subjunctive.

   averiguar   *to find out*
   > *Preterit:*   averi**gü**é, averiguaste, averiguó, etc.
   > *Pres. Subj.:*   averi**gü**e, averi**gü**es, averi**gü**e, averi**gü**emos, averi**gü**éis, averi**gü**en

   The verb **apaciguar** has the same changes as above.

4. Verbs ending in **-guir** change **gu** to **g** before **o** in the first-person of the present indicative and before **a** in all persons of the present subjunctive.

   conseguir   *to get*
   > *Pres. Ind.:*   consi**g**o, consigues, consigue, etc.
   > *Pres. Subj.:*   consi**g**a, consi**g**as, consi**g**a, consi**g**amos, consi**g**áis, consi**g**an

   Verbs with the same change: **distinguir, perseguir, proseguir, seguir.**

5. Verbs ending in **-car** change **c** to **qu** before **e** in the first-person of the preterit and in all persons of the present subjunctive.

   tocar   *to touch, to play* (*a musical instrument*)
      Preterit: to**qu**é, tocaste, tocó, etc.
     Pres. Subj.:   to**qu**e, to**qu**es, to**qu**e, to**qu**emos, to**qu**éis, to**qu**en

   Verbs that have the same pattern: **atacar, buscar, comunicar, explicar, indicar, pescar, sacar.**

6. Verbs ending in **-cer** or **-cir** preceded by a consonant change **c** to **z** before **o** in the first-person of the present indicative and before **a** in all persons of the present subjunctive.

   torcer   *to twist*
     Pres. Ind.:   tuer**z**o, tuerces, tuerce, etc.
     Pres. Subj.:   tuer**z**a, tuer**z**as, tuer**z**a, tor**z**amos, tor**z**áis, tuer**z**an

   Verbs that have the same change: **convencer, esparcir, vencer.**

7. Verbs ending in **-cer** or **-cir** preceded by a vowel change **c** to **zc** before **o** in the first-person of the present indicative and before **a** in all persons of the present subjunctive.

   conocer   *to know, to be acquainted with*
     Pres. Ind.:   cono**zc**o, conoces, conoce, etc.
     Pres. Subj.:   cono**zc**a, cono**zc**as, cono**zc**a, cono**zc**amos, cono**zc**áis, cono**zc**an

   Verbs that follow the same pattern: **agradecer, aparecer, carecer, entristecer** (*to sadden*), **establecer, lucir, nacer, obedecer, ofrecer, padecer, parecer, pertenecer, reconocer, relucir.**

8. Verbs ending in **-zar** change **z** to **c** before **e** in the first-person of the preterit and in all persons of the present subjunctive.

   rezar   *to pray*
      Preterit: re**c**é, rezaste, rezó, etc.
     Pres. Subj.:   re**c**e, re**c**es, re**c**e, re**c**emos, re**c**éis, re**c**en

   Verbs that have the same pattern: **abrazar, alcanzar, almorzar, comenzar, cruzar, empezar, forzar, gozar.**

9. Verbs ending in **-eer** change the unstressed **i** to **y** between vowels in the third-person singular and plural of the preterit, in all persons of the imperfect subjunctive, and in the present participle.

   creer   *to believe*
      Preterit: creí, creíste, cre**y**ó, creímos, creísteis, cre**y**eron
     Imp. Subj.:   cre**y**era, cre**y**eras, cre**y**era, cre**y**éramos, cre**y**erais, cre**y**eran
     Pres. Part.:   cre**y**endo
     Past Part.:   creído

   Leer and **poseer** follow the same pattern.

10. Verbs ending in **-uir** change the unstressed **i** to **y** between vowels (except **-quir**, which has the silent **u**) in the following tenses and persons.

huir   *to escape, to flee*
Pres. Ind.:   huyo, huyes, huye, huimos, huís, huyen
Preterit: huí, huiste, huyó, huimos, huisteis, huyeron
Imperative: huye, huya, huyamos, huid, huyan
Pres. Subj: huya, huyas, huya, huyamos, huyáis, huyan
Imp. Subj.:   huyera(ese), huyeras, huyera, huyéramos, huyerais, huyeran
Pres. Part: huyendo

Verbs with the same change: **atribuir, concluir, constituir, construir, contribuir, destituir, destruir, disminuir, distribuir, excluir, incluir, influir, instruir, restituir, sustituir.**

11. Verbs ending in **-eír** lose one **e** in the third-person singular and plural of the preterit, in all persons of the imperfect subjunctive, and in the present participle.

reír   *to laugh*
Preterit: reí, reíste, rio, reímos, reísteis, rieron
Imp. Subj.:   riera(ese), rieras, riera, riéramos, rierais, rieran
Pres. Part.:   riendo

Sonreír and **freír** have the same pattern.

12. Verbs ending in **-iar** add a written accent to the **i**, except in the first- and second-persons plural of the present indicative and subjunctive.

fiar(se)   *to trust*
Pres. Ind.:   (me) fío, (te) fías, (se) fía, (nos) fiamos, (os) fiáis, (se) fían
Pres. Subj.:   (me) fíe, (te) fíes, (se) fíe, (nos) fiemos, (os) fiéis, (se) fíen

Other verbs that follow the same pattern: **ampliar, criar, desviar, enfriar, enviar, guiar, telegrafiar, vaciar, variar.**

13. Verbs ending in **-uar** (except **-guar**) add a written accent to the **u**, except in the first- and second-persons plural of the present indicative and subjunctive.

actuar   *to act*
Pres. Ind.:   actúo, actúas, actúa, actuamos, actuáis, actúan
Pres. Subj.:   actúe, actúes, actúe, actuemos, actuéis, actúen

Verbs with the same pattern: **acentuar, continuar, efectuar, exceptuar, graduar, habituar, insinuar, situar.**

14. Verbs ending in **-ñir** lose the **i** of the diphthongs **ie** and **ió** in the third-person singular and plural of the preterit and all persons of the imperfect subjunctive. They also change the **e** of the stem to **i** in the same persons.

teñir   *to dye*
Preterit: teñí, teñiste, **tiñó**, teñimos, teñisteis, **tiñeron**
Imp. Subj.:   tiñera(ese), tiñeras, tiñera, tiñéramos, tiñerais, tiñeran

Verbs that follow the same pattern: **ceñir, constreñir, desteñir, estreñir, reñir.**

Verbos irregulares de uso frecuente

adquirir   *to acquire*
Pres. Ind.:   adquiero, adquieres, adquiere, adquirimos, adquirís, adquieren
Pres. Subj.:   adquiera, adquieras, adquiera, adquiramos, adquiráis, adquieran
Imperative: adquiere, adquiera, adquiramos, adquirid, adquieran

andar   *to walk*
Preterit: anduve, anduviste, anduvo, anduvimos, anduvisteis, anduvieron
Imp. Subj.:   anduviera (anduviese), anduvieras, anduviera, anduviéramos, anduvierais, anduvieran

caber   *to fit, to have enough room*
Pres. Ind.:   quepo, cabes, cabe, cabemos, cabéis, caben
Preterit: cupe, cupiste, cupo, cupimos, cupisteis, cupieron
Future: cabré, cabrás, cabrá, cabremos, cabréis, cabrán
Conditional: cabría, cabrías, cabría, cabríamos, cabríais, cabrían
Imperative: cabe, quepa, quepamos cabed, quepan
Pres. Subj.:   quepa, quepas, quepa, quepamos, quepáis, quepan
Imp. Subj.:   cupiera (cupiese), cupieras, cupiera, cupiéramos, cupierais, cupieran

caer   *to fall*
Pres. Ind.:   caigo, caes, cae, caemos, caéis, caen
Preterit: caí, caíste, cayó, caímos, caísteis, cayeron
Imperative: cae, caiga, caigamos, caed, caigan
Pres. Subj.:   caiga, caigas, caiga, caigamos, caigáis, caigan
Imp. Subj.:   cayera (cayese), cayeras, cayera, cayéramos, cayerais, cayeran
Past Part.:   caído

conducir   *to guide, to drive*
Pres. Ind.:   conduzco, conduces, conduce, conducimos, conducís, conducen
Preterit: conduje, condujiste, condujo, condujimos, condujisteis, condujeron
Imperative: conduce, conduzca, conduzcamos, conducid, conduzcan
Pres. Subj.:   conduzca, conduzcas, conduzca, conduzcamos, conduzcáis, conduzcan
Imp. Subj.:   condujera (condujese), condujeras, condujera, condujéramos, condujerais, condujeran
                (All verbs ending in **-ducir** *follow this pattern.)*

convenir   *to agree* (See **venir**)

dar   *to give*
Pres. Ind.:   doy, das, da, damos, dais, dan
Preterit: di, diste, dio, dimos, disteis, dieron
Imperative: da, dé, demos, dad, den
Pres. Subj.:   dé, des, dé, demos, deis, den
Imp. Subj.:   diera (diese), dieras, diera, diéramos, dierais, dieran

decir   *to say, to tell*
- *Pres. Ind.:*   digo, dices, dice, decimos, decís, dicen
- *Preterit:*   dije, dijiste, dijo, dijimos, dijisteis, dijeron
- *Future:*   diré, dirás, dirá, diremos, diréis, dirán
- *Conditional:*   diría, dirías, diría, diríamos, diríais, dirían
- *Imperative:*   di, diga, digamos, decid, digan
- *Pres. Subj.:*   diga, digas, diga, digamos, digáis, digan
- *Imp. Subj.:*   dijera (dijese), dijeras, dijera, dijéramos, dijerais, dijeran
- *Pres. Part.:*   diciendo
- *Past Part.:*   dicho

detener   *to stop, to hold, to arrest* (See **tener**)

elegir   *to choose*
- *Pres. Ind.:*   elijo, eliges, elige, elegimos, elegís, eligen
- *Preterit:*   elegí, elegiste, eligió, elegimos, elegisteis, eligieron
- *Imperative:*   elige, elija, elijamos, elegid, elijan
- *Pres. Subj.:*   elija, elijas, elija, elijamos, elijáis, elijan
- *Imp. Subj.:*   eligiera (eligiese), eligieras, eligiera, eligiéramos, eligierais, eligieran

entender   *to understand*
- *Pres. Ind.:*   entiendo, entiendes, entiende, entendemos, entendéis, entienden
- *Imperative:*   entiende, entienda, entendamos, entended, entiendan
- *Pres. Subj.:*   entienda, entiendas, entienda, entendamos, entendáis, entiendan

entretener   *to entertain, to amuse* (See **tener**)

estar   *to be*
- *Pres. Ind.:*   estoy, estás, está, estamos, estáis, están
- *Preterit:*   estuve, estuviste, estuvo, estuvimos, estuvisteis, estuvieron
- *Imperative:*   está, esté, estemos, estad, estén
- *Pres. Subj.:*   esté, estés, esté, estemos, estéis, estén
- *Imp. Subj.:*   estuviera (estuviese), estuvieras, estuviera, estuviéramos, estuvierais, estuvieran

extender   *to extend, to strech out* (See **tender**)

haber   *to have*
- *Pres. Ind.:*   he, has, ha, hemos, habéis, han
- *Preterit:*   hube, hubiste, hubo, hubimos, hubisteis, hubieron
- *Future:*   habré, habrás, habrá, habremos, habréis, habrán
- *Conditional:*   habría, habrías, habría, habríamos, habríais, habrían
- *Pres. Subj.:*   haya, hayas, haya, hayamos, hayáis, hayan
- *Imp. Subj.:*   hubiera (hubiese), hubieras, hubiera, hubiéramos, hubierais, hubieran

hacer   *to do, to make*
- *Pres. Ind.:*   hago, haces, hace, hacemos, hacéis, hacen
- *Preterit:*   hice, hiciste, hizo, hicimos, hicisteis, hicieron
- *Future:*   haré, harás, hará, haremos, haréis, harán
- *Conditional:*   haría, harías, haría, haríamos, haríais, harían

Imperative: haz, haga, hagamos, haced, hagan
Pres. Subj.: haga, hagas, haga, hagamos, hagáis, hagan
Imp. Subj.: hiciera (hiciese), hicieras, hiciera, hiciéramos, hicierais, hicieran
Past Part.: hecho

imponer   *to impose, to deposit* (See **poner**)

introducir   *to introduce, to insert, to gain access* (See **conducir**)

ir   *to go*
Pres. Ind.: voy, vas, va, vamos, vais, van
Imp. Ind.: iba, ibas, iba, íbamos, ibais, iban
Preterit: fui, fuiste, fue, fuimos, fuisteis, fueron
Imperative: ve, vaya, vayamos, id, vayan
Pres. Subj.: vaya, vayas, vaya, vayamos, vayáis, vayan
Imp. Subj.: fuera (fuese), fueras, fuera, fuéramos, fuerais, fueran

jugar   *to play*
Pres. Ind.: juego, juegas, juega, jugamos, jugáis, juegan
Imperative: juega, juegue, juguemos, jugad, jueguen
Pres. Subj.: juegue, juegues, juegue, juguemos, juguéis, jueguen

obtener   *to obtain* (See **tener**)

oír   *to hear*
Pres. Ind.: oigo, oyes, oye, oímos, oís, oyen
Preterit: oí, oíste, oyó, oímos, oísteis, oyeron
Imperative: oye, oiga, oigamos, oíd, oigan
Pres. Subj.: oiga, oigas, oiga, oigamos, oigáis, oigan
Imp. Subj.: oyera (oyese), oyeras, oyera, oyéramos, oyerais, oyeran
Pres. Part.: oyendo
Past Part.: oído

oler   *to smell*
Pres. Ind.: huelo, hueles, huele, olemos, oléis, huelen
Imperative: huele, huela, olamos, oled, huelan
Pres. Subj.: huela, huelas, huela, olamos, oláis, huelan

poder   *to be able*
Pres. Ind.: puedo, puedes, puede, podemos, podéis, pueden
Preterit: pude, pudiste, pudo, pudimos, pudisteis, pudieron
Future: podré, podrás, podrá, podremos, podréis, podrán
Conditional: podría, podrías, podría, podríamos, podríais, podrían
Imperative: puede, pueda, podamos, poded, puedan
Pres. Subj.: pueda, puedas, pueda, podamos, podáis, puedan
Imp. Subj.: pudiera (pudiese), pudieras, pudiera, pudiéramos, pudierais, pudieran
Pres. Part.: pudiendo

poner   *to place, to put*
Pres. Ind.: pongo, pones, pone, ponemos, ponéis, ponen
Preterit: puse, pusiste, puso, pusimos, pusisteis, pusieron

Future: pondré, pondrás, pondrá, pondremos, pondréis, pondrán
Conditional: pondría, pondrías, pondría, pondríamos, pondríais, pondrían
Imperative: pon, ponga, pongamos, poned, pongan
Pres. Subj.: ponga, pongas, ponga, pongamos, pongáis, pongan
Imp. Subj.: pusiera (pusiese), pusieras, pusiera, pusiéramos, pusierais, pusieran
Past Part.: puesto

querer *to want, to wish, to like*
Pres. Ind.: quiero, quieres, quiere, queremos, queréis, quieren
Preterit: quise, quisiste, quiso, quisimos, quisisteis, quisieron
Future: querré, querrás, querrá, querremos, querréis, querrán
Conditional: querría, querrías, querría, querríamos, querríais, querrían
Imperative: quiere, quiera, queramos, quered, quieran
Pres. Subj.: quiera, quieras, quiera, queramos, queráis, quieran
Imp. Subj.: quisiera (quisiese), quisieras, quisiera, quisiéramos, quisierais, quisieran

resolver *to decide on*
Pres. Ind.: resuelvo, resuelves, resuelve, resolvemos, resolvéis, resuelven
Imperative: resuelve, resuelva, resolvamos, resolved, resuelvan
Pres. Subj.: resuelva, resuelvas, resuelva, resolvamos, resolváis, resuelvan
Past Part.: resuelto

saber *to know*
Pres. Ind.: sé, sabes, sabe, sabemos, sabéis, saben
Preterit: supe, supiste, supo, supimos, supisteis, supieron
Future: sabré, sabrás, sabrá, sabremos, sabréis, sabrán
Conditional: sabría, sabrías, sabría, sabríamos, sabríais, sabrían
Imperative: sabe, sepa, sepamos, sabed, sepan
Pres. Subj.: sepa, sepas, sepa, sepamos, sepáis, sepan
Imp. Subj.: supiera (supiese), supieras, supiera, supiéramos, supierais, supieran

salir *to leave, to go out*
Pres. Ind.: salgo, sales, sale, salimos, salís, salen
Future: saldré, saldrás, saldrá, saldremos, saldréis, saldrán
Conditional: saldría, saldrías, saldría, saldríamos, saldríais, saldrían
Imperative: sal, salga, salgamos, salid, salgan
Pres. Subj.: salga, salgas, salga, salgamos, salgáis, salgan

ser *to be*
Pres. Ind.: soy, eres, es, somos, sois, son
Imp. Ind.: era, eras, era, éramos, erais, eran
Preterit: fui, fuiste, fue, fuimos, fuisteis, fueron
Imperative: sé, sea, seamos, sed, sean
Pres. Subj.: sea, seas, sea, seamos, seáis, sean
Imp. Subj.: fuera (fuese), fueras, fuera, fuéramos, fuerais, fueran

suponer   *to assume* (See **poner**)

tener   *to have*

Pres. Ind.:	tengo, tienes, tiene, tenemos, tenéis, tienen
Preterit:	tuve, tuviste, tuvo, tuvimos, tuvisteis, tuvieron
Future:	tendré, tendrás, tendrá, tendremos, tendréis, tendrán
Conditional:	tendría, tendrías, tendría, tendríamos, tendríais, tendrían
Imperative:	ten, tenga, tengamos, tened, tengan
Pres. Subj.:	tenga, tengas, tenga, tengamos, tengáis, tengan
Imp. Subj.:	tuviera (tuviese), tuvieras, tuviera, tuviéramos, tuvierais, tuvieran

traer   *to bring*

Pres. Ind.:	traigo, traes, trae, traemos, traéis, traen
Preterit:	traje, trajiste, trajo, trajimos, trajisteis, trajeron
Imperative:	trae, traiga, traigamos, traed, traigan
Pres. Subj.:	traiga, traigas, traiga, traigamos, traigáis, traigan
Imp Subj.:	trajera (trajese), trajeras, trajera, trajéramos, trajerais, trajeran
Pres. Part.:	trayendo
Past Part.:	traído

valer   *to be worth*

Pres. Ind.:	valgo, vales, vale, valemos, valéis, valen
Future:	valdré, valdrás, valdrá, valdremos, valdréis, valdrán
Conditional:	valdría, valdrías, valdría, valdríamos, valdríais, valdrían
Imperative:	vale, valga, valgamos, valed, valgan
Pres. Subj.:	valga, valgas, valga, valgamos, valgáis, valgan

venir   *to come*

Pres. Ind.:	vengo, vienes, viene, venimos, venís, vienen
Preterit:	vine, viniste, vino, vinimos, vinisteis, vinieron
Future:	vendré, vendrás, vendrá, vendremos, vendréis, vendrán
Conditional:	vendría, vendrías, vendría, vendríamos, vendríais, vendrían
Imperative:	ven, venga, vengamos, venid, vengan
Pres. Subj.:	venga, vengas, venga, vengamos, vengáis, vengan
Imp. Subj.:	viniera (viniese), vinieras, viniera, viniéramos, vinierais, vinieran
Pres. Part:	viniendo

ver: *to see*

Pres. Ind.:	veo, ves, ve, vemos, veis, ven
Imp. Ind.:	veía, veías, veía, veíamos, veíais, veían
Preterit:	vi, viste, vio, vimos, visteis, vieron
Imperative:	ve, vea, veamos, ved, vean
Pres. Subj.:	vea, veas, vea, veamos, veáis, vean
Imp. Subj.:	viera (viese), vieras, viera, viéramos, vierais, vieran
Past Part.:	visto

Apéndice C: Respuestas a las secciones ¿Están listos para el examen?

Lección 1

A.   1. desaparezco / aparezco   2. reconozco / sé
3. veo / quepo   4. hago / pongo / salgo   5. conduzco

B.   1. sigue (continúa) estudiando   2. está visitando
3. siguen (continúan) trabajando   4. está pidiendo
5. estás haciendo   6. estoy trabajando   7. seguimos
(continuamos) hablando   8. está leyendo

C.   1. es / Está   2. son   3. está   4. está   5. está
6. Es   7. es / está / Es   8. está   9. estoy   10. está / está
11. es / es / estoy   12. es   13. Es   14. es / es
15. Están

D.   1. recuerdas / sueñas   2. corrige / sugiere   3. advierto / muerde   4. entendemos   5. comienzan (empiezan)   6. confieso / entiendo   7. niega   8. dicen / despide

E.   1. cuenta   2. obligatorio   3. carrera   4. beca
5. mantiene / promedio   6. mitad (mediados) / curso
7. tardar   8. estudios   9. consejero(a)   10. puntual

Lección 2

A.   1. (Yo) quiero llevar a mi perro conmigo.   2. ¿No ama Ud. a su país Sr. Medina?   3. (Yo) no tengo hermanos.   4. (Nosotros) no necesitamos ver a nadie.
5. Busco (Estoy buscando) secretaria.

B.   1. Nuestras tarjetas de embarque están en el bolso de mano.   2. Mis padres son de Lima.   3. Su título es de la Universidad de La Habana.   4. Tu (Su) equipaje está en el cuarto.   5. Una buena amiga mía es Rosa.

C.   1. Los míos son cortos (largos también).   2. El mío es de...   3. Sí, (No, no) tengo los tuyos (suyos).   4. Sí, el nuestro también es muy simpático.   5. Las suyas (Las de ellos) son por la tarde (por la mañana también).

D.   1. Sí, la conozco.   2. Sí, las hay.   3. Sí, te llamo mañana.   4. Sí, mis padres me visitan todos los días.
5. Sí, yo los tengo.   6. Sí, lo sé.   7. Sí, la azafata nos conoce.   8. Sí, podemos hacerlo (lo podemos hacer.)

E.   1. Yo quiero darle (le quiero dar) sus anteojos (gafas) de sol.   2. Le voy a comprar (Voy a comprarle) a mi hija un billete (pasaje) a Costa Rica.   3. Ellos siempre nos escriben cuando se van de viaje.   4. Él me va a traer (va a traerme) los folletos.   5. Yo les voy a hablar (voy a

hablarles) sobre (de) la temporada turística.   6. ¿Quién te corta el pelo, Anita?

F.   1. despegar   2. veces   3. tarjeta   4. pasillo
5. equipaje   6. debajo   7. abordar   8. abrocharse
9. un balneario   10. cancelar   11. horario   12. aduana

Lección 3

A.   1. Sí, te lo (se lo) puedo comprar.   2. Sí, se los pido.   3. Sí, me lo da.   4. Sí, pienso comprárselo (se lo pienso comprar).   5. Sí, nos las va a dar (va a dárnoslas).

B.   1. El doctor (La doctora) Vera dice que la educación es importante.   2. Mi composición tiene mil palabras y la de Ana tiene solamente (sólo) cien.   3. Mi hijo es médico. ¡Es un médico muy bueno!   4. Él tiene una clase los lunes a las cuatro.   5. Yo necesito otro trabajo porque tengo problemas económicos.   6. El Sr. Soto nunca usa sombrero.

C.   1. compré   2. trajeron / vendieron   3. diste
4. supo / dijo   5. fue / trajo   6. Pidieron / comieron
7. Vino   8. pusiste   9. pude   10. tuvimos
11. Fueron   12. cupe / fui   13. dijeron   14. estuviste
15. hizo

D.   1. eligió   2. empecé   3. llegué   4. toqué
5. leyó   6. durmieron   7. pagué   8. negué
9. Pidieron   10. oyó

E.   1. bordada   2. adorno   3. por las nubes
4. pulsera   5. cuero   6. ganga   7. regalar   8. descuento   9. oro   10. bolso

Lección 4

A.   1. prestaba   2. asistía   3. iba / veía   4. compraba   5. hacía   6. Eran   7. pintaba   8. salían

B.   1. era / vivía / hablaban   2. progresaron
3. Hacía / llovía / llegó   4. dijeron / debía   5. encantaba / comía   6. Eran / comenzó (empezó) / terminó
7. estuve / no terminé   8. no vino / dolía

C.   quiso (pudo) / quería / supe / sabía / conocí / conocía / pude

D.   1. ¡Me encanta este cuadro!   2. A María no le gusta esa canción.   3. ¿Te duelen los pies, Anita?

4. La acuarela cuesta diez dólares, pero (a mí) me quedan sólo (solamente) ocho dólares. Me faltan dos dólares.
5. Me parece que no les gusta el retrato.   6. A ellos sólo (solamente) les queda un dólar.

E.   1. Me baño y me visto.   2. Nos acostamos temprano.   3. Se fueron de vacaciones.   4. Se quejaban.
5. Dicen que te pareces a tu padre.   6. Nos encontramos en el café.   7. Me los pruebo.   8. Voy a lavarme (Me voy a lavar) la cabeza.

F.   1. i   2. f   3. l   4. h   5. c.   6. e   7. a   8. k
9. g   10. b   11. d   12. j

Lección 5

A.   1. tan sabroso (rico)   2. tantas reuniones (juntas)
3. mejor que   4. menos picante que   5. mucho mayor que   6. el más alto de   7. más pequeña que   8. menor que   9. tanto como   10. inteligentísima

B.   1. Ésa es la chica española de quien yo te hablé.
2. La señora cuyo hijo tuvo un accidente está triste.
3. El libro que compré ayer es muy interesante.   4. Vamos a visitar a los niños para quienes compramos los juguetes.   5. El anillo que compré en México es de oro.

C.   1. para / por / por / para / para   2. Por / para
3. por / para   4. para / para   5. por / por / por / por / para   6. para / por   7. por / por   8. Por / por
9. para   10. Para / por

D.   1. ¿Cuánto tiempo hace que Ud. vive en Estados Unidos, Srta. Rojas?   2. ¡Hace veinte minutos que te esperamos, Anita!   3. Hacía dos años que vivían aquí cuando decidieron asistir a esta universidad.   4. Hace dos meses que ese tipo volvió (regresó). (Ese tipo volvió regresó hace dos meses.)

E.   1. llega   2. fondo   3. arreglas   4. siempre / picante   5. vuelta   6. En seguida (Enseguida)   7. falta
8. contrario   9. cocido   10. pedazo (trozo)
11. batido   12. chuletas

Lección 6

A.   1. hagamos   2. sean / levanten   3. aprenda / hacer   4. dejes / vayan   5. dedique / trabajar   6. salgas
7. digamos / mintamos   8. nos acostemos / durmamos / nos levantemos   9. repita / escuchar   10. ser

B.   1. Es importante disminuir el consumo de grasas.
2. Es urgente que tú adelgaces.   3. Es conveniente que ella mantenga un peso adecuado.   4. Es mejor hacerse médico que abogado.   5. Es necesario que Uds. me den la información.   6. Es preferible que sirvamos la ensalada primero.

C.   1. Siento que tú no puedas ir al gimnasio conmigo.
2. Lamento que ella no lea el artículo.   3. Me alegro de que Uds. sean socios del club.   4. Ellos temen no tener tiempo.   5. El médico siente que nosotros no adelgacemos.   6. Ellos se alegran de ser jóvenes.   7. Espero que ella disminuya el consumo de grasas.   8. Temo que él no haga ejercicio.   9. Siento mucho que Uds. estén preocupados.   10. Espero que mi hijo limite el consumo de sal.

D.   1. aumenten   2. hagas ejercicio   3. obedezcan
4. evite   5. puedan   6. se ponga

E.   1. Háganlo ahora.   2. Léaselo a Mario.   3. No, no los compre.   4. No, no lo llamen ahora.   5. Póngase el abrigo.   6. Vaya al gimnasio.   7. No se lo digan a nadie.   8. Sí, evítelo.   9. Sí, bébanlos.   10. Levántese a las siete.

F.   1. alimentos   2. grasas   3. un pie   4. adelgazar
5. bajo   6. joven   7. sano   8. calcio   9. apio (lechuga, rábano, pepino)   10. descansar   11. repollo
12. engordar

Lección 7

A.   1. Levantémonos a las seis.   2. Acostémonos a las once.   3. Bañémonos por la mañana.   4. Digámosle que necesitamos un aumento de sueldo.   5. No, no se lo digamos al presidente de la compañía.   6. Démoselas al Sr. Torres.

B.   1. Yo no creo que los niños sepan jugar al fútbol.
2. No es verdad que ella siempre gane.   3. Yo dudo que Uds. puedan mejorar su estilo.   4. Ellos creen que nosotros somos los campeones.   5. Yo no estoy seguro de que ellos vayan con el guía.   6. No es cierto que ellos tengan una tienda de campaña.

C.   1. tenga / tiene   2. pueda   3. sepa   4. escalan
5. conozca   6. quiera

D.   1. saquen   2. llegue   3. tenemos   4. termine
5. podamos   6. haga   7. aprenda

E.   1. aire   2. campaña   3. deporte   4. pelea
5. partido   6. lastimó   7. deportiva   8. perder
9. pesar / reñido   10. poco / tiempo   11. montar
12. hipódromo / caballos   13. esquí   14. Juegos
15. lucha

Lección 8

A.   1. Ve / tráeme / Ponlos / No los dejes   2. Ven / Hazme / cierra / abre   3. Habla / Dile   4. Sé / Préstame
5. Siéntate / No te sientes   6. Sal / No salgas   7. Ten / No le hables

B.   1. cerrada   2. despierta   3. resueltos   4. escritas   5. hechas

C.   1. No hemos visto a nuestros(as) compañeros(as) de cuarto hoy. ¿Tú los (las) has visto, Anita?   2. Mi hermana siempre ha creído que una pata de conejo trae buena suerte.   3. Cuando ella llegó a casa, yo ya había escrito el informe.   4. Cuando yo la llamé, su esposo y su hijo ya habían vuelto (regresado).

D.   1. un(a) viejo(a) amigo(a)   2. la única mujer   3. un buen vino español   4. La profesora misma   5. algunas pinturas muy interesantes

E.   1. puertorriqueño(a)   2. acaso   3. debajo / supersticiosa   4. tiró   5. Reyes   6. costumbres   7. Nochebuena   8. espejo   9. idea   10. acabo   11. así   12. sorprendido(a)   13. Acción

Lección 9

A.   1. dirá / tendremos   2. saldrá   3. habrá / podré   4. pondrán   5. cabremos / iremos   6. querrán / haré

B.   1. ¿Quién será esa chica? ¿Cuántos años tendrá?   2. ¿Qué estarán haciendo los chicos (niños) en mi cuarto (habitación)?   3. ¿Cuánto valdrá la casa de Alicia?   4. ¿Por qué traerán a sus hijos a nuestra casa?   5. ¿Habrá una estación de servicio (gasolinera) cerca de aquí?

C.   haríamos / tendrías / podría / pasarían / viviría / Sería

D.   1. ¿Qué hora sería cuando Ana vino a casa?   2. ¿Qué compraría?   3. ¿Cuánto pagaría por el anillo?   4. ¿A qué hora se acostaría?

E.   1. habremos terminado   2. te habrás graduado   3. habrá encontrado   4. no habría pagado   5. no le habrían dicho

F.   1. la frente   2. el lomo   3. la banda   4. el modo   5. la resta   6. la derecha   7. el guía   8. la loma   9. el orden   10. el punto

G.   1. gasolina   2. tarjeta   3. cambio   4. vuelta   5. presión   6. colectivo   7. sabido / efectivo   8. aduana / importación   9. necesidad   10. pasen   11. chapa (placa)   12. gato   13. taller

Lección 10

A.   1. Él les advirtió que usaran productos biodegradables.   2. Luis nos dijo que leyéramos las noticias sobre la contaminación.   3. Ellos nos rogaron que no nos uniéramos a las pandillas.   4. Él te aconsejó que cooperaras con los demás.   5. Ellos me pidieron que sacara la basura.   6. La profesora le aconsejó que hiciera un esfuerzo por mejorar.

B.   1. trataran   2. tuviera   3. pidieran   4. estuvieran   5. reciclaran   6. pudiera

C.   1. hayan hecho   2. hubieran dado   3. hayas ofrecido   4. hubiera hecho   5. haya empezado   6. hubiera dado   7. hubieran permitido   8. lo hayan resuelto   9. hayamos ido   10. se hayan puesto

D.   1. Él tiene mucho dinero, pero no lo gasta.   2. Ahora yo no tengo ganas de comer sino de tomar algo.   3. En esa época nosotros no trabajábamos sino que estudiábamos.   4. Yo no lo tengo ahora, pero puedo conseguírtelo (te lo puedo conseguir).   5. No es visitador social sino profesor.   6. Ellos no me escriben sino que me llaman.

E.   1. i   2. e   3. g   4. a   5. j   6. c   7. b   8. f   9. h   10. d

Lección 11

A.   1. trajera   2. veas   3. dé   4. hubiera sido   5. pueda   6. tuviéramos   7. van   8. estar   9. tienen   10. haya empezado   11. saliéramos   12. lleguen   13. son   14. entrevistar   15. supriman

B.   1. a / de / a / a   2. a / a / a / a   3. de / a / en   4. de / a / en   5. en / de / de   6. de / en   7. de / de   8. de / en   9. en / en   10. en

C.   1. casarse con / enamorado de   2. me acuerdo de   3. convenimos en / salir de   4. insisten en / encontrarse con   5. Me alegro de / confíen en

D.   1. Dicen que comer fruta es bueno.   2. Ellos querían ir a la feria.   3. Antes de ir a la Misa del Gallo, cenaron.   4. Él volvió (regresó) a eso de las doce. Yo lo oí entrar.   5. Los niños querían ver el pesebre.   6. Mi compañero(a) de cuarto dice que tiene tres informes sin terminar.   7. Yo no quiero volver a hablar de eso.   8. No fumar.   9. Acaban de volver del campo.   10. Voy a empezar (comenzar) a estudiar para el examen.

E.   1. contrarios / clase   2. estreno / mediados   3. videograbadora   4. acuerdo   5. espectáculos   6. estrella   7. conservador(a)   8. premio

Lección 12

A.   1. Esa novela fue escrita por Cortázar.   2. Ese hospital será construido en el 2005.   3. Ese libro ha sido publicado por la Editorial Losada.   4. Los documentos son firmados por el director.   5. Las cartas eran traducidas por el Sr. Ruiz.

B.   1. se habla   2. se dice   3. se venden   4. se entra   5. se cierran   6. se puede

C.   1. se me rompieron   2. se nos pierden   3. se le mancharon   4. se te olvidan   5. se les murió

D.   1. no tenía ni pies ni cabeza   2. se pone colorado(a) (se ruboriza)   3. pongo en duda   4. darle ánimo   5. te (le) dieron gato por liebre   6. entre la espada y la pared   7. a mal tiempo buena cara   8. de tal palo, tal astilla   9. el tiempo es oro

E.   1. bilingüe   2. que no tiene ni pies ni cabeza   3. conseguir   4. colorado   5. verdadero   6. poner en duda   7. ponerse colorado(a)   8. estar de visita   9. lengua   10. cómico

Vocabulario

The Spanish-English Vocabulary contains all active and passive vocabulary that appears in the student text. Active vocabulary is identified by lesson number and includes words and expressions that appear in the vocabulary lists that follow the dialogues, in charts and word lists that are part of the grammar explanations, and in the **Aumente su vocabulario** lists in the **Continuemos**... sections. Passive vocabulary consists of words and expressions that are given an English gloss in **Lecturas periodísticas** readings, photo captions, exercises, activities, and authentic documents.

The English-Spanish Vocabulary contains only those words and expressions that are considered active.

Español—Inglés

A

a to, at, in, 11
a cuadros plaid, 3
¿a cuánto estamos hoy? what's the date today?, 12
a diario every day
a eso de at about, 8
a fin de que in order that, 7
a la larga in the long run, 12
a la parrilla grilled
a la vez at the same time, 11
A mal tiempo, buena cara. Keep a stiff upper lip., 12
a mano by hand, 3
a más tardar at the latest, 1
a mediados de around the middle of (*a month, a year*), 11
a medida as
a menos que unless, 7
a partir del starting on
a pesar de in spite of, 7
a principios de at the beginning of, 12
A quien madruga, Dios lo ayuda. The early bird gets the worm., 12
a rayas striped, 3
a todas partes everywhere
a través de via
abajo below, downstairs, 2
abogado(a) (*m., f.*) lawyer, 1
abordar to board, 2
abrigo (*m.*) coat, 3

abrocharse el cinturón de seguridad to fasten one's seat belt, 2
aburrido(a) boring, bored, 1
acabar de (+ *inf.*) to have just (*done something*), 8
acampar to camp, 7
aceite (*m.*) oil, 9
aceituna (*f.*) olive, 5
acerca de about, 8
acontecimiento (*m.*) event
acordarse (o → ue) (de) to remember, 14
acordeón (*m.*) accordion, 4
acostar (o → ue) to put to bed, 4
acostarse (o → ue) to go to bed, 4
actor (*m.*) actor, 11
actriz (*f.*) actress, 11
actual current, 11
actuar to perform, 4; to act, 11
acuarela (*f.*) watercolor, 4
acumulador (*m.*) battery, 9
adelantado(a) (*m., f.*) person being passed
adelantamiento (*m.*) passing
adelgazar to lose weight, 6
además besides, 6
aderezo (*m.*) dressing
administración de empresas (*f.*) business administration, 1
adorno (*m.*) ornament, decoration, 3
aduana (*f.*) customs, 2
advertir (e → ie) to warn

afeitarse to shave, 5
aficionado(a) fan, 7
afrontar to face
agarrar to take, 1
agarrarse to hold on
agradecer to thank, 1
agravarse to become worse, 10
aguafiestas (*m., f.*) spoilsport
aguantar to bear, to stand, 9
ahorrar to save (*energy, labor, money, time*), 9
ají (*m.*) green pepper, 6
ajo (*m.*) garlic, 6
al aire libre outdoor(s), 7
al contrario on the contrary, 5
al (por) día a (per) day, 6
al fin y al cabo after all, 12
al llegar upon arriving, 2
al menos at least, 10
al pie de la letra exactly, to the letter, 12
al rato a while later, 2
al vapor steamed
albóndiga (*f.*) meatball, 5
alcalde (*m.*) mayor, 10
alcaldesa (*f.*) mayor, 10
alegato (*m.*) claim
alegrarse de to be glad, 11
alejar to keep away, 8
alfombra (*f.*) carpet, rug, 3
algo por el estilo something like that, 12

algodón (*m.*)   cotton, 3
alimenticio(a)   related to food
alimento (*m.*)   food, nourishment, nutrient, 6
alojamiento (*m.*)   lodging, 2
altavoz (*m.*)   loudspeaker, 2
amalgama (*f.*)   combination
ambiental   environmental, 10
ambientalismo (*m.*)   environmentalism
ambos(as)   both
amistoso(a)   friendly
amuleto (*m.*)   amulet, 8
analista de sistemas (*m., f.*)   systems analyst, 1
anillo (*m.*)   ring, 3
anteojos de sol (*m.*)   sunglasses, 2
antepasado (*m.*)   ancestor
antes (de) que   before, 7
anticongelante (*m.*)   antifreeze, 9
anunciar   to announce, 2
añadir   to add
Año Nuevo (*m.*)   New Year, 8
aparecer (*conj. like* **parecer**)   to appear, 1
apartamento (*m.*)   apartment, 4
aperitivo (*m.*)   appetizer, 5
apio (*m.*)   celery, 6
aporte (*m.*)   contribution
apostar (o → ue) (a)   to bet, 7
apreciar   to appreciate, 4
aprovechar la ocasión   to take advantage of the opportunity, 4
Aquí hay gato encerrado.   There's something fishy here., 12
árbitro (*m.*)   umpire, 7
arcilla (*f.*)   clay, 3
aretes (*m.*)   earrings, 2
arma (*f.*)   weapon, 10
arpa (*f.*)   harp, 4
arrancar   to start (*a motor*), 9
arrastrar   to drag
arreglárselas (para)   to manage (to), 5
arrepentirse (e → ie) (de)   to regret, to repent, 4
arriba   above, 2
arrodillarse   to kneel, 4
arrojar   to throw
arroz con leche (*m.*)   rice pudding, 5
artesanía (*f.*)   handicrafts, 3
artículos de primera necesidad (*m.*)   basic necessities, 9
asalto (*m.*)   assault, attack, hold-up, 10
asesinar   to murder, 10
asesinato (*m.*)   murder, 10
asesino(a) (*m., f.*)   murderer, assassin, 10
así como   as well as

asiento (*m.*)   seat, 9
—de pasillo (*m.*)   aisle seat, 2
—de ventanilla   window seat, 2
—delantero (*m.*)   front seat
asignatura (*f.*)   subject (*in school*), 1
asistencia (*f.*)   attendance, 1
asistir a   to attend, 1
asunto (*m.*)   matter
atender (e → ie),   to assist, to wait on, 2
aterrizar   to land, 2
atleta (*m., f.*)   athlete, 7
atraer (*conj. like* **traer**)   to attract
atrasado(a)   behind, 8
atraso (*m.*)   delay, 2
atreverse (a)   to dare, 4
aula (*f.*)   classroom, 1
aumentar   to increase, 6
aún   still
aunque   although, even though, 8
auricular (*m.*)   headphone
auxiliar de vuelo (*m., f.*)   flight attendant, 2
avanzado(a)   advanced, 12
averiguar   to find out
ayudar   to help, 3
azafata (*f.*)   flight attendant, 2
azulejo (*m.*)   tile

B

bailarín(ina) (*m., f.*)   dancer, 4
bajar de peso   to lose weight, 6
bajo   under, below, 2
bajo(a)   short, 6
balneario (*m.*)   beach resort, 2
balompié (*m.*)   soccer, 7
baloncesto (*m.*)   basketball, 7
balsa (*f.*)   raft
banda (*f.*)   band, musical group, 9
bando (*m.*)   faction, party, 9
barato(a)   inexpensive, 3
barrio (*m.*)   neighborhood, 12
barro (*m.*)   clay, 3
básquetbol (*m.*)   basketball, 7
basura (*f.*)   garbage, trash, 10
bate (*m.*)   bat, 7
batería (*f.*)   drums, 4; battery, 9
batido (*m.*)   shake, 5
beca (*f.*)   scholarship, 1
béisbol (*m.*)   baseball, 7
bellísimo(a)   beautiful
bibliotecario(a) (*m., f.*)   librarian, 1
bien cocido(a)   well cooked (done)
bilingüe   bilingual, 12
billete (*m.*)   ticket, 2; bill, 9
billetera (*f.*)   wallet, 3
bistec (*m.*)   steak, 5

blusa (*f.*)   blouse, 3
bocadillo de paquete (*m.*)   packaged snack
bolsillo (*m.*)   pocket, 5
bolso (*m.*)   purse, 3
—de mano (*m.*)   carry-on bag, 2
bordado(a)   embroidered, 3
botiquín (*m.*)   first aid kit
boxeador (*m.*)   boxer, 7
boxeo (*m.*)   boxing, 7
brazalete (*m.*)   bracelet, 3
brécol (*m.*)   broccoli, 6
brillar   to glitter
bróculi (*m.*)   broccoli, 6
bromear   to kid, to joke, 5
bruja (*f.*)   witch, 8
brujería (*f.*)   witchcraft, 8
brújula (*f.*)   compass
bucear   to scuba dive, 7
burlarse (de)   to make fun of, 4
buscar   to pick up, 2; to look for, 3

C

cabeza (*m.*)   leader; (*f.*) head, 9
cada   each, 10
caerle bien a uno   to like, 12
caérsele a uno   to drop something, 11
cajero(a) (*m., f.*)   cashier, 9
calcio (*m.*)   calcium, 6
calidad (*f.*)   quality, 3
cálido(a)   hot (*climate*), 5
caliente   hot, 5
cámara lenta (*f.*)   slow motion, 11
camarón (*m.*)   shrimp, 5
cambiar   to change, 6
cambiar de actitud   to change one's attitude, 6
cambiar de idea   to change one's mind, 8
cambio (*m.*)   change, 9
camerino (*m.*)   dressing room
caminar   to walk, 6
caminata (*f.*)   hike
camión (*m.*)   truck
camisa (*f.*)   shirt, 3
campeón(ona) (*m., f.*)   champion, 7
campeonato (*m.*)   championship, 7
campestre   country
canal (*m.*)   channel, 6
cancelar   to cancel, 2
canción (*f.*)   song, 4
cangrejo (*m.*)   crab, 5
cansarse   to get tired, 11
cantante (*m., f.*)   singer, 4
cantimplora (*f.*)   canteen
capital (*m.*)   money, capital; (*f.*) capital city, 9

capó (*m.*)   hood (*of a car*), 9
carbohidratos (*m.*)   carbohydrates, 6
cárcel (*f.*)   prison, jail, 10
carga (*f.*)   loading
cargar   to carry
cargo (*m.*)   position, 12
carne asada (*f.*)   roast beef, 5
carrera (*f.*)   career, course of study, 1;
   race, 7
   —de autos (*f.*)   auto race, 7
   —de caballos (*f.*)   horse race, 7
carril (*m.*)   lane
cartera (*f.*)   purse, 3
casarse con   to get married, 8
casco (*m.*)   helmet
castillo (*m.*)   castle, 2
catedral (*f.*)   cathedral, 2
cautivar   to captivate
CD (*m.*)   compact disc, 4
cebolla (*f.*)   onion, 6
ceder el paso   to yield the right-of-
   way
celebrar   to celebrate, 8
cenar   to eat supper, 5
censura (*f.*)   censorship, 11
centavo (*m.*)   cent, 3
cera (*f.*)   wax
cerdo (*m.*)   pork, 5
cerrar (e → ie)   to close, 6
cesta (*f.*)   basket, 3
chapa (*f.*)   license plate, 9
charlar   to chat, to converse, 11
chocolate (*m.*)   chocolate, 5
chófer (*m.*)   chauffeur
chuleta (*f.*)   chop, 5
cinta (*f.*)   tape, 4
cinturón (*m.*)   belt, 3
cita (*f.*)   date, appointment, 5; quote
clase turista (*f.*)   coach class, 2
clave   key
cobrar   to charge, 9; to collect
cobre (*m.*)   copper
coger   to take, 1
col (*f.*)   cabbage, 6
colilla (*f.*)   cigarette butt
colina (*f.*)   hill
collar (*m.*)   necklace, 3
colorado(a)   red, 12
columna (*f.*)   column, 11
combustible (*m.*)   fuel, 10
comentar   to comment, 7
cómico(a)   comical, 12
comité (*m.*)   committee, 10
como   since, 2; like, 4
cómo no   certainly, 3
como si   as if, 10
como siempre   as usual, 5

comodidad (*f.*)   comfort
compañero(a) de cuarto (*m., f.*)
   roommate, 8
compañía de seguros   insurance
   company, 5
compartimiento de equipaje (*m.*)
   luggage compartment, 2
compartir   to share, 8
complejo(a)   complex, 10
compositor(a) (*m., f.*)   composer, 4
comprobante (*m.*)   claim check, 2
comprometerse (con)   to get engaged
   (to), 11
computación (*f.*)   computer science, 1
con destino a   bound for (*destination*),
   2
con las manos en la masa   red-
   handed, 12
con mucho gusto   gladly, 9
con tal de que   provided that, 7
concierto (*m.*)   concert, 4
conejo (*m.*)   rabbit, 8
confeccionado(a)   made
conferencia (*f.*)   lecture, 1
confiar en   to trust, 11
confirmar   to confirm, 2
conflicto bélico (*m.*)   war
conjunto(a)   joint
conocer   to know, to be familiar with,
   to be acquainted with, 1
conseguir (e → i)   to get, to obtain, 12
consejero(a) (*m., f.*)   adviser, counselor, 1
consejo (*m.*)   advice
conservador(a)   conservative, 11
consulado (*m.*)   consulate, 2
consumo (*m.*)   consumption, 6
contador(a) público(a) (*m., f.*)   certified public accountant, 1
contaminación (*f.*)   pollution, 10
   —del aire (*f.*)   smog, air pollution,
   9
contar (o → ue)   to tell, 12
contar con (o → ue)   to count on, 11;
   to have
contento(a)   happy, 11
contrabajo (*m.*)   bass, 4
convenir (*conj. like* **venir**)   to be convenient, to suit, 1
convenir en (*conj. like* **venir**)   to agree
   on, 11
conversar   to chat, to converse, 11
convertirse (e → ie) (en)   to become,
   6; to turn into
cooperar   to cooperate, 10
corazón (*m.*)   heart
cordero (*m.*)   lamb, 5

corregir (e → i)   to correct
corresponsal (*m., f.*)   correspondent,
   11
corte (*m.*)   cut, style; (*f.*) court, 9
corto(a)   short, 6
cosa (*f.*)   thing, 3
costumbre (*f.*)   custom, 8
crecer   to grow
creer que sí (no)   (not) to think so, 1
criarse   to be raised
crítico(a) (*m., f.*)   critic, 11
crucero (*m.*)   cruise, 2
cuadro (*m.*)   painting, picture, 4
cualquier   any
cuanto más   the more
cuarteto (*m.*)   quartet, 4
cubrecama (*m.*)   bedspread, 3
cuchillo de campo (*m.*)   pocket knife
cuero (*m.*)   leather, 3
cuerpo (*m.*)   body, 6
Cuerpo de Paz (*m.*)   Peace Corps, 12
cura (*m.*)   priest; (*f.*) healing, 9
curso (*m.*)   class, course of study, 1
cuyo(a)   whose, 5

D

daño (*m.*)   damage
dar   to show (*on TV*), 11; to give
dar ánimo   to cheer up, 12
dar en el clavo   to hit the nail on the
   head, 12
dar gato por liebre   to deceive, to defraud, 12
dar las gracias   to thank, 11
dar lata   to annoy, to pester, 6
dar marcha atrás   to back up, 12
dar pasos   to take steps, 10
dar rabia   to make furious, 3
dar ráfagas   to flash lights
dar una vuelta   to go for walk, 4
dar una vuelta en auto   to go for a
   ride, 9
darse cuenta de   to realize, 7
darse por vencido   to give up
de   about, 8; of, from, with, in, 11
de ahora en adelante   from now on, 3
de estatura mediana   of medium
   height, 5
de haber(lo) sabido   had I known
   (it), 9
de habla hispana   Spanish speaking,
   10
de ida   one-way, 2
de ida y vuelta   round-trip, 2
de mala gana   reluctantly, 12
de mangas cortas   short-sleeved, 3
de mangas largas   long-sleeved, 3

de postre   for dessert, 5
de pronto   suddenly, 2
de quien   whose, 5
De tal palo, tal astilla.   A chip off the old block., 12
de todos modos   in any case, 9
de última hora   last-minute, 1
de vez en cuando   once in a while, 5
de viaje   on a trip, 2
debajo de   under(neath)
dejar de   to fail (*to do something*), 10
delincuencia (*f.*)   delinquency, crime, 10
demás   other people, the others, 3
demasiado (*adv.*)   too, 11
demasiado(a)   too (much), 11
demasiados(as)   too many, 1
democracia (*f.*)   democracy, 10
demonio (*m.*)   devil, demon, 8
dentista (*m., f.*)   dentist, 1
dentro de   within, 5
deporte (*m.*)   sport, 7
deportivo(a)   related to sports, 7
derecha (*f.*)   right (*direction*), 9
derecho (*m.*)   right fielder; right, law, 9
derechos de aduana (*m.*)   customs duties, 9
derretir (e → i)   to melt
desagüe (*m.*)   sewer, drain, 10
desaparecer (*conj. like* **parecer**) to disappear, 1
desaparición (*f.*)   disappearance
desarrollado(a)   developed
descansar   to rest, 6
descomponer (*conj. like* **poner**)   to break
descuento (*m.*)   discount, 3, rebaja (*f.*)
desde   since
desecho (*m.*)   waste, 10
desempeñar   to hold (e.g., *a position*), 12
desfile (*m.*)   parade, 11
desgaste (*m.*)   toll
desgrasado(a)   skimmed
desinformación (*f.*)   lack of information
deslumbrante   dazzlingly
despachar   to check, (e.g., luggage)
despacio   slowly
despedir (e → i)   to fire
despegar   to take off (*said of a plane*), 2
despensa (*f.*)   pantry
desperdiciar   to waste
desperdicio (*m.*)   waste, 10
despertarse (e → ie)   to wake up, 4
desplazar   to move

después de   after, 2
destacar   to stand out
detener (*conj. like* **tener**)   to stop, to detain, 1
detrás de   behind, 8
Día de Acción de Gracias (*m.*)   Thanksgiving, 8
Día de la Independencia (*m.*)   Independence Day, 8
Día de la Madre (*m.*)   Mother's Day, 8
Día de los Enamorados (*m.*)   Valentine's Day, 8
Día del Padre (*m.*)   Father's Day, 8
Día del Trabajo (*m.*)   Labor Day, 8
diablo (*m.*)   devil, demon, 8
diamante (*m.*)   diamond, 3
dibujar   to draw, 4
dibujo (*m.*)   drawing, 4
dieta balanceada (*f.*)   balanced diet, 6
Dime con quién andas y te diré quién eres.   You are known by the company you keep., 12
dirigir   to direct, to moderate, 10
disco (*m.*)   record, 4
disco compacto (*m.*)   compact disc, 4
disfrutar (de)   to enjoy
disminuir   to decrease, to lessen, 6
disparate (*m.*)   blunder, nonsense, 12
distinto(a)   different, 8
divertirse (e → ie)   to have fun, 8
divisas (*f.*)   foreign exchange, 9
documental (*m.*)   documentary, 11
doler (o → ue)   to hurt, 4
dominar   to master
dominio (*m.*)   mastery, 12
dormir (o → ue)   to sleep, 4
dormirse (o → ue)   to fall asleep, 4
droga (*f.*)   drug(s), 10
dueño(a) (*m., f.*)   owner, 3
dúo (*m.*)   duet, duo, 4
durante   during, 2

E

echar   to throw, 10
echar de menos   to miss, 7
echar los cimientos   to lay the foundation
echarse a reír   to burst out laughing, 12
editor(a) (*m., f.*)   editor, 11
editorial (*m., f.*)   publishing company, editorial, 11
educación física (*f.*)   physical education, 1
educar   to educate, 10
educativo (a)   educational, related to education, 1

ejercicio ligero (*m.*)   light exercise, 6
El hábito no hace al monje.   The clothes don't make the man., 12
El que a hierro mata, a hierro muere.   He who lives by the sword, dies by the sword., 12
El tiempo es oro.   Time is money., 12
elegir (e → i)   to choose
elevado(a)   high (*in price*), 9
embajada (*f.*)   embassy, 2
embarazada   pregnant, 12
embarcarse   to get on (to board) a ship, 8
embotellamiento de tráfico (*m.*)   traffic jam, 9
empatar   to tie (*a score*), 7
empeorar(se)   to become worse, 10
empleo (*m.*)   job, 12
en   at, in, on, inside, over, 11
en alguna parte   anywhere, somewhere, 2
en caso de que   in case, 7
en cuanto   as soon as, 7
en efectivo   cash, 9
en el acto   immediately, at once, right away, instantly, 12
en el fondo   deep down, 5
en eso   right then
en fin   in conclusion, 9
en lo alto de   on top of
en lugar de   instead of, 10
en realidad   in fact, 12
en regla   in order
en serio   seriously, 4
en todas partes   everywhere, 12
en todos lados   everywhere, 12
en torno a   around
en tránsito   in transit, 2
en vez de   instead of, 10
en voz alta   aloud, 12
en voz baja   in a low voice, 12
enamorarse de   to fall in love with, 11
encaje (*m.*)   lace, 3
encantar   to love (*literally*, to delight), 4
encargar   to order, 3
encender (e → ie)   to light, to turn on
encomiable   praiseworthy
encontrarse (o → ue)   to meet (*somewhere*), 5
encontrarse (o → ue)   to meet (*encounter*), 11
enfermero(a) (*m., f.*)   nurse, 1
enfrentar   to face, 10
engañar   to deceive

engaño (*m.*)   deceit

engordar   to gain weight, 6

ensalada mixta (*f.*)   mixed salad, 5

enseguida (en seguida) vuelvo   I'll be right back, 5

enseñar   to show, 3

entrar en   to enter (*a place*), 11

entre   between, 1; among

entre la espada y la pared   between a rock and a hard place, 12

entregar   to give, to turn in, 2

entrenador(a) (*m., f.*)   trainer, coach, 7

entretener (*conj. like* **tener**)   to entertain, 1

entrevista (*f.*)   interview, 11

entrevistar   to interview, 11

enviar   to send, 11

envolver (o → ue)   to wrap, 1

envolver (o → ue) **para regalo**   to gift wrap, 3

época (*f.*)   time, period, 8

equipaje (*m.*)   luggage, 2

equipo (*m.*)   team, 7

es conveniente (conviene)   it is advisable, 6

es de esperar   it's to be hoped, 6

es importante (importa)   it is important, 6

es lamentable   it's regrettable, 6

es (una) lástima   it's a pity, 6

es mejor   it is better, 6

es necesario   it is necessary, 6

es preferible   it is preferable, 6

es que...   the fact is . . . , 5

es sorprendente   it's surprising, 6

es una suerte   it's lucky, 6

es urgente   it is urgent, 6

escalar   to climb, 7

escalera (de mano) (*f.*)   ladder, 8

escarpado(a)   steep

escenario (*m.*)   stage, 4

escoba (*f.*)   broom, 8

escuchar   to listen to, 4

escuela primaria (elemental)   grade school, elementary school, 1

escuela secundaria   secondary school (*junior high school and high school*), 1

escuela tecnológica   technical school, 1

escultor(a) (*m., f.*)   sculptor, 4

esfuerzo (*m.*)   effort, 10

esmeralda (*f.*)   emerald, 3

especialización (*f.*)   major, 1

espejo (*m.*)   mirror, 8

espero que sí   I hope so, 11

espinaca (*f.*)   spinach, 6

esquí acuático (*m.*)   waterskiing, 7

esquiar   to ski, 7

esta vez   this time, 1

estación de servicio (*f.*)   service station, 9

estadio (*m.*)   stadium, 7

estadística (*f.*)   statistic, 10

estado (*m.*)   state, 12

estampado(a)   print, 3

estancia (*f.*)   stay

estar   to be, 1

estar de acuerdo   to agree, 1

estar de buen (mal) humor   to be in a good (bad) mood, 1

estar de vacaciones   to be on vacation, 1

estar de viaje   to be (away) on a trip, 1

estar de visita   to be visiting, 12

estar de vuelta   to be back, 1

estar en cama   to be sick in bed, 1

estar en liquidación (venta)   to be on sale, 3

estar hasta la coronilla de   to be fed up with, 12

estar para   to be about to, 2

estar por las nubes   to be sky-high (*in price*), 3

estatua (*f.*)   statue, 4

estrella (*f.*)   star, 11

estrenar   to show (*for the first time*), 11

estreno (*m.*)   premiere, debut, 11

estrés (*m.*)   stress, 6

estudio (*m.*)   studio

etiqueta (*f.*)   label

evitar   to avoid, 6

exagerar   to exaggerate, 6

examen (*m.*) **de mitad (mediados) de curso**   midterm examination, 1

examen parcial (*m.*)   midterm examination, 1

exceso de equipaje (*m.*)   excess luggage, 2

excursión (*f.*)   tour, 2

exisitir   to exist, 1

éxito (*m.*)   success, 11

extrañar   to miss, 7

F

fábrica (*f.*)   factory, 10

factoría (*f.*)   factory, 10

facturar   to check (i.e., *luggage*), 2

facultad (*f.*)   school, college (*division within a university*), 1

   —de arquitectura   School of Architecture, 1

   —de ciencias económicas (Comerciales)   School of Business Administration, 1

   —de derecho   Law School, 1

   —de filosofía y letras   School of Humanities, 1

   —de ingeniería   School of Engineering, 1

   —de medicina   Medical School, 1

   —de odontología   Dental School, 1

faltar   to be lacking, to need, 4

faltar(a)   to miss, 7

farándula (*f.*)   show business

farmacéutico(a) (*m., f.*)   pharmacist, 1

faro (*m.*)   headlight, 9

fastuoso(a)   lavish

fe (*f.*)   faith

fecha señalada (*f.*)   given date

feria (*f.*)   fair, 8

fideos (*m.*)   noodles, 5

fielmente   faithfully

fijarse en   to notice, 11

fila (*f.*)   row, 2

filete (*m.*)   steak, tenderloin, 5

flan (*m.*)   caramel custard, 5

flauta (*f.*)   flute, 4

folklórico(a)   folk, folkloric, 4

folleto (*m.*)   brochure, 2

fonda (*f.*)   inn, 9

fondo (*m.*)   bottom, fund, 9

fracasar   to fail, 10

freír (*cong. like* **reír**)   to fry

freno (*m.*)   brake, 9

frente (*m.*)   front, battlefront; (*f.*) forehead, 9

fresa (*f.*)   strawberry, 5

fuente de energía (*f.*)   energy source, 6

fuerza laboral (*f.*)   work force

funcionar   to work, to function, 9

fútbol   soccer, 7

fútbol americano (*m.*)   football, 7

G

gafas de sol (*f.*)   sunglasses, 2

galleta (*f.*)   cookie

gamba (*f.*)   shrimp (*Spain*), 5

ganador(a) (*m., f.*)   winner, 7

ganar   to win, 7

   —peso   to gain weight, 6

ganga (*f.*)   bargain, 3

gasolinera (*f.*)   service station, 9

gastar   to spend (*money*), 3

gato   cat, 8; jack (*of a car*), 9

gente (*f.*)   people, 2

gimnasia (*f.*)   gymnastics, 7

gimnasta (*m., f.*) gymnast, 7
gira (*f.*) tour, 2
girar to turn
gobierno (*m.*) government, 9
goma (*f.*) **pinchada (ponchada)** flat tire, 9
grabar to record, to tape, 11
gracia (*f.*) charm
gradación del fuego (*f.*) firing temperature
grande big, great, 8
grasa (*f.*) fat, 6
gratis free, 10
grave serious, 10
grito (*m.*) scream
grúa (*f.*) tow truck, 9
guante de pelota (*m.*) baseball mitt, 7
guardafango (*m.*) fender, 9
guardar to put aside, to keep, 9
guardia (*m.*) guard; (*f.*) security force, 9
guerra (*f.*) war
guía (*m.*) guide, 2; (*f.*) guidebook, 9
—**de espectáculos** (*f.*) movie and TV guide, 11
guiso (*m.*) stew
guitarra (*f.*) guitar, 4
gustar to like (*literally*, to be pleasing to *or* to appeal to), 4

H

hace un tiempo some time ago, 4
hacer caso to pay attention, to obey, 6
hacer cola to stand in line, 2
hacer ejercicio to exercise, 6
hacer escala to make a stopover, 2
hacer un viaje to go on a trip, to take a trip, 2
hacerse to become, 6
hacer(se) (de) la vista gorda to overlook, 12
hacerse el (la) tonto(a) to play dumb, 12
hacerse socio(a) to become a member, 6
hacérsele a uno agua la boca to make one's mouth water, 12
hamburguesa (*f.*) hamburger, 5
hay que (+ *inf.*) one must, it is necessary to, 10
hecho (*m.*) fact
heredero(a) (*m., f.*) heir
herradura (*f.*) horseshoe, 8
herramienta (*f.*) tool
hierro (*m.*) iron, 6

hilo (lino) (*m.*) linen cloth, 3
hipódromo (*m.*) race track, 7
hoja (*f.*) leaf, 8
hongo (*m.*) mushroom, 6
hora (*f.*) time, 2
horario (*m.*) schedule, 2
horario de clases (*m.*) class schedule, 1
horno (*m.*) kiln; oven, 7
hospedarse to stay (*at a hotel*), 2
Hoy por ti, mañana por mí. One hand washes the other., 12
hubo there was (were), 3
huelga (*f.*) strike, 10

I

identificar to identify, 10
idioma (*m.*) language, 12
imaginarse to imagine, 12
impedir (e → i) to prevent, 1
imponer (*conj. like* **poner**) to impose, 1
importación (*f.*) import, 9
importar to import, 9
incluir to include, 8
incluso even
indeseable undesirable
indicador (*m.*) turn signal, 9
indígena indigenous, native, 8
industrializar to industrialize, 9
infancia (*f.*) childhood
informática (*f.*) computer science, 1
informe (*m.*) report, 8
ingeniero(a) (*m., f.*) engineer, 1
ingresar en to enter (*e.g., a university*), 1
inolvidable unforgettable
inscribirse to register
insistir en to insist on, 11
intervenir (*conj. like* **venir**) to intervene, 1
ir to go, 4
ir de compras to go shopping, 3
ir de excursión to go on an outing, 5
irse to leave, to go away, 4
itinerario (*m.*) schedule, 2

J

jade (*m.*) jade, 3
jefe(a) (*m., f.*) boss, chief, 5
joven (*m., f.*) young man (woman), 4; young, 6
joyas (*f.*) jewelry, 3
Juegos Olímpicos (*m.*) Olympic Games, 7
jugador(a) (*m., f.*) player, 7
junta (*f.*) meeting, (*Mex.*), 1

juntos(as) together, 12
juventud (*f.*) youth

L

lácteo(a) dairy, containing milk
ladrón(ona) (*m., f.*) thief, burglar, 10
la mayoría de ellos (ellas) (*f.*) most of them, 8
lana (*f.*) wool, 3
langosta (*f.*) lobster, 5
lástima (*f.*) pity, 6
lastimar(se) to hurt (oneself), 7
lechuga (*f.*) lettuce, 6
legumbre (*f.*) vegetable, 5
lengua (*m.*) language, 12
letrero (*m.*) sign, 12
levantar to raise, to lift, 4
levantar pesas to lift weights, 6
levantarse to get up, 4
levantino(a) eastern
ley (*f.*) law, 10
libra (*f.*) pound, 6
libre free, 10
ligero(a) light
limitar to limit, 9
limpiaparabrisas (*m.*) windshield wiper, 9
limpio(a) clean, 10
lista de espera (*f.*) waiting list, 2
listo(a) smart, ready, 1
llamar to call, 4
llamarse to be named, 4
llanta (*f.*) tire, 9
llegada (*f.*) arrival, 2
llegar tarde (temprano) to be late (early), 5
llenar to fill, 9
lleno(a) full, 6
llevar to take, 1
llevar a cabo to take place
llevarse to carry off, 4
llevarse bien to get along, 12
Lo barato sale caro. You get what you pay for., 12
lo mejor the best thing, 1
lo que pasa es que the truth of the matter is that, 6
lo siguiente the following, 6
lo único the only thing
locutor(a) (*m., f.*) announcer, speaker, commentator, 11
lograr to achieve, 12
loma (*f.*) hill, 9
lomo (*m.*) back of an animal, 9
los (las) demás (*m., f.*) other people, the others, 3

lucha libre (*f.*) wrestling, 7
lugar (*m.*) place, 2
luna (*f.*) moon, 8

M

macizo(a) solid
maestro(a) (*m., f.*) teacher, 1
magia negra (*f.*) black magic, 8
mago(a) (*m., f.*) magician, 8
majo(a) good looking, pretty (*Spain*), 5
mal de ojo (*m.*) evil eye, 8
maleducado(a) rude
maletero (*m.*) trunk (*of a car*), 9
malo(a) bad, sick, 1
mancha (*f.*) birthmark, stain, 8
manchar to stain, 12
mandar to order, 3
manga (*f.*) sleeve, 9
mango (*m.*) handle of a utensil; fruit, 9
mantel (*m.*) tablecloth, 12
mantener (*conj. like* **tener**) to maintain, to keep, 1; to support, 9
mantenerse (*conj. like* **tener**) to keep oneself, to stay, 6
mantenerse joven to keep young, 6
maquillaje (*m.*) makeup
marca (*f.*) brand, 5
marcar to score (*sports*), 7
mariposa (*f.*) butterfly
marisco (*m.*) shellfish, 5
mármol (*m.*) marble, 3
Más vale pájaro en mano que cien volando. A bird in the hand is worth two in the bush., 12
Más vale tarde que nunca. Better late than never., 5
materia (*f.*) subject (*in school*), 1
matrícula (*f.*) tutition, 1
matricularse to register, 1
mayoría de ellos (ellas) (*f.*) most of them, 8
mediano(a) average, middle, 11
médico(a) (*m., f.*) medical doctor, 1
medida (*f.*) measure
medio (*m.*) means; middle, half, 11
medio ambiente (*m.*) environment, 10
medio crudo(a) rare, 5
medios de comunicación (*m.*) media, 11
medir (*e → i*) to be . . . tall, to measure, 6
mejorar to improve, 7
mente (*f.*) mind, 6

mentir (*e → ie*) to lie
mercader (*m.*) merchant
meta (*f.*) goal, 12
meter to put, to insert, 5
metro (*m.*) subway, 9
mezclar to mix
miamense Miami (*adj.*)
misa (*f.*) mass (*Catholic*), 8
Misa del Gallo (*f.*) Midnight Mass, 8
miseria (*f.*) poverty, 10
mismo(a) oneself, same, 8
mochila (*f.*) back pack
moda (*f.*) fashion, 9
modo (*m.*) way, manner, 9
moneda (*f.*) coin, 3
monopatín (*m.*) skateboard, 9
montar a caballo to ride on horseback, 7
monumento (*m.*) monument, 2
morder (*o → ue*) to bite
morir (*o → ue*) to die, 6
morirse (*o → ue*) **de hambre** to die of hunger, to starve to death, 6
mostrar (*o → ue*) to show, 3
muestra (*f.*) sample
multa (*f.*) fine
muñeca (*f.*) doll, 3
músico(a) (*m., f.*) musician, 4

N

nacer to be born, 10
nacimiento (*m.*) birth; manager, nativity scene, 8
nadador(a) (*m., f.*) swimmer, 7
natación (*f.*) swimming, 7
naturalmente of course, 1
necesidad (*f.*) need, 11
negar (*e → ie*) to deny
negocio (*m.*) business
neumático (*m.*) tire, 9
ni aún not even, 10
nilón (*m.*) nylon, 3
nivel (*m.*) level
no es así it's (that's) not so, 8
no hay de qué you're welcome, 11
no ser para tanto not to be that important, 5
no tener nada que ver con to have nothing to do with
no tener pelos en la lengua to be outspoken, to be frank, 12
no tener pies ni cabeza not to make any sense, 12
no ver la hora de not to be able to wait to, 2
Nochebuena (*f.*) Christmas Eve, 8

nota (*f.*) grade, 1
noticias (*f.*) news, 11
nunca se sabe one never knows, 8

O

obedecer to obey, 1
obligatorio(a) mandatory, 1
obra (*f.*) work (*of art*), 4
ofrecer to offer, 11
oír to hear
ojalá if only, it's to be hoped, 6
Ojo por ojo y diente por diente. An eye for an eye and a tooth for a tooth., 12
óleo (*m.*) oil (*paint*), 4
olfato (*m.*) sense of smell
Olimpiadas (*f.*) Olympic Games, 7
olla podrida (*f.*) vegetable and meat stew
olvidar(se) (de) to forget, 8, 11
opinar to think, to have an opinion, 4
orden (*m.*) order, method; (*f.*) order, command, 9
ordenar to order, 3
organizar to organize, 10
órgano (*m.*) organ, 4
orgulloso(a) proud
ornato (*m.*) embellishment
oro (*m.*) gold, 3

P

pagar por adelantado to pay in advance, 2
página (*f.*) page, 7
país (*m.*) country (nation), 1
pala (*f.*) shovel, 9
palo (*m.*) stick, 9
pandilla (*f.*) gang, 10
pantalla (*f.*) screen 11
papas fritas (*f.*) French fries, 5
papel (*m.*) role, 11
par (*m.*) pair, 3
para by, for, in order to, by the standard of, considering, 5
para eso for that, 5
para que so that, 7
¿para qué? what for?, 5
para siempre forever, 5
parabrisas (*m.*) windshield, 9
parachoques (*m.*) bumper, 9
parar to stop, 9
parecer to seem, 1; to appear, 4
parecerse to look like, 4
parte (*m.*) official communication; (*f.*) part, portion, 9
partido (*m.*) game, match, 7

pasado(a)   last, 8
pasaje (*m.*)   ticket, 2
pasajero(a) (*m., f.*)   passenger, 2
pasar por (alguien)   to pick (someone) up, 1
   —por debajo   to go (pass) under, 8
   —una película   to show a movie, 1
   —vergüenza   to be embrrased, 12
pasarlo bien   to have a good time, 9
pasillo (*m.*)   aisle, 2
pata (*f.*)   paw, foot, 8
patatas (papas) fritas (*f.*)   French fries, 5
patín (*m.*)   roller skate
patinar   to skate, 7
patrocinado(a)   sponsored
peatón (*m.*)   pedestrian
pedazo (*m.*)   piece, 5
pedir (e → i)   to ask for, to request (*something*), 1; to order, 3
pelea (*f.*)   fight, 7
película (*f.*)   movie, film, 11
peligro (*m.*)   danger
peligroso(a) (*m.*)   dangerous
pena capital (*f.*)   death penalty, 10
pena de muerte (*f.*)   death penalty, 10
pensar (e → ie) (de, en)   to think (of, about), 4
pensarlo (e → ie) **bien**   to think it over, 3
pensión (*f.*)   boarding house, 2
pepino (*m.*)   cucumber, 6
pequeño(a)   small, 5
perder (e → ie)   to lose, 6; to miss, 7
   —peso   to lose weight, 6
perderse (*algo*) (e → ie)   to miss out on (*something*), 7
pérdida de tiempo (*f.*)   waste of time
perfil (*m.*)   profile
perla (*f.*)   pearl, 3
permitir   to allow, 11
pero   but, however, 10
personas (*f.*)   people, 3
personas sin hogar (*f.*)   the homeless, 10
perro caliente (*m.*)   hot dog, 5
pescar   to fish, to catch a fish, 7
pesebre (*m.*)   manger, nativity scene, 8
peso (*m.*)   weight, 6
petróleo (*m.*)   oil, petroleum, 9
piano (*m.*)   piano, 4
picante   spicy, hot, 5
pie (*m.*)   foot, 6
piedra (*f.*)   stone, 3
píldora (*f.*)   pill, 6
pimiento verde (*m.*)   green pepper, 6

pincel (*m.*)   brush, 4
pintar   to paint, 4
pintor(a) (*m., f.*)   painter, 4
pintura (*f.*)   painting, paint, 4
piso (*m.*)   apartment (*Spain*), 4
placa (*f.*)   license plate, 9
placer (*m.*)   pleasure, 11
planear   to plan, 2
plata (*f.*)   silver, 3
poblado (*m.*)   village
pobre   poor, unfortunate, 8
pobreza (*f.*)   poverty, 10
poco(a)   little (*quantity*), 5
poco a poco   little by little, 10
poderoso(a)   powerful
policía (*m.*)   policeman; (*f.*) police organization, 9
polución (*f.*)   pollution, 10
poner   to put, to place, 4
poner el grito en el cielo   to hit the roof, 12
poner en duda   to doubt, 12
poner en peligro   to endanger, 12
poner la mesa   to set the table
poner peros   to find fault, 12
ponerse   to put on, 4; to become, 6
   —a (+ *inf.*)   to start (+ *inf.*), 11
   —a dieta (a régimen)   to go on a diet, 6
   —colorado(a)   to blush, to turn red, 12
   —contento(a)   to be happy, 3
   —de acuerdo   to come to an understanding, 11
   —en ridículo   to make a fool of oneself, 12
por   during, in, for, by, per, because of, on account of, on behalf of, in search of, in exchange for, through, around, along, by, 5
por aquí   around here, this way, 5
por ciento   percent, 3
por completo   completely, 5
por desgracia   unfortunately, 5
por ejemplo   for example, 1
por eso   for that reason, that's why, 5
por fin   at last, finally, 2
por lo menos   at least, 5
por lo regular   as a rule, 1
por lo visto   apparently, 1
por necesidad   out of necessity, 12
por no saber   for not knowing, 12
por no tener (algo)   for the lack of (*something*), 12
por poco se mata   he almost killed himself, 7
por si acaso   just in case, 8

por su cuenta   on their own, 1
por suerte   luckily, fortunately, 2
por supuesto   of course, 1
portada (*f.*)   cover, 11
portador (*m.*)   bearer
portafolio (*m.*)   briefcase, 3
precio (*m.*)   price, 3
preguntar   to ask (*a question*), to inquire, to ask for (*someone*), 1
premio (*m.*)   prize, award, 11
prender   to arrest
prensa (*f.*)   press, 11
preocupado(a)   worried, 6
preocuparse   to worry, 8
presión del aire (*f.*)   air pressure, 9
prestar   to lend, 2
primer (segundo) tiempo (*m.*)   first (second) half (*in game*), 7
primeros auxilios (*m.*)   first aid
principal   main, 1
prisión (*f.*)   prison, jail, 10
probador (*m.*)   fitting room, 5
probar (o → ue)   to taste, to try, 4
probarse (o → ue)   to try on, 4
productor(a) (*m., f.*)   producer, 11
profesorado (*m.*)   faculty, 1
programa de estudios (*m.*)   study program, 1
programación (*f.*)   programming, 11
programador(a) (*m., f.*)   programmer, 1
programar   to program, 11
promedio (*m.*)   grade point average, 1
propaganda (*f.*)   advertising, promotional material, 2
propio(a)   related, own, 1
proponer (*conj. like* **poner**)   to propose, 1
proporcionar   to give
protagonista (*m., f.*)   protagonist, 11
proteína (*f.*)   protein, 6
publicidad (*f.*)   publicity, 11
pueblo (*m.*)   people, 3; town, 10
puerta (*f.*)   door, 9
puerto (*m.*)   port, 9
puertorriqueño(a)   Puerto Rican, 8
pulgada (*f.*)   inch, 6
pulsera (*f.*)   bracelet, 3
pulverizador (*m.*)   spray, spray can, 10
punta (*f.*)   point, tip, 9
punto (*m.*)   dot, period, 9

Q

que   than, 5; that, which, who, 5
¡Que les vaya bien!   Have a nice day!, 9
¡Qué va!   No way!, 9

R

quedar to have (*something*) left, 4; to be left, 5; to remain, 10
quedar en to agree to do something, 11
quedar suspendido(a) to fail (*a course*), 10
quedarse to stay (*e.g., at a hotel*), 2; to remain, 4
quejarse (de) to complain, 4
quemar to burn
quien whom, that, who, 5
químico(a) chemical, 10
quitar to take away, 4
quitarse to take off, 4
quizás perhaps

R

rábano (*m.*) radish, 6
radiador (*m.*) radiator, 9
realizar to do, to make, 6
recibir to get, to receive, 12
reciclar to recycle, 10
reconocer (*conj. like* **conocer**) to re-organize, to admit, 1
recuerdo (*m.*) souvenir, 2
redondo(a) round, 10
regalar to give as a gift, 3
regatear to bargain
registro (*m.*) registration card, 2
regla (*f.*) rule, 6
rehacer (*conj. like* **hacer**) to remake, 1
reino (*m.*) kingdom
reírse (e → i) to laugh, 3
relacionado(a) related, 8
remolacha (*f.*) beet, 6
remolcador (*m.*) tow truck, 9
remolcar to tow, 9
renovar (o → ue) to renew, 6
reñido(a) close (*game*), 7
repollo (*m.*) cabbage, 6
reportaje (*m.*) report, 11
reposo (*m.*) rest, 6
representar to perform, 4; to enact, to play
requisito (*m.*) requirement, 1
resaltar to point out
rescatar to rescue, 10
rescate (*m.*) rescue, ransom, 10
reservar to reserve, 2
residencia universitaria (*f.*) dormitory, 1
residuo (*m.*) by-product, 10
resolver (o → ue) to solve, 10
resta (*f.*) subtraction, 9
resto (*m.*) rest, leftover, 9
resultar aplazado(a) to fail
retraso (*m.*) delay, 2

retrato (*m.*) portrait, 4
reunión (*f.*) meeting, 1
revisar to inspect, 2; to check, 9
rezar to pray, 5
rico(a) tasty, delicious, 5
rincón (*m.*) corner
robo (*m.*) robbery, burglary, 10
rock (*m.*) rock music, 4
rodeado(a) surrounded
rosbif (*m.*) roast beef, 5
rubí (*m.*) ruby, 3
ruborizarse to blush, to turn red, 12
ruido (*m.*) noise, 9

S

saber to know (*by heart*), 1
sacar to take out
sacar las entradas to get (buy) the tickets, 7
salida (*f.*) departure, gate, 2
salir (de) to leave (*a place*), 11
salón de clases (*m.*) classroom, 1
salud (*f.*) health, 6
salvar to rescue, to save, 9
sano(a) healthy, 6
santo(a) patrón(ona) (*m., f.*) patron saint, 8
saxofón (*m.*) saxophone, 4
se hace tarde it's getting late, 4
sección de (no) fumar (*f.*) (non) smoking section, 2
secuestrar to kidnap, 10
seda (*f.*) silk, 3
según according to, 3
segundo tiempo (*m.*) second half (*in a game*), 7
seguro (*m.*) insurance
selva (*f.*) rain forest
semáforo (*m.*) traffic light, 9
Semana Santa (*f.*) Holy Week, 8
semejanza (*f.*) similarity
sencillo(a) simple
sentado(a) seated, 7
sentar (e → ie) to seat, 4
sentarse (e → ie) to sit down, 4
sentido del humor (*m.*) sense of humor, 12
sentir (e → ie) to feel, 6
señal (*f.*) sign, 12
señalar to point out
ser to be, 1
ser capaz de to be capable of, to dare to, 12
ser contrario(a) to be opposed to, 11
ser puntual to be punctual, 1
serio(a) serious, 10
servir (e → i) **de** to serve as, 7

seta (*f.*) mushroom, 6
si if
sicólogo(a) (*m., f.*) psychologist, 1
siglo (*m.*) century
signo (*m.*) sign, 12
—del zodíaco (*m.*) zodiac sign, 8
simpatiquísimo(a) very charming, 5
sin embargo however, 4
sin falta without fail, 5
sin los cuales without which, 11
sin mangas sleeveless, 3
sin que without, 7
sin qué ni para qué without rhyme or reason, 5
sindicato (*m.*) labor union, 5
sino (que) but, 10
sintetizador (*m.*) synthesizer, 4
soberano (*m.*) sovereign, 10
sobre about, 4; on, 11
sobre todo above all, 4
sobrecama (*f.*) bedspread, 3
socio(a) (*m., f.*) member, 6; partner
solicitud (*f.*) application, 1
soltar (o → ue) to let loose, 8
solucionar to solve, 10
son (*m.*) Cuban dance
sonrisa (*f.*) smile, 12
soñar (o → ue) **con** to dream about, 11
soportar to bear, 9
sorprendido(a) surprised, 8
sortija (*f.*) ring, 3
subir to board, 2
subrayado(a) underlined
subterráneo (*m.*) subway, 9
suceso (*m.*) event
sudamericano(a) South American, 4
sudar la gota gorda to sweat blood, to go through hard times, 12
suela (*f.*) sole, 9
suelo (*m.*) ground, 9
suerte (*f.*) luck, 5
suicidarse to commit suicide, 4
suponer (*conj. like* **poner**) to suppose, 1
suprimir to get rid of, 11
suramericano(a) South American, 4
suscribirse(a) to subscribe (to), 11

T

tacaño(a) stingy, cheap, 5
tallarines (*m.*) spaghetti, 5
taller (*m.*) workshop
— de mecánica (*m.*) repair shop, 9
tan so, 8
tan pronto (como) as soon as, 7
tanque (*m.*) tank, 9

tanto   so much, 4; as much, 5

tapiz (*m.*)   tapestry, 3

tarifa (*f.*)   rate, 4

tarjeta de crédito (*f.*)   credit card, 9

tarjeta de embarque (embarco) (*f.*)   boarding pass, 2

tarjeta de turismo (*f.*)   tourist card, 2

techo (*m.*)   roof

tela (*f.*)   canvas, 4; cloth

telediario (*m.*)   TV news, 11

telenoticias (*f.*)   TV news, 11

telenovela (*f.*)   soap opera, 11

televidente (*m., f.*)   (TV) viewer, 11

tema (*m.*)   subject, topic, 8

temporada turística (*f.*)   tourist season, 2

tener chispa   to be witty, 12

tener ganas de   to feel like, 2

tener un dominio completo de una lengua   to be fluent in a language, 12

tensión nerviosa (*f.*)   stress, 6

terciopelo (*m.*)   velvet, 3

término medio   medium-rare, 5

ternera (*f.*)   veal, 5

testigo (*m., f.*)   witness

tiempo (*m.*)   time, 2

tienda de campaña (*f.*)   tent, 7

tienda de objetos de regalo (*f.*)   gift shop, 3

tipo (*m.*)   guy, fellow, 5

tirar   to throw, 8

título (*m.*)   degree, 1

tocadiscos compacto (*m.*)   CD player, 4

tocar   to play (*a musical instrument*), 4

tocarle a uno(a)   to be one's turn, 5

toda clase de   all kinds of, 11

todas partes   everywhere

todavía   still

todo el mundo   everybody, 4

todo tipo de   all kinds of, 10

tomar   to take, 1

—el sol   to sunbathe, 2

—en cuenta   to keep in mind

—una decisión   to make a decision, 2

—(hacer) una excursión   to go on a tour, 2

topacio (*m.*)   topaz, 3

toro (*m.*)   bull, 8

toronja (*f.*)   grapefruit

tortilla (*f.*)   omelet (*Spain*), 5

trabajador(a) social (*m., f.*)   social worker, 1

trabajo (*m.*)   work, 4

tráiganos   bring us, 5

transbordar   to change (*planes*), 2

transporte colectivo (*m.*)   mass transit, public transportation, 9

transcurrido(a)   elapsed, having passed

tras   after

trasladar   to move

tratar de   to try to, 1

trébol (*m.*)   shamrock, clover, 8

tres Reyes Magos (*m.*)   the three Kings (Wise Men), 8

trío (*m.*)   trio, 4

trombón (*m.*)   trombone, 4

trompeta (*f.*)   trumpet, 4

trozo (*m.*)   piece, 5

turnarse   to take turns

U

últimamente   lately, 6

último(a)   last (*in a series*), 8

un montón de   a lot of, 3

un poco de   a little, 5

un rato   a while, 4

una vez   once, 12

unos, unas   about (*before a number*), 1

único(a)   only, 6; unique, 8

universidad estatal (*f.*)   state university, 1

universidad privada (*f.*)   private university, 1

universitario(a) (*m., f.*)   college student, 1

unos(as)   about (*with numbers*), 8

unos(as) cuantos(as)   a few, 4

V

vacío(a)   empty, 9

vainilla (*f.*)   vanilla, 5

valer   to be worth, 1

valer la pena   to be worth it, 11

valores (*m.*)   talented artists

varón (*m.*)   male

vasija (*f.*)   pottery, 3

vecino(a) (*m., f.*)   neighbor

vegetal (*m.*)   vegetable, 5

vencer   to defeat, 7

venezolano(a)   Venezuelan, 9

venir   to come

venta (*f.*)   sale

ventaja (*f.*)   advantage, 1

ventanilla (*f.*)   window (*of a car, bus, etc.*), 9

veranear   to vacation in the summer, 2

verdad (*f.*)   truth, 8

verdadero(a)   real, true, 12

verde   green, not ripe, 1

verdura (*f.*)   vegetable, 5

vertedero (*m.*)   disposal site, dump, 10

vertiginoso(a)   fast

vestido (*m.*)   dress, 3

vestir(se) (e → i)   to dress (oneself), to get dressed, 4

vestuario (*m.*)   wardrobe

veterinario(a) (*m., f.*)   veterinarian, 1

vez (*f.*)   time (*in a series*), 2

video (*m.*), videograbadora (*f.*)   video cassette recorder (VCR), 11

vidrio (*m.*)   glass, 3

viejo(a)   old, elderly, long-time, 8

villancico (*m.*)   Christmas carol

vino tinto (*m.*)   red wine, 5

violación (*f.*)   rape, 10

violín (*m.*)   violin, 4

vislumbrar   to have a glimmering

víspera (*f.*)   eve

Víspera de Año Nuevo (Fin de Año)   New Year's Eve, 8

vitamina (*f.*)   vitamin, 6

vivienda (*f.*)   housing, 10

volante (*m.*)   steering wheel, 9

volver (o → ue)   to return, 6

volver (o → ue) a (+ inf.)   to do something over, to repeat, 11

vuelo (*m.*)   flight, 2

vuelto (*m.*)   change, 9

Y

y eso que   and mind you, 3

¡ya lo creo!   I'll say!, 1

ya que   since, as long as, 2

Z

zanahoria (*f.*)   carrot, 6

English—Spanish

A

a balanced diet   una dieta balanceada (*f.*), 6

A bird in the hand is worth two in the bush.   Más vale pájaro en mano que cien volando., 12

A chip off the old block.   De tal palo, tal astilla., 12

a (per) day   al (por) día, 6

a few   unos(as) cuantos(as), 4

a little   un poco de, 5

a lot of   un montón de, 3

a while   un rato, 4

a while later   al rato, 2

about   sobre, 4; (*with time*) a eso de, acerca de, de, sobre, 8; (*with numbers*) unos(as), 1

above   arriba, 2

above all   sobre todo, 4

according to   según, 3

accordion   acordeón (*m.*), 4

achieve   lograr, 12

act   actuar, 11

actor   actor (*m.*), 11

actress   actriz (*f.*), 11

advanced   avanzado(a), 12

advantage   ventaja (*f.*), 2

advertising   propaganda (*f.*), 2

adviser   consejero(a) (*m., f.*), 1

after   después de, 2; después (de) que, 10

after all   al fin y al cabo, 12

agree   estar de acuerdo, 1

agree on   convenir (*conj. like* **venir**) en, 11

agree to do something   quedar en, 11

air pollution   contaminación del aire (*f.*), 9

air pressure   presión del aire (*f.*), 9

aisle seat   asiento de pasillo (*m.*), 2

all kinds of   toda clase de, 10

allow   permitir, 11

along   por, 5

aloud   en voz alta, 12

although   aunque, 8

amulet   amuleto (*m.*), 8

An eye for an eye and a tooth for a tooth.   Ojo por ojo y diente por diente., 12

and mind you   y eso que, 3

announce   anunciar, 2

announcer   locutor(a) (*m., f.*), 11

annoy   dar lata, 6

antifreeze   anticongelante (*m.*), 9

anywhere   en alguna parte, 2

apartment   piso (*m.*) (*Spain*), apartamento (*m.*), 4

apparently   por lo visto, 1

appear   parecer, 5

appetizer   aperitivo (*m.*), 5

application   solicitud (*f.*), 1

appointment   cita (*f.*), 5

appreciate   apreciar, 4

around   por, 5

around here   por aquí, 5

around the middle of (*a month, a year*)   a mediados de, 11

arrival   llegada (*f.*), 2

as a rule   por lo regular, 1

as soon as   tan pronto (como), en cuanto, así que, 7

as usual   como siempre, 5

ask (*a question*)   preguntar, 1

ask for   pedir (e → i), 1

assassin   asesino(a) (*m., f.*), 10

assault   asalto (*m.*), 10

assist   atender (e → ie), 2

at   en, 11

at last   por fin, 2

at least   por lo menos, 5; al menos, 10

at once   en el acto, 12

at the beginning of   a principios de, 12

at the latest   a más tardar, 1

at the same time   a la vez, 11

athlete   atleta (*m., f.*), 7

attack   asalto (*m.*), 10

attend   asistir a, 1

attendance   asistencia (*f.*), 1

auto race   carrera de autos (*f.*), 7

average   mediano(a), 11

avoid   evitar, 6

award   premio (*m.*), 11

B

back of an animal   lomo (*m.*), 9

back up   dar marcha atrás, 12

backward   atrasado(a), 8

bad   malo(a), 1

band   banda (*f.*), 9

bargain   ganga (*f.*), 3

baseball   béisbol (*m.*), 7

baseball mitt   guante de pelota (*m.*), 7

basic necessities   artículos de primera necesidad (*m.*), 9

basket   cesta (*f.*), 3

basketball   baloncesto (*m.*), básquetbol (*m.*), 7

bass   contrabajo (*m.*), 4

bat   bate (*m.*), 7

battery   acumulador (*m.*), batería (*f.*), 9

battlefront   frente (*m.*), 9

be   ser, estar, 1

be about to   estar para, 2

be (away) on a trip   estar de viaje, 1

be back   estar de vuelta, 1

be born   nacer, 10

be capable of   ser capaz de, 12

be familiar with   conocer, 1

be fed up with   estar hasta la coronilla de, 12

be fluent in a language   tener un dominio completo de una lengua, 12

be frank   no tener pelos en la lengua, 12

be glad   alegrarse de, 11

be happy   ponerse contento(a), 3

be in a good (bad) mood   estar de buen (mal) humor, 1

be lacking   faltar, 4

be late (early)   llegar tarde (temprano), 5

be named   llamarse, 4

be on sale   estar en liquidación, estar en venta, 3

be on vacation   estar de vacaciones, 1

be one's turn   tocarle a uno(a), 5

be opposed to   ser contrario(a) a, 11

be outspoken   no tener pelos en la lengua, 12

be punctual   ser puntual, 1

be sick in bed   estar en cama, 1

be sky-high (*in price*)   estar por las nubes, 3

be . . . tall   medir (e → i), 6

be visiting   estar de visita, 12

be witty   tener chispa, 12

be worth it   valer la pena, 11

beach resort   balneario (*m.*), 2

bear   aguantar, soportar, 9

because of   por, 5

become   convertirse (e → ie) (en), hacerse, ponerse, 6

become a member   hacerse socio(a), 6

become worse   agravarse, empeorarse, 10

bedspread   sobrecama (*f.*), cubrecama (*m.*), 3

beet   remolacha (*f.*), 6

before   antes (de) que, 7

behind   atrasado(a), detrás de, 8

below   abajo, bajo, debajo de, 2

belt   cinturón (*m.*), 3

besides   además, 6

best thing   lo mejor, 1

bet   apostar (o → ue) (a), 7

Better late than never.   Más vale tarde que nunca., 5

between   entre, 1

between a rock and a hard place   entre la espada y la pared, 12

big   grande, 8

bilingual   bilingüe, 12

bill   billete (*m.*), 9

black magic   magia negra (*f.*), 8

blouse   blusa (*f.*), 3

blunder   disparate (*m.*), 12

blush   ponerse colorado(a), ruborizarse, 12

board   abordar, subir, 2

boarding house   pensión (*f.*), 2

boarding pass   tarjeta de embarque (embarco) (*f.*), 2

bored   aburrido(a), 1

boring   aburrido(a), 1

boss   jefe(a) (*m., f.*), 5

bottom   fondo (*m.*), 9

boxer   boxeador (*m.*), 7

boxing   boxeo (*m.*), 7

bracelet   brazalete (*m.*), pulsera (*f.*), 3

brake   freno (*m.*), 9

brand   marca (*f.*), 5

briefcase   portafolio (*m.*), 3

broccoli   brócoli (*m.*), brécol (*m.*), 6

brochure   folleto (*m.*), 2

broom   escoba (*f.*), 8

brush   pincel (*m.*), 4

bull   toro (*m.*), 8

bumper   parachoques (*m.*), 9

burglar   ladrón(ona) (*m., f.*), 10

burglary   robo (*m.*), 10

burst out laughing   echarse a reír, 12

business administration, administración de empresas (*f.*), 1

but   pero, sino (que), 10

by   por, para, 5

by hand   a mano, 3

by-product   residuo (*m.*), 10

by the standard of   para, 5

C

cabbage   repollo (*m.*), col (*f.*). 6

calcium   calcio (*m.*), 6

call   llamar, 4

camp   acampar, 7

cancel   cancelar, 2

canvas   tela (*f.*), 4

capital   capital (*m.*), 9

capital city   capital (*f.*), 9

caramel custard   flan (*m.*), 5

carbohydrates   carbohidratos (*m.*), 6

career   carrera (*f.*), 1

carpet   alfombra (*f.*), 3

carrot   zanahoria (*f.*), 6

carry off   llevarse, 4

carry-on bag   bolso de mano (*m.*), 2

cash   en efectivo (*m.*), 9

cashier   cajero(a) (*m., f.*), 9

castle   castillo (*m.*), 2

cat   gato (*m.*), 8

catch a fish   pescar, 7

cathedral   catedral (*f.*), 2

CD player   tocadiscos compacto (*m.*), 4

celebrate   celebrar, 8

celery   apio (*m.*), 6

censorship   censura (*f.*), 11

cent   centavo (*m.*), 3

certainly   cómo no, 3

certified public accountant   contador(a) público(a) (*m., f.*), 1

champion   campeón(ona) (*m., f.*), 7

championship   campeonato (*m.*), 7

change   (*noun*) cambio (*m.*) vuelto (*m.*), 9; (*verb*) cambiar, 6

change one's attitude   cambiar de actitud, 6

change one's mind   cambiar de idea, 8

change planes   transbordar, 2

channel   canal (*m.*), 6

charge   cobrar, 9

chat   charlar, conversar, 11

cheap   tacaño(a), 5

check   revisar, 9; (*luggage*) despachar, facturar, 2

cheer up   dar ánimo, 12

chemical   químico(a), 10

chief   jefe(a) (*m., f.*), 5

chocolate   chocolate (*m.*), 5

chop   chuleta (*f.*), 5

Christmas Eve   Nochebuena (*f.*), 8

claim check   comprobante (*m.*), 2

class   curso (*m.*), 1

class schedule   horario de clases (*m.*), 1

classroom   aula (*f.*), salón de clases (*m.*), 1

clay   arcilla (*f.*), barro (*m.*), 3

clean   limpio(a), 10

clever   listo(a), 1

climb   escalar, 7

close   (*verb*) cerrar (e → ie), 6; (*ref. to games*) reñido(a), 7

clover   trébol (*m.*), 8

coach   entrenador(a) (*m., f.*), 7

coach class   clase turista (*f.*), 2

coat   abrigo (*m.*), 3

coin   moneda (*f.*), 3

college (*division within a university*) facultad (*f.*), 1

college student   universitario(a) (*m., f.*), 1

column   columna (*f.*), 11

come to an understanding   ponerse de acuerdo, 11

comical   cómico(a), 12

command   orden (*f.*), 9; (*verb*) ordenar, mandar, 3

comment   comentar, 7

commentator   locutor(a) (*m., f.*), 11

commit suicide   suicidarse, 4

committee   comité (*m.*), 10

compact disc   disco compacto (*m.*), CD (*m.*), 4

complain   quejarse (de), 4

completely   por completo, 5

complex   complejo(a), 10

composer   compositor(a) (*m., f.*), 4

computer science   informática (*f.*), computación (*f.*), 1

concert   concierto (*m.*), 4

confirm   confirmar, 2

conservative   conservador(a), 11

considering   para, 5

consulate   consulado (*m.*), 2

consumption   consumo (*m.*), 6

converse   conversar, charlar, 11

cooperate   cooperar, 10

correspondent   corresponsal (*m., f.*), 11

cotton   algodón (*m.*), 3

count on   contar (o → ue) con, 11

country (*nation*)   país (*m.*), 1

counselor   consejero(a) (*m., f.*), 1

course of study   carrera (*f.*), curso (*m.*), 1

court   corte (*f.*), 9

cover   portada (*f.*), 11

crab   cangrejo (*m.*), 5

credit card   tarjeta de crédito (*f.*), 9

crime   delincuencia (*f.*), 10

critic   crítico(a) (*m., f.*), 11
cruise   crucero (*m.*), 2
cucumber   pepino (*m.*), 6
current   actual, 11
custom   costumbre (*f.*), 8
customs   aduana (*f.*), 2
customs duties   derechos de aduana (*m.*), 9
cut   corte (*m.*), 9

D

dancer   bailarín(ina) (*m., f.*), 4
dare   atreverse (a), 4; ser capaz de, 12
date   cita (*f.*), 5
death penalty   pena capital (*f.*), pena de muerte (*f.*), 10
debut   estreno (*m.*), 11
deceive   dar gato por liebre, 12
decoration   adorno (*m.*), 11
decrease   disminuir, 6
deep down   en el fondo, 5
defeat   vencer, 7
defraud   dar gato por liebre, 12
degree   título (*m.*), 1
delay   retraso (*m.*), atraso (*m.*), 2
delight   encantar, 4
delinquency   delincuencia (*f.*), 10
democracy   democracia (*f.*), 10
demon   demonio (*m.*), diablo (*m.*), 8
dental school   facultad de odontología (*f.*), 1
dentist   dentista (*m., f.*), 1
departure   salida (*f.*), 2
detain   detener (*conj. like* **tener**), 1
devil   demonio (*m.*), diablo (*m.*), 8
diamond   diamante (*m.*), 3
die   morir (o → ue), 6
die of hunger   morirse (o → ue) de hambre, 6
different   distinto(a), 8
direct   dirigir, 10
directory   guía (*f.*), 9
disappear   desaparecer (*conj. like* **parecer**), 1
discount   descuento (*m.*), 3
disposal site   vertedero (*m.*), 10
do   realizar, 6
do something over   volver (o → ue) a (+ *inf.*), 11
documentary   documental (*m.*), 11
doll   muñeca (*f.*), 3
door   puerta (*f.*), 9
dormitory   residencia universitaria (*f.*), 1
dot   punto (*m.*), 9
doubt   poner en duda, 12

drain   desagüe (*m.*), 10
draw   dibujar, 4
drawing   dibujo (*m.*), 4
dream about/of   soñar (o → ue) con, 11
dress   vestido (*m.*), 3
dress (oneself)   vestirse (e → i), 4
drop something   caérsele a uno(a), 12
drug(s)   droga (*f.*), 10
drums   batería (*f.*), 4
duet   dúo (*m.*), 4
dump   vertedero (*m.*), 10
duo   dúo (*m.*), 4
during   durante, 2; por, 5

E

each   cada, 10
earrings   aretes (*m.*), 3
eat supper   cenar, 5
editor   editor(a) (*m., f.*), 11
editorial   editorial (*f.*), 11
educate   educar, 10
educational   educativo(a), 1
effort   esfuerzo (*m.*), 10
elementary school   escuela primaria (elemental) (*f.*), 1
embassy   embajada (*f.*), 2
embroidered   bordado(a), 3
emerald   esmeralda (*f.*), 3
empty   vacío(a), 9
endanger   poner en peligro, 12
energy source   fuente de energía (*f.*), 6
engineer   ingeniero(a) (*m., f.*), 1
enter   ingresar (*e.g., a university*) 1; (*a place*) entrar en, 11
entertain   entretener (*conj. like* **tener**), 1
environment   medio ambiente (*m.*), 10
environmental   ambiental, 10
even though   aunque, 8
everybody   todo el mundo, 4
everywhere   en todas partes, en todos lados, 12
evil eye   mal de ojo (*m.*), 8
exactly   al pie de la letra, 12
exaggerate   exagerar, 6
excess luggage   exceso de equipaje (*m.*), 2
exercise   hacer ejercicio, 6
exist   existir, 1

F

faction   bando (*m.*), 9
factory   fábrica (*f.*), factoría (*f.*), 10
faculty   profesorado (*m.*), 1

fail   fracasar, 10; (*a course*) quedar suspendido(a), 10; (*to do something*) dejar de, 10
fair   feria (*f.*), 8
fall asleep   dormirse (o → ue), 4
fall in love with   enamorarse de, 11
fan   aficionado(a) (*m., f.*), 7
fashion   moda (*f.*), 9
fasten one's seat belt   abrocharse el cinturón de seguridad, 2
fat   grasa (*f.*), 6
Father's Day   Día del Padre (*m.*), 8
feel   sentir (e → ie), 6
feel like   tener ganas de, 2
fellow   tipo (*m.*), 5
fender   guardafango (*m.*), 9
fight   (*noun*) pelea (*f.*), 7; (*verb*) pelear(se), 7
fill   llenar, 9
film   película (*f.*), 11
finally   por fin, 2
find fault   poner peros, 12
first (second) half   (*in a game*) primer (segundo) tiempo (*m.*), 7
fish   pescar, 7
flat tire   goma pinchada (ponchada) (*f.*), 9
flight   vuelo (*m.*), 2
flight attendant   auxiliar de vuelo (*m., f.*), azafata (*f.*), 2
flute   flauta (*f.*), 4
folk   folklórico(a), 4
folkloric   folklórico(a), 4
following   lo siguiente, 6
food   alimento (*m.*), 6
foot   pata (*f.*), 8; pie (*m.*), 6
football   fútbol americano (*m.*), 7
for   por, para, 5
for dessert   de postre, 5
for example   por ejemplo, 1
for that   para eso, 5
for that reason   por eso, 5
for the lack of (something)   por no tener (*algo*), 12
for not knowing   por no saber, 12
forehead   frente (*f.*), 9
foreign exchange   divisas (*f.*), 9
forever   para siempre, 5
forget   olvidar(se), 8; olvidarse de, 11
fortunately   por suerte, 5
free   gratis, libre, 10
French fries   patatas (papas) fritas (*f.*), 5
from   de, 11
from now on   de ahora en adelante, 3
front   frente (*m.*), 9

it is important es importante (*importa*), 6
it is necessary es necesario, 6
it is necessary to hay que (+ *inf*.), 10
it is preferable es preferible, 6
it is urgent es urgente, 6
it is a pity es (una) lástima, 6
it is getting late se hace tarde, 4
it is lucky es una suerte, 6
it is (that's) not so no es así, 8
it is regrettable es lamentable, 6
it is surprising es sorprendente, 6
it is to be hoped es de esperar, ojalá, 6

J

jack gato (*m*.), 9
jade jade (*m*.), 3
jail cárcel (*f*.), prisión (*f*.), 10
jewelry joyas (*f*.), 3
jewels joyas (*f*.), 3
job empleo (*m*.), trabajo (*m*.), 12
joke bromear, 5
junior high school escuela secundaria (*f*.), 1
just in case por si acaso, 8

K

keep guardar, 9; mantener (*conj. like* **tener**), 1
—**a stiff upper lip.** A mal tiempo, buena cara., 12
—**away** alejar, 8
—**young** mantenerse joven (*conj. like* **tener**), 6
kid bromear, 5
kidnap secuestrar, 10
kneel down arrodillarse, 4
know conocer, saber, 1

L

Labor Day Día del Trabajo (*m*.), 8
labor union sindicato (*m*.), 5
lace encaje (*m*.), 5
ladder escalera (de mano) (*f*.), 8
lamb cordero (*m*.), 5
land aterrizar, 2
language idioma (*m*.); lengua (*f*.), 12
last pasado(a), 8; (*in a series*) último(a), 8
last time la última vez, 4
lately últimamente, 6
laugh reírse, 3
law derecho (*m*.), 9; ley (*f*.), 10
law school facultad de derecho (*f*.), 1
lawn césped (*m*.), 12

lawyer abogado(a) (*m., f*.), 1
leader cabeza (*m*.), 9
leaf hoja (*f*.), 8
leather cuero (*m*.)
leave irse, 4; (*a place*) salir de, 11
lecture conferencia (*f*.), 1
leftover resto (*m*.), 9
lend prestar, 2
lessen disminuir, 6
let loose soltar (o → ue), 8
lettuce lechuga (*f*.), 6
librarian bibliotecario(a), (*m., f*.), 1
license plate chapa (*f*.), placa (*f*.), 9
lift levantar, 4
lift weights levantar pesas, 6
light exercise ejercicio ligero (*m*.), 6
like (*verb*) gustar, 4; caerle bien a uno, 12
limit limitar, 9
linen cloth hilo (lino) (*m*.), 3
listen to escuchar, 4
little (quantity) poco(a), 5
little by little poco a poco, 10
lobster langosta (*f*.), 5
lodging alojamiento (*m*.), 2
long-time viejo(a), 8
long-sleeved de mangas largas, 3
look for buscar, 3
look like parecerse, 4
lose perder (e → ie), 6
lose weight adelgazar, perder (bajar de) peso, 6
loudspeaker altavoz (*m*.), 2
love encantar, 4
luck suerte (*f*.), 5
luckily por suerte, 2
luggage equipaje (*m*.), 2
luggage compartment compartimiento de equipaje (*m*.), 2

M

magician mago(a) (*m., f*.), 8
main principal, 11
maintain mantener (*conj. like* **tener**), 1
major especialización (*f*.), 1
make realizar, 6
—**a fool of oneself** ponerse en ridículo, 12
—**a stopover** hacer escala, 2
—**fun of** burlarse (de), 4
—**furious** dar rabia, 3
—**one's mouth water** hacérsele a uno agua la boca, 12
manage (to) arreglárselas (para), 5
mandatory obligatorio(a), 1

manger nacimiento (*m*.), pesebre (*m*.), 8
manner modo (*m*.), 9
marble mármol (*m*.), 3
mass (Catholic) misa (*f*.), 8
mass transit transporte colectivo (*m*.), 9
mastery dominio (*m*.), 12
match partido (*m*.), 7
mayor alcalde (*m*.), alcaldesa (*f*.), 10
measure medir (e → i), 6
meatball albóndiga (*f*.), 5
media medios de comunicación (*m*.), 11
medical doctor médico(a) (*m., f*.), 1
medical school facultad de medicina (*f*.), 1
medium-rare término medio, 5
meet (*somewhere*) encontrarse (o → ue), 5; (*encounter*) encontrarse (o → ue) con, 11
meeting junta (*Mex*.) (*f*.), reunión (*f*.), 1
member socio(a) (*m., f*.), 6
method orden (*m*.), 9
middle medio (*m*.), 11; mediano(a), 11
Midnight Mass Misa del Gallo (*f*.), 8
mid-term examination examen de mitad (mediados) de curso, examen parcial (*m*.), 1
mirror espejo (*m*.), 8
miss echar de menos, faltar(a), perder (e → ie), 7
—**out on** (*something*) perderse (e → ie) (*algo*), 7
mixed salad ensalada mixta (*f*.), 5
moderate dirigir, 10
money capital (*m*.), 9
monument monumento (*m*.), 2
most of them la mayoría (*f*.) de ellos (ellas), 8
Mother's Day Día de la Madre (*m*.), 8
movie película (*f*.), 11
movie and TV guide guía de espectáculos (*f*.), 11
murder (*noun*) asesinato (*m*.), 10; (*verb*) asesinar, 10
murderer asesino(a) (*m., f*.), 10
mushroom hongo (*m*.), seta (*f*.), 6
musical group banda (*f*.), 9
musician músico(a) (*m., f*.), 4

N

nation país (*m*.), 1
native indígena, 8

nativity scene   nacimiento (*m.*), pesebre (*m.*), 8

necessities   artículos de primera necesidad (*m.*), 9

necklace   collar (*m.*), 9

need   (*noun*) necesidad (*f.*), 11; (*verb*) faltar, 4

neighborhood   barrio (*m.*), 12

New Year's Day   Año Nuevo (*m.*), 8

New Year's Eve   Fin de Año (*m.*), Víspera de Año Nuevo (*f.*), 8

news   noticias (*f.*), 11

No way!   ¡Qué va!, 9

noise   ruido (*m.*), 9

nonsense   disparate (*m*), 12

non-smoking section   sección de no fumar (*f.*), 2

noodles   fideos (*m.*), 5

not even   ni aún, 10

not to be that important   no ser para tanto, 5

not to make any sense   no tener ni pies ni cabeza, 12

notice   fijarse en, 11

nourishment   alimento (*m.*), 6

nurse   enfermero(a) (*m.*, *f.*), 1

nutrient   alimento (*m.*), 6

nylon   nilón (*m.*), 3

O

obey   hacer caso, 6

obtain   conseguir (e → i), 12

of   de, 11

of course   claro que, por supuesto, naturalmente, 1

offer   ofrecer, 11

official communication   parte (*m.*), 9

oil   (*paint*) óleo (*m.*), 4; petróleo (*m.*), 9

old   viejo(a), 8

olive   aceituna (*f.*), 5

Olympic Games   Juegos Olímpicos (*m.*), Olimpiadas (*f.*), 7

omelet   tortilla (*f.*), 5

on   sobre, en, 11

on a trip   de viaje, 2

on account of   por, 5

on behalf of   por, 5

on the contrary   al contrario, 5

on their own   por su cuenta, 1

once   una vez, 12

—in a while   de vez en cuando, 5

One hand washes the other.   Hoy por ti, mañana por mí., 12

one must   hay que (+ *inf.*), 10

one never knows   nunca se sabe, 8

one-way   de ida, 2

onion   cebolla (*f.*), 6

only   único(a), 6

order   (*noun*) orden, (*m.*, *f.*), 9; (*verb*) encargar, mandar, ordenar, pedir (e → i), 3

organ   órgano (*m.*), 4

organize   organizar, 10

ornament   adorno (*m.*), 3

other people   los (las) demás, 3

others   los (las) demás, 3

out of necessity   por necesidad, 12

outdoor(s)   al aire libre, 7

over   en, 11

overlook   hacer(se) (de) la vista gorda, 12

own   propio(a), 1

owner   dueño(a) (*m.*, *f.*), 3

P

page   página (*f.*), 7

paint   (*noun*) pintura (*f.*), 4; (*verb*) pintar, 4

painter   pintor(a) (*m.*, *f.*), 4

painting   cuadro (*m.*), pintura (*f.*), 4

pair   par (*m.*), 3

parade   desfile (*m.*), 11

part   parte (*f.*), 9

party   bando (*m.*), 9

passenger   pasajero(a) (*m.*, *f.*), 2

patron saint   santo(a) patrón(ona) (*m.*, *f.*), 8

paw   pata (*f.*), 8

pay attention   hacer caso, 6

pay in advance   pagar por adelantado, 2

Peace Corps   Cuerpo de Paz (*m.*), 12

pearl   perla (*f.*), 3

people   gente (*f.*), 2; personas (*f.*), pueblo (*m.*), 3

per   por, 5

percent   por ciento, 3

perform   actuar, representar, 4

period   época (*f.*), 8; punto (*m.*), 9

pester   dar lata, 6

petroleum   petróleo (*m.*), 9

pharmacist   farmacéutico(a) (*m.*, *f.*), 1

physical education   educación física (*f.*), 1

piano   piano (*m.*), 4

pick (someone) up   pasar por (alguien) 1; buscar, 2

picture   cuadro (*m.*), 4

piece   pedazo (*m.*), trozo (*m.*), 5

place   lugar (*m.*), 2; (*verb*) poner, 4

plaid   a cuadros, 3

plan   planear, 2

play   (*a musical instrument*)   tocar, 4

play dumb   hacerse el (la) tonto(a), 12

player   jugador(a) (*m.*, *f.*), 7

pleasure   placer (*m.*), 11

pocket   bolsillo (*m.*), 5

point   punta (*f.*), 9

police (organization)   policía (*f.*), 9

policeman   policía (*m.*), 9

pollution   contaminación (*f.*), polución (*f.*), 10

poor   pobre, 8

pork   cerdo (*m.*), 5

pork chop   chuleta de cerdo (*m.*), 5

port   puerto (*m.*), 9

portion   parte (*f.*), 9

portrait   retrato (*m.*), 4

position   cargo (*m.*), 12

pound   libra (*f.*), 6

poverty   miseria (*f.*), pobreza (*f.*), 10

pregnant   embarazada, 12

premiere   estreno (*m.*), 11

press   prensa (*f.*), 11

pretty   (*Spain*)   majo(a), 5

price   precio (*m.*), 3

priest   cura (*m.*), 9

print   estampado(a), 3

prison   cárcel (*f.*), prisión (*f.*), 10

private university   universidad privada (*f.*), 1

prize   premio (*m.*), 11

producer   productor(a) (*m.*, *f.*), 11

program   programar, 11

programmer   programador(a) (*m.*, *f.*), 1

programming   programación (*f.*), 11

promotional material   propaganda (*m.*), 2

propose   proponer (*conj. like* **poner**), 1

protagonist   protagonista (*m.*, *f.*), 11

protein   proteína (*f.*), 6

provided that   con tal de que, 7

psychologist   psicólogo(a) (*m.*, *f.*), 1

public transportation   transporte colectivo (*m.*), 9

publicity   publicidad (*f.*), 11

publishing company   editorial (*f.*), 11

Puerto Rican   puertorriqueño(a), 8

purse   bolso (*m.*), cartera (*f.*), 3

put   poner, 4, meter, 5

—aside   guardar, 9

—on   ponerse, 4

—to bed   acostar (o → ue), 4

Q

quality calidad (*f.*)
quartet cuarteto (*m.*), 4

R

rabbit conejo (*m.*), 8
race carrera (*f.*), 7
race track hipódromo (*m.*), 7
radiator radiador (*m.*), 9
radish rábano (*m.*), 6
raise levantar, 4
ransom rescate (*m.*), 10
rape violación, (*f.*), 10
rare medio crudo, 5
rate tarifa (*f.*), 2
—**of exchange** cambio de moneda
　(*m.*), 9
ready listo(a), 1
real verdadero(a), 12
realize darse cuenta (de), 7
receive recibir, 12
record (*noun*) disco (*m.*), 4; (*verb*)
　grabar, 11
recycle reciclar, 10
red colorado(a), 12
red-handed con las manos en la
　masa, 12
red wine vino tinto (*m.*), 5
register matricularse, 1
registration card registro el (*m.*), 2
regret arrepentirse (e → ie) (de), 4
related propio(a), 1; relacionado(a),
　8
related to sports deportivo(a), 7
reluctantly de mala gana, 12
remain quedarse, 5; quedar, 10
remake rehacer (*conj. like* **hacer**), 1
remember acordarse (o → ue) (de), 4
renew renovar (o → ue), 6
repair shop taller de mecánica (*m.*),
　9
repeat volver a (+ *inf.*), 10
repent arrepentirse (e → ie) (de), 4
report informe (*m.*), 8; reportaje (*m.*),
　11
request (*something*) pedir (e → i), 6
requirement requisito (*m.*), 1
rescue (*noun*) rescate (*m.*), 10; (*verb*)
　rescatar, 10; salvar, 9
reserve reservar, 2
rest (*noun*) reposo (*m.*),6; resto (*m.*),
　9; (*verb*) descansar, 6
return volver (o → ue), 6; (*something*)
　devolver (o → ue), 9
rice pudding arroz con leche (*m.*), 5
ride on horseback montar a caballo, 7

right derecho (*m.*), 9; (*direction*)
　derecha (*f.*), 9
right away en el acto, 12
ring anillo (*m.*), sortija (*f.*), 3
roast beef carne asada (*f.*), rosbif
　(*m.*), 5
robbery robo (*m.*), 10
rock music rock (*m.*), 4
role papel (*m.*), 11
roommate compañero(a) de cuarto
　(*m., f.*), 8
round redondo(a), 10
round-trip de ida y vuelta, 2
row fila (*f.*), 2
ruby rubí (*m.*), 3
rug alfombra (*f.*), 3
rule regla (*f.*), 6

S

same mismo(a), 8
save ahorrar, guardar, salvar, 9
saxophone saxofón (*m.*), 4
schedule itinerario (*m.*), horario (*m.*),
　2
scholarship beca (*f.*), 1
school (*division within a university*)
　facultad (*f.*), 1
school of architecture facultad de
　arquitectura (*f.*), 1
school of business administration
　facultad de ciencias económicas
　(comerciales) (*f.*), 1
school of engineering facultad de in-
　geniería (*f.*), 1
school of humanities facultad de
　filosofía y letras (*f.*), 1
score marcar (*in sports*), 7
screen pantalla (*f.*), 11
sculptor escultor(a) (*m., f.*), 4
seat (*noun*) asiento (*m.*), 9; (*verb*) sen-
　tar (e → ie), 4
seated sentado(a), 7
second half (*in a game*) segundo
　tiempo (*m.*), 7
secondary school escuela secundaria
　(*f.*), 1
security force guardia (*f.*), 9
seem parecer, 4
send enviar, mandar, 11
senior high school escuela secun-
　daria
sense of humor sentido del humor
　(*m.*), 12
serious grave, serio(a), 10
seriously en serio, 4
serve (as) servir (e → i) (de), 7

service station estación de servicio
　(*f.*), gasolinera (*f.*), 9
sewer desagüe (*m.*), 10
shake batido (*m.*), 5
shamrock trébol (*m.*), 8
share compartir, 8
shellfish marisco (*m.*), 5
shirt camisa (*f.*), 3
short bajo(a), corto(a), 6
short-sleeved de mangas cortas, 3
shovel pala (*f.*), 9
show mostrar (o → ue), enseñar, 3;
　(*on TV*) dar, 11
show for the first time estrenar, 11
shrimp camarón (*m.*), gamba (*f.*)
　(*Spain*), 5
sick malo(a), 1
sign letrero (*m.*), señal (*f.*), signo
　(*m.*), 12
silk seda (*f.*), 3
silver plata (*f.*), 3
since como, 2
singer cantante (*m., f.*), 4
sit down sentarse (e → ie), 4
skate patinar, 7
ski esquiar, 7
sleep dormir (o → ue), 4
sleeve manga (*f.*), 9
sleeveless sin mangas, 3
slow motion cámara lenta (*f.*), 11
small pequeño(a), 5
smart listo(a), 1
smog contaminación del aire (*f.*), 9
smoking section sección de fumar
　(*f.*), 2
so tan, 8
so much tanto, 4
so that para que, 7
soap opera telenovela (*f.*), 11
soccer fútbol (*m.*), balompié (*m.*), 7
social worker trabajador(a) social
　(*m., f.*), 1
sole suela (*f.*), 9
solve resolver (o → ue), solucionar,
　10
something like that algo por el es-
　tilo, 12
somewhere en alguna parte, 2
song canción (*f.*), 4
South American sudamericano(a),
　suramericano(a), 4
souvenir recuerdo (*m.*), 2
sovereign soberano (*m.*), 10
spaghetti tallarines (*m.*), 5
Spanish speaking de habla hispana,
　10

speaker locutor(a) (*m., f.*), 11
spend (*money*) gastar, 3
spicy picante, 5
spinach espinaca (*f.*), 6
sport deporte (*m.*), 7
spray pulverizador (*m.*), 10
spray can pulverizador (*m.*), 10
stadium estadio (*m.*), 7
stage escenario (*m.*), 4
stain (*noun*) mancha (*f.*), 8; (*verb*) manchar, 12
stand aguantar, soportar, 9
—**in line** hacer cola, 2
star estrella (*f.*), 11
start (*a motor*) arrancar, 9
start (+ *inf.*) ponerse a (+ *inf.*), 11
starve to death morirse (o → ue) de hambre, 6
state estado (*m.*), 12
state university universidad estatal (*f.*), 1
statistic estadística (*f.*), 10
statue estatua (*f.*), 4
stay hospedarse, quedarse (*e.g., at a hotel*), 2; mantenerse (*conj. like* **tener**), 6
steak bistec (*m.*), filete (*m.*), 5
steering wheel volante (*m.*), 9
stick palo (*m.*), 9
stingy tacaño(a), 5
stone piedra (*f.*), 3
stop detener (*conj. like* **tener**), 1; parar, 9
strawberry fresa (*f.*), 5
stress estrés (*m.*), tensión nerviosa (*f.*), 6
strike huelga (*f.*), 10
striped a rayas, 3
study program programa de estudios (*m.*), 1
style corte (*m.*), 9
subject tema (*m.*), 8; (*in school*) materia (*f.*), asignatura (*f.*), 1
subscribe (to) suscribirse (a), 11
subtraction resta (*f.*), 9
subway metro (*m.*), subterráneo (*m.*), 9
success éxito (*m.*), 11
suit convenir (*conj. like* **venir**), 1
sunbathe tomar el sol, 2
sunglasses anteojos de sol (*m.*), gafas de sol (*f.*) 2
support mantener (*conj. like* **tener**), 9
suppose suponer (*conj. like* **poner**), 1
surprised sorprendido(a), 8
sweat blood sudar la gota gorda, 12

swimmer nadador(a) (*m., f.*), 7
swimming natación (*f.*), 7
synthesizer sintetizador (*m.*), 4
systems analyst analista de sistemas (*m., f.*), 1

T

tablecloth mantel (*m.*), 12
take agarrar, coger, llevar, tomar, 1
—**a trip** hacer un viaje, 2
—**advantage of the opportunity** aprovechar la ocasión, 4
—**away** quitar, 4
—**off** despegar, 2; quitarse, 4
—**steps** dar pasos, 10
tank tanque (*m.*), 9
tape (*noun*) cinta (*f.*), 4; (*verb*) grabar, 11
tapestry tapiz (*m.*), 3
teacher maestro(a) (*m., f.*), 1
team equipo (*m.*), 7
technical school escuela tecnológica (*f.*), 1
tell contar (o → ue), 12
tenderloin filete (*m.*), 5
tent tienda de campaña (*f.*), 7
thank dar las gracias, 11
Thanksgiving Día de Acción de Gracias (*m.*), 8
that's why por eso, 5
The clothes don't make the man. El hábito no hace al monje., 12
The early bird gets the worm. A quien madruga, Dios lo ayuda., 12
the fact is . . . es que..., 5
the following lo siguiente, 6
the only thing lo único, 12
the truth of the matter is that. . . lo que pasa es que..., 6
there was (were) hubo, 3
There's something fishy here. Aquí hay gato encerrado., 12
thief ladrón(ona) (*m., f.*), 10
thing cosa (*f.*), 3
think (*of, about*) pensar (e → ie) (de, en), 4; opinar, 4
think it over pensarlo (e → ie) bien, 3
think so (not) creer que sí (no), 1
this time esta vez, 1
this way por aquí, 5
three Kings (Wise Men) tres Reyes Magos (*m.*), 8
through por, 5
throw tirar, 8; echar, 10
ticket billete (*m.*), pasaje (*m.*), 2
tie (*a score*) empatar, 7

time hora (*f.*), tiempo (*m.*) (*in a series*) vez (*f.*), 2; época (*f.*), 8
Time is money. El tiempo es oro., 12
tip punta (*f.*), 9
tire llanta (*f.*), neumático (*m.*), 9
to the letter al pie de la letra, 12
together juntos(as), 12
too (*adv.*) demasiado, 11
too (much) demasiado(a), 11
too (many) demasiados(as), 1
topaz topacio (*m.*), 3
topic tema (*m.*), 8
tour gira (*f.*), 2
tourist card tarjeta de turismo (*f.*), 2
tourist season temporada turística (*f.*), 2
tow remolcar, 9
—**truck** grúa (*f.*), remolcador (*m.*), 9
town pueblo (*m.*), 10
traffic jam embotellamiento de tráfico (*m.*), 9
traffic light semáforo (*m.*), 9
trainer entrenador(a) (*m., f.*), 7
trash basura (*f.*), 10
trio trío (*m.*), 4
trombone trombón (*m.*), 4
true verdadero(a), 12
trumpet trompeta (*f.*), 4
trunk (*of a car*) maletero (*m.*), 9
trust confiar en, 11
truth verdad (*f.*), 8
try probar (o → ue), 4; tratar de, 1
try on probarse (o → ue), 4
tuition matrícula (*f.*), 1
turn in entregar, 2
turn into convertirse (e → ie) (en), 6
turn red ponerse colorado(a), ruborizarse, 12
turn signal indicador (*m.*), 9
TV news telediario (*m.*), telenoticias (*f.*), 11

U

umpire árbitro (*m.*), 7
underdeveloped atrasado(a), 8
under(neath) debajo de, 2
unfortunate pobre, 8
unfortunately por desgracia, 5
unique único(a), 8
unless a menos que, 7
upon arriving al llegar, 2

V

vacation in the summer veranear, 2
Valentine's Day Día de los Enamorados (*m.*), 8

vanilla   vainilla (*f.*), 5
veal   ternera (*f.*), 5
vegetable   verdura (*f.*), legumbre
    (*f.*), vegetal (*m.*), 5
velvet   terciopelo (*m.*), 3
Venezuelan   venezolano(a), 9
very charming   simpatiquísimo(a), 5
veterinarian   veterinario(a) (*m., f.*), 1
video cassette recorder (VCR)
    videograbadora (*f.*), video (*m.*),
    11
viewer   televidente (*m., f.*), 11
violin   violín (*m.*), 4
vitamin   vitamina (*f.*), 6

W

wait on   atender (e → ie), 2
waiting list   lista de espera (*f.*), 2
wake up   despertarse (e → ie), 4
walk   caminar, 6
wallet   billetera (*f.*), 3
waste   (*verb*) desperdiciar, 9; desecho
    (*m.*), desperdicio (*m.*), 10
water skiing   esquí acuático (*m.*), 7

watercolor   acuarela (*f.*), 4
way   modo (*m.*), 9
weapon   arma (*f.*), 10
weight   peso (*m.*), 6
well cooked (done)   bien cocido(a), 5
what for?   ¿para qué?, 5
What date is today?   ¿A cuánto esta-
    mos hoy?, 12
who   que, 5
whose   cuyo(a), de quién, 5
win   ganar, 7
window (*of a car, bus, etc.*)   ventanilla
    (*f.*), 9
window seat   asiento de ventanilla
    (*m.*), 2
windshield   parabrisas (*m.*), 9
—wiper   limpiaparabrisas (*m.*), 9
winner   ganador(a) (*m., f.*), 7
witch   bruja (*f.*), 8
witchcraft   brujería (*f.*), 8
with   de, 11
within   dentro de, 5
without   sin que, 7
without fail   sin falta, 5

without rhyme or reason   sin qué ni
    para qué, 5
without which   sin los cuales, 11
wool   lana (*f.*), 3
work   (*noun*) obra (*f.*), trabajo (*m.*), 4;
    (*verb*) funcionar, 9
worried   preocupado(a), 6
worry   preocuparse, 8
wrap   envolver (o → ue), 3
wrestling   lucha libre (*f.*), 7

Y

**You are known by the company you
    keep.**   Dime con quién andas y te
    diré quién eres., 12
You get what you pay for.   Lo barato
    sale caro., 12
you're welcome   no hay de qué, 11
young   joven, 6
young man (woman)   joven (*m., f.*), 4

Z

zodiac sign   signo del zodíaco (*m.*), 8

Índice

Credits

Text Credits

p. 22: "Busco profesión" adapted from *Semana,* October 26, 1993. Reprinted by permission of Editorial Caribe, S. A.

p. 47: Adapted from "Costa Rica, la Suiza de América," by Mari Rodríguez Ichaso. From *Vanidades* 33, No. 16, August 4, 1993. Reprinted by permission from Editorial América, S.A., D/B/A/ Editorial Televisia.

p. 74: "Porcelanas Lladró, aporte artístico español en los Estados Unidos" adapted from *Diario las Américas.* Reprinted by permission of The Americas Publishing Company.

p. 105: Adapted from "Los hispanos tienen su galería de arte" from *Más,* December 1992.

p. 106: Adapted from "Gloria lanza 'Mi tierra', un homenaje a sus raíces caribeñas y latinas" from *Vanidades,* July 20, 1993.

p. 106: Adapted from "Un triunfo que cambia el concepto de la danza" from *Más,* December 1992.

p. 157: Adapted from "Táctica y estrategias de la pérdida de peso" from *Más,* Summer 1990.

p. 186: "Caminando hasta el fin del mundo" by Alfredo Martínez. Adapted from *Escala,* September 1995, pp. 57–62. Used by permission of *Escala.*

p. 210: Adapted from "El corpus de Cuzco" by Ángel Martínez Bermejo from *Ronda,* June 1987.

p. 236: From "Conducir será más seguro y las multas, más duras" from *Tiempo,* June 22, 1992, p. 119.

p. 265: "Buscando en el supermercado" from *Imagen,* May 1992. Reprinted by permission of *Revista Imagen,* Casiano Communications, Inc., San Juan, Puerto Rico.

p. 290: Adapted from "Cuatro jóvenes estrellas nacen con la telenovela 'Muchachitas'" from *Más,* March/April 1992.

p. 312: Adapted from "Origen de las raíces culturales hispánicas" from *Más,* 1992.

Photo Credits

p. 1: © Robert Fried; p. 23: © R. Lord/The Image Works; p. 27: © D. Donne Bryant; p. 48: © Art Gingert/Comstock; p. 52: © Foto du Monde/The Picture Cube; p. 75: "© Flowers of the Season" L145G, 11¼" high/Photo Courtesy Lladró; p. 84: © Odyssey/Frerck/Chicago; p. 105: © Rafael Wollmann/Gamma; p. 106: © Michael Grecco/Sygma; p. 106: Courtesy Linda Vallejo, Galería Las Américas; p. 112: © Peter Menzel; p. 133: © Arthur Beck/Photo Researchers; p. 137: © Peter Menzel; p. 158: © Owen Franken/Stock Boston; p. 168: © Daemmrich/Stock Boston; p. 186: © Ulrike Welsch; p. 190: © Bob Daemmrich/Stock Boston; p. 210: © Mary Altier/The Picture Cube; p. 215: © Rob Crandall; p. 237: © Ulrike Welsch; p. 248: © Ulrike Welsch; p. 266: © Peter Menzel/Stock Boston; p. 271: © Ulrike Welsch/Stock Boston; p. 291: © Peter Menzel; p. 296: © Vic Bider/PhotoEdit; p. 312: © Mark E. Gibson/The Stock Market

Video Credits

Lección 1: "En la Agencia Supersonic" excerpted from *Las chicas de hoy en día,* episode 2: "Se buscan la vida"; © 1990 RTVE (Radiotelevisión Española), Spain.

Lección 2: "Puerto Viejo de Limón," excerpted from *De paseo,* © 1997, SINART/Canal 13 (Sistema Nacional de Radio y Televisión Cultural), Costa Rica.

Lección 3: "Rebajas en El Corte Inglés," © 1997 RTVE (Radiotelevisión Española), Spain.

Lección 4: "Grafittis en San José," excerpted from *Aristas*, © 1997, SINART/Canal 13 (Sistema Nacional de Radio y Televisión Cultural), Costa Rica.

"Y sé que vas a llorar," excerpted from *Especial Manny Manuel*, © 1997 RTVE (Radiotelevisión Española), Spain.

Lección 5: "Restaurante La Huerta de Madrid," excerpted from *Comer en Madrid*: © 1997 TVE (Televisión Española), Spain.

"Euromed 'restaurante'," © RENFE (Red Nacional de Ferrocarriles Españoles), Spain.

Lección 6: "Fuera de campo: Lluís Remolí," excerpted from *Cartelera TVE*, © 1997 RTVE (Radiotelevisión Española), Spain.

"Remedio para quemaduras," excerpted *from La botica de la abuela*, © 1997 KEINU/TVE (Televisión Española), Spain.

Lección 7: "Partido de fútbol España-Rumanía," excerpted from *Telediario*, © 1996 TVE (Televisión Española), Spain.

"Rafting en el Río Pacuare," excerpted from *De paseo*, © 1997, SINART/Canal 13 (Sistema Nacional de Radio y Televisión Cultural), Costa Rica.

Lección 8: "Día de los difuntos," excerpted from *Tradiciones milenarias en la península de Santa Elena*, © 1995 A.B.P. Producciones (Fundación Pro-Pueblo), Ecuador.

"Fiesta del gaucho," excerpted from *Telediario*, © 1987 RTVE (Televisión Española), Spain.

Lección 9: "Moto-taxi," excerpted from *Villa el Salvador*, © 1994 TV.TV., France (with Canal 45 V.E.S., Perú).

Lección 10: "Operación de vacaciones de Semana Santa," excerpted from *Telediario*, © 1997 TVE (Televisión Española), Spain.

"Mejora tu tren de vida," © RENFE (Red Nacional de Ferrocarriles Españoles), Spain.

"Reciclaje en Colonche y Manglaralto," excerpted from *Nuestra razón de ser*, © 1995 Fundación Pro-Pueblo, Ecuador.

Lección 11: "El chavo del ocho," excerpted from *Cartelera TVE*, © 1998 TVE (Televisión Española), Spain; "El chavo" clips courtesy of Protele, a Division of Televisa International, L.L.C., México.

"Esmeralda," excerpted from *Cartelera TVE*, © 1997 TVE (Televisión Española), Spain; "Esmeralda" clips courtesy of Protele, a Division of Televisa International, L.L.C., México.

Lección 12: "Conversaciones con estudiantes de la San Diego State University," excerpted from *Somos (We are)*: © 1995, San Diego State University, USA.

Realia Credits

p. 234: Buick Century Limited ad. Reprinted with permission of General Motors Corporation.

p. 310: EF Colegios Europeos de Verano, S.A. ad. Reprinted with permission of EF Educational Foundation.